PANORAMA
DO TEATRO
BRASILEIRO

Sábato
Magaldi

PANORAMA
DO TEATRO
BRASILEIRO

© Sábato Magaldi, 1996

1ª Edição, DIFEL/SP, s.d. (1962)
2ª Edição, SNT/DAC/FUNARTE/MEC, s.d. (1977)
5ª Edição, Global Editora 2001
6ª Edição, Global Editora 2004
3ª Reimpressão, 2014

Diretor Editorial
Jefferson L. Alves

Assistente Editorial
Marcos Antonio de Moraes

Gerente de Produção
Flávio Samuel

Preparação de texto
Sílvia Dotta

Capa
Estúdio Noz

Editoração Eletrônica
Antonio Silvio Lopes

Dados Internacionais de Catalogação na Publicação (CIP)
(Câmara Brasileira do Livro, SP, Brasil)

Magaldi, Sábato, 1927-
 Panorama do teatro brasileiro / Sábato Magaldi.
– 6. ed. – São Paulo : Global, 2004.

ISBN 978-85-260-0561-7

1. Brasil – Teatro e sociedade. 2. Teatro – Brasil – História e crítica. I. Título.

97-3903   CDD–792.0981

Índices para catálogo sistemático:

1. Brasil : Teatro : História e crítica 792.0981

Direitos Reservados

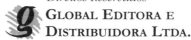

Global Editora e Distribuidora Ltda.

Rua Pirapitingui, 111 – Liberdade
CEP 01508-020 – São Paulo – SP
Tel.: 11 3277-7999 – Fax: 11 3277-8141
e-mail: global@globaleditora.com.br
www.globaleditora.com.br

Obra atualizada conforme o **Novo Acordo Ortográfico da Língua Portuguesa**

Colabore com a produção científica e cultural.
Proibida a reprodução total ou parcial desta obra
sem a autorização do editor.

Nº de catálogo: **2038**

Para
Antonio Candido

NOTA INTRODUTÓRIA À TERCEIRA EDIÇÃO

PASSARAM-SE três décadas e meia desde a primeira edição de *Panorama do teatro brasileiro*, e o melhor seria incorporar ao texto todas as realizações e pesquisas que enriqueceram a bibliografia especializada. A tarefa, na verdade, importaria em escrever outro livro, com espírito diverso, já que esperanças se frustraram e novos valores se impuseram.

Mantida a forma original, acreditou-se na preservação de um documento, que guarda unidade, exprimindo uma perspectiva cara ao autor e partilhada por companheiros do mesmo trajeto. Acha-se embutido, do capítulo inicial ao último, o ideário estético pertencente a toda uma geração.

Como a realidade, sob múltiplos aspectos, se alterou, acrescentaram-se ao volume de 1962 dois trabalhos – um, de 1987, que apresenta uma síntese da dramaturgia moderna, e o segundo, de 1996, que dá conta das tendências contemporâneas em nosso palco.

Talvez apenas uma verdadeira História do Teatro Brasileiro, realizada por vários estudiosos, possa satisfazer a legítima curiosidade dos leitores.

Sábato Magaldi, 1997

PERSPECTIVAS

AINDA é comum afirmar-se, quando se procuram critérios absolutos ou se fazem comparações com as melhores realidades europeias e norte-americanas, que o teatro brasileiro não existe. Algumas peças de valor isoladas não formam uma literatura dramática, nem poderiam almejar cidadania universal. O nível e a concepção das montagens, nas encenações mais felizes do Rio de Janeiro e de São Paulo, contêm-se nos modelos estrangeiros que lhes deram origem. Não se definiu ainda uma especificidade da cena brasileira, capaz de agir como elemento dinamizador de outras culturas. É mínimo, ademais, o índice de integração do teatro na vida brasileira: os espetáculos de êxito invulgar atingem, nas capitais, apenas 2% da população, e poucas vezes atravessam seis meses de cartaz, em salas cuja capacidade média é inferior a quinhentos lugares.

Essa visão pessimista, se não merece ser tachada de leviana ou gratuita, tem o defeito de desconhecer a perspectiva histórica e sobretudo a situação do teatro em todo o mundo. Fomos, até a proclamação da Independência, em 1822, colônia de Portugal, e o teatro português, depois de Gil Vicente (porventura o maior autor de seu tempo, em quaisquer dramaturgias), não conheceu outra época de fastígio. A colonização brasileira principiou efetivamente em meados do século XVI, quando já havia desaparecido o autor da *Farsa de Inês Pereira*. Se não se realizava um grande teatro, na metrópole, como reivindicá-lo para um país colonizado? A Independência precedeu de alguns anos a descoberta da escola romântica, e as implicações populares e nacionais do movimento tiveram influxo decisivo na tomada de consciência do nosso palco. Costuma-se mesmo datar do Romantismo o aparecimento do teatro brasileiro, e José Veríssimo, historiador da literatura de lucidez crítica incontestável, chega a escrever, em 1912: "Produto do Romantismo, o teatro brasileiro finou-se com ele". A verdade é que, se não pode rivalizar com as melhores produções da poesia ou do romance, a literatura dramática vem procurando impor-se, continuamente, entre nós. Na própria França, que passou a ser, a partir do Romantismo, a fonte quase única das nossas experiências cênicas, a dramaturgia se coloca, pelo menos desde o século XIX, em posição inferior à dos outros gêneros literários. Não se ensejaram novas ocasiões para o florescimento de épocas semelhantes à da Grécia do século V a.c., do teatro elisabetano, do renascimento espanhol ou do classicismo francês. Desde Antoine a fins da Segunda Guerra Mundial, costuma-se considerar o palco francês obra de encenadores, não de dramaturgos. A crise da criação literária não poderia poupar, milagrosamente, o Brasil, que nem dispunha de tradição para servir-lhe de apoio. Não se deve esquecer, sobretudo, que o bom teatro é exceção, em todo o mundo. A média das temporadas, nas várias capitais cênicas, é de reconhecida mediocridade. Poucos são os textos que se salvam e permitem conjeturar que venham mais tarde a ser citados na história. O normal da existência do teatro, pelo menos enquanto subsistirem as condições da sociedade atual, é o comercialismo, que apenas se disfarça numa montagem cuidada, fator indispensável ao seu êxito. Hoje em dia, o teatro brasileiro sofre as mesmas vicissitudes do teatro em Paris, Londres, Roma ou Nova York, e se irmana a ele, em luta idêntica pela sobrevivência. Nossas melhores peças são muito superiores à média das produções das temporadas estrangeiras, e, se essa afirmativa não tem especial significado, pode servir de antídoto ao inibidor complexo de inferioridade brasileiro.

O vislumbre de otimismo não nos deve levar, porém, a considerações que fujam à realidade. É difícil responder à pergunta: quais as peças do nosso antigo repertório capazes de resistir a uma encenação moderna? Mesmo os textos que encerram valor teatral inequívoco envelheceram ou não dispõem de substrato para sensibilizar a plateia de hoje. Da galeria não muito rica de obras, que, de qualquer maneira, somam algumas centenas, poucas encontram um denominador comum com os interesses atuais. Parecem mais vivas ao crítico aquelas que se denominam comédias de

10

costumes, nas quais, à réplica divertida e saborosa, se acrescenta um mérito aparentemente extraestético, que funciona como estimulante do gosto artístico: o documental. Inegável sabor irônico enriquece a leitura de comédias de Martins Pena, Joaquim Manoel de Macedo, José de Alencar, França Júnior e Artur Azevedo, em que, na sátira de tipos e situações pertencentes ao passado, reconhecemos a atualidade das características fixadas. O encontro de marcas do presente, em vestes antigas, incorpora à leitura maiores laivos culturais. Já o drama brasileiro, com raras exceções, não parece suportar a prova do palco moderno: incidindo frequentemente no melodramático, ingênuo nos arroubos e nos conceitos, perdido em peripécias sem suporte psicológico, tende a cair no ridículo. Pouquíssimos textos alcançaram equilíbrio estrutural digno de atenção, e só merece maiores cuidados críticos, no gênero, a obra de Gonçalves Dias.

O balanço melancólico não deve levar a falsas conclusões. Para uma companhia profissional, muito pequenas são as possibilidades de contar com o repertório do passado. Cabe, contudo, a indagação: em quantos países o aproveitamento de obras antigas constitui rotina do presente? Só excepcionalmente um conjunto inglês preso a compromissos comerciais se aventura a reviver Shakespeare, e na França se verifica fenômeno semelhante, com relação a Molière ou a Racine. A montagem dos clássicos participa de uma esfera cultural especializada, em que os governos intervêm como propiciadores de meios, preocupados na preservação do patrimônio artístico. A eficácia de uma obra sobre o público está intimamente ligada à sua contemporaneidade absoluta. As grandes épocas do teatro se fizeram com peças criadas no momento, na língua original da representação. Um autor de gênio escreve para ser ouvido, naquele instante, por um público ávido de reconhecer-se nos diálogos. Fugir dessa lei importa em trazer ao espetáculo outros valores, que não são os da comunicação direta entre texto e plateia. Essa verdade elementar não se desmente pelas antecipações da obra de arte, que muitas vezes só pode ser plenamente apreciada no futuro. Acreditamos, por exemplo, que apenas a sensibilidade moderna está capacitada a assimilar a riqueza incomparável de um *Dom Juan*, de Molière. Mas, ao tempo em que foi criada, a peça se comunicava ao público pelos valores próprios do momento. Parece-nos que, se uma companhia oficial se dispuser a reviver metodicamente o repertório do passado, em montagens de alto nível, em breve diversas obras deixarão de pertencer ao frio museu das raridades bibliográficas. Tornando-se, quando menos, alimento para os estudantes, criarão o gosto pela nossa literatura dramática, e formarão um acervo histórico vivo, sem o qual não se enraízam as revoluções literárias.

Demoramo-nos nesse preâmbulo porque ele nos parece indispensável para a compreensão do teatro brasileiro. A psicologia dos nossos melhores dramaturgos, intérpretes e críticos está eivada da convicção de que nenhuma herança nos veio do passado. Ninguém, infelizmente, nos ensinou a amar o teatro brasileiro. Enquanto, nas escolas, nos transmitem o gosto pela poesia e pelo romance, nenhum estudo é feito da literatura dramática. As histórias literárias relegam a plano inferior, frequentemente desprezível, a produção teatral. Os textos, na quase totalidade, não foram mais editados. Com a tranquila certeza de que "o teatro é a parte mais enfezada da nossa literatura" (como observou o crítico Sílvio Romero), abandonou-se o corpo raquítico à própria sorte, e ele praticamente perdeu qualquer vitalidade aos olhos dos brasileiros. Há um quase esnobismo em negar-se a existência da nossa dramaturgia: os autores deleitam-se na ilusão de que são os primeiros a fazer bom teatro no país; os intérpretes não precisam preocupar-se com os textos da língua, desejando apenas encarnar os heróis universais; e os críticos justificam inconscientemente a sua ignorância, podendo acreditar, também, que inauguram a sua profissão. Não será nem a próxima geração a mudar essa perspectiva para exame do teatro brasileiro. Precisamos, antes de uma análise que possa considerar-se rigorosamente sistemática da dramaturgia nacional, proceder ao levantamento e à publicação dos textos. Sem que se disponha dos documentos, será vã qualquer tentativa de elaboração de uma história do nosso teatro. Tateamos no escuro, emitimos juízos que poderão, à luz de novos dados, ser totalmente refeitos. Paralelamente à valorização que hoje se processa do teatro brasileiro, é tarefa obrigatória o lançamento das bases de nossa historiografia cênica.

E pensar que, em quatro séculos, nossos problemas foram sempre tão semelhantes e salta, evidente, uma unidade real em todas

12

as nossas manifestações dramáticas! Desde a introdução do teatro, em nosso território, se verificam algumas constantes sugestivas, testemunho de uma luta incansável para conferir dignidade ao trabalho do palco. Na tarefa civilizadora do gentio e também dos portugueses que para aqui vieram, o jesuíta José de Anchieta, nascido nas Canárias, escreveu e representou os primeiros autos compostos no país. Era um estrangeiro que trazia do centro colonizador o instrumento cênico, de alcance seguro na catequese. Mas, em vez de impor na nova terra os padrões europeus, logo se afeiçoou ao espírito indígena, chegando a realizar peças inteiras na língua tupi. As exigências específicas da América distanciaram as produções de qualquer molde preestabelecido, e não será exagero reconhecer o selo de brasilidade em sua estrutura tosca e primitiva. O esforço de aculturação, nesse empreendimento gigantesco de trazer os índios para a crença cristã, moldou a forma de um novo veículo cênico, que não podia ser inteiramente autóctone mas não se pautava por rígidas regras estrangeiras.

Em contrapartida, se foi um catequizador que procurou exprimir o gênio nacional incipiente, Botelho de Oliveira, o primeiro comediógrafo nascido em nosso solo, preferiu escrever em espanhol, imitando autores peninsulares. Era o desejo, por parte de um brasileiro, de participar do cenáculo civilizado, sem quaisquer resquícios nativistas.

Nesse jogo dialético de afirmação nacionalista e de atualização pelos padrões europeus decorreu, até agora, toda a história do teatro brasileiro. Gonçalves de Magalhães, ao escrever *Antônio José ou O poeta e a Inquisição*, primeira tragédia de assunto nacional, representada por companhia nacional (João Caetano estreou o espetáculo em 1838), adaptava ao Brasil as lições do Romantismo. Foi um francês – Emílio Doux – quem iniciou, entre nós, o método de maior naturalidade na representação, relegando ao passado os versos declamatórios. Praticamente todos os dramaturgos brasileiros condenam a moda alienígena, queixam-se da preferência de empresários e público pelas obras traduzidas, e se ressentem do desestímulo do meio. José de Alencar desabafa, num admirável estudo sobre o teatro brasileiro (a propósito de *O jesuíta*, peça de sua autoria, cuja estreia foi um malogro, em 1875): "Na alta-roda vive-se à moda de Paris; e como em Paris não se representam dramas nem comédias brasileiros, eles, *ces messieurs*, não sabem o que significa teatro nacional". Essa frase é bem a súmula da mentalidade brasileira, até cerca de cinco anos atrás. Sintetiza a queixa justa dos nossos dramaturgos, que tiveram pouca possibilidade de expandir-se, em virtude da alienação das nossas plateias, recrutadas em geral entre as classes mais favorecidas financeiramente.

Ao mesmo tempo em que se rebelavam contra o predomínio estrangeiro, nossos dramaturgos não conseguiam fugir às determinações das novas escolas europeias, fiéis que tinham de ser ao clima da época, registrado com natural antecedência nos centros culturais. Daí a necessidade permanente de se atualizarem pelas renovações dos teatros mais adiantados, adaptando-as à realidade brasileira. Uma casa de espetáculos de assinalada importância no movimento nacional foi, no Rio de Janeiro, o Ginásio Dramático, nome brasileiro do Gymnase parisiense. A assimilação da cultura europeia, fecundando-a com as características do país, tem sido, de resto, nossa maneira de acertar o passo pelo progresso universal, sem estiolar a especificidade que nos distingue.

Nestes últimos anos ocorre um fenômeno que ilustra, melhor talvez do que outros, a veracidade do raciocínio. As técnicas modernas da encenação foram introduzidas no Brasil em 1943, por Ziembinski, um polonês. Só nessa data conhecemos a fórmula posta em prática há algumas décadas de subordinar-se o conjunto do espetáculo à visão unitária do diretor. Empregamos pela primeira vez recursos variados de iluminação, cenários ao gosto estético atual e a liberdade expressiva dos numerosíssimos contemporâneos. A peça – *Vestido de noiva*, de Nelson Rodrigues, autor brasileiro – favorecia a experiência, e, na sua decomposição em vários planos, libertava o nosso palco da tradicional sala de visitas, para inscrevê-lo sob o signo das novas correntes estrangeiras. A benéfica influência de Ziembinski, num pós-guerra em que muitos talentos não enxergavam a recuperação europeia, abriu o caminho para que perto de uma dezena de diretores estrangeiros viesse colaborar com as nossas companhias profissionais. Seus países se recompuseram com maior rapidez do que se acelerou o ritmo inflacionário no Brasil, e vários nos deixaram. A desvalorização da moeda brasileira não constitui atrativo para que outros encenadores se disponham a atravessar o Atlântico. O desdobra-

14

mento dos conjuntos exigiu a aparição de novos nomes, e nos últimos anos começou a surgir o diretor brasileiro. Os jovens se valeram das lições dos encenadores europeus, e utilizaram como bandeira o propósito de pesquisar um estilo nacional de desempenho, que se ajustasse melhor ao surto de peças originais. Vivemos, no momento, sob o signo da afirmação da nossa juventude – dramaturgos e encenadores. A pesquisa do estilo nacional se define, porém, como aproveitamento dos métodos de um *Actors' Studio* para o encontro da realidade norte-americana ou da teoria de Brecht e das inovações de Planchon para a expressão de uma nova estética do espetáculo.

Por essa preocupação de não se alhear das melhores fontes estrangeiras, nosso teatro alcançou agora uma vitalidade surpreendente, e é talvez, hoje em dia, a arte brasileira mais participante. Enquanto outros gêneros ainda persistem no cultivo de problemas formalistas, grande parte do teatro se debruça sobre a nossa realidade, e se coloca na vanguarda das legítimas aspirações populares, sem abdicar dos pressupostos estéticos. Sua melhor parcela integra o movimento de emancipação nacional. Nessa linha, aliás, ele apenas mantém viva uma tradição do palco brasileiro – a de situar-se ao lado das causas progressistas. Nossas peças do passado advogaram a fusão das raças, a Independência, o Abolicionismo, a República, e estigmatizaram os diversos erros da sociedade. Sempre ampararam os oprimidos, combatendo qualquer forma de tirania. Pautaram-se, no melhor sentido da expressão, pelas preocupações didáticas. Tribuna, escola ou púlpito, aliaram o objetivo artístico ao propósito de fixar uma imagem completa do homem, assim como o teatro grego não pode ser considerado mera manifestação formal, mas tira seu pleno vigor da totalidade dos conhecimentos. Estética, no caso, compreende filosofia, religião, política e ciência. Intuitivamente, nossos melhores dramaturgos nunca se furtaram a praticar uma literatura empenhada. A nova geração recusa o teatro como entretenimento e proclama o seu elevado alcance social. Ao acolher as melhores experiências europeias, ela abandona, de certa forma, o provincianismo nacionalista, para integrar-se na corrente vanguardeira internacional, que arrasta o teatro em todo o mundo.

O TEATRO COMO CATEQUESE

AS PRIMEIRAS manifestações cênicas no Brasil cujos textos se preservaram são obra dos jesuítas, que fizeram teatro como instrumento de catequese. Os colonizadores portugueses haviam trazido da metrópole o hábito das representações, mas, não se ajustando elas aos preceitos religiosos, Nóbrega incumbiu Anchieta (1534-1597) de encenar um auto. O jovem evangelizador, cognominado, pela tarefa admirável de cristianização dos silvícolas, o "Apóstolo do Brasil", tinha pendores literários diversos, e se distinguiu no gênero epistolar, na gramática e na poesia, de lirismo devoto e inspirada fatura. A recente divulgação de *Poesias* (Comissão do IV Centenário da Cidade de São Paulo, 1954), enfeixando alguns autos antes publicados por Maria de Lourdes de Paula Martins, organizadora do volume (*Boletins I* e *III* do Museu Paulista), e outros, ainda inéditos, permite que se avalie hoje o mérito do teatro anchietano.

Não será o caso de acreditar, a propósito do jesuíta, que tenha sentido a vocação irresistível do palco. Os vários autos, desiguais na forma e no resultado cênico, parecem uma aplicada composição didática de quem tinha um dever superior a cumprir: levar a fé e os mandamentos religiosos à audiência, num veículo ameno e agradável, diferente da prédica seca dos sermões. Acresce que os índios eram sensíveis à música e à dança, e a mistura das várias artes atuava sobre o espectador com vigoroso impacto. A missão catequética dos autos se cumpria assim facilmente.

Mas não se deve reduzir a importância teatral da contribuição de Anchieta. As limitações de seus autos, obras de circunstância, são menos oriundas de deficiências próprias do que do primarismo quase genérico da literatura medieval. Em cinco séculos de tentativas cênicas, na Idade Média, guardamos poucos textos reli-

16

giosos realmente significativos, como o *Auto de Adão, O milagre de Teófilo e Todomundo*. O teatro de Gil Vicente, extraordinário pela poesia, riqueza de tipos e multiplicidade de gêneros, pecava por outra lacuna, que mais ou menos se observa em toda a produção medieval: a frágil composição cênica, a rude estrutura dramática. Quando os autores medievais deixaram de concentrar a peça num momento privilegiado da vida do herói (técnica grega ligada ao conceito de *fatum*, que se exerce pelo arbítrio divino, em qualquer instante, estabelecendo no texto uma obrigatória unidade), admitiram que os milagres e os mistérios se derramassem em quase incontrolável duração. Com efeito, importando para o cristianismo todos os atos do homem, reconhecido desde o nascimento pelo pecado original e preso a um juízo inapelável, depois da morte, o teatro não podia contentar-se mais com a escolha de episódios significativos. Tudo é fundamental na existência do cristão. Daí a necessidade de espraiar-se o autor em peripécias inumeráveis, e o problema quase intransponível de constituir uma unidade literária. Os vastos mistérios puderam passar para o palco graças à descoberta ingênua e eficaz da encenação simultânea, em que as várias mansões, ladeando-se no estrado, eram um apelo ao espírito imaginoso do espectador. As dimensões e a pluralidade de caminhos dos autos medievais romperam muitas vezes o necessário nervo do espetáculo, a que o público assistia como a um arranjo algo descosido.

Embora escrito em tempos já esclarecidos pela Renascença, o teatro de Anchieta, quer por ser de autoria de um jesuíta, quer pelos objetivos a que se destinava, deveria filiar-se à tradição religiosa medieval. Nenhuma outra forma se ajustava mais que o auto aos intuitos catequéticos. A análise das peças não revela apenas um parentesco ou derivação: os milagres dos séculos XIII e XIV e os autos vicentinos, passando por exemplos ibéricos, entrosam-se para formar a fisionomia dos textos anchietanos. Todo o universo religioso, presente na dramaturgia medieval, se estampa nas oito obras mais caracteristicamente teatrais conservadas do canarino. A hagiografia fornece matéria para vários textos. A intervenção de Nossa Senhora, como nos milagres, permite o desfecho feliz de uma trama. O paganismo anterior da vida dos silvícolas, com seus costumes condenáveis, é estigmatizado à luz do bem e da moral cristãos. Celebram-se as efemérides expressivas que alteram o cotidiano colonial, como a chegada ao Espírito Santo de uma relíquia das Onze Mil Virgens, ou o recebimento que fizeram os índios de Guaraparim ao padre provincial Marçal Beliarte. Os princípios religiosos, encarnados muitas vezes em personagens alegóricas e simbólicas, acotovelam-se com seres reais do mundo à volta. Nesse ponto, como em outros, prevalece a familiaridade cristã com o sobrenatural, e a abstração de certas figuras condena pecados bastante concretos para a audiência, e os costumes atuais dos indígenas desfilam ao lado de imperadores romanos, num anacronismo só aceitável pela visão unitária do universo religioso. A dicotomia fundamental da Idade Média persiste nos autos jesuíticos: defrontam-se, por fim, o bem e o mal, os santos, anjos e outros nomes protetores da Igreja com as forças demoníacas, corte variada de diabos ostentando nomes de índios inimigos. A santidade, a pureza e a retidão acabam por triunfar das tentações de Satanás, covarde e impotente em face dos emissários divinos. Implanta-se a religião com fé inexorável.

Ao leitor desprevenido espanta o plurilinguismo de alguns textos. Cenas são representadas em português, outras em castelhano e ainda muitos diálogos são travados em tupi. Os espetáculos que se destinavam apenas aos indígenas utilizavam a sua língua, como veículo mais direto de comunicação. A alternância de cenas nas três línguas supõe a presença de um público mais familiarizado com as condições da terra – índios que já assimilaram o português e o espanhol e colonizadores que aprenderam o vocabulário tupi. Não é mera retórica julgar que o plurilinguismo teatral tenha contribuído para a fusão das raças.

Sabemos que, na obra de Gil Vicente, o emprego do espanhol era consequência dos hábitos da corte: as classes elevadas falavam o castelhano, enquanto o vernáculo era o idioma do povo. Esse costume pode explicar, em linhas gerais, a linguagem das peças vicentinas, sempre de um realismo preciso na adequação aos tipos retratados.

Desaparecendo, entre nós, a sustentação psicológica do uso português, devem ser outros os motivos da prática anchietana. Era natural que as personagens de nomes indígenas se comunicassem no seu próprio idioma. Para as réplicas em espanhol, encontra-se justificativa, num caso específico, no texto de *Na Vila de Vitória*. Pergunta o Governo à "Villa de Victoria": "pois que sois de Portugal,/ como falais castelhano?" – ao que a interlocutora responde: "Porque quiero dar su gloria,/ a Felipe, mi señor,/ el cual siempre es vencedor,/ y por él habré victoria/ de todo perseguidor./ Yo soy suya, sin porfia,/ y él es mi rey de verdad,/ a quien la suma bondad/ quiere dar la monarquia/ de toda la cristiandad". Trata-se de reconhecer como soberano a Filipe II, de Espanha, pela supremacia da religiosidade. Considere-se, ademais, a origem de Anchieta, e sobretudo a passagem de Portugal e suas colônias, em 1580, para o domínio espanhol.

Atribuem os historiadores ao *Auto da pregação universal* a primazia da composição, na obra anchietana. A circunstância de existirem dele apenas alguns fragmentos faz que até o significado do título seja conjetura, impossível de comprovar-se. Três hipóteses explicariam o nome: foi escrito em tupi e português, podendo alcançar todo o público da época; representou-se em várias partes do Brasil; ou se reuniu para vê-lo, em São Vicente, toda a Capitania, justificando assim a universalidade da pregação. O Padre Serafim Leite data-o entre 1567 e 1570, depois provavelmente da Campanha do Rio e antes do falecimento de Nóbrega, que o encomendou. Lendas misturam-se à notícia da sua representação, contribuindo para a aura de santidade que envolve a figura do autor. Encenado ao ar livre, uma tempestade ameaçava desabar sobre o local. Somente após o fim do espetáculo, que durou três horas, caíram as águas.

Já a peça *Quando, no Espírito Santo, se recebeu uma relíquia das Onze Mil Virgens* pode ser estudada. A brevidade da composição (apenas 272 versos, em português) permitiu que um esquema simples e espontâneo fosse observado, interessando o leitor. O Diabo afirma, no início do diálogo, que tem embargos para que a donzela (Santa Úrsula) seja do lugar, Vila de Vitória. Replica o Anjo que o "peçonhento dragão" não tem ali mando nem poder. Deus quer que a "soberba inchada" do Diabo seja "derribada/ por uma mulher pequena". Queixa-se o Demo da "cruel estocada", "Porque mulher me matou,/ mulher meu poder tirou". Afasta-se o Diabo com a promessa de tentar, de novo, a povoação, mas, na peça, ele não volta. A Vila de Vitória recebe a Virgem, e Santa

Úrsula constitui-se advogada do lugar, juntamente com o padroeiro São Maurício, que a acolhe. Antes de ser levada ao altar, em companhia dos santos Maurício e Vital (este tem mais a função de interlocutor, para que o primeiro não monologue), Santa Úrsula se dirige ao público: "Se os nossos portugueses/ nos quiserem sempre honrar,/ sentirão poucos reveses/ e de ingleses e franceses/ seguros podem estar". A fé cristã é arma contra o inimigo. Celebração de um acontecimento religioso, a peça não procura ir além de uma adequada singeleza.

Dia da Assunção destinou-se a comemorar a vinda da imagem de Nossa Senhora a Reritiba (atual Anchieta, no Espírito Santo). Vazada em pouco mais de cem versos, escritos em tupi, a peça pede a bênção divina para os fiéis, afastando dali o demônio. O Anjo invoca inicialmente a Virgem Maria, e apela para ela: "Afasta as enfermidades/ – febres, disenterias,/ as corruções e a tosse – / para que seus habitantes/ creiam em Deus, seu filho". Fogem o Diabo e seus companheiros da aldeia, antes que os expulsem, e seis selvagens, que dançam, se votam a Nossa Senhora. Como em outros textos, os acontecimentos do dia imiscuem-se na trama, e os índios chegam a falar: "Estamos aflitos/ com a moléstia do padre./ Vem, mãe de Deus,/ saná-la depressa!". O teatro era também uma forma de oração.

Dos autos divulgados, *Na festa de São Lourenço* define-se como o mais complexo e rico de interesse. Não nos cabe discutir o problema da autoria, que Maria de Lourdes de Paula Martins, com boas razões, atribui a Anchieta, enquanto o erudito historiador Serafim Leite admite ao menos a colaboração do Padre Manoel do Couto, na parte portuguesa. A peça, trilíngue, foi representada em 1583 ou em data pouco anterior, no terreno da capela de São Lourenço, em Niterói. A homenagem ao santo, com a representação, numa festa popular, vincula-se talvez ao hábito medieval de celebrarem as cidades, no palco, os feitos de seus padroeiros, em datas comemorativas.

Simples nos pressupostos e no desenvolvimento, como não poderia deixar de ser uma obra de objetivos catequéticos, *Na festa de São Lourenço* colore-se pela variedade de personagens e de cenas, com martírio, canto, luta, enterro e dança.

Martirizado São Lourenço, aparecem os três diabos, que desejam destruir a aldeia com pecados. Guaixará é o rei dos diabos, e Aimbirê e Saravaia, seus servidores. Esses nomes são tomados de índios tamoios, que se aliaram aos conquistadores de França contra os portugueses. O inimigo terreno identifica-se, assim, ao inimigo religioso, reforçando a simbolização maléfica dos demônios. Ao desejarem ter sob o seu jugo a aldeia, os diabos advogam a permanência dos velhos costumes indígenas, incentivando a bebida do cauim, o hábito do fumo, a prática do curandeirismo. Exclama Guaixará: "De enfurecer-se, andar matando,/ comer um ao outro, prender tapuias,/ amancebar-se, ser desonesto,/ espião, adúltero/ – não quero que o gentio deixe". Aimbirê narra as façanhas de perversão dos tupis e se amedronta ante a tarefa de tentar os tamoios da aldeia, por causa do virtuoso São Lourenço, "seu valente guardião". Quando Guaixará se dispõe a assaltar a aldeia, São Lourenço salta em sua defesa, e os diabos acabam sendo aprisionados, com a ajuda do Anjo e de São Sebastião. Os próprios demônios tornam-se instrumento da vontade divina, na ordem de afogar os imperadores romanos Décio e Valeriano, famosos pelas perseguições ao cristianismo. Numa liberdade que tenderíamos a considerar incoerência, Aimbirê dá lição de moral, em castelhano, a Décio, e Valeriano, a certa altura, replica ao diabo em tupi...

O mal não é irremediável, porque, se Guaixará proclama que "a taba inteira é pecadora", São Lourenço lembra a existência da confissão. O arrependimento e o caminho do bem vão instaurar a virtude na aldeia. A personagem alegórica Temor de Deus transmite seu recado ao pecador, no qual se ouve: "Sabor parece el pecado,/ muy más dulce que la miel,/ mas el infierno cruel,/ después te dará un bocado,/ más amargo que la hiel". O recado de Amor de Deus se transmite em fala mais amena: "Ama a Dios, que te creó,/ hombre, de Dios muy amado!/ Ama, con todo cuidado,/ a quien primero te amó". Deus pede só o amor do homem: "Dale todo cuanto tienes,/ pues cuanto tiene te dió". Na dança final de doze meninos, invocando São Lourenço, afirmam-se em tupi todos os bons propósitos de seguir os ensinamentos cristãos. O fim da representação criava um clima propício para que o público, em verdadeiro coro, formulasse idênticos votos de viver segundo os preceitos religiosos.

21

Na fatura desse auto, Anchieta preocupou-se em fixar elementos diferenciadores, índice de maior elaboração literária. Não está presente um só diabo, personificação abstrata do mal, e os três demônios, coadjuvados por auxiliares menores, se distinguem por vícios humanos pejorativos, como a covardia, a bebedeira e a mentira. A caracterização de Valeriano e Décio aproveita a técnica elementar do contraste: enquanto o primeiro treme de medo, o segundo se mostra arrogante, e declara: "Venzo a todos los humanos,/ casi puedo ser igual/ a los dioses soberanos". A soberba, castigada sempre na tragédia grega, encontra aqui também condenação. Na literatura medieval, a originalidade não era critério de valor para um texto. Sabe-se que os autores pilhavam uns dos outros, e a repetição de temas e processos não invalidava uma obra. Se essa norma se aplicava a criadores diversos, deveria ser muito mais aceitável que um dramaturgo refundisse uma peça própria, para montagem em outros locais e em circunstâncias diferentes. No teatro de Anchieta, o auto *Na festa do Natal* surge como um resumo de *Na festa de São Lourenço*, explicando-se as variantes pela redução de personagens e de cenas.

Desaparecem do elenco os santos e os imperadores, cuja presença se justificava, aliás, pela homenagem a São Lourenço. Concentram-se apenas em Guaixará (diabo), Aimbirê (seu criado) e Anjo os diálogos, que se distribuíam no texto anterior por muitas outras figuras. O autor escolhe o debate essencial entre os representantes das forças infernais e o emissário de Deus, polos entre os quais oscilam as vidas humanas. O Anjo, naturalmente, faz a prática aos ouvintes, e, como se trata de festejo natalino, conduz os três Reis Magos, que acompanham sempre a cena do presépio. Todos os diálogos, até agora, travam-se em tupi, e a dança final dos Reis, movimentando o quadro, é trilíngue. Liberta das desordenadas peripécias de *Na festa de São Lourenço*, *Na festa do Natal* talvez se ajuste mais aos padrões comuns de equilíbrio e harmonia.

Por analogia com as outras peças, Maria de Lourdes de Paula Martins denominou *Na Vila de Vitória* a um auto sem título, mais longo do que *Na festa de São Lourenço* (compõe-se, revela a tradutora e anotadora, de 1.674 versos), e escrito em castelhano e português. Apesar de algumas alterações e do acréscimo de outras personagens alegóricas – o Mundo, a Carne, a Ingratidão, o Governo – o auto não sugere comentários especiais. A permanência, entre as figuras, da Vila de Vitória e de São Maurício, ao lado de Satanás e Lúcifer, já indica o propósito de libertar a aldeia da influência maléfica do vício. Um Embaixador do Rio da Prata se dispõe a expulsar da região a *Ingratitud*, ou a levar de volta as relíquias do santo. Temor e Amor de Deus pregam sermão ao povo, e o primeiro diz estes versos, de elevado sentido espiritual: "Homem, fantasma sem vida,/ não vês que vives morrendo,/ pois tens a graça perdida?".

Do ponto de vista cênico, a chegada a Guaraparim do padre provincial Marçal Beliarte, que ia substituir Anchieta, não podia diferençar-se muito do recebimento das relíquias das Onze Mil Virgens. Era a entrada, no local, de um emissário do Bem, que precisava ser combatido pelo demônio e finalmente apoiado pelos habitantes contritos. O Anjo fala aos demônios que não prenderão a aldeia, porque a guarda com cuidado. Um índio quebra a cabeça do diabo. Uma dança de dez meninos, semelhante à de outros textos, encerra a representação. Aproveita o autor o ensejo da vinda do Padre Marçal para prestar-lhe homenagem, inscrever nas hostes divinas a aldeia anfitriã e pedir a bênção para o povo. Na tradução portuguesa do tupi, são estes os últimos versos da peça: "Vem, ó P. Marçal,/ abençoar esta aldeia,/ e suplica ao bom Jesus/ que a ensine a amá-lo".

Embora seja apenas citada no texto, Nossa Senhora intervém para o desfecho feliz de *Na aldeia de Guaraparim*, a mais longa obra teatral de Anchieta escrita em tupi. O esquema prende-se, assim, ao dos milagres, animando-se com a aparição de uma Alma, que acaba de desligar-se do corpo, e é assediada pelos demônios. Afirmando que confessou todos os pecados, e cumpriu integralmente a penitência, a Alma coloca-se sob a égide de Nossa Senhora. Por intermédio de um Anjo, a mãe de Deus ampara a suplicante, e estende o manto protetor sobre a aldeia. O diálogo da Alma com os Diabos mantém permanente vivacidade, e o leitor fica curioso, ao deparar com informações que não são tratadas dramaticamente, mas convidam à bisbilhotice: o gosto de espreitarem os índios casados as mulheres, enquanto cometem desonestidade...

23

Na Visitação de Santa Isabel, último auto de Anchieta, baseia-se neste mote: "Quién te visitó, Isabel,/ que Dios en su vientre tiene?/ Hazle fiesta muy solemne,/ pues que viene Dios en él". Indica o texto que Santa Isabel está sentada numa cadeira, na capela, antes de começar-se a missa, quando entra a visitá-la um romeiro castelhano. Os demônios foram expulsos de vez nos textos anteriores, e prevalece aqui apenas o lado piedoso e sereno, de quem está prestes a despedir-se das lutas humanas. Nossa Senhora vem agora à cena, para dirigir-se aos fiéis: "Yo soy el manto del mundo,/ que sus pecados cubri./ Yo soy la que mereci/ sacar del lago profundo/ los que se acogen a mi./ Quien me llama, que no alcance/ remedio para sus males?". Anchieta, que em toda a vida não fez senão aprofundar o culto piedoso da Virgem, parece ter alcançado remédio para seus males.

O caráter festivo das representações jesuíticas, realizadas em datas especiais, mobilizava todos os habitantes das aldeias, como na Idade Média a montagem dos mistérios recebia a colaboração de todo o burgo, ao menos para registrar o número surpreendente de espectadores. Os próprios índios, ensaiados pelos padres, incumbiam-se da representação de diversos papéis, compenetrando-se muito mais dos ensinamentos enunciados. As mulheres não figuravam no elenco, supondo-se, por isso, que interpretava a velha de *Na festa de São Lourenço* um homem caracterizado.

A inobservância de convenções enriquecia o cenário. No recebimento ao Padre Marçal Beliarte, passou-se do porto de Guaraparim ao caminho que levava à igreja, para se concluir o diálogo no terreno fronteira a ela. Como fossem mínimos os elementos construídos, a natureza, onde quer que ela estivesse, servia de pano de fundo à representação.

Por coincidência ou pelas peculiaridades de seu processo colonizador, o Brasil viu nascer o teatro das festividades religiosas. Na Grécia, essa origem, embora fosse de outro caráter o culto dionisíaco, veio propiciar mais tarde o apogeu da tragédia e da comédia. Não se pode afirmar que, no Brasil, os autos jesuíticos tiveram descendência. Entretanto, ao lado de seu valor histórico indiscutível, apraz-nos pensar que eles nos deram marca semelhante à dos inícios auspiciosos do teatro em todo o mundo.

VAZIO DE DOIS SÉCULOS

NÃO CHEGARAM a nós outras peças jesuíticas e, pelo menos até agora, não se descobriram textos que tenham sido representados durante o século XVII. Os pesquisadores anotam, aqui e ali, uma encenação, ao ensejo de uma festa comemorativa. Às vezes se guarda o nome de um autor, como os dos baianos Gonçalo Ravasco Cavalcanti de Albuquerque e José Borges de Barros, e do carioca Salvador de Mesquita, e o título de um ou outro texto. Em geral até mesmo se desconhece o assunto das obras, restando somente a indicação do festejo e a respectiva data.

Uma única exceção, até que alguma descoberta venha modificar os dados históricos atuais, se registra: conservam-se duas peças do baiano Manuel Botelho de Oliveira (1637-1711), considerado o primeiro comediógrafo brasileiro. Foi ele o mais antigo poeta do país a editar suas obras, o que não deixa de ser uma curiosidade histórica. Nenhuma boa vontade, contudo, nos autoriza a incluir o autor em nossa literatura dramática. As comédias foram escritas em espanhol, observando modelos hispânicos, e não parece que tenham sido representadas. O gênero que lhes foi atribuído ("descante cômico reduzido em duas comédias") negaria até a pretensão de que se destinassem ao palco.

Homem culto, de formação europeia, Botelho de Oliveira escrevia em quatro línguas, adotadas nos poemas da *Música do Parnaso*. Quanto às comédias, já observaram os críticos que *Hay amigo para amigo* é uma réplica a *No hay amigo para amigo*, de Francisco de Roja Zorrilla, e *Amor, engaños y celos* se aparenta a *La más constante mujer*, de Juan Perez Montalván. As duas peças assemelham-se mais a exercícios literários, feitos por alguém que tinha um certo gosto, mas pouco espírito criador. Os versos sucedem-se com habilidade e leveza, e não se tornam demasiado insossos, ao peso dos longos monólogos. A delicadeza de sentimentos e a finura e a elegância de alguns diálogos permitem supor que, se fossem outras as condições do meio, o autor poderia ter feito teatro para um público ocioso e cultivado.

A intriga de *Hay amigo para amigo* põe à prova o amor, em face da amizade. D. Diego e D. Lope amam D. Leonor, que gosta do primeiro. Optando pela amizade, D. Diego inventa que o pai o casou. D. Leonor pretende remediar a situação com outro amor, e se decide por D. Lope. D. Diego aceita a mão de D. Isabel, oferecida por D. Lope, seu irmão, e, depois de esclarecidos os antecedentes sentimentais dos protagonistas, os dois matrimônios podem realizar-se. A dúvida na escolha entre o amor e a amizade não chega a ter nenhuma convicção dramática para D. Diego, e bem assim o despeito não dá suficiente suporte psicológico à mudança de sentimento de D. Leonor. Nenhuma força real empenha as personagens, e as jornadas escorrem lisas e sem vida. Nem o intermédio cômico dos criados agita um pouco essa superfície mansa.

Escassa e inverossímil parece-nos a matéria de *Amor, engaños y celos*. Toda a trama gira em torno de um equívoco urdido por Violante: faz-se passar por Margarita, a fim de pôr à prova o amor de Carlos. Acontece que o Duque de Mântua gosta da Margarita real, e nascem então questões entre os dois homens. O autor combina com alguma invenção os vários enganos surgidos do estratagema: o Duque oferece a Carlos a mão de sua irmã Violante, e ele a recusa, fiel à imagem de Margarita; em face desse amor, o Duque abdica da amada para satisfazer a Carlos; ciúmes complicam a intriga, porque a Margarita real, em diálogo com Carlos, diz gostar do Duque, e Violante (disfarçada de Margarita) conta ao Duque seu amor por Carlos. Comprovada a autenticidade da inclinação deste por Violante, que ele pensava ser Margarita, é evidente que tudo deveria acabar bem. Uma convenção básica (o engano de Carlos a respeito da identidade da amada) sustenta a intriga. O leitor não se convence de sua verossimilhança, mas, se quiser fechar os olhos ao problema, consegue embalar-se ao som dos versos tênues. O diálogo não foge à razoável espontaneidade; a estrutura é que não convence, a ponto de justificar a dúvida acerca da destinação cênica do texto.

Dinero, o "gracioso", que há pouco rompera a regra do matrimônio geral ("y si el casarme desvela,/ Es sólo para enviudar"), encerra a peça com a explicação do título: "Se en comparaciones hablo,/ *Amor en la carne fundo*,/ *Engaños son todo el Mundo*./ Y los *celos* son el Diablo". Por que esse vazio teatral do século XVII? Além da falta de documentos (poderíamos conjeturar que é mais deles esse vazio), talvez algumas causas o expliquem: eram novas as condições sociais do país, não cabendo nos centros povoados o teatro catequético dos jesuítas; e os nativos e portugueses precisaram enfrentar os invasores de França e Holanda, modificando-se o panorama calmo e construtivo, propício ao desenvolvimento artístico.

Situação semelhante prolonga-se pela primeira metade do século XVIII, enquanto, na segunda, instala-se em muitas cidades um teatro regular, em "Casas da Ópera" edificadas para as representações. Cabe-nos considerar essa inovação um progresso essencial da atividade cênica, sobretudo porque os prédios teatrais foram utilizados por elencos mais ou menos fixos, com certa constância no trabalho. Sob o prisma da dramaturgia, persiste o vazio, porque só nos chegou o texto de *O Parnaso obsequioso*, de Cláudio Manuel da Costa. Apenas um nacionalismo excessivo pode fazer--nos incorporar à literatura dramática brasileira as "óperas" de Antônio José da Silva, que, embora nascido no Rio, pertence de fato ao teatro português.

Alguns documentos, compulsados sem a preocupação de esgotar o assunto, permitem-nos reproduzir informações sobre alguns espetáculos. Um dos mais interessantes se nos afigura o *Diário Histórico das Celebridades que na Cidade da Bahia se fizeram em Ação de Graças pelos felicíssimos casamentos dos Serenísimos Senhores Príncipes de Portugal e Castela*, impresso em Lisboa em 1729. O autor, o licenciado Joseph Ferreyra de Matos, depois de narrar oito procissões, compostas de danças e bailes, e outros episódios, escreve: "A última demonstração de afeto, e alegria, com que a Bahia coroou toda a sua celebridade nesta ação de graças, foram seis comédias, que à sua custa mandou representar o Senado na Praça de Palácio com a maior grandeza, e aparato, que jamais se viu, não perdoando a diligência alguma necessária para esta alegre representação. Ornava-se o vestuário de bastidores de muitas, e várias mutações de palácios, salas, jardins, bosques e arvoredos; e com tão próprias aparências de raios, trovões, mares, navios e nuvens, que mais pareciam realidades, que demonstrações fingidas". As seis comédias, intituladas *Los fuegos olympicos*, *La fuerza del natural*, *Fineza contra fineza*, *El monstro de los jardines*, *El desdem con el desdem* e *La fiera, el rayo y la piedra*, e cuja montagem, com os intervalos, cobriu de 5 a 20 de agosto, incluíam loas destinadas à glorificação da realeza e dos esponsórios. O narrador comenta, a respeito da loa deste último texto: "O assunto foi mostrar o Amor que não só as quatro partes do Mundo, mas também os quatro Elementos rendiam obediência aos dois Soberanos Monarcas Obedientíssimo, e Católico. Para este efeito fez o Amor que, visto estarem unidos em afeto, prestassem sua obediência aos dous Soberanos Monarcas".

No *Triunfo eucarístico* (*Exemplar da Cristandade Lusitana em pública exaltação da fé na solene trasladação do Diviníssimo Sacramento da igreja da Senhora do Rosário para um novo templo da Senhora do Pilar em Vila Rica*), escrito por Simão Ferreira Machado, vê-se que o acontecimento religioso, na cidade mineira, foi festejado também com representações teatrais. Narra o documento (transcrito na *Revista do Arquivo Público Mineiro*, ano VI, fascículos II e IV, julho a dezembro de 1901, editada em 1902 em Belo Horizonte), que houve "alternadamente três dias de cavalhadas de tarde; três de comédias de noite, três de touros de tarde". As comédias *El secreto a vozes*, *El príncipe prodigioso* e *El amo criado* foram representadas num tablado, que "se fez junto da Igreja, custoso na fábrica, no ornato e aparência de vários bastidores: viram-se nele insignes representantes e gravíssimas figuras". É pena que, sendo tão minucioso na narrativa da procissão e dos outros festejos, incluindo danças, serenatas e esplêndido banquete, o documento faça apenas aquela referência à parte teatral.

Imprimiu-se em 1762, em Lisboa, a *Relação das faustosíssimas festas que celebrou a câmara da Vila de N. Senhora da Purificação, e Santo Amaro da Comarca da Bahia pelos augustíssimos desposórios da Sereníssima Senhora D. Maria princesa do Brasil com o Sereníssimo Senhor D. Pedro, Infante de Portugal*, de autoria de Francisco Calmon. Entre outros festejos, realizou-se a montagem da comédia *Porfiar amando*, "à custa dos homens de negócio.

Encarregou-se a sua direção ao cuidado, e diligência de Gregório de Sousa e Gouvea, bem conhecido pela sua perícia assim na música, como na poesia. Ele foi o autor da loa, a que deu assunto o augusto matrimônio da Sereníssima Senhora Princesa com o Sereníssimo Senhor Infante D. Pedro, elogiado por quatro figuras, hieroglíficas dos quatro elementos, além da composição de dois bailes, e um sainete, com que ornou a mesma comédia. (...) Na noite do dia 22 se representou a Ópera da fábula de Anfitrião, que à sua custa expuseram os oficiais da Justiça, letrados e requerentes. Foi executada ao vivo pelos mais destros, e hábeis estudantes da classe do Reverendo Padre Mestre João Pinheiro de Lemos, morador na mesma vila. Nesta ópera tiveram os olhos muito que ver no precioso dos vestidos, e na excelente perspectiva dos bastidores, e os ouvidos muito com que se recrear na propriedade das vozes, na harmonia das árias e consonância dos instrumentos".

Como narrativa de representações do século XVIII, talvez sejam as mais interessantes as enfeixadas nas *Crônicas do Cuiabá*, de José Arouche de Toledo Rendon, a cujo manuscrito o prefaciador A. de Toledo Piza acrescentou a descrição de festas celebradas em 1790, em honra do ouvidor Diogo de Toledo Lara Ordonhes.

O cronista fornece a lista das pessoas que entraram nas funções principais, podendo-se ver, pela cronologia dos espetáculos, o brilho da parte teatral: dia 9 de agosto, comédia *Aspázia na Syria*; dia 11, comédia *Ourene perseguida e triunfante* (adiante se menciona tragédia de Irene); dia 14, entremez ou comédia do *Saloio cidadão*, com outro entremez; dia 16, comédia ou tragédia *Zenóbia no Oriente*; dia 18, tragédia de D. Ignez de Castro, seguindo-se entremez; dia 20, quatro entremezes; dia 23, comédia *Amor e obrigação*; dia 24, comédia do Conde Alarcos; dia 25, comédia de *Tamerlão*; dia 29, tragédia de *Zaíra*, de Voltaire, e entremez *O tutor enamorado*; dia 31, ópera de *Esio em Roma*; dia 3 de setembro, tragédia de *Focas* e entremez dos *Sganarellos*; e dias 8 e 11, outras comédias, cujos nomes não são mencionados.

Vê-se que, com exceção de Voltaire, nenhum nome de autor é citado. A distribuição dos papéis revela a ausência de atrizes, sendo as principais personagens femininas confiadas a alguns atores, que provavelmente se especializaram neles, por aparecerem seus nomes repetidos. A apreciação crítica das festas, que está truncada (J. Galante de Sousa considera-a o primeiro documento do gênero de que se tem notícia), ressalta o talento dos intérpretes, estreantes na maioria. Particularmente curiosa é a análise de *Tamerlão na Pérsia*, representada pelos crioulos. Escreve o comentarista, cuja identidade não se pode esclarecer com precisão, embora se presuma ser o próprio ouvidor, alvo da homenagem: "Quem ouvir falar neste nome dirá que foi função de negros, inculcando neste dito a ideia geral que justamente se tem que estes nunca fazem cousa perfeita e antes dão muito que rir e criticar. Porém não é assim a respeito de um certo número de crioulos que aqui há; bastava ver-se uma grande figura que eles têm; esta é um preto que há pouco se libertou, chamado Victoriano. Ele talvez seja inimitável neste teatro nos papéis de caráter violento e altivo. Todos os mais companheiros são bons e já têm merecido aplausos nos anos passados". Também há menção expressa de que a ópera de *Esio em Roma* foi representada pelos pardos.

Sentimo-nos em terreno mais firme diante de um texto preservado: *O Parnaso obsequioso*, drama de Cláudio Manuel da Costa (1729-1789). O futuro inconfidente escreveu a peça "para se recitar em música" no dia 5 de dezembro de 1768, data do aniversário de D. José Luís de Meneses, Conde de Valadares, Governador e Capitão-General da Capitania de Minas Gerais. São interlocutores Apolo, Mercúrio, Calíope, Clio, Talia e Melpomene, representando a cena o Monte Parnaso. *O Parnaso obsequioso* resulta num coro das musas e dos deuses olímpicos em louvor do aniversariante, novo governador das Gerais. Estranharíamos o tom bajulatório da pequena obra, se ele não fosse norma em todas as manifestações públicas da época. O elogio estende-se a todo o tronco dos Meneses. O mérito teatral é escasso, num verso duro, precioso e europeizante, que faz referência à "fereza" da terra.

Vila Rica dispunha, naquelas décadas, anteriores à Inconfidência, de intensa atividade artística, sobressaindo-se tanto a poesia como a escultura, e, pelo que se sabe agora, a música. Não acreditamos que *O Parnaso obsequioso*, drama circunstancial, defina as características do teatro dos árcades, que traduziram Metastásio e Maffei. Outro inconfidente, Alvarenga Peixoto (1744-1793), escreveu o drama *Eneias no Lácio*, infelizmente desaparecido. Pela qualidade literária dos poetas e pela importância de Vila Rica, na época, o desconhecimento quase completo de seu teatro é uma das lacunas mais lamentáveis do século XVIII.

O vazio se preencheria, com animador alento, se aceitássemos considerar nacional o teatro de Antônio José da Silva (1705-1739). A circunstância de ter nascido no Rio de Janeiro não lhe confere cidadania literária brasileira, porque sua vida e sua obra estão intimamente ligadas a Portugal. O Judeu, queimado aos 34 anos de idade, pela Inquisição, fez teatro para o Bairro Alto de Lisboa, e suas "óperas", que se filiam longinquamente às farsas populares plautianas, estão mais próximas do que se escrevia em sua época na Itália. Alguns críticos de autoridade, a cuja frente se encontra Sílvio Romero, procuram definir como brasileira a natureza do lirismo de Antônio José. Não conseguimos, num cômputo final, reconhecer que os possíveis laivos nacionais superem o cunho alienígena da obra. A nosso favor diriam elementos psicológicos. Sua família já deixou o Brasil quando ele tinha apenas oito anos, ao que parece por ordem da Inquisição: acusaram a mãe de judaísmo. Perseguido estupidamente pela corte religiosa, sob torpes alegações, teve de esconder-se no anonimato. Em contraste com a condição de vítima, suas peças se destinam ao riso franco, e com frequência ao menos elegante. Num dilaceramento íntimo que deve ter sido dos mais trágicos, Antônio José precisou renegar sempre a origem, para garantir a sobrevivência, que afinal lhe foi recusada. Como poderia ele buscar as raízes brasileiras? E essas raízes, sobretudo no caso, não seriam raciais, dominando as lembranças de um solo episódico? Em face da biografia, o teatro de Antônio José parece uma alienação de si mesmo – quanto mais do nascimento no Brasil. *Guerras do alecrim e manjerona*, *Anfitrião* ou *Esopaida* nada têm a ver com a nossa realidade. Tendem antes para a universalização de vínculos pouco nacionais. Seria a maneira de sentir-se o dramaturgo irmanado genericamente à espécie humana? O esforço para vencer o problema interior? A forma escolhida para desarmar a polícia inquisitorial? A figura de Antônio José, o único escritor teatral de mérito da literatura portuguesa, desde Gil Vicente e Antônio Ferreira, até Almeida Garrett, permanecerá um enigma para a posteridade. Se se quiser aquietar a consciência, pelo crime da Inquisição, afirme-se apenas que as "óperas" foram a manifestação espontânea e irrefreável do temperamento cômico do Judeu, que as circunstâncias adversas não deformaram. Em todo caso, nem a inspiração nem a língua das "óperas" traem a brasilidade de Antônio José. Assim como incorporamos Anchieta e tantos outros nomes estrangeiros ao nosso patrimônio literário e cultural, devemos ceder o Judeu às letras portuguesas. Com evidente prejuízo para nós, é claro.

As informações históricas sobre o estabelecimento de teatros e elencos, quer no Rio, quer em outras cidades, são imprecisas e levam quase sempre ao terreno das conjeturas e da divagação. Não se sabe, por exemplo, se a Ópera dos Vivos, cuja existência se deduz de menção a uma rua com o seu nome, em 1748, é a mesma Casa da Ópera, dirigida pelo Padre Ventura, no Rio de Janeiro. Considera-se o nome desse religioso como o mais antigo entre os brasileiros que realizaram espetáculos teatrais regulares na cidade. As notícias, incertas, mencionam que, além do padre, eram mulatos os outros atores, e o desempenho não ultrapassava o estádio rudimentar da arte. A Casa da Ópera foi destruída por incêndio em 1769, possivelmente quando se encenava a peça *Os encantos de Medeia*, de Antônio José. Cita-se também que várias outras "óperas" do Judeu foram ali representadas, o que vem confirmar que o Brasil só o descobriu muitos anos depois de sua morte.

Ao estímulo da prosperidade e do patrocínio oficial, espalham-se casas de espetáculos pelos principais centros do Brasil, sobretudo em fins do século XVIII. Vila Rica, a atual Ouro Preto, já possuía o seu teatro, que o historiador Salomão de Vasconcelos considera o mais antigo da América do Sul. Diamantina, Recife, São Paulo, Porto Alegre, Salvador e outras cidades participaram desse surto de estabilização cênica, infelizmente sem continuidade apreciável.

Permaneceríamos no arrolamento frio de nomes e datas, se procedêssemos à compilação completa da atividade teatral, no século XVIII. Falta-nos o instrumento de trabalho, para extrair, de referências incompletas e desencontradas, uma imagem nítida. Cumpre julgar como dado mais positivo das informações o hábito propagado de se construírem "Casas da Ópera". Procurava-se tirar o teatro dos tablados e dos locais de empréstimo, como as igrejas e os palácios, para uma residência própria. O edifício tendia a fixar a vida cênica, trazendo-lhe a regularidade, indispensável a um labor fecundo. Plantaram-se as salas, para que os elencos e os autores encontrassem preparado o seu laboratório de trabalho. O vazio do século XVIII pode ser transformado, assim, numa lenta e paciente preparação de um florescimento que viria mais tarde, quando fossem inteiramente propícias as condições sociais. No início do século XIX, não se alteram muito as características aqui apontadas. Será necessária a Independência política, ocorrida em 1822, para que o país, assumindo a responsabilidade de sua missão histórica, plasme também o seu teatro.

O ENCONTRO DA NACIONALIDADE

O PAPEL de Gonçalves de Magalhães no teatro brasileiro foi sobretudo o de dar consciência e impulso orientador a uma aspiração íntima do país, quando chefiou o grupo literário que introduziria entre nós o Romantismo. Em Paris, editou a revista brasiliense *Niterói* e seu livro *Suspiros poéticos e saudades*, publicado também na capital francesa, permanece o marco de introdução da nova escola em nossa literatura. Os méritos propriamente artísticos do pioneiro não estusiasmam a crítica posterior, embora ninguém lhe recuse a importância histórica.

Magalhães nasceu em 1811 e era apenas um menino ao proclamar-se a Independência do Brasil. Assistiu, na adolescência, ao princípio de afirmação da nacionalidade, que vinha consolidar os melhoramentos introduzidos por D. João VI no país, ao transferir para o Rio de Janeiro, em 1808, a corte portuguesa. A sede de um reino não poderia limitar-se ao acanhado âmbito de colônia, e tudo prosperou, a partir de fins da primeira década do século. À abertura dos portos ao comércio livre, aos novos direitos políticos e ao incremento econômico, somou-se a criação de bibliotecas, museus, jornais e escolas superiores, e o incentivo da vida artística, dentro da qual o teatro se tornaria de fato uma atividade regular. A Independência foi longamente preparada por uma literatura de moldes nativistas: depois que D. Pedro I a proclamou, em 1822, as artes deveriam incorporá-la à sua expressão.

O clima internacional da época favorecia as novas tendências nacionalistas. Chegado a Paris, Magalhães encontrou ambiente diverso do neoclassicismo em que se formara no Brasil. Victor Hugo já havia lançado o prefácio do *Cromwell* e fora recentemente travada a batalha do *Hernani*. Esse impacto calou fundo na sensibilidade menos derramada do jovem brasileiro, que se votava

34

também às meditações filosóficas. Colheu do Romantismo o que lhe parecia mais aproveitável, sem renegar, contudo, o equilíbrio dos padrões clássicos.

Essa atitude intelectual se justifica pelas peculiaridades da formação brasileira. Quando Victor Hugo e, antes, os alemães se empenharam na reforma literária, estavam saturados das harmonias antigas. Tinham de sacudir o jugo asfixiante do passado. A rebeldia, de súbito expandida, toma, naturalmente, forma explosiva. Entre nós, o panorama se desenhava em cores menos enérgicas: não havia uma tradição contra a qual opor-se; o passado era marasmo e não presença viva e importuna: cabia, na verdade, formar e não reformar.

Por isso a obra de Gonçalves de Magalhães se afigura à crítica um elo de transição entre a escola antiga e o Romantismo. Lançado por ele o manifesto poético, em 1836, o manifesto teatral o sucederia de pouco, já que pressupõe a obra coletiva, mais demorada. Foi a 13 de março de 1838 a noite histórica do teatro brasileiro, na qual subiu à cena do Constitucional Fluminense, no Rio, a peça *Antônio José ou O poeta e a Inquisição*, cujo prefácio traz as seguintes palavras do autor: "Lembrarei somente que esta é, se me não engano, a primeira tragédia escrita por um Brasileiro, e única de assunto nacional".

A estreia constituiu-se num êxito, pela união feliz do texto ao desempenho da companhia de João Caetano, dirigindo-se a uma plateia que psicologicamente estava a esperar o acontecimento. Também no prefácio, Magalhães informa: "Ou fosse pela escolha de um assunto nacional, ou pela novidade da declamação e reforma da arte dramática (substituindo a monótona cantilena com que os atores recitavam seus papéis, pelo novo método natural e expressivo, até então desconhecido entre nós), o público mostrou-se atencioso, e recompensou as fadigas do poeta".

O assunto nacional era a vida do dramaturgo Antônio José, que o poeta subtraiu do domínio português, embora a ação da peça transcorra em Lisboa, onde foi ele queimado, em auto de fé, por suposta prática de judaísmo. Garrett, o criador do teatro romântico português, escreveu também em 1838, depois da nossa peça (segundo o testemunho de Araújo Porto Alegre no prefácio do drama perdido *Os toltecas*), *Um auto de Gil Vicente*, aparentado na inspiração à do poeta brasileiro: ao tema sugerido pelo fundador do teatro lusitano, correspondia o tratamento da existência trágica do autor de *Guerras do alecrim e manjerona*, cujo berço, no Rio, bastou para atestar-lhe a brasilidade.

Parece o produto de uma escolha da razão o tema de Magalhães. Observou ainda ele: "Desejando encetar minha carreira dramática por um assunto nacional, nenhum me pareceu mais capaz de despertar as simpatias e as paixões trágicas do que este". "Eu não sigo nem o rigor dos Clássicos nem o desalinho dos segundos (os Românticos). (...) antes, faço o que entendo, e o que posso. Isto digo eu aos que ao menos têm lido Shakespeare e Racine." A assimilação e o desenvolvimento de certas características de ambos, aliás, participava da estética romântica, e o nosso dramaturgo não trairia a sua natureza nem os pressupostos da nova escola se acomodasse a sua obra àqueles modelos. Completa o quadro uma referência à noção do idealismo grandioso de Corneille.

A falta, no seu tempo, de informações mais pormenorizadas sobre a vida do Judeu, ou o desejo romântico de moldá-lo segundo o esquema das vítimas de uma injustiça mais poderosa, contra a qual é impotente o homem, fez que Magalhães fantasiasse a trama ao seu inteiro arbítrio.

O verdadeiro motor da ação, marcando-lhe os momentos decisivos, é Frei Gil, que persegue o Judeu. Haveria aí fanatismo religioso? Não, porque o representante da Inquisição está distante de qualquer fé católica. Seu propósito é o de afastar Antônio José da atriz Mariana, na esperança de conquistá-la. Como o herói repele a investida do frade contra a bem-amada, a vingança de vilão será perdê-lo nos cárceres inquisitoriais. Frei Gil denuncia o indefeso poeta, levando-o a ser sacrificado vivo na fogueira.

O sucesso da trama sinistra depende, do ponto de vista dramático, de várias coincidências e de recursos folhetinescos. O frade certifica-se da presença de Antônio José na casa do Conde de Ericeira, seu protetor, por intermédio de uma carta que marcava um livro. Com uma fragilidade que é muito mais de teatro que da vida real, Mariana morre instantaneamente, quando os Familiares do Santo Ofício prendem Antônio José. Nada prenunciava essa delicadeza de saúde. Estupefato com a cena, fixando o céu, Frei Gil tem aí a revelação fulminante de sua culpa.

Impunha-se esse golpe fatal para que o frade reencontrasse o caminho da Igreja. O arrependimento e a penitência não faltariam a um teatro de claras preocupações morais. Talvez Magalhães tenha compreendido a observação do prefácio de *Cromwell*, segundo a qual "le beau n'a qu'un type; le laid en a mille". A caracterização de um mau frade pretendia enriquecer a galeria de personagens originais. O retorno aos mandamentos cristãos assegurava a vitória da moralidade.

As outras criaturas ficam algo esbatidas na trama, e o próprio Antônio José apenas se esconde e reage contra os ataques recebidos, mas não tem iniciativa. O autor se serve delas para enunciar certas convicções pessoais e definir os erros do mundo. Mariana monologa sobre o destino de comediante e Antônio José exprime suas crenças estéticas, parecidas com as de Magalhães. Diz ele: "Eu gosto dos Poetas destemidos,/ Que dizem as verdades sem rebuço,/ Que a lira não profanam, nem se vendem;/ (...) Quando escrevo meus dramas não consulto/ Senão a natureza, ou o meu gênio:/ Se não faço melhor, é que o não posso".

O texto envereda para apreciações críticas, suscitadas pela obra do Judeu. O Conde admoesta-o: "Tu pecas porque queres; bem podias/ Compor melhores dramas regulares,/ Imitar Molière; tantas vezes/ Te dei este conselho". Ao que Antônio José objeta: "Molière escreveu para Franceses,/ (...) E eu para Portugueses só escrevo;/ Os gênios das Nações são diferentes".

O movimento ascendente do povo, nessa quadra da evolução social, ressoava na sensibilidade justiceira do escritor. Estes versos revelam consciência histórica do processo de libertação: "Contanto que os impostos pague o povo,/ Que cego e mudo sofra, que obedeça,/ E viva sem pensar, eles consentem/ Que o povo se divirta./ (...) Nasce de cima a corrupção dos povos./ (...) O povo acordará". A tragédia é, no seu contexto, um protesto contra todas as formas de injustiça.

Antônio José não abdica de sua religião porque, acima das crenças particulares, se coloca um conceito superior de divindade. No último ato ele confessa: "O Deus a quem meus pais sempre adoraram/ É o Deus que eu adoro, e por quem morro./ Ele me há de julgar". Frei Gil pergunta: "E Jesus Cristo?"; e o Judeu retruca: "É santa a sua lei, assim os homens,/ Por quem ele morreu, a respeitassem". Advoga-se a santidade de qualquer religião, desde que professada com pureza. Frei Gil, embora arrependido, não pode mais evitar o sacrifício de Antônio José (o texto não informa se ele tentou), mas os dois se irmanam no sofrimento e no estoicismo da condenação terrena, certos da sobrevivência na eternidade.

A tragédia *Olgiato*, representada na reabertura do Teatro de São Pedro de Alcântara, a 7 de setembro de 1839 (aniversário da Independência), não se distancia muito das impressões provocadas por *Antônio José ou O poeta e a Inquisição*. O argumento foi tirado da história milanesa, e não é mais assunto nacional (embora Antônio José fosse de fato um tema português...). O vilão, Duque Galeazzo Sforza, não aparece em cena, como Frei Gil, e, das referências feitas no texto, conclui-se que merecia mesmo ser colocado "entre os frios monstros que aviltam a humanidade". Se *Antônio José* põe no palco uma ação maléfica, com a consequente catástrofe, *Olgiato* pinta a reação ao mal, que é finalmente vencido, apesar do sacrifício dos heróis.

O prefácio da tragédia volta a certas definições de Magalhães, esclarecendo-as melhor, para perfeito entendimento de suas diretrizes estéticas. Explica ele por que omitiu do elenco de personagens o móvel da luta libertadora: "Evitei a presença do Duque por incompatível no meu plano; ele não faz parte da ação, apenas é um objeto externo a que ela se refere. E pois que já houve quem por isso amargamente me censurasse, (...) citarei a tragédia de Corneille (autor benquisto de clássicos e românticos), a qual tem por título Pompeu, sem que nela tenha parte esse herói". "Se eu introduzisse Galeazzo em cena, ver-me-ia forçado, para conformar-me ao gosto do tempo, a dar-lhe o seu torpe e infame caráter; o que, além de vexar o ator que o interpretasse, incomodaria os espectadores e ofenderia a moral pública, coisa de que tão pouco entre nós se cuida. Seria talvez nímio escrúpulo de minha parte, mas, que jogo de cena poderia haver com um tigre que ia direito ao crime, de que alardeava?" Depois de citar horrores praticados pelo Duque, o dramaturgo observa: "E quereriam os apaixonados da realidade natural vê-lo assim em cena?".

Ninguém melhor do que o próprio Gonçalves de Magalhães apreenderá a sua posição, nesse debate estético. O prefácio prossegue: "Não posso de modo algum acostumar-me com os horrores da moderna escola; com essas monstruosidades de caracteres preternaturais, de paixões desenfreadas e ignóbeis, de amores licenciosos, de linguagem requintada, à força de querer ser natural; enfim, com essa multidão de personagens e de aparatosos *coups de théâtre*, como dizem os franceses, que estralam a arte e o gosto, e convertem a cena em uma bacanal, em uma orgia da imaginação, sem fim algum moral, antes em seu dano". "Se Mr. V. Hugo pretende que o poeta deve procurar, não o belo, sim o característico, reduzindo destarte a Poesia a um Daguerreótipo de palavras, não faltará quem lhe responda, que o característico serve à Poesia, mas não a constitui, e que outra é a sua missão."

Qualquer esteta moderno saberá valorizar o equilibrado juízo de Magalhães, que assim se manifesta sobre o enredo: "Não me desgosta o emaranhamento e complicação do enredo dramático, nem me desagrada a barafunda romântica; mas dou todo o devido apreço à simplicidade, energia e concisão das tragédias de Alfieri e de Corneille".

Bate ele agora na tecla mais delicada dos gêneros: "Tragédia e Drama são coisas diferentes; cada qual pede sua crítica especial, como a história e a crônica, o geral e o individual, a moralidade e o fato, o necessário e o continente: não que se excluam os termos das antíteses, mas o predomínio de uma destas categorias constitui a diferença das duas composições".

É a seguinte a tirada finalizadora desse raciocínio: "se não sigo em tudo os princípios da moderna escola dramática, não é por ignorá-los, senão porque nem todos me parecem acertados. Em conclusão, mostre gênio o poeta, não ofenda a moral, empregue seu talento para despertar os nobres e belos sentimentos d'alma, e escreva como quiser, que será estimado".

Um toque do teatro corneliano enobrece a trama de *Olgiato*. Estão todos imbuídos do dever superior de esmagar o tirano, como instrumento da Divina Providência. "Não é o homem que se vinga de outro;/ É a causa do povo e da justiça." Verifica-se que não é possível guardar neutralidade, diante de Galeazzo: onde quer que esteja uma pacata criatura, lá aparece a sua garra violentadora. Já sacrificou o Duque a irmã de Olgiato e está prestes a voltar as vistas para Angelina, irmã de Visconti. Os jovens não têm saída senão unindo-se para combater Galeazzo, sob pena de perecerem diante do opróbrio. A noção de honra, que alimentou o Século de Ouro espanhol e a obra de Corneille, sustenta o ânimo desses jovens, formados por Montano, mestre de virtudes, que num monólogo expressa sua alta natureza moral: "Façamos bem aos homens sem reserva,/ Só por amor do bem; nem recompensa/ Devemos esperar". Tivessem estes outros versos maior beleza literária e poderiam ser assinados pelo autor do *Cid*: "Quem obra por dever não teme a morte;/ E quem temendo aventurar a vida,/ Prefere uma existência vergonhosa,/ A uma morte honrosa, não merece/ Senão a escravidão". A dureza de uma romana de *Horace* parece inspirar esta pesada fala de Angelina, disposta a acompanhar Visconti e Olgiato, já noivo, na conspiração contra o Duque: "Mulher no corpo sou, mas varão n'alma,/ E se homem vestir-me, serei homem". Após os percalços necessários para prender a atenção do espectador, o tirano é finalmente abatido; mas uma tragédia que se preza não adota um desfecho róseo: o cadafalso, graças à incompreensão popular, é o prêmio da ação libertadora, e Olgiato, de rastos, tem tempo ainda para sentenciar que "a morte é dura! mas a glória, eterna".

A convenção dos cinco atos obriga o autor a arrastar, por cenários diversos, a preparação do golpe contra o Duque. Os outros ingredientes que procuram rechear a trama não adquirem consistência palpável, nem disfarçam a monotonia que afinal se instaura. A matéria é rarefeita, não se arma em conflito verdadeiro que sustente o interesse da leitura, e por certo de toda a duração de um espetáculo.

Juízo tão severo não nos tolhe a curiosidade de assistir a uma boa montagem do teatro de Gonçalves de Magalhães. Supomos, aliás, que um espetáculo vigoroso e inteligente quebre a frieza e o cerebralismo sugeridos pelas tragédias. *Antônio José* e *Olgiato* não se distinguem por qualidades positivas: assinalam-se, antes, pela ausência de defeitos invalidadores. O pudor, a contenção e o desejo de medida poupam o extravasamento melodramático, fatal para quase toda a dramaturgia acentuadamente romântica. O classicismo congênito de Magalhães freou nele as tendências da época, esbatendo o que seria menos aceitável ao gosto de hoje. Prova dessa sábia orientação é a lucidez com que retirou o Duque Galeazzo Sforza do rol de personagens em cena. O espírito crítico não bastou para fazer de Gonçalves de Magalhães um bom dramaturgo. Impediu, porém, que ele se derramasse no dramalhão.

CRIAÇÃO DA COMÉDIA BRASILEIRA

O LANÇAMENTO de *Antônio José ou O poeta e a Inquisição* parecia um manifesto para a posteridade – a tomada de consciência de uma missão artística e cultural a cumprir. Meio ano depois, a 4 de outubro de 1838, pela mesma companhia de João Caetano, estreava *O juiz de paz na roça*, sem alarde publicitário e pretensão histórica. Era a primeira comédia escrita por Martins Pena (1815-1848), de feitio popular e desambicioso, costurando com observação satírica um aspecto da realidade brasileira. Poucos, talvez, na ocasião, assinalassem o significado do acontecimento. Começava aí, porém, uma carreira curta e fecunda (Martins Pena escreveu dos 22 aos 33 anos de idade, quando morreu, vinte comédias e seis dramas), e o verdadeiro teatro nacional, naquilo que ele tem de mais específico e autêntico. Martins Pena é o fundador da nossa comédia de costumes, filão rico e responsável pela maioria das obras felizes que realmente contam na literatura teatral brasileira.

Sílvio Romero, há mais de meio século, julgou a comédia de Martins Pena o painel histórico da vida do país, na primeira metade do século XIX. Aplica-se também aos nossos dias a observação do crítico, segundo a qual "parece que o dramatista brasileiro está vivo entre nós e escreveu hoje as suas comédias". A espantosa atualidade de Martins Pena permanece, assim, um lugar-comum, sempre vitalizado por uma ou outra encenação bem recebida. Admirável observador, ele fixou costumes e características que têm continuado através do tempo, e retratam as instituições nacionais. Retrato melancólico e primário, sem dúvida, mas exuberante de fidelidade. Em pleno surto do movimento romântico, idealizador de um nacionalismo róseo, Martins Pena antecipa, com noção precisa, alguns dos nossos traços

42

dominantes, ainda que menos abonadores. Não aprofunda caracteres ou situações. Vale, porém, a extensão, a vista panorâmica da realidade. O comediógrafo atinge religião e política, e esta no funcionamento dos três poderes – executivo, legislativo e judiciário. Queixa-se do presente, em face de um passado melhor (que autor de comédias não teve a nostalgia de uma ilusória época perfeita?). Define o estrangeiro no Brasil, e as reações do brasileiro, em face dele. Mostra a província e a capital, o sertanejo e o metropolitano, em suas diferenças básicas. Invectiva as profissões indignas e os tipos humanos inescrupulosos, denunciando inclusive o tráfico ilícito de negros, na sociedade escravocrata brasileira. Não lhe é estranha a galeria dos vícios individuais, como a avareza e a prevaricação, e tem um sabor especial ao satirizar as manias e as modas. Trata da constituição da família, surpreendendo-lhe o mecanismo na análise do casamento, com o eterno conflito das gerações.

Desde que Aristófanes fez o processo de Atenas, tem-se a tendência de confundir a comédia com a história. Guardemo-nos de identificar o exagero natural de quem deseja fazer rir com a objetiva análise dos acontecimentos. A paixão partidária do comediógrafo, contudo, tem o dom de surpreender certas particularidades, reveladoras de traços reais.

A cada momento Martins Pena esboça um retrato do país. Desta forma se expressa, por exemplo, em *O cigano*, o malsim Gregório: "... Evitar contrabandos! Assim era eu tolo! Como se me chegasse para comer o que eu ganho no ofício! E demais, se me pilham, digo que os queijos são para o ministro". Na mesma comédia, outra personagem exclama: "Há guardas na Alfândega que são os diabos; deram-lhes para ser honrados". Replicam-lhe: "Pois que comam da honra!". Em *O usurário*, para criticar as assembleias legislativas, um jovem se serve da brincadeira que tramaram, comentando: "... não seria mau que os presidentes de nossas câmaras fossem todos defuntos. Em vez de dizerem: Tem a palavra o ilustre preopinante, gritariam: Caluda!, e não se perderia tanto tempo com palavras inúteis". Na *Comédia sem título*, mentindo que escreveu cartas, uma personagem se justifica: "A falta de ordem que vai no correio é que tem culpa de tudo isso".

Assim como fizera em *Os dous ou O inglês maquinista* e *O caixeiro da taverna*, Martins Pena se refere na *Comédia sem título* à carestia, "... pois do modo por que tudo está hoje no Rio não há dinheiro que chegue". E responsável por ela, em grande parte, aparece o estrangeiro, como está em *As desgraças de uma criança*: "... os ofícios cá na nossa terra já nada dão; a concorrência de estrangeiros é grande. Só os empregos públicos é que são para os filhos do país, e isso mesmo...". Aspectos desagradáveis da presença do estrangeiro são apontados também em *Os dous ou O inglês maquinista, O caixeiro da taverna, Quem casa quer casa* e sobretudo *As casadas solteiras*. Nesta última comédia, uma personagem diz que os estrangeiros falam que não gostam do Brasil, mas sempre vão chegando para lhe ganharem o dinheiro. O inglês Bolinbrok assevera: "Brasil é bom para ganhar dinheiro e ter mulher... Os lucros... cento por cento...". A jovem explica que o pai não deseja o seu casamento com um inglês e os odeia "pelos males que nos têm sempre causado". Finalmente, há essa deliciosa e vulgarizada definição do brasileiro, dada pelo inglês: "Brasileiros sabe mais gasta do que sabe ganha". O brasileiro retruca: "Ora, adeus! A vida é curta e é preciso gozá-la". Um toque simpático, a respeito do estrangeiro, havia sido tentado em *Quem casa quer casa*: "... o artista quando vem ao Brasil, digo, quando se digna vir ao Brasil, é por compaixão do estado de embrutecimento em que vivemos, e não por um cálculo vil e interesseiro". Ao que se responde: "... e comendo o dinheiro que ganhava no Brasil, fala mal dele e de seus filhos".

A oposição da metrópole à província surge, na obra de Martins Pena, sob dois ângulos mais comuns: de um lado, a capital, civilizada, com teatros e invenções do momento (sege, bonecos de cera, mágicas etc.), como aparece em *Um sertanejo na corte*, enquanto o sertão recebe esta sentença: "Desgraçada da nação cujos povos vivem na mais crassa e estúpida ignorância!"; e, de outro, o homem da capital é refinado e superior, mas esperto e sujeito à corrupção, ao passo que o provinciano, bronco, rústico e ingênuo, revela moralidade mais sólida, como os fazendeiros e os roceiros, e o paulista de *O diletante*. Os prejuízos da saída do campo para a cidade não foram desconhecidos de Martins Pena e o soldado Pacífico, vindo do interior para prestar serviço no Rio

44

de Janeiro, diz, em *As desgraças de uma criança*: "O Estado precisa mais de filhos do que de soldados, e, demais, a lavoura é quem perde com isso". Naquele tempo, também, ainda se acreditava, como aparece em *O cigano*, que "em Minas os pretos forros não precisam trabalhar para viver. Há muito dinheiro pelo chão...". Em *Os três médicos*, se glosa assunto da moda, como em *O diletante* a mania da música. Martins Pena satiriza o debate entre a alopatia e a homeopatia, e, para carregar o ridículo, introduz um médico hidropata, que utiliza a água como a grande panaceia universal. O tema é vivo, palpitante a maneira de opor os diversos sistemas terapêuticos, mas o comediógrafo pretende atingir a crítica eterna à medicina, que remonta aos *Menecmos*, de Plauto, e atravessa toda a história do gênero: o diagnóstico que abstrai o paciente e por isso se funda no absurdo. A espessura das teorias que desconhecem a pessoa humana. Daí a conclusão sobre os médicos, expressa por uma personagem: "Cada um quer matar lá a seu modo...". Na preocupação com a qual escreve sempre ao estímulo da realidade à volta, Martins Pena, mesmo quando toma um assunto eterno e convencional do teatro, pinta um retrato de sua época.

A referência aos arquétipos cômicos e à crítica da atualidade leva a uma conceituação de Martins Pena segundo os modelos tradicionais do gênero. Quando o ator João Caetano o denominou "o Molière brasileiro", estabeleceu um ponto de partida obrigatório para a crítica. Cabe indagar em que se aproximam as duas obras. Por certo, se as compararmos, a do autor de *O diletante* parece forçosamente primária e superficial ante a do comediógrafo de *O misantropo* – e essa verificação simples não escapou aos comentaristas mais presos a um nacionalismo estreito. Diversos elementos das comédias de Martins Pena mostram que ele procurou em Molière um modelo, ao entregar-se a maiores ambições. Seria o caso de afirmar que o dramaturgo brasileiro se saiu melhor quando se distanciou do padrão francês, mergulhando na realidade imediata? Não há dúvida de que seus trabalhos são mais interessantes na medida em que refletem os dados do meio, os costumes que lhe era possível retratar – e nessa perspectiva não estamos adotando preconceito sociológico em prejuízo de critério artístico. É que Martins Pena, mais sensível aos vícios e ridículos próximos, não tem fôlego para as sínteses e abstrações responsáveis pelos grandes caracteres. A comédia oscila, normalmente, entre dois polos, o estudo da situação e o de caracteres. Esse esquema didático, se não pode ser aceito com rigor, ainda mais que os extremos se interpenetram a cada instante, tem a virtude de diferenciar duas grandes famílias, cujos representantes mais ilustres se chamam Aristófanes e Molière. O gênio grego, impregnado da tradição do *cosmos*, importa-se com a realidade de seu tempo – faz comédia política, satírica, pessoal. No outro lado, não se lhe opõe Crates, representante da comédia alegórica e moral (como distingue Jacques Denis as grandes correntes gregas), mas a figura de Molière, que solidificou o gênero na vigorosa linha que, vindo da Comédia Nova, fornece ao dramaturgo francês os modelos de Plauto e Terêncio. Se Aristófanes insistiu nas individualidades reais de Cléon, Eurípides e Sócrates, e nas *Vespas* quis retratar num juiz a mania do julgamento, não se pode afirmar que de qualquer deles tenha apresentado uma imagem precisa, enquanto fez da Grécia do fim do século V um vasto painel. Já Molière, embora tivesse satirizado as "preciosas ridículas" ou o "burguês fidalgo" da atualidade, foi aos arquétipos, com o "tartufo", o "misantropo", o "avarento", o "dom-juan". O autor da *Lisístrata* teve sempre em mira a cidade, vista, não obstante, por alguns indivíduos que julgou deletérios. O comediógrafo de *L'école des femmes* debruçou-se sobre o homem, tomando embora como fonte grupos sociais definidos. É certo que a acentuação dos traços coletivos dissolve a individualidade, ao passo que os grandes estigmas particulares esbatem o fundo social.

Esse lugar-comum da crítica literária nos levaria, assim, à vontade de chamar Martins Pena não o Molière, mas o Aristófanes brasileiro, não tivesse ele conscientemente querido observar a lição do francês, ou melhor, conciliar as tendências que, por motivos didáticos, se exprime de forma autônoma nos dois. De Aristófanes, Martins Pena guarda a sátira mordaz aos temas vivos do presente – a crítica às instituições e seus representantes. Em Molière, inspira-se para pintar os vários tipos de sua galeria. Se a obra não alcança universalidade, possível por um ou outro meio, a causa são certamente as condições particulares da literatura e do ambiente brasileiro (para não nos referirmos ao talento), que não lhe permitiram ir além.

Por isso as comédias ou os dramas de Martins Pena não comportam grandes caracteres, na acepção a que os elevou Molière. Não por inconsciência, mas porque não conseguiu realizá-los, já que, no prefácio de *D. Leonor Teles*, escreve que "a missão do Drama não é contar fatos, mas sim descrever caracteres de personagens, quaisquer que elas sejam". Nada impede que a observação, utilizada aí para o drama, não fosse extensiva à comédia. A verdade é que a inclinação natural de Martins Pena o levava ao gênero cômico de Aristófanes (ressalvadas as extraordinárias diferenças históricas de Atenas para o Rio de Janeiro do início do século XIX e a função censora da Comédia Antiga), e que, adotando o exemplo molieresco, quis ele corrigir a espontaneidade do seu talento.

As personagens – mais que um esboço de individualidade e menos que um caráter – agrupam-se em famílias de tipos, segundo o lugar de nascimento: cariocas, sertanejos e estrangeiros; e de acordo com a categoria profissional: juiz, caixeiro, irmão das almas, médico, meirinho etc. Excepcionalmente o comediógrafo investiga os vícios que seriam comuns à natureza humana, como um traço psicológico transcendendo aquela categoria profissional, e, nesses casos, não foge aos caracteres consagrados na história do teatro: o ciumento (um Otelo cômico), em *Os ciúmes de um pedestre*, embora o texto tenha o propósito de satirizar o melodrama, então em voga sobretudo com o êxito de João Caetano na peça edulcorada que Ducis adaptou da tragédia shakespeariana; e o avarento, em *O usurário*, cujo manuscrito se interrompe em meio ao segundo ato. Apenas em *O diletante* o autor experimenta um caminho diverso – a sátira ao novorico da música, até um ano antes desconhecedor da existência da ópera –, e no próprio título se vê a categoria da personagem, homem abastado que independe do trabalho para o sustento. A réplica desse José Antônio, grande proprietário, é o Eduardo de *Quem casa quer casa*, tocador de rabeca desocupado, que se permite esse luxo porque vive em casa da sogra.

Em *Um sertanejo na corte*, o protagonista é o mineiro Tobias, semelhante ao famoso caipira da anedota, que compra um bonde. Apenas ele compra um anel de brilhantes, falso. O manuscrito se interrompe logo às primeiras falas, e nada se pode conhecer dele, além da ingenuidade e do desejo de ser esperto, acabando no próprio ludíbrio. Em comum com os outros roceiros, tem o aspecto bronco e rústico, característico do lavrador Manuel João de *O juiz de paz na roça*, do fazendeiro Domingos João de *A família e a festa na roça*, e do paulista Marcelo de *O diletante*. A interrupção da comédia não permite saber se apresentaria qualidades morais, como revelam respeito à palavra e à solidez de princípios o fazendeiro e o paulista.

Com o pedestre André João pretendeu Martins Pena pintar o ridículo do ciumento (e não sua tragédia), que o leva à completa solidão. Ele próprio diz, acerca de possível traição da mulher: "Eu seria um tigre, um leão, um elefante! A mataria, a enterraria, a esfolaria viva. Vi muitas vezes *Otelo* no teatro, quando ia para plateia por ordem superior. O ciúme de Otelo é uma migalha, uma ninharia, uma nonada, comparado com o meu...". Logo depois, acrescenta: "Oh, mataria o gênero humano, se o gênero humano seduzisse minha mulher!". Quando a atual esposa fala que a primeira mulher do pedestre "morreu arrebentada de desgostos", e que os "loucos ciúmes abriram-lhe a sepultura", ele replica: "Morreu para minha tranquilidade; já não é preciso vigiá-la...". Diante do suposto assassínio do cortejador da mulher e de suas possíveis consequências, exclama: "Oh, bem se vê que quem inventou o Código e a forca não tinha mulher que o traísse...". Antes, para manter a casa ainda mais guardada, cogita de descobrir fechaduras sem buraco. E quando vê que todos os expedientes de que lançou mão para isolar do mundo a esposa e a filha foram inúteis, tem um desabafo, repetido de formas diversas até baixar o pano: "Não sei, não posso vigiar mulheres, estou desenganado, vou ser frade!".

Outro tipo bem marcado é o usurário, esculpido por Martins Pena com todo o arsenal de características do gênero. Daniel, à beira do velório simulado de alguém que diz ser amigo, pensa explorar os jovens, aparentemente vítimas de sua maquinação. A própria filha assim o define: "Inexplicável mania, loucura inqualificável é a do homem que entesoura para não gozar". Na cena em que Daniel troca uma moeda velha por outra menos gasta, chega ao requinte de tipificação da *Aululária* de Plauto e do *Avarento* de

Molière. Faz profissão de fé no dinheiro: "Dinheiro, riqueza, ouro! (...) Chave do mundo, talismã onipotente, contigo tudo se pode, tudo!". Adiante, expõe: "Não há paixão senão pelo dinheiro; o mais são fantasias que passam". É lamentável que o final do manuscrito se tenha perdido, porque a peça prometia uma personagem construída com absoluto rigor.

O cigano mostra diversos espertalhões, pequenos contrabandistas que acabam por brigar entre si, porque lhes falta até a ética primária de se pouparem mutuamente. Não apresentam características especiais, em face das outras personagens dadas à mesma prática, e que povoam as comédias de Martins Pena. De uma forma ou de outra, eles se vinculam ao juiz de paz de pequena corrupção, aos ciganos e ao próprio mineiro de *Um sertanejo na corte*, ao negreiro de *Os dous ou O inglês maquinista*, aos falsificadores de *O Judas em Sábado de Aleluia*, aos irmãos que desviam dinheiro das almas, ao bígamo de *O noviço*, ao desonesto caixeiro da taverna, aos meirinhos prevaricadores e a tantos outros que se veem aqui e ali, em quase todas as peças. A safadeza menor, o mau-caráter, o roubo poltrão, a pequenez de tudo – esse é o retrato melancólico feito por Martins Pena da maioria de suas personagens. Essa é a triste imagem refletida em sua comédia.

Ao lado das personagens caracterizadoras do imediatismo da sátira, pulula uma extensa galeria de jovens amorosos, que repetem quase sempre as mesmas situações, até o desfecho, no casamento. À primeira vista, poderia parecer esse o traço romântico da obra do comediógrafo, enquanto as outras figuras, tomadas ao vivo, sugeririam a antecipação da literatura realista, que só veio florescer na segunda metade do século XIX. Trata-se, porém, de consideração superficial do problema, à margem da história da comédia e de suas constantes, que encontram em Martins Pena um reflexo ou aplicador. Na fixação dos numerosos tipos sociais, ele adotou um processo realista, em muitos aspectos semelhante ao de outros dramaturgos que o precederam, no estrangeiro. Ele utilizou um instrumento universal especialmente para a realidade brasileira, o que provoca o sabor e a atmosfera convincente de suas criações. Quanto à intriga amorosa, que é regra geral nas comédias e dramas, encontra exemplos semelhantes desde a Antiguidade. Não cabe reconhecer, por isso, no amor dos jovens, coroado no *happy end*, o feitio particular de Martins Pena. A forma de aproximação dos casais é que às vezes configura o observador original e a diferente imagem brasileira do sentimento.

O amor, união feliz de dois seres, esteve ausente da tragédia e da Comédia Antiga da Grécia. Apenas a Comédia Nova, com Menandro, Dífilo e Filêmon, e seus sucessores romanos Plauto e Terêncio, transferindo sua temática para os problemas ligados à constituição do núcleo familiar, veio surpreender a procura da mulher pelo homem, ainda em plena fase do arroubo adolescente. A grande árvore genealógica dessa comédia, que terá em Molière seu representante mais ilustre, mantém as peripécias que se resolvem no casamento como um de seus motivos básicos, explicando-se pela própria organização da sociedade.

Desse ponto de vista, Martins Pena limita-se a reproduzir uma característica do gênero, e não nos espantamos de que todas as suas comédias concluam com o casamento. No caso dos dramas, o desenlace feliz não poderia ser norma, o que traz à questão amorosa certas peculiaridades.

Como regra, nas comédias, após vencer obstáculos transitórios, o par amoroso se une em definitivo. Assim acontece em *O juiz de paz na roça*, *A família e a festa na roça*, *Os dous ou O inglês maquinista*, *O Judas em Sábado de Aleluia*, *Os irmãos das almas*, *Os três médicos*, *O namorador ou A noite de S. João*, *O noviço*, *As casadas solteiras*, *Os meirinhos* e *Os ciúmes de um pedestre*. Na parte preservada de *Um sertanejo na corte* percebe-se o mesmo esquema de enredo. A jovem Inês declara: "O amor vive de obstáculos e quanto mais fortes são estes, mais intensa é a chama". Em *O diletante*, pela primeira vez os jovens não se casam, certamente porque a moça já havia mostrado inclinação por outro. Este, porém, que fugira, após uma sedução, casa-se com a mãe abandonada, numa evidente exigência da moralidade. A trama sentimental de *O cigano* é diversa: três irmãs, namoradeiras, não ajustam matrimônio com os três rapazes que as visitam, e o desfecho aparenta a lição de um castigo ao seu temperamento leviano. Os manuscritos incompletos de *O usurário* e *O jogo de prendas* permitem que se inscrevam suas tramas amorosas na regra do *happy end*, depois de superadas as dificuldades costumeiras.

50

Qual a psicologia do amor, sustentando a intriga sentimental de tantas comédias? Inicialmente, deve-se assinalar em Martins Pena a confiança na inclinação romântica e espontânea, que recusa os interesses financeiros e os arranjos paternos. O amor é de fato para ele o gosto exaltado de dois jovens, dispostos a lutar contra tudo para se unirem em matrimônio. A preferência dos pais pelos pretendentes velhos ou ricos é contrariada pela jovem sincera, que inventa pretextos e participa de maquinações do rapaz amado para que o amor verdadeiro triunfe. Geralmente, os pais dispõem-se à conveniência, ao passo que as mães são sensíveis ao rogo das filhas. Nenhuma preocupação mais profunda quebra o esquematismo desse entrecho, como, de resto, de todas as histórias de Martins Pena.

Peculiaridade curiosa do caráter feminino é que muitas vezes a trama se encaminha por sua iniciativa. Ou, ao menos, por uma participação que nada tem de mera passividade. As mulheres agem, lutam pela realização de seus objetivos, nunca se reduzindo a um papel conformista. Elas saem de casa, para o casamento, por livre e espontânea vontade, sem que essa fuga seja obtida pelos prestígios da sedução inconsciente. O princípio da obediência aos pais não é em geral quebrado, porque seu consentimento para o matrimônio se alcança por meio de ardis, nos quais a cumplicidade da moça é decisiva para o êxito. Em *Os três médicos*, por exemplo, Rosinha, de quinze anos, representa uma cena de vítima da vontade paterna, para afugentar o pretendente velho e garantir a união com o amado. Martins Pena, também, encara o casamento como prêmio ou recompensa de virtudes, condenando a jovem insincera a ficar sem marido. Em *Os meirinhos*, uma personagem fala que não "se namoram as moças do tempo de hoje com suspiros e olhadelas a furto...". Mas toda a sua preferência se volta para os sentimentos legítimos, e a sonsa Maricota, de *O Judas em Sábado de Aleluia*, acaba por ser preterida por Faustino, que vem a conhecer sua insinceridade e o amor verdadeiro de Chiquinha. *A família e a festa na roça* já se referia expressamente, por um monólogo de Juca, à falta de um real amor na corte, em que as mulheres querem dinheiro para as festas e os vestidos, enquanto na roça se cultiva a sinceridade. Na preocupação moralizante do autor, os virtuosos são sempre premiados com o casamento, e é o

51

que sucede, além de *O Judas em Sábado de Aleluia*, em *Os irmãos das almas*, e, como recompensa à honestidade de propósitos dos homens, em *O namorador ou A noite de S. João* e *Os meirinhos*.

Para Martins Pena, o amor é um sentimento essencialmente jovem, confundido com as delícias cheias de apreensão do namoro, e praticamente esgotado nessa fase. Talvez como prova da imaturidade sentimental do comediógrafo, morto tão jovem, tuberculoso, ou apenas como sintoma de que o gênero deve procurar o maior número possível de pretextos para o riso, o estado civil do casamento nunca aparece em cores agradáveis. Mal se unem, os casais de *Os irmãos das almas*, *Quem casa quer casa* e *As casadas solteiras* vivem de rusgas, e Júlia, da *Comédia sem título*, chega a dizer: "... se soubésseis o que é o casamento, nunca faríeis semelhante asneira...". Para o inferno do matrimônio, contribui muitas vezes a presença da sogra.

Não poupa Martins Pena, também, as viúvas que se enfeitam com o objetivo de realizar um novo casamento, e os velhos que se dispõem a fazer uma conquista amorosa. A mãe de *Os dous ou O inglês maquinista*, que se julga viúva e tenta seduzir Gainer, só é perdoada pelo marido, que retorna, em consideração às filhas. Embora sem referência expressa do autor, pode-se sentir que a viúva de *O noviço* é vítima de um bígamo, por se ter casado pela segunda vez. Situação peculiar apresenta *O caixeiro da taverna*: a proprietária, viúva, quer casar-se com o empregado, que, pela ambição de vir a ser seu sócio, mantém em segredo um matrimônio por amor. Descoberta a trama, ela se casa, inteiramente sem convicção para o leitor, com outro, que de início declarara gostar da esposa do caixeiro.

Em relação aos homens, as mulheres revelam maior fidelidade. Clarisse, de *As casadas solteiras*, afirma: "Nós, as mulheres, não somos como os senhores; o nosso amor é mais constante e resiste maior tempo". Nessa peça, Henriqueta vai até a Bahia, à procura do marido trânsfuga, e o obtém de volta, porque ele recebe a notícia de que perdeu a fortuna. Em *O jogo de prendas*, Mônica, como num entrecho da Comédia Nova, há 28 anos está atrás do homem que a seduziu, e certamente o encontraria, se o manuscrito não se interrompesse.

Martins Pena mostra-se implacável, na condenação dos sentimentos serôdios. O velho de *O namorador ou A noite de S. João* acaba completamente logrado e já aparecia, ao aproximar-se da ilhoa, sob estes traços ridículos: "Dou-lhe um abracinho e depois safome...". Ridículo semelhante, em *As desgraças de uma criança*, cobre o velho Abel, que diz a um soldado, pensando tratar-se da mulher pretendida: "Ai, ladrãozinho, que me bateste! Mas pancadas de amor não matam, não...". Já se vê que, para condução dessas intrigas, prestava-se mais o processo da farsa. Escrevendo para o riso imediato da plateia, sem a procura de efeitos literários mais elaborados, Martins Pena revelou inteira a sua fisionomia cômica. A preocupação com o flagrante vivo o isentou de um dos maiores defeitos da linguagem teatral, patente na dramaturgia brasileira: a oratória, o rebuscamento das frases, que roubam a espontaneidade ao diálogo. Tudo é simples na comédia de Martins Pena – a situação, o traço dos numerosos tipos, o desenvolvimento da trama, a conversa das personagens. Com uma pincelada rápida e incisiva, o autor define completamente uma cena, não se demorando em preâmbulos ou explicações dispensáveis. A intriga escorre, assim, fluida, vibrante, e as peripécias, para chegarem ao desfecho, são maquinadas à vista do espectador, reclamando desde logo sua cumplicidade e simpatia.

Como as comédias se desenvolvem sobretudo em torno de uma situação, Martins Pena sente-se mais a gosto nas peças em um ato, que esgotam em pouco tempo o rendimento do entrecho. Manter três atos com uma ação ininterrompida e interessante é mais difícil que reunir os incidentes num ato único, ainda mais que eles observam alguns esquemas uniformes. Num tempo maior, há necessidade de aprofundar caracteres, o que não é o forte de Martins Pena. Acrescente-se que as comédias eram encenadas muitas vezes como complemento de um espetáculo "sério", para desanuviar a atmosfera do dramalhão, e nos primeiros trabalhos nem era revelada, nos anúncios, a identidade do autor. Resulta dessas considerações que o ato único era o seu veículo próprio, embora nas poucas comédias de três atos ele se saísse a contento. O primeiro ato de *O usurário* faz supor, aliás, pela deliciosa trama ali iniciada, que a comédia teria uma arquitetura sólida.

Na farsa cultivada por Martins Pena, prevalece o desejo de provocar a gargalhada franca, embora com sacrifício do rigor da trama e da harmonia íntima dos protagonistas. O mecanismo da intriga permite apenas que se esbocem os tipos, já que a vivacidade das situações determina o movimento das personagens, e não são estas que modificam essencialmente, pela força interior, o quadro em que atuam. Os incidentes se sucedem muitas vezes de forma inverossímil, utilizando o autor recursos primários e ingênuos para chegar ao desfecho. As criaturas aparecem em circunstâncias ridículas, fora de seu procedimento normal. Aí estão os dados básicos para filiação de Martins Pena ao gênero farsesco.

São facilmente recenseáveis, em toda a obra, os recursos para conduzir a história, esclarecer os fatos ou simplesmente despertar a comicidade. O autor abusa dos esconderijos, de cartas e do erro de identificação das pessoas, por meio do disfarce ou de simples engano dos interlocutores. Exemplos de um desses recursos ou da combinação deles encontram-se em todas as peças, sem exceção.

Em *Os dous ou O inglês maquinista*, de início o negreiro se oculta por trás da cortina, para acompanhar o que sucede, e depois o próprio marido vai para o esconderijo, de onde ouve a declaração da mulher a Gainer. Toda a trama de *O Judas em Sábado de Aleluia* só é possível porque o herói, diante de uma visita, toma o lugar do Judas, conhecendo assim o amor sincero de uma jovem, a leviandade da irmã e a trapaça de outras personagens. O armário aparece como a verdadeira fonte de quiproquós de *Os irmãos das almas*: desejando esconder-se, por motivos diversos, quatro personagens, numa cena, se fecham nele. O noviço apenas mostra ao bígamo sua primeira mulher, ocultando-a depois, para utilizá-la como trunfo. Diante das peripécias, ora um ora outro se refugia no armário ou sob a cama, facultando à mudança novos equívocos. Receosos de serem surpreendidos pelo pai das jovens, os três namorados de *O cigano* se escondem, a certa altura, atrás da cômoda, sob a mesa e dentro de uma caixa, e escutam a conversa comprometedora dos ladrões. Quando chega o marido, em *Os ciúmes de um pedestre*, o vizinho não tem outra saída senão fechar-se no armário, e mais de uma vez, ir para debaixo do leito é o meio encontrado pelo velho para aproximar-se

54

da ama, em *As desgraças de uma criança*. As etiquetas sociais não são, como se vê, respeitadas...

Sem uma copiosa correspondência, também, muitos desfechos se dificultariam. É por uma carta que o capitão de *O Judas em Sábado de Aleluia* se compromete, favorecendo os desígnios do herói. Não só comunica ao sedutor a notícia inquietante de que a mulher o procura, em *O diletante*, como, caída no chão, a carta serve para cientificar as outras personagens do caráter do destinatário. Na mesma peça, uma carta, com a informação de que o Teatro se fecha, encerra a ação, provocando a morte do "diletante". A carta escrita a um falso amigo é o pretexto para que este faça chantagem, em *Os três médicos*. O marido trânsfuga resolve viver de novo com a esposa, em *As casadas solteiras*, porque uma carta lhe participa que está arruinado. O pedestre dá largas ao seu ciúme e às consequências dele com a carta que descobre no seio da esposa, como antes tem oportunidade de surpreender uma carta dirigida à filha. A trama de *As desgraças de uma criança* se complica porque uma carta, endereçada à viúva, não lhe é entregue a tempo. A jovem que aparece no fragmento de *O jogo de prendas* se declara por um bilhete amoroso. Finalmente, na *Comédia sem título*, o marido trapaceiro se livra da perseguição do tio da esposa ao interceptar uma carta em que este se compromete com uma mulher.

Outra fonte permanente de quiproquós é o disfarce. Para ter entrada na casa da jovem, o pedreiro-livre põe a opa de irmão das almas. Em *O namorador*, pensando tratar-se da ilhoa, o velho corteja o marido dela, que se veste de mulher. Para fugir do mestre dos noviços e dos meirinhos, o rapaz troca de roupa com uma mulher, em *O noviço*, e ela é presa então em seu lugar. Ainda nessa peça, o bígamo é vítima do engano do herói, que se mantém vestido de mulher, e, depois, para se aproximar da segunda esposa, põe uma batina de frade. Um dos jovens de *As casadas solteiras* diz palavras duras ao pai da moça e marca encontro com ela, valendo-se da fantasia de mágico. Um pretendente entra na casa do pedestre, para declarar-se à filha dele, disfarçado de negro. Obrigado a servir de pagem, em *As desgraças de uma criança*, o soldado se veste de mulher, a fim de que não pareça estranho, e a circunstância cria diversos mal-entendidos. Os estudantes, para tornar verossímil o engano do "usurário", decidem que um se finja de defunto e, mais tarde, novo logro é tramado, quando um jovem pensa usar, junto com a amada, o hábito de capuchinho. Na *Comédia sem título*, uma prisão errônea é feita, porque o fugitivo trocara a roupa com a vítima.

São todos disfarces voluntários, destinados a esconder ou mudar a identidade. Os erros de pessoa, trazendo confusão ou surpresas para o andamento, mostram-se mais comuns ainda na comédia. Com eles, diz-se a alguém o que devia ser dito a outrem; castiga-se um inocente em lugar do culpado (embora de forma provisória); faz-se uma declaração a um homem, quando se pensava falar a uma mulher; enfim, criam-se situações dúbias para os interlocutores, as quais fazem a delícia da plateia.

Nesse sentido, em muitas peças se verifica o reconhecimento, de acordo com os processos já descritos na *Poética* de Aristóteles e amplamente utilizados depois, na Comédia Nova. O matrimônio de *O diletante* se realiza porque o paulista reconhece o sedutor da irmã. O recurso surge, de maneiras diversas, até sugerir, no fragmento de *O jogo de prendas*, que um alfinete de peito identificasse o sedutor, desaparecido há longos anos.

Os finais são possibilitados, muitas vezes, por um *deus ex machina* inconvincente. Em *Os dous ou O inglês maquinista*, o marido, que se supõe morto há dois anos no Rio Grande do Sul, reaparece no momento oportuno. A carta é o *deus ex machina* que leva o diletante à morte, baixando em seguida o pano. Propicia o fim de *Os três médicos* a notícia de que morreu o chantagista, móvel dos acontecimentos. Ao oferecer casa aos dois filhos casados que moram com a sogra, o pai de *Quem casa quer casa* traz o *happy end* da comédia. Em *Os ciúmes de um pedestre*, o *deus ex machina* é o mais inverossímil, por pretender, exatamente, ridicularizar o recurso, comum no melodrama: o pai, que havia lançado a atual mulher do "terrível capitão do mato" na roda, volta riquíssimo, proprietário de três navios, para fazê-la feliz o resto da vida.

Martins Pena revela também conhecimento das técnicas tradicionais do teatro quando define os tipos por contraste. Assim acontece com a sonsa e a sincera de *O Judas em Sábado de Aleluia*, as cunhadas de *Os irmãos das almas* e os jovens de *O namorador.* Em *As casadas solteiras,* o casal brasileiro faz contraponto com os casais de ingleses.

Outro processo de que se vale Martins Pena é a concentração excessiva de fatos, para chegar ao desfecho. Tem rapidez inverossímil, por exemplo, o casamento de *O juiz de paz na roça.* São ingênuas frequentemente as situações tramadas pelas personagens, ao lançar-se ao objetivo: é o que se passa com a doença inventada da jovem, em *A família e a festa na roça,* para desiludir um pretendente e casar-se com o estudante de medicina. No caso de *Os três médicos,* sugere-se que uma personagem se finja morta, como Catarina Howard e Julieta, para se livrar do perseguidor. E só no primeiro ato de *O usurário* a simulação de um velório tem de fato irresistível efeito cômico. Servem-se as comédias de todo o arsenal da farsa, como as coincidências, os encontros fortuitos, as fugas providenciais, as discussões em altas vozes, as pancadarias.

A linguagem de Martins Pena exigiria um estudo à parte. Limitamo-nos a registrar a precisão e o sabor do vocabulário, tirado ainda palpitante do cotidiano. Na literatura dramática portuguesa, apenas Gil Vicente havia conseguido semelhante adequação das falas à psicologia e ao estado social das personagens. Quem não reconhecerá nesta observação do "cocheiro de ônibus" à moça, em *O cigano,* um tipo carioca?: "Vidoca, cá o rapaz é filósofo, e filosofia primeiro que tudo. O casamento não é negócio de estucha".

Se as comédias, apesar das limitações, apresentam as numerosas virtudes que procuramos ressaltar, os dramas não as acompanham nos méritos. As datas em que foram escritos já representam apreciável indício para a sua análise. Com exceção do *Drama sem título,* do qual restam apenas as primeiras cenas, as outras cinco produções dramáticas são de quando o autor atingia os 25 anos de idade e ainda não havia chegado à melhor fase de seu talento cômico, vinda cinco anos depois. Tem-se a impressão de que Martins Pena, bastante jovem, hesitava quanto à profunda tendência vocacional, preferindo alçar-se aos voos mais ambiciosos do drama. Em contraste com as farsas em um ato, escreve dramas até em cinco atos e um prólogo. Ao ver o malogro dessas tentativas, já que apenas *Vitiza ou O Nero de Espanha* foi repre-

57

sentado, prefere dedicar-se com maior aplicação às comédias. É pena que sejam poucas as cenas conservadas do *Drama sem título*, pois se percebe nelas um influxo benéfico da experiência cômica, expressa inclusive na modéstia da estrutura, agora apenas em dois atos.

É difícil prever o que teria sido uma obra dramática adulta de Martins Pena. Com base nos textos que nos legou, seríamos tentados a considerar sua vocação essencialmente cômica. Entretanto, é razoável argumentar que a preferência da plateia tenha orientado seu trabalho, até firmar-se como comediógrafo de êxito. Quem sabe se, depois de assentado o prestígio, não poderia impor a outra face de seu talento, que havia permanecido nas hesitações da juventude?

Os cinco dramas completos nada acrescentam ao nome literário de Martins Pena. As comédias subsistem não apenas como documentário, mas valem pela verve, pelo sabor, pelo mecanismo, que guardam a eficácia cênica em nossos dias. Quanto aos dramas, supomos que sua montagem, hoje, não representaria outro mérito senão o de mostrar ao público um documento histórico.

Por certo Martins Pena não teve tempo de digerir as leituras adolescentes, até filtrá-las para um trabalho original. *Itaminda ou O guerreiro de Tupã* revela um valor diverso, na tentativa de realizar, antes da moda, um drama indígena, embora, a não ser no amor selvagem e desvairado do protagonista (ainda assim típico herói romântico), as personagens em nada difiram essencialmente, pela raça, pela religião ou pelo procedimento. Sentem-se em todos os dramas reminiscências shakespearianas, tanto nas intrigas complexas como na multiplicidade de cenários, mas já barateadas pelos imitadores europeus do século XIX e movidas pela imaginação folhetinesca, que transformou grande parte do Romantismo em dramalhão. Coincidências se sucedem, e enredos rocambolescos se emaranham para mergulhar o todo em atmosfera de fantasia e inverossimilhança. Martins Pena, voltado na comédia para a realidade imediata, observou, na fatura dos dramas, o preceito antigo, segundo o qual a grandeza deve ser buscada pelo distanciamento dos temas e das personagens. Excetuado o drama indígena, os outros são ou pretendem ser históricos, situando os episódios em tempo e países longínquos.

58

Dir-se-ia que o autor cogitou de enobrecer as tramas, e as envolveu do prestígio emanado da história.

Os dramas não temem opor, em lutas muitas vezes mirabolantes, as figuras estereotipadas do nobre de alma e do vilão. Os heróis dramáticos de Martins Pena se dividem mesmo naquelas duas categorias, e seu choque, pela conquista de algo desejado, constitui o núcleo de todas as peças. Em *Fernando ou O cinto acusador*, a personagem que dá título ao drama é o vilão acabado, que disputa com o valoroso Capitão D'Harville a posse de Sofia. Fernando, para se livrar de dívidas, havia mentido, acusando o pai do capitão de traidor, a fim de usufruir seus bens. O bravo militar vem, mais tarde, esclarecer o mistério, e, preso pelo inimigo, encontra na parede da masmorra o cadáver do pai, bem como o cinto no qual gravara a infâmia de Fernando... Como numa das tragédias puras de Shakespeare, porém, os jovens amorosos perdem a vida, no morticínio geral. *D. João de Lira ou O repto* já apresenta um desfecho róseo: D. Rui havia morto D. Jaime, irmão de D. João, porque lhe roubara o amor de D. Inês. Conseguindo não ser identificado, D. Rui corteja, agora, como rival de D. João, a nobre Matilde. O perverso assassino assedia a jovem, rapta-a quando viajava numa liteira e a mantém encerrada num castelo, onde tenta forçá-la. D. João descobre-a e poderia vingar-se imediatamente do vilão, mas prefere dar-lhe oportunidade de um combate, íntegro e destemido que é. Antes de morrer, derrotado na refrega leal, D. Rui confessa os crimes e os amorosos compensam-se dos longos infortúnios. Num plano semelhante, *D. Leonor Teles* mostra a mesma oposição: a heroína, ambiciosa, que se separou do marido para casar com D. Fernando, Rei de Portugal, enfrenta o nobre D. João, irmão do soberano. Leonor tem um amante e é causa das misérias do povo. Após lutas e peripécias sem conta, o Infante chefia uma revolta vitoriosa contra a rainha.

A trama de *Itaminda ou O guerreiro de Tupã* por pouco resvala para a comicidade. O cacique dos Tupinambás está perdido de amor pela branca Beatriz, prisioneira da tribo. O vilão antagonista, no caso, é Tibira, outro indígena, que também pretende aproximar-se da heroína. Parece que os indígenas vão vencer a batalha contra os portugueses, mas Itaminda desconfia das intenções de Tibira e abandona o campo de luta. Passa-se para o inimigo, arrepende-se e acaba morto por tiros portugueses, enquanto está atracado com Tibira, no rio. Beatriz lamenta o destino do cacique... Mas D. Duarte, fidalgo português que se empenha na luta para reavê-la, poderá ter agora a sua mão. Quereria Martins Pena explicar a derrota indígena por motivos sentimentais? *Vitiza ou O Nero de Espanha* talvez tenha outras qualidades, embora não ultrapasse também o terreno da inverossimilhança. A estrutura, pretensiosa, visa a oferecer um painel da tirania. Aí, os nobres, amigos do povo, opõem-se a Vitiza, que é o típico herói perverso. Especialmente Roderigo odeia o Nero, porque sua família foi vítima dele, e Aldozinda, de quem gosta, é pretendida pelo tirano. Como bravo herói romântico, Roderigo é alvo do amor de Orsinda, favorita de Vitiza, que, não conseguindo conquistá-lo, tenta perdê-lo. Eis que, num reconhecimento providencial, ela descobre que Aldozinda é sua filha. Purga-se do passado, inclusive até a morte, pelo bem da filha, já que "o amor maternal de mim expele/ frenéticas paixões...". Vitiza é morto e os jovens amorosos poderão viver em paz.

Assim narradas, as histórias nem de longe demonstram a tessitura complexa, os numerosos recursos para chegarem ao desfecho. Martins Pena utiliza todas as técnicas do dramalhão, para que o leitor ou o público eventual fique sem fôlego ante surpresas contínuas. Em *Fernando ou O cinto acusador*, uma essa abriga um suposto morto. Aldozinda, apunhalada por Orsinda, é transportada para o cemitério, mas de súbito, sem qualquer esclarecimento, ergue-se do caixão. Julieta, sem dúvida, obcecou o autor, de maneiras diversas... Enganos, cartas numerosas, escadas de seda, indivíduos embuçados, crimes, atentados, sonos letárgicos, venenos, elixires, reconhecimentos – tudo é pretexto para Martins Pena enovelar os dramas, dando-lhes a falsa aparência de episódios.

Nesse quadro, todas as personagens apresentam uma motivação única, contrastantes entre si, mas nunca em seu íntimo. Só na hora da morte o vilão concede arrepender-se, e nem sempre. D. Leonor, pintada como o caráter de uma ambiciosa, não tem nenhuma sutileza interior. Vai até o fim, em seus propósitos, sem tomar consciência dos males que acarreta. No mundo da vilania, os sentimentos nobres não podem medrar: o amante dela, Conde de Ourém, revela num monólogo que gosta de fato é do trono...

Figura mais curiosa poderia ter sido Orsinda. No diálogo com um inacreditável eremita, conta sua biografia: judia, de nome Sara, qual Medeia assassina o pai, pelo amor de um cristão. Amaldiçoada, cumpre um destino adverso, tornando-se amante de Vitiza, depois miserável e de novo a favorita. Tantos pecados são redimidos pelo amor materno, ao descobrir que a rival é a própria filha. Não fossem as peripécias fantásticas, haveria na personagem a busca de maior riqueza.

A falta de uma verdadeira linguagem trágica ou dramática reduziu muito o alcance dessas experiências do fundador da comédia brasileira. Seu malogro resume, desde já, a trajetória do nosso teatro na segunda metade do século XIX. Apesar das limitações de toda ordem, a comédia de Martins Pena representa de fato o marco inicial da fixação dos costumes brasileiros, que são explorados por Joaquim Manoel de Macedo, José de Alencar, França Júnior e Artur Azevedo, os principais cultores do gênero, numa continuidade de trabalhos que vem até o princípio deste século. Do dramalhão, ao qual não escapou Martins Pena, quase nenhuma peça também fugiu, e somente parte da obra de Gonçalves Dias e uma ou outra peça conseguem atingir verdadeira nobreza dramática. Numerosos traços da comédia de Martins Pena reaparecem nos sucessores, conservando o seu eco e as qualidades mais autênticas. Pode-se afirmar que os textos de reais méritos que se distinguem na segunda metade do século passado nascem de uma sugestão contida em suas farsas despretensiosas. Nelas está o exemplo das possibilidades dramáticas indicadas pelo cotidiano, com a abundante parcela de ridículos e absurdos. O sentimento nacional, que já se opõe à sede de lucro e à falta de assimilação estrangeiras, sugerirá novas obras, que irão alicerçando a pesquisa, em nossos dias, de uma completa individualidade brasileira. Prosseguirá, em toda a dramaturgia subsequente, o vezo da sátira política e da crítica à sociedade e à administração, com o elogio implícito ou explícito dos bons costumes e da sadia moral, tanto na vida privada como nos negócios públicos. No repúdio aos erros, nas diversas esferas do país, a comédia de Martins Pena pode ser considerada uma escola de ética, antecipando esse papel que o teatro assumirá, conscientemente, mais tarde. Uma bonomia e uma tolerância, feitas de profunda compreensão, adoçam o propósito moralizador, e lançam, no teatro, as raízes efetivas do nosso espírito democrático. Daí a plateia simpatizar com as múltiplas figuras dessa comédia espontânea, na qual reconhece o que tem em si de mais natural e aconchegante. O sentimentalismo piegas, disposto às boas ações e às solidariedades francas, encontra na obra de Martins Pena um veículo ideal, incontaminado de quaisquer laivos eruditos. Toda a filiação aos gêneros tradicionais do teatro e a referência a autores europeus não esmaga a pura seiva de brasilidade dessa farsa, que parece brotar da nossa rua, como a *Commedia dell'Arte* nasceu do gênio popular italiano. Martins Pena leva para o palco a língua do povo, e por isso o brasileiro enxerga nele, com razão, a sua própria imagem.

PRESENÇA DO ATOR

A SÍNTESE artística do espetáculo não prescindiria, ao impor-se o autor brasileiro, de um desempenho igualmente nacional. O caminho de Gonçalves de Magalhães já estava aberto, quando precisou de um elenco para lançar *Antônio José ou O poeta e a Inquisição*: o grande intérprete João Caetano dos Santos havia formado vários anos antes (em 1833) uma companhia brasileira, a fim de "acabar assim com a dependência de atores estrangeiros para o nosso teatro". Recebendo, ao que parece, papéis menores em conjuntos de portugueses, por causa do ciúme artístico, João Caetano sentiu necessidade de organizar companhia própria, no mesmo espírito de afirmação nacional que movimentava todas as consciências do país. Durante três décadas, o trágico encarnou, no palco, a imagem brasileira do gênio interpretativo, e são unânimes os depoimentos em reconhecer-lhe o extraordinário mérito. A posteridade em geral se apoia, no juízo de um comediante, nas impressões dos contemporâneos, e, tivemos a sorte, além de receber numerosos testemunhos significativos, de guardar do ator as admiráveis *Lições dramáticas*.

João Caetano proferiu-as em 1861, dois anos antes de falecer (nasceu em 1808), e elas têm, assim, o cunho de um verdadeiro testamento artístico. O crivo moderno não alterará muito, na substância, as impressionantes intuições do ator, estribadas em inteligência, agudeza e lucidez no estudo dos problemas do palco.

O intérprete de hoje, versado nos métodos de Stanislavski, não terá por certo muito o que aproveitar, tecnicamente, com os ensinamentos do nosso trágico. A leitura das *Lições* proporciona, porém, uma visão da realidade do teatro brasileiro, reconhecível também nos dias atuais e por isso de inestimável valia para uma orientação.

63

O objetivo civilizador da arte, encontrado em todos os autores que insuflaram no palco brasileiro, no século passado, uma missão nobre, se resume nas seguintes palavras iniciais de João Caetano: "O teatro, bem organizado e bem dirigido, deve ser um verdadeiro modelo de educação, capaz de inspirar na mocidade o patriotismo, a moralidade e os bons costumes". Não nos espantemos com essa frase. Seria superficial imaginar que ela subordina a arte a padrões não estéticos. Os resultados surgem aí como decorrência quase inevitável de um teatro superior, que não existiria sem aquelas implicações fundamentais.

Pode-se afirmar, ao contrário, que até hoje prevalecem, nas teorias do palco, os princípios estéticos abraçados por João Caetano (naturalmente, excluímos dessas considerações os novos postulados brechtianos). Mostrando conhecer Aristóteles, nosso ator assevera que "a arte dramática é a imitação da natureza, e não a realidade dela", e que o jogo do intérprete "é todo de convenção, criando, por assim dizer, uma segunda natureza para si". Se a comparação do ator com o pintor se mostra algo ingênua, pois se assemelham "no sentimento do belo nas inspirações e na cópia fiel da natureza", João Caetano tira dessa afirmativa uma lição importante, que é a da observância estrita do modelo, isto é, da personagem, no teatro. Ele não apenas invectiva os "atores que só mudam de palavras e de vestuário, nos inúmeros papéis que representam", mas também, ao subordinar-se à verdade do texto, derruba a estranha lei de seu tempo, segundo a qual o desempenho devia começar "em voz baixa e sem violência", para convir que "o ator tem obrigação de representar as coisas tais quais elas se passam na vida íntima". Na tentativa bem-sucedida de corrigir os vícios do estilo lusitano, superou a declamação adotada na juventude, confessando: "Mudei, pois, o fundo da minha representação, e apareci mais simples e verdadeiro". É importante que João Caetano ligue essa evolução à circunstância de que deixou os atores portugueses com os quais iniciara a carreira.

Acredita-se que João Caetano não tenha tido ciência do *Paradoxo sobre o comediante*, de Diderot. Em muitos pontos, contudo, suas *Lições* coincidem com as do grande teórico da arte de representar e da psicologia do ator, e, se se pode explicá-los pelo conhecimento dos escritos de outros intérpretes e pela fermentação comum das ideias nos vários países, deve-se atribuí-los, principalmente, à própria experiência. Afirma João Caetano: "nos lances mais veementes dirigi sempre a meu jeito as paixões e sentimentos". Esclarece que não chegou a esta verdade incontestável "nem mesmo nos primeiros anos de minha carreira dramática", e exalta o domínio do sentimento pela razão. Ilustra esse ponto de vista com um episódio de sua biografia: ao representar *Os seis degraus do crime*, quase assassinou, em cena, a protagonista. Na peça, "Júlio se apossa do maior ciúme por haver sido abandonado por Luíza, que aceitara o amor de um americano". João Caetano, identificando-se a Júlio, sufocava a atriz. O "público, conhecendo que eu desvairava, levantou-se gritando espavorido". Os outros intérpretes precisaram vir dos bastidores, para socorrer a colega. "É porque eu tinha 24 anos de idade e a dama, 22; é porque eu era zeloso, e parece-me que o meu coração a amava muito mais como mulher do que como atriz. O que acabo de expender prova ainda que, quando não se imita, mas iguala a natureza, se perde a arte." João Caetano insiste no assunto, para afirmar: "o ator compenetra-se do seu papel, segue as paixões que ele contém, pinta-as com inexplicável verdade; mas não as sente na extensão da palavra". As autoridades que cita, em abono da tese, são D. José de Resma e o ator Molé, na linha de Diderot.

As *Lições dramáticas* não enfeixam um método interpretativo. A soma de exemplos citados, porém, confere ao livro um grande interesse, mesmo para os que leram obras mais modernas do gênero. Veja-se, assim, o paralelo traçado por João Caetano entre as interpretações de Emília das Neves e de Rose Cheri, na Margarida Gauthier de *A Dama das Camélias*. Na cena do espelho, do quinto ato, a atriz portuguesa "fez um movimento de horror e gestos violentíssimos: o corpo lhe tremeu todo, caindo sobre uma cadeira que lhe estava próxima, rompendo então o público em estrepitosos aplausos". Contesta João Caetano o mérito do desempenho, argumentando que "a Dama das Camélias, que tem sido uma moça faceira e que, mesmo depois de enferma, todas as vezes que se levanta vai mirar-se, vendo assim constantemente os estragos que a moléstia vai produzindo no seu físico, não pode horrorizar-se do que vê a todo instante". Já a atriz francesa senta à beira da cama, pega "pelo cabo em um pequeno espelho oval", mira-se "nele, fazendo então aparecer nos lábios um fino sorriso, erguendo um pouco os olhos ao céu, e levantando frouxamente os ombros, exprimindo assim com a maior verdade, neste simples gesto, a resignação de sua alma com os efeitos progressivos da moléstia horrível que brevemente a faria sucumbir". João Caetano diz que não pôde conter as lágrimas e atesta os aplausos frenéticos dos espectadores, concluindo que não cabe ao ator fazer concessões, e "deve sempre representar para a parte mais instruída do público".

Exalta João Caetano a importância dos silêncios, da respiração certa, das pausas, do cultivo da voz, da expressão corporal, da presença de espírito e de tudo o mais que valoriza o ator, porque "sobre a cena, é ele e só ele". Proclama a necessidade de se estudarem os tipos na sociedade ou na história, segundo as épocas em que eles existem ou existiram; da consulta às obras dos melhores pintores e escultores; do estudo da "estrutura do homem"; e da observação da vida real, porque "há tantas maneiras de representar um moribundo como a diferença que existe entre todas as almas". Narra que, ao criar o papel de André, na *Gargalhada*, um de seus maiores êxitos (a peça é de Jacques Arago), foi "estudar no hospital, como ali estudei sempre todos os doidos que reproduzi em cena".

Sabendo que não era norma, entre os nossos atores antigos, aprofundar a personagem em função de sua psicologia e de seu lugar na peça, surpreendemo-nos com a modernidade da análise feita por João Caetano. Tinha ele também íntimo conhecimento da situação geral do nosso teatro, pintando-a em cores melancólicas, subsistentes até os dias de hoje. Na *Memória* endereçada ao Marquês de Olinda, "tendente à necessidade de uma Escola Dramática para ensino das pessoas que se dedicarem à carreira teatral, provando também a utilidade de um Teatro Nacional, bem como os defeitos e decadência do atual", o intérprete feriu algumas teclas importantes, e se os ouvidos públicos se tivessem sensibilizado com o seu clamor, por certo passos decisivos teriam sido dados.

No início da década de sessenta, não obstante os esforços de dramaturgos e de elencos, "a arte dramática jaz ainda em completo esquecimento e abandono, e concludentemente sem progresso o teatro nacional. É forçoso convir que este estado de decadência é devido, sem a menor dúvida, à falta de uma escola, porque está provado que sem alicerces não se levantam edifícios".

Afiança João Caetano, categoricamente, que "os atores que até hoje têm pisado a cena brasileira têm sido, sem exceção de um só, atores de inspiração, e portanto sem método, sem conhecimentos teóricos da arte, sem escola enfim!". O único meio de suprir essa lacuna seria o patrocínio do Governo, e acrescenta o ator que, "enquanto o teatro nacional e a sua escola não tiverem o caráter oficial, nada poderá fazer-se, não progredindo nem atingindo nunca ao grau de perfeição a que hão chegado os teatros europeus".

Enquanto visitam as capitais do Velho Mundo turistas sem conta, renovando a cada noite os espectadores de teatro, as nossas salas são frequentadas "quase sempre pelo mesmo público, donde provém que qualquer drama, por melhor que seja, cansa e não pode ir à cena mais do que três ou quatro vezes". A pequena audiência determina a rápida mudança de cartazes, na tentativa de obter receita, por não ser suficiente ao empresário "a mui diminuta subvenção de três ou quatro contos mensais com que o auxilia o Governo".

Impossibilitado de estudar demoradamente, o ator não consegue identificar-se "em cada dia com um herói", ao passo que "qualquer ator medíocre dos teatros da Europa reproduz o papel como se dotado de grande talento, porque o estudou durante três ou quatro meses, e o reproduziu cinquenta ou sessenta vezes, sabendo-o por conseguinte de cor".

Examina João Caetano as despesas obrigatórias dos elencos, concluindo pela inviabilidade do teatro, como organização meramente comercial. Daí propor uma série de medidas de amparo ao teatro nacional, entre as quais até a antipática proibição do trabalho em estabelecimentos circenses, com animais ferozes ou domesticados, nos dias de espetáculos declamados. Como esses privilégios se reclamavam pelo desejo de imposição de um teatro dramático e cultural, contrariando, no dizer de Procópio Ferreira, o gosto espontâneo do povo pela comédia, o gênero de João Caetano seria luxo nacional, sustentado pela Coroa. Procópio, herdeiro da tradição popular do riso, observa, não sem malícia, sobre o trágico: "Até as feras lhe tiravam o público...".

A verdade é que a carreira de João Caetano ficou marcada, até o fim, por numerosas vicissitudes, colhendo-o a morte na maior pobreza. Ao acompanharmos seu itinerário de intérprete e chefe de companhia, vemos, a cada passo, uma dificuldade a custo vencida, uma luta incessante para não sucumbir aos entraves de toda sorte.

Ao desligar-se do elenco português, teve, para prosseguir o trabalho, de promover a reconstrução do teatro de Niterói. Viajou por numerosas pequenas cidades do interior do Rio, que nenhum conjunto estabelecido pensa hoje explorar. Como, voltando à Capital, lhe coubesse uma casa de espetáculos pouco atraente, reconstruiu o Teatro São Januário. Enquanto ocupava, mais tarde, o Teatro de São Pedro, um incêndio destruiu a sala. A reconstrução se fez com pedras da antiga Sé. Novo incêndio inutilizou o São Pedro, dando pretexto a que lavrasse a superstição: as pedras de um lugar santificado não deviam prestar-se para um templo profano... Nova luta pelo reerguimento do edifício. Era necessária uma vocação irresistível para não sucumbir a tantas catástrofes.

João Caetano valeu-se muitas vezes, é certo, da ajuda oficial, dada por meio de decretos. Desde o contrato celebrado em 1842 com o Governo da Província do Rio de Janeiro, para representar durante 12 anos em Niterói, sempre encontrou proteção das autoridades. O auxílio nunca foi suficiente, entretanto, para instaurar um teatro estável, no qual independesse do espectro constante das dívidas. Vê-se, daí, que, mesmo num período considerado áureo do nosso teatro, a subsistência das companhias de ambição artística era um problema quase intransponível. Hoje, temos certeza, no Brasil e na Europa, que só se pode realizar um teatro de arte com o patrocínio governamental. Quem não dispõe de ajuda efetiva do Governo é obrigado a confinar-se às limitações do comercialismo. A organização atual da sociedade não permite alternativa. Naquele tempo, a luta de João Caetano, entre nós, era um sacrifício meio desesperado e inútil, a obstinação quase cega de quem nada contra a corrente. Ele teve apenas em parte consciência do mecanismo no qual se debatia: sabia ao menos que a profissão do palco não constituía atrativo para ninguém, por falta absoluta de segurança. Por isso, na *Memória* ao Marquês de Olinda, propôs que a oficialização do teatro nacional fosse completada por um regulamento eficaz, incluindo um montepio e aposentadoria com ordenados por inteiro. Chegou ele a instalar, a expensas próprias, uma escola dramática, em que o professorado servia gratuitamente. Mas não houve matrículas apreciáveis de alunos, e os poucos candidatos não persistiram no curso. Sem garantias futuras a oferecer, uma escola dramática não representava estímulo para jovens bem-dotados.

A conclusão de tantas premissas era óbvia: "Fica portanto exuberantemente provado que sem um teatro nacional, sustentado pelo Governo, não poderá progredir a escola, morrendo sempre o país à míngua de atores e autores". Embora os argumentos fossem arrolados por alguém que tinha uma causa precisa a defender, tentando interessar uma autoridade em seu problema, a situação retratada não deixa margem a dúvidas.

Poderia João Caetano, com outras armas, ter contribuído para a estabilização do teatro brasileiro? A pergunta se justifica, apesar da análise do ator sobre a situação econômica das empresas, por causa de críticas que lhe foram feitas. Deixa ele para as frases finais das *Lições dramáticas* a explicação segundo a qual desejava "mostrar aos meus desafeiçoados com este meu pequeno trabalho que nunca fui indiferente ao progresso do teatro nacional, como por muitas vezes o têm publicado nos seus malévolos escritos".

Comentaristas simpáticos ressaltam a ligação de João Caetano com a dramaturgia brasileira, assinalando que o lançamento de *Antônio José* no palco se deveu ao seu conjunto. Muitas das peças de Martins Pena estrearam-se também pela sua companhia, embora não lhe coubesse nenhum desempenho, a não ser no drama *Vitiza ou O Nero de Espanha*, o único levado à cena, entre as produções do autor no gênero. Obras de Porto Alegre e Joaquim Norberto de Sousa e Silva, entre outras, foram também encenadas por João Caetano.

Tomou corpo na história, por outro lado, a lenda de que o intérprete menosprezava as comédias de Martins Pena, chamando--as "pachouchadas". O diálogo amigo entre ambos, reproduzido nas *Lições*, parece o maior desmentido a qualquer desentendimento, que se alimentou da exegese da peça *Os ciúmes de um pedestre*, proibida pela censura porque ofenderia o ator de *Otelo*. Na verdade, a razão da existência de tantas traduções no repertório de João Caetano se prende mesmo à falta de bons originais brasileiros, e a uma realidade muito simples: o trágico superava o cômico no temperamento do intérprete, e ele devia preferir os papéis que se ajustassem mais às suas possibilidades. O nosso drama, além da fraqueza literária, no que não se distanciava dos textos estrangeiros representados por João Caetano, não tinha em geral aquelas características de viabilidade cênica, sem as quais as montagens se tornariam suicidas. Se a voz, o físico e o vigor do intérprete se casavam melhor à tragédia shakespeariana (traduzida embora da adaptação francesa de Ducis), por que exigir dele que encarnasse os juízes, os meirinhos e os outros seres prosaicos da comédia de Martins Pena?

João Caetano ficou para a posteridade no perfil traçado por Joaquim Nabuco: "Otelo era exatamente o papel, segundo tudo faz crer, que mais se adaptava às faculdades de João Caetano. Estas eram de ordem física; as paixões que ele sabia expressar adequadamente eram os grandes instintos do homem; a impressão que causava era magnética, um como que eflúvio da própria pessoa. A majestade do porte, a beleza máscula, sombria do rosto, a gravidade natural dos movimentos, a extensa sonoridade da voz, o brilho elétrico do olhar, a mobilidade incomparável da fisionomia, os rugidos da alma, que parecia nesses momentos uma caverna de leões bramindo, ao mesmo tempo, uns de cólera, outros de vingança, outros de ciúme, mas ouvindo-se acima de todas a nota do amor ferido... as qualidades, em suma, que podem fazer um grande Otelo, eram as de João Caetano".

Acreditamos que, pelo número e pelo amadurecimento, os atores brasileiros sempre estiveram à frente dos dramaturgos. As deficiências dos desempenhos ainda são menos notórias que as das peças, talvez por serem eles mais fáceis. João Caetano deve ter dado início a essa tradição.

70

RECONHECIMENTO DA POSTERIDADE

GONÇALVES DIAS inclui-se entre os raros exemplos da história do teatro que só receberam a consagração da posteridade, passando despercebidos para os contemporâneos. Na dramaturgia, esse fenômeno parece praticamente impossível, porque ou a obra corresponde a certas tendências do momento em que foi criada, encontrando portanto uma aceitação imediata, ou fica logo na marginalidade, sem ressonância no futuro. A convicção segundo a qual a peça de teatro existe apenas quando lhe é dada corporeidade cênica quase destrói o conceito de literatura dramática fora da prova do palco, e por isso encaram-se com desconfiança os textos que não sugeriram uma montagem. Preconceito, sem dúvida, mas autorizado pelo beneplácito que tiveram em seu tempo um Sófocles ou um Racine.

Ficaremos em hipóteses, ao tentar uma justificativa para o fato de nenhuma das quatro peças de Gonçalves Dias ter sido encenada no Rio ou em São Paulo, enquanto viveu o poeta. *Leonor de Mendonça* passou pelo palco maranhense e surgiu em livro – única experiência editorial do dramaturgo. Entretanto, com existência bem menos meteórica do que a dos outros escritores românticos (nasceu em 1823 e ficou desaparecido no naufrágio do navio *Ville de Boulogne*, em 1864), e consagrado merecidamente como grande poeta, nem o prestígio do nome lhe abriu a cena.

Patkull e *Beatriz Cenci*, escritos ao redor dos vinte anos de idade, em Coimbra, ressentiram-se da pouca experiência do autor. *Leonor de Mendonça* vem logo a seguir, mas o instrumento teatral está afiado e o gênio poético supre com a inspiração a falta de domínio cênico. Dir-se-ia que o teatro de Gonçalves Dias se circunscreveu à quase adolescência, como parece maldição para muitos dos nossos poetas e romancistas de talento, se ele não reincidisse no gênero, alguns anos depois, com *Boabdil*. Seria uma última tentativa frustrada?

Talvez *Beatriz Cenci* chegasse ao palco se o Conservatório Dramático não proibisse a representação, num dos mais flagrantes desacertos desse órgão e dos congêneres que o sucederam, fazendo da censura, entre nós, uma história de equívocos e ridículos. Antônio Henriques Leal, que divulgou as peças inéditas entre as obras póstumas de Gonçalves Dias, escreveu, à guisa de prefácio: "Sendo os dramas, *Patkull* e *Beatriz Cenci*, que constituem este volume, ensaios da mocidade do poeta, escritos aos 20 anos, sob o entusiasmo da escola romântica, quando imperavam a *Torre de Nesle*, a *Lucrécia Bórgia* e outras composições deste gênero, não podia o autor, apesar de seu talento e gênio inspirado, eximir- -se de pagar tributo ao gosto e às tendências de sua época". A nosso ver, os defeitos das duas peças são antes de composição, por não estarem bem resolvidas em nenhum gênero, enquanto *Leonor de Mendonça* trai elegância e equilíbrio clássicos, que reclamam sensibilidade e delicadeza diversos da moda do tempo. *Boabdil* prende-se mais, pelas peripécias fantásticas, à experiência inicial, o que equivale a um retrocesso, sem acréscimo de nenhum significado para o dramaturgo.

O analista do teatro de Gonçalves Dias, que não conheça a sedução da época pelos dramas históricos, terá dificuldade de reconhecer nele o mesmo autor que se popularizou com a poesia indianista. Os traços tão marcadamente brasileiros dos *Primeiros cantos* transformam-se, na dramaturgia, num propósito universalista, em que importa mais a possível essência humana e individual do que a sua subordinação a critérios nacionais. Leem-se as peças de Gonçalves Dias como se pertencessem quase a um clássico português, tal o despojamento e a elevação da linguagem. Ainda aqui, ressaltam, sobretudo no caso de *Leonor de Mendonça*, os valores de contenção sutil, a catástrofe que, apesar da crueza do desfecho sangrento, decorre de uma inevitabilidade calma e repousada. Os protagonistas não poderiam fugir às malhas do destino, e, na progressão fatal, observa-se um imperativo que dispensa o exagero e a voz alta. Na psicologia do dramaturgo, que suportou a origem humilde com nobreza estoica, sente-se a repassada ternura pelos seus heróis, uma íntima compreensão que justifica os antagonistas, mesmo quando a luta pareceria indicar uma certeza e um erro. Às criaturas que, por motivos delicados e intransponíveis, se colocam em irremediabilidade trágica, nunca falta razão.

Os títulos dos dramas de Gonçalves Dias denunciam a preocupação com a pintura de grandes caracteres, à semelhança dos textos shakespearianos, denominados *Hamlet*, *Otelo*, *Macbeth* ou *Rei Lear*. A falha trágica dos heróis geralmente se liga à concentração numa das infinitas formas do mal, já que, parafraseando Victor Hugo, o bem se revela sob uma única face. Não obstante esse ponto de partida imperioso, todavia, apenas em Francisco Cenci o dramaturgo pinta uma natureza monstruosa inflexível, e ainda assim para sublinhar mais em Beatriz a condição de vítima inocente. Paikel, o instrumento do mal que leva Patkull à ruína, tem consciência ou formação moral para declarar: "Um dia será pesado na balança da justiça eterna, não o bem que fizemos, mas o bem que poderíamos ter feito". As criaturas gonçalvinas, como regra, cedem ao impulso do mal, e se arrependem depois, resgatando-se ante o juízo eterno.

Desde *Patkull* o autor se aventura em campos movediços, que isentam o seu caminho de pobre linearidade. Assentam-lhe mais os matizes cambiantes, e as indicações do início não pesam como roteiro primário e obrigatório, que exclui qualquer enriquecimento posterior. Nessa peça, cujas fontes, segundo Ruggero Jacobbi, foram a *História de Carlos XII da Suécia*, de Voltaire (na parte histórica), e o *Wallenstein*, de Schiller (na parte literária e teatral), o herói morre em consequência de uma cilada, e, no seu itinerário, é alvo de sentimentos diferentes de Namry Romhor, a heroína. Patkull é o guerreiro valoroso e destemido, a quem nunca deixaria de sorrir a vitória, se a intriga palaciana não o destinasse ao sacrifício. Pesa aqui a força da fatalidade, preparada pelo esquema comum do pressentimento. O amor da pátria e da causa popular confundem-se nele com a própria natureza reta e generosa, em que a hesitação inicial para atender ao apelo da nova luta anunciada se explica mais como recurso cênico, a fim de marcar-lhe bem o imperativo do dever. A figura de Namry é que assume alguns matizes menos manifestos. Confidencia de início à criada Berta que o pai, ao morrer, a destinara a Patkull. Informa, porém, que gosta do alquimista Paikel, agente (para ela irrevelado) da perdição do noivo. À medida que progride a trama, o leitor fica a par dos antecedentes criminosos de Paikel, entre os quais ter seduzido e abandonado Berta. E assiste à mudança de Namry: o encarceramento de Patkull desperta nela uma nova afeição. Ao visitá-lo entre as grades, Namry lhe confessa: "Porque morres agora – ah! se pudesses viver – se pudesses viver – Patkull, se o pudesses – então talvez que eu fizesse esquecer a minha ingratidão doutros tempos e o faria: Dar-te-ia amor – não como o teu, que não pudera – mas alma e coração – eu tos daria e o que fosse em meu poder fazer-te – para te alegrar a vida e o pensamento – eu o faria por gratidão, por amor e por mim mesma, Patkull!". Do desencanto (ou mesmo despeito?) de Paikel, Namry passa à gratidão por Patkull, e desta a amor verdadeiro, feito de compassiva ternura, entrega sincera e valiosa, quando são raros os seres que de fato se compreendem. A heroína lhe fala ainda: "Tua Namry – desgraçada – que ternamente será viúva sem nunca ter sido esposa".

Em *Patkull* a mulher surge como vítima do arbítrio paterno e das convenções sociais, constante do teatro gonçalvino e um dos mais poderosos estímulos da dramaturgia romântica posterior. Em determinação irreversível, porque da hora da morte, o pai destinara Namry a Patkull, sem consultar-lhe o sentimento ou a vontade. Seduzida por Paikel, Berta foi expulsa de casa, e todo o seu destino está traçado por essa mancha inapagável.

A tragédia de *Beatriz Cenci* não decorre apenas da prepotência paterna: Francisco Cenci é o móvel contínuo da desgraça da filha por querer ele próprio seduzi-la. O autor fantasiou os dados históricos, para contrastar essa tentativa de submissão incestuosa com os sentimentos puros, alimentados na heroína pelo nobre Mársio. O maquiavélico Cenci cria uma situação embaraçosa, na aparência, para a esposa Lucrécia, com o objetivo de curvá-la aos seus desígnios. A vingança urdida, no fim, por Beatriz e pela madrasta (irmanadas na condição de vítimas), será a única saída do aniquilamento imposto por Francisco. Nem a revolta justa poupa as personagens femininas da tragicidade: Cenci, sob o efeito do veneno, consegue ainda apunhalar Lucrécia, e Beatriz desmaiara, sem futuro, ao ouvir do pai que Mársio estava morto.

Em *Boabdil*, última peça, já se achando Gonçalves Dias mais contaminado pelo gosto folhetinesco do tempo (seria também a esperança inútil de que o representassem?), a mola trágica surge como a inclinação contrariada de Zorayma por Aben-Hamet. O pai, por interesse, destina-a ao serralho de Boabdil, que lhe vota tremenda paixão, a ponto de descurar completamente a defesa de Granada, alvo dos cristãos inimigos. O amor de Zorayma e Aben--Hamet descobre-se para o rei árabe, e o casal aceita o sacrifício da morte simultânea, que agora se afigura uma bênção. Antes, num diálogo com Boabdil, Aben-Hamet assim se exprimira sobre as mulheres, numa fala de evidente defesa feminista: "a natureza as criou fracas, mas são os homens que as fazem traidoras".

Leonor de Mendonça, sem dúvida a melhor peça de Gonçalves Dias, suscita, nesse aspecto, comentários mais amplos. Num excelente *Prólogo*, que é uma das páginas mais lúcidas e penetrantes de estética na nossa literatura, o autor trata claramente do problema: "Há aí também outro pensamento sobre que tanto se tem falado e nada feito, e vem a ser a eterna sujeição das mulheres, o eterno domínio dos homens. Se não obrigassem D. Jayme a casar contra a sua vontade (com D. Leonor de Mendonça), não haveria o casamento, nem a luta, nem o crime. Aqui está a fatalidade, que é filha dos nossos hábitos. Se a mulher não fosse escrava, como é de fato, D. Jayme não mataria sua mulher". O ciúme, baseado em indícios de traição, desencadeia a catástrofe, e provoca a referência obrigatória a Otelo. Consciente de sua arte, Gonçalves Dias esclarece o inevitável paralelo crítico: "O duque é cioso, e, notável cousa! é cioso não porque ama, mas porque é nobre. É esta a diferença que há entre Otelo e D. Jayme. Otelo é cioso porque ama, D. Jayme porque tem orgulho. (...) O Duque mata a Leonor de Mendonça, mas sem lágrimas, porque o orgulho não as tem".

As relações das personagens derivam de inteligente visão do mundo, encarado com estranho realismo, que se encontra, aliás, nas mais perspicazes e profundas sondagens românticas. "É a fatalidade cá da terra a que eu quis descrever, aquela fatalidade que nada tem de Deus e tudo dos homens, que é filha das circunstâncias e que dimana toda dos nossos hábitos e da nossa civilização; aquela fatalidade, enfim, que faz com que um homem pratique tal crime porque vive em tal tempo, nestas ou naquelas circunstâncias." Que maior consciência histórica se poderia exigir de um autor?

Afirma ainda o *Prólogo* que "os defeitos da Duquesa são filhos da virtude; os do Duque são filhos da desgraça: a virtude que é santa, a desgraça que é veneranda. Ora, como o que liga os homens entre si não é, em geral, nem o exercício nem o sentimento da virtude, mas sim a correlação dos defeitos, a Duquesa e o Duque não se poderiam amar porque eram os seus defeitos de diferente natureza".

Existe, pois, como ponto de partida, um equilíbrio instável dos protagonistas, porque o casamento nobre impõe o respeito mútuo, mas não obriga ao amor. Essa aparência calma se rompe com a presença de Alcoforado, jovem destemido e amoroso, que vem perturbar a negatividade daquela relação com um sentimento positivo e atuante. Os padrões românticos não lhe permitiriam desejar de Leonor senão uma complacência simpática e distante, aquecendo-o para buscar a morte gloriosa nas lutas de África. Ele lhe declara amor, na entrevista noturna que os condenaria, como necessidade juvenil de comunicar-se ao ser amado. Provavelmente seu impulso erótico estava contido pela defesa censora, já que lhe seria temerário esperar correspondência de Leonor.

As atitudes da Duquesa decorrem de sentimentos mais contraditórios e sutis. Conhecedora do irremediável vazio sentimental do matrimônio, a presença do jovem apaixonado deveria perturbá-la. Sobre o marido, dissera ela: "... para que o amasse, bem pouco lhe seria preciso... ele não o quer". Talvez, na imprudência em aceder aos rogos de Alcoforado para o encontro à meia-noite, se escondesse o abandono subconsciente à inclinação, sem que a lucidez e os vetos morais a reprovassem. O episódio inocente, porém, originou a catástrofe, e Leonor nem teve tempo de acalentar qualquer sentimento mais bem comprovado. A realidade hostil surpreendeu-a, quando definiria para si a figura do jovem amoroso, e a si mesma com relação a ele.

Gonçalves Dias evitou, com a interferência da fatalidade, um esclarecimento difícil, que talvez roubasse também à peça a delicadeza, o mais requintado clima do meio-tom. Pode ser tomada apenas como origem de sentimentos futuros, interrompidos pelo destino, a confissão de Leonor a Alcoforado: "É à cabeceira de meus filhos que eu vos direi que vos amo; eu vos amo, porque sois bom, porque sois nobre, porque sois generoso; eu vos amo, porque tendes um braço forte, um coração extremoso, uma alma inocente; eu vos amo, porque vos devo a vida, porque não tendes mãe, e eu vos quero servir de mãe porque sofreis, e eu quero ser vossa irmã. É um amor compassivo e desvelado, que poderia ser reprovado na terra, mas que eu não creio que o seja nos céus". Não existe nessa confidência uma palavra que indique paixão desvairada ou a entrega carnal. Calor humano, ternura plena da amizade – eis o que transparece dessa fala, resposta carinhosa de um coração solitário a um apelo amoroso. Todos bradam a inocência de Leonor, e o servo se recusa a matá-la, cabendo ao próprio Duque fazer-se carrasco. Ao sacrificar a mulher, D. Jayme representa todo o impacto dos preconceitos sociais, de que se tornou instrumento, por falta de amor verdadeiro.

No *Prólogo*, entre muitas outras afirmações interessantes, Gonçalves Dias mostra saber que há "entre a obra delineada e a obra já feita um vasto abismo que os críticos não podem ver, e que os mesmos autores dificilmente podem sondar". Nesse abismo, ele próprio várias vezes se perdeu, não realizando a obra admirável que seu talento prometia. Faltaram-lhe a experiência do palco, para testar a eficácia dos efeitos, e a maturidade literária, tão rara no gênero.

Em *Patkull*, por exemplo, não soube Gonçalves Dias pintar a transição do amor de Namry, votado inicialmente a Paikel e transferido, sem delongas justificadoras, para o protagonista. A peça não esclarece se Paikel, no final, pretendia mesmo salvar Patkull ou se lhe armara outra traição. Ao acaso informa-se que Paikel morreu, e Berta é abandonada pelo autor, não se conhecendo o seu destino. O fundo histórico permanece vago, impreciso, dependente de um enquadramento fora dos dados trazidos ao palco, sem se engastar nele, de modo satisfatório, a participação pessoal. Quanta promessa, porém, para um dramaturgo de vinte anos!

Também em *Beatriz Cenci* utilizam-se recursos fáceis, que reduzem o mérito da obra. Com incrível facilidade o autor liquida Mársio, cavaleiro nobre e valente, cuja condição não admitiria uma morte obscura e sem luta. Foi a facilidade que ditou esse desfecho para o jovem amoroso; se o dramaturgo, por conta própria, não apagasse a presença de Mársio, a peça precisaria ter outro final. Quanto ao vinho temperado com ópio... A inverossimilhança, aí, é mais gritante. Gonçalves Dias fabricou a tranquilidade de Francisco Cenci sobre o conteúdo do copo, limitando-se ele a tomar um antídoto para o ópio. Acontece que a mulher trocara o soporífero por um veneno fatal, e Francisco sucumbiu ao seu efeito. No entrecho, o lacaio Paulo serve mais aos desígnios do autor que aos imperativos do texto. Como Francisco lhe havia prometido atender a qualquer solicitação, parece-nos mais crível que Paulo lhe delatasse a trama engendrada por Beatriz, em vez de figurar nela, por dinheiro. Enfim, no teatro romântico, há sempre as naturezas de lacaio... Francisco Cenci, que arrasta a intriga com o seu propósito sinistro, não se define como apaixonado incestuoso ou mero vilão. Sugere mais o vicioso do que a personagem trágica, inflamada de um amor proibido. O aspecto menor da criatura apagou a grandeza fatal e sombria da inclinação pela filha.

Os ingredientes de *Boabdil* inspiram-se com mais franqueza no dramalhão romântico. Golpes cênicos cortam a cada momento os episódios. Um dos elementos dramáticos da história é a identidade de Aben-Hamet – o mesmo Ibrahim que salvou Boabdil e é o seu inimigo irreconciliável, na disputa do amor de Zorayma. Por mais que o autor explique pelo horóscopo funesto o destino do protagonista, não fica verossímil, na leitura, que ele se consuma no problema pessoal, enquanto os espanhóis tomam a cidade. Mesmo que o Rei de Granada, presa da alucinação, continuasse até o fim avesso à derrota, os outros não consentiriam no suicídio, que era também a perda coletiva. Mais uma vez o dramaturgo não soube entrosar o problema pessoal no macrocosmo público.

Leonor de Mendonça não padece da maioria desses defeitos porque o autor trabalhou mais lucidamente o material de que dispunha. O *Prólogo* aí está para provar a reflexão ponderada, o penoso itinerário interior até chegar a uma forma original. Diversos fatores devem ter contribuído para o apuro da obra: é a terceira de uma sucessão ininterrompida de peças; tinha por modelo, embora distante, o *Otelo*, e para um jovem autor a referência a outro texto faculta maior segurança; trata-se de três e não de cinco atos, e a concentração dos episódios dispensa as peripécias fantásticas, mais fáceis de evitar quando não é necessário estender os acontecimentos; e o drama que forneceu as personagens pertence à crônica portuguesa, muito mais ligada à sensibilidade do poeta (tão lusitanista às vezes) do que os exóticos mundos de Patkull ou de Boabdil.

Ainda assim a trama de *Leonor de Mendonça* se alimenta de indícios menores, como uma fita presenteada pela heroína a Alcoforado, e uma carta comprometedora, cujo teor transpira. A fita lembra o lenço de Desdêmona e, sem missivas interceptadas, se desfalcaria de muitas obras a história do teatro. Num universo de exaltação romântica, tenhamos complacência com essas minúcias desimportantes...

Gonçalves Dias aceitou que o drama resumisse a comédia e a tragédia. "Ora, se a tragédia se não pode conceber sem verso, assim também a comédia sem prosa não pode existir perfeita." Não sentiu que dispusesse de nome e simpatias, contudo, para intentar em seu teatro uma inovação. Todas as peças são escritas em prosa. O malogro de uma audácia acarretaria "no progresso da arte retardamento de um século ou de mais". O grande poeta não ousou, por isso, no teatro, tudo o que intuía o seu gênio. Fez, em *Leonor de Mendonça*, um drama sóbrio e elevado. Certamente a melhor obra do gênero em nossa literatura dramática do século XIX.

DRAMATURGIA AO GOSTO
DO PÚBLICO

A CRONOLOGIA das estreias de Joaquim Manoel de Macedo fornece dados bastante sugestivos para que se estabeleça o itinerário de sua obra teatral. O drama *O cego* foi encenado em 1849, uma década depois que Gonçalves de Magalhães e Martins Pena se iniciaram no palco. O público acolheu com frieza a tentativa ambiciosa, vazada em decassílabos e um desejo de igualar os modelos do gênero. A "ópera" *O fantasma branco*, farsa cujas raízes remontam à Comédia Nova grega, teve melhor destino, e se popularizou a figura de Tibério, tipo de soldado fanfarrão no gosto ancestral transmitido por Plauto. A nova "ópera" *O primo da Califórnia*, imitada do francês, teve significação histórica mais ampla: nacionalizava-se completamente um espetáculo parisiense do tempo. Não era só o texto, que a própria edição consigna como preso ao modelo europeu. A atriz Maria Velluti desligara-se da Cia. João Caetano e, sob os auspícios do empresário Joaquim Heliodoro, e tendo como ensaiador o francês Emílio Doux, abriu com a peça, em 12 de abril de 1855, o Ginásio Dramático, reduto de todo o movimento reformista posterior. Ao dramalhão histórico e à tragédia clássica, encarnados por João Caetano, substituía-se o repertório com personagens modernas, ao gosto do dia. Daí a denominação "dramas de casaca", em que o vestuário elegante do momento vinha ditar um novo estilo. Macedo já era, aí, um nome ligado à transformação do palco brasileiro.

Sucederam-se três experiências dramáticas, em que o autor insistiu, sem êxito, no gênero "sério": *Cobé*, drama indianista, escrito provavelmente em 1852 e só levado à cena em 1859; *Amor e pátria*, alegoria patriótica de circunstância, representada na comemoração da Independência, em 1859; e *O sacrifício de Isaac*, episódio bíblico que não chegou ao palco. Percebe-se, pela variedade da inspiração, que Macedo andava à procura de temas em que fixar-se, não encontrando no teatro o mesmo favor popular que acolhera o seu romance de estreia – *A Moreninha* – escrito em plena mocidade (nascido em 1820, o escritor só aos 29 anos tentou o teatro, depois dos primeiros êxitos romanescos).

Qual seria, depois, o caminho de um ficcionista aplaudido pelo público, em cuja obra se reconhece o leitor médio, resumindo-a como o protótipo do amor romântico? Não se pode afirmar que *O cego* e *Cobé*, apesar das falhas, fugissem ao anseio de instauração de uma dramaturgia exigente. Faltando o apoio da audiência, o simples Dr. Macedo foi buscá-lo nos assuntos já gastos, mas de eficácia comprovada: vieram, no drama, *Luxo e vaidade*, em 1860, e *Lusbela*, em 1862. O severo crítico Machado de Assis, ao examinar com agudeza a obra de Macedo, verberou a concessão, apontando a fragilidade dos recursos melodramáticos, aos quais passaram a corresponder, em definitivo, nas comédias daqueles anos – *O novo Otelo* (1860) e *A torre em concurso* (1861) –, os processos burlescos, distantes de uma ambição artística mais elevada.

Há um silêncio teatral de oito anos e as novas incursões cênicas exprimem a maturidade do ficcionista, nos seus méritos e defeitos. *Romance de uma velha* (1870) e *Cincinato Quebra-louça* (1871) denotam mais elaboração literária, ganhando a comédia serenidade superior de recursos, com o afastamento dos excessos farsescos do início, mas caindo o drama, de enredo complexo, no melodrama irremissível.

As peças posteriores, entre as quais *O macaco da vizinha* (atribuída a Macedo) e *A Moreninha*, adaptada do famoso romance (antecederam-na duas adaptações, devidas a outros nomes), não contribuíram para definir a fisionomia do dramaturgo, e por isso se generalizou a opinião, já encontrada em Machado de Assis, segundo a qual Macedo não professou nenhuma escola, explicando-se como falta de personalidade o seu ecletismo literário. Até mesmo a burleta, com *Antonica da Silva* (1880), o autor não deixou de cultivar, quando o gênero ganhava público e complicações com a censura. A imagem final do homem de teatro é mesmo a de que escrevia ao sabor das sugestões imediatas, espicaçadas por outros êxitos (de outrem). Temas e situações voltam frequentemente em sua obra. Mas não há nessa observação um anátema nem menosprezo pelo feitio de Macedo. Não devemos ceder ao preconceito da originalidade. Embora pisando caminhos já trilhados, o comediógrafo, com a sua espontaneidade e o jeito de dirigir-se familiarmente ao público, deixou algumas das nossas melhores peças do século XIX. Cimentou uma tradição recente e permitiu a continuidade do teatro, dentro de características apreciadas pelo público da época. Numa história, cumpre ser ressaltado esse mérito.

Os temas de Macedo foram buscados no patrimônio comum das décadas em que se dedicou ao palco, sem acrescentar-lhes uma contribuição nova. Seu talento inovador já se manifestara no romance, em que *A Moreninha* significava um marco romântico, pelo frescor e pelo viço da inspiração. Aliado no teatro às intenções "realistas" da escola francesa de Dumas, Scribe e tantos outros, cujos ensinamentos vigoraram em nosso palco a partir de 1850, Macedo afastou-se da sátira concreta de Martins Pena para dedicar-se às críticas genéricas, sempre veiculadas pelos moralistas do teatro. São poucas as personagens de Macedo que guardam a individualidade das criaturas observadas pelo autor de *O juiz de paz na roça*, e que fazem de sua obra o admirável inventário de tipos brasileiros: prefere atingir sempre a sociedade, o vício e não o viciado, o mal e não o malfeitor, o pecado e não o pecador específico. A ética faz-se mais consciente e direta, a arte perde o terreno concreto em que deve exercer-se, em troca de duvidosa abstração.

Em *O cego*, a mais antiga peça, essa característica já está patente. Trata-se de condenar o arbítrio paterno, que subjuga os filhos (no caso, a filha) à sua vontade soberana. Maria amava Henrique, considerado morto na guerra. O pai trata o casamento da jovem com Paulo, irmão de Henrique. A falta de um motivo verdadeiro e a condição de cego de Paulo ditam-lhe a obediência resignada. Eis que Henrique regressa (há sempre, no romantismo, essas voltas fantásticas e fatais), e se configura a situação dramática. O cego, cientificado do amor de Maria pelo irmão, mata-se, deixando livre o caminho que estorvara. Henrique diz para o pai tirano: "Eis o fruto, senhor, da prepotência". Nessa acusação ao representante da ordem inflexível, o autor pinta, igualmente, o sofrimento da mulher. Maria encarna a condição feminina, em versos que têm laivos reivindicatórios: "Eu me curvo ao destino de meu sexo;/ (...) É a mulher excepcional vivente,/ Que tem alma, e não querem que ela sinta!/ (...) A mulher sempre é vítima do mundo./ (...) Eis a mulher! eis o que sou, e todas!... / E portanto, eu serei como mil outras/ Mártires nobres./ (...) Desse mundo egoísta e sem piedade,/ Que faz do homem 'senhor' e da mulher 'mártir'."

Na "ópera" *O fantasma branco*, retorna o tema do amor dos jovens, contrariado pelos pais. Aqui, porém, como acontece a todas as comédias, o sentimento triunfa, após vencer os costumeiros obstáculos teatrais. O próprio jovem amoroso observa: "... é um romance o que se está passando conosco e, segundo um velho hábito dos romances, havemos acabar por casar-nos". O par amoroso é formado por dois primos, e seus pais, que são irmãos, brigam continuamente por causa de pontos de vista educacionais. Deve-se ou não instruir a mulher?

A crítica de *O primo da Califórnia* visa a atingir a sociedade, que vive de aparências e desmerece o valor legítimo. Do modelo francês próximo pode-se chegar até *Volpone*, embora sem a ferocidade elisabetana. O músico Adriano Genipapo sofre todas as privações dos artistas e seu mal, como define a criada, é "a tísica das algibeiras". Bastou que os amigos, num jogo inocente, inventassem para ele uma herança, e os credores mais impiedosos se transformaram em solícitos auxiliares, favorecendo-lhe a criação de uma base financeira. Editam-lhe a obra, convidam-no para tocar na orquestra, e, graças à mentira, o pacato músico muda-se de pária da sociedade em respeitável cidadão. De nada vale o talento autêntico, se não o ampara o dinheiro. "Este mundo – diz o protagonista à amada – tem uma alma de bilhetes de banco, e um coração de monjolo!" O autor sempre sofreu que desprezassem o artista para beijar os pés do milionário...

Cobé, que dá título ao drama, representa a idealização romântica da nobreza indígena, espezinhada, nos tempos coloniais, pelo conquistador português. A posse do solo, mascarada de religião, explicava-se de fato pela cobiça, mal que se deve combater. O índio aceita a escravidão, não obstante seja guerreiro destemido, porque ela lhe permite estar próximo de Branca (o nome da amada, filha de portugueses, já simboliza a raça para ele inacessível). Mas a jovem, que não pode perceber o amor daquele escravo, é, à semelhança da Maria de *O cego*, vítima da prepotência paterna. O pai destina-lhe um nobre português, enquanto seu coração se inclina por um jovem valoroso, sem título de fidalguia. Pergunta Branca: "A desgraça será partilha nossa?" – referindo-se às mulheres. Sob mais de um aspecto, *Cobé* parece um novo acondicionamento de *O cego*. No drama de estreia, o protagonista se suicidara, para deixar livre o caminho ao par amoroso. O indígena, depois de suprimir o vilão português que o pai de Branca pretendia impor-lhe, mata-se também, já que seu amor era impossível. Nesse gesto de nobreza, abre o futuro à felicidade plena da amada. Avulta a crítica aos erros dos brancos nas relações com os indígenas, além da nova investida contra o arbítrio paterno. Cobé atinge, nestes versos, toda a sociedade branca: "Vossa civilização o amor transmuda,/(...) Vós não sabeis amar! mentis mil vezes!".

Insiste Macedo, em *Amor e pátria*, no elogio da brasilidade, cabendo de novo a um português o papel de vilão (o dramaturgo, nessa como na peça anterior, teve o cuidado de não generalizar a crítica, reconhecendo a existência de bons portugueses). Escrito para a comemoração da Independência, o drama se inclui na categoria do teatro mais obviamente empenhado, glorificando o jovem brasileiro: corajoso, patriota, amante, desinteressado – virtudes do cidadão completo.

Da consagração da pátria, o dramaturgo passa, em *O sacrifício de Isaac*, ao cântico do espírito religioso, imprescindível à imagem do homem romântico perfeito. Foi apenas dramatizada a história bíblica: Abraão, ao receber a ordem para sacrificar o filho, não titubeia. Eliezer pergunta: "E é pai quem sacrifica o próprio filho?...". Ao que Abraão replica: "Cumpro divino preceito,/ Minha força está na fé./ Sofre o amor, mas o dever triunfa". Naturalmente, Deus quisera apenas experimentar a religiosidade de Abraão, e o cutelo que ele erguera cai, desfeito em flores, sobre a cabeça de Isaac.

O alvo do autor tornam-se agora *Luxo e vaidade*, dois males da organização social. Sensível às aparências enganosas, uma família quer passar por nobre, certa de que obteria, assim, um casamento brilhante para a filha. O fraco marido tem dois outros irmãos: um, marceneiro, humilde e honrado, e outro, rico fazendeiro de Minas. O luxo da família, sem lastro financeiro para sustentá-lo, estava prestes a arruiná-la, quando a chegada providencial do fazendeiro evita a desmoralização pública e serve de ensinamento para o futuro. Leonina, a filha, gostava do primo (filho do marceneiro), sem conhecer a sua condição, mas não levara adiante o namoro por ser pobre o jovem. O fazendeiro Anastácio, que encarna a virtude do campo, em contraposição aos vazios valores da cidade, resolve os problemas e sentencia a todo momento: "como deve estar corrompida esta sociedade em que há quem se lembre de quebrar os sagrados laços do sangue e de voltar o rosto a um irmão, só porque ele é um simples artífice!". "É a honra que enobrece o homem." E, num último libelo: "... sociedade mentirosa, em que quase todos são vítimas, e quase todos querem parecer triunfadores!...". Só pela reconciliação com os parentes, satisfeito o amor espontâneo da jovem pelo primo e abandonadas as aparências, voltará a paz a reinar na família. Por pouco o luxo e a vaidade levavam até ao desvario de um suicídio...

Entretenimento inconsequente, *O novo Otelo* satiriza a mistura da realidade com a fantasia, uma influência da moda: Calisto, que vai representar o herói shakespeariano, sente-se mais inflamado que ele. Cai no ridículo, quando verifica que o tesouro que a amada guardava na cama, e que ao pai aborrece, é um simples cachorrinho... O ato cômico tem fronteiras com a anedota, não visa senão a brincar com um tema do dia.

A torre em concurso fustiga mais de perto um dos vícios do país, existente até hoje: o complexo de inferioridade nacional, que só reconhece valor no estrangeiro e muitas vezes se abandona à sua falta de escrúpulos. Na cidadezinha do interior querem construir a torre da igreja, mas o edital reza que o engenheiro deve ser inglês. Nada mais propício para que dois espertalhões brasileiros, às voltas com a polícia, se transformem em súditos britânicos, e se candidatem à construção da torre. Esse quadro, revelador em si, serve de pretexto para que se pinte outro, igualmente jocoso e grave: os costumes políticos das pequenas cidades do país. Com a presença dos improvisados ingleses, formam-se logo dois partidos, capazes de digladiar até a morte. Germano comenta: "... quando os partidos não têm ideias e só se agitam pela ambição e pelos ciúmes dos potentados, bastam para suas divisas e bandeiras uma casaca vermelha e uma nízia amarela, e dois charlatães vestindo--as". Os vícios pessoais entremeiam-se aos vícios do sistema, e uma personagem se confessa: "Eu sou do partido que ficar de cima...". Henrique, o jovem herói, observa: "A justiça no interior das províncias é a vontade absoluta dos potentados". Outra personagem declara: "o pobre povo anda quase sempre iludido por aqueles por quem mais trabalha e se sacrifica"; "... os zangões dos partidos não costumam bater-se; os pequenos sacrificam-se por eles". Quando se discute teoricamente, porém, a eleição, mostrando-lhe os erros, Henrique salta na defesa do regime democrático: "O sistema eleitoral é a bela e grandiosa consagração da soberania do povo; é o órgão pelo qual a voz da nação se faz ouvir... (...) Ai de nós se se devesse julgar do sistema eleitoral por essas saturnais, que se mascaram com o nome de eleições! (...) porventura o medonho tribunal da Inquisição com as suas torturas, as suas fogueiras e os seus horrores pôde manchar a pureza da santa lei de Cristo?". O ardor oratório do dramaturgo, pela boca da personagem, moraliza para o público, num processo teatral que Machado de Assis já condenava. Apesar dos numerosos defeitos, dos quais não está ausente a facilidade "burlesca", a comédia talvez seja a melhor do autor, porque pisa o terreno firme dos nossos costumes, na tradição de Martins Pena, sem entregar-se às generalizações abstratizantes. Vários aspectos se entrosam na sátira: a mania dos técnicos estrangeiros, as eleições fraudulentas, e uma velha que deseja à força casar com um moço. Revigoram-se no entrecho, contrabalançando os elementos negativos, a defesa do sistema, o valor brasileiro autêntico, a inclinação natural dos jovens. Teria Macedo desmentido os méritos do interior, sempre elogiados? Embora o foco de *A torre em concurso* sejam os costumes da província, vê-se, à distância, que a metrópole contém seus vícios, em ponto maior.

A condenação da sociedade impiedosa é feita de novo em *Lusbela*, drama da expiação de uma decaída. Damiana, vítima de uma sedução e banida do seio da família, transforma-se em Lusbela, nome tirado de Lusbel, cujas proezas ela aplaudiu freneticamente no drama *Os milagres de Santo Antônio*. O amor está prestes a redimir depois Lusbela, que é uma das versões brasileiras de Margarida Gauthier, quando descobre que o eleito tem o coração comprometido, e a outra é... sua irmã. Diante do opróbrio que ameaça estender-se a Cristina, Damiana mata-se, a fim de não estorvar a felicidade do casal. Mistura-se à sua natureza a matéria de Paulo, *O cego*, sacrificando-se em benefício de outros. Na peça de estreia, dois irmãos amavam uma mesma jovem. Aqui, são duas irmãs que amam o mesmo homem. Macedo, nas suas intermináveis andanças, foi sempre fiel a si mesmo: condena a sociedade que produz semelhante tragédia.

Em *Romance de uma velha*, peça extraída de um conto, o dramaturgo submete as suas teorias a comprovação prática. Violante, a velha feia, acha-se num polo, enquanto a bonita sobrinha Clemência, em outro. Participam da reação três namorados da jovem, que se bandeiam para Violante logo que ela lhes acena com o casamento. A velha já tivera ocasião de dizer à sobrinha que prefere o seu tempo: "hoje em dia as moças casam-se pelo cálculo dos noivos...". Brás acrescenta: "a civilização e o progresso material mataram o amor pelo menos na cidade do Rio de Janeiro". A lição, pretendida por Brás, foi dada: há desengano de tolos e abatimento da vaidosa. Não poderia a peça, contudo, cingir-se a esses aspectos negativos; havendo jovens, sinceros no amor, era necessário que ele triunfasse. Recolhem-se os velhos à sua idade, e os amorosos verdadeiros veem satisfeita a sua inclinação, fora dos conchaves financeiros e dos obstáculos sociais. Nesse teatro de bons sentimentos, a virtude é sempre recompensada.

Remissão de pecados documenta, de início, com propósito moralista, os vícios que campeiam numa sala de jogo. Ali, encontra abrigo toda sorte de perdição: o adultério, o roubo, o comércio do prazer, a falta à palavra empenhada. Já se instalara vitoriosamente, na época, no Rio de Janeiro, o célebre Alcazar, que os cultores do gênero sério consideraram mortal para o teatro, e Macedo, pelo seu porta-voz Cincinato, não poupa também uma crítica à situação do palco. O teatro "não vem abaixo porque é Provisório: se fosse permanente já tinha caído. O Brasil é o Império das inconsequências: prova: – a permanência do Provisório na Praça da Aclamação". E explica-lhe o triunfo: "Apoteose das pernas postiças de suas dançarinas do Alcazar: é de direito: o cancã saiu extraordinariamente da Rua da Vala para aristocratizar-

-se no Campo, e o respeitável quebra as mãos, aplaudindo os pontapés atirados à lua por dois cometas velocípedes do sexo feminino, que vão rir pelos calcanhares de tanto entusiasmo por pernas que não são delas". Por obra e graça de Cincinato, amigo sincero, o drama terá desfecho feliz. Há reconhecimento providencial e a ovelha desgarrada volta ao aprisco... Macedo recompensa a virtude e a resignação da esposa honesta, que não se deixa embair pelo canto da sereia.

Se a figura de Cincinato é responsável, em *Remissão de pecados*, pelo *happy end* da história, sem que dele, intimamente, muito se revelasse, outra peça vem preencher a lacuna: a comédia *Cincinato Quebra-Louça* chega a tomar o herói como título. Volta-se o protagonista, mais uma vez, contra a alta sociedade, arrasando-a em tom de blague: "...vejo o milionário, que tirou proveito das lágrimas de viúvas. (...) Em baixo por cem vezes menos vai-se parar à cadeia. (...) é uma sociedade que faz do mal o bem..." etc. Como Celestina de *O primo da Califórnia*, filha ilegítima, ficou ao desamparo porque os parentes queimaram o testamento do pai, a jovem Laura dessa comédia é também vítima de tios perversos: fulminado o pai por apoplexia, liquidaram-lhe o testamento, que a beneficiava. A sociedade que tem no dinheiro um valor absoluto é capaz de praticar qualquer crime, para não se privar dele. Contemplava o autor a ascensão de uma nova classe, a burguesia, que se impunha pela riqueza, à falta dos brasões hereditários. Nessa luta por um lugar ao sol, muita transigência precisava ser praticada, e um moralista não podia assistir impassível às maquinações sem ética da moeda. A indignação sempre teve no teatro excelente veículo.

Sensível ao gosto do momento, Macedo faz uma incursão na burleta com *Antonica da Silva*. A ligeireza do gênero casa-se bem à sua inclinação farsesca. A intriga se arma graças a um recurso inicial bastante livre: Benjamim chega à casa de Peres vestido de mulher e adotando o nome de Antonica da Silva, na esperança de, com o disfarce, escapar à ordem de recrutamento. Peres, cientificado do estratagema, quer guardar o segredo da família, receoso de que o jovem desperte simpatia em suas filhas. Sabido por elas que Antonica é Benjamim, Inês corresponde ao amor imediato do jovem, e toda a peça acumula as peripécias destinadas a propiciar a união do casal. Inês substitui voluntariamente Benjamim quando vêm buscá-lo do quartel (a informação segundo a qual ele se vestira de mulher facilita a troca), o trânsfuga escapa também dos frades que iam torná-lo noviço (reminiscência, talvez, da comédia de Martins Pena), e o novo decreto do vice-rei, isentando do serviço militar os que se casam, prepara o *happy end*. Nada é tão ingênuo e moral como essa história, mas a censura, provavelmente alertada pelo gênero, exigiu cortes de frases e palavras, o que só veio enriquecer o anedotário pelo qual é ela responsável. Um marido que se interessa mais por canários do que pela esposa recebe inocente lição em *O macaco da vizinha*. O romântico Dr. Macedo não poderia ministrar a aula com a prevaricação da mulher, porque assim não há desfecho feliz. Vendo a que se expunha, porém, o cego cônjuge afasta o perigoso conquistador e redescobre a esposa. O matrimônio exige cuidado contínuo para preservar-se – eis o ensinamento amável dessa singela comédia.

Preso sempre aos seus primeiros impulsos, Macedo não deixaria de transpor para o palco a sua estreia literária – *A Moreninha* – que o lançou com êxito estrepitoso aos 24 anos de idade. Se preferiu fazer a versão cênica do romance, mais de 30 anos depois de seu aparecimento (o livro é de 1844 e se encenou a peça em 1877), foi que, também, as adaptações anteriores não lhe devem ter satisfeito plenamente o gosto de ficcionista. O ambiente artístico se transformara muito e era recomendável atualizar a história, sem roubar-lhe o sabor primitivo. A par de uma localização inicial mais realista, em que os estudantes dialogam com francesas, a festa de Santa Ana, na ilha de Paquetá (na peça a indicação do local é precisada), devia guardar o romantismo do par amoroso, segredo da perenidade de *A Moreninha*. Que fica dessa ingênua e deliciosa história sentimental? A eternidade de um amor da meninice, tecido em juras e troca de relíquias. Augusto saltita de amor em amor, porque nenhum é verdadeiro. Jovem estudante, desconhecendo o nome da menina que encontrara há tantos anos, vive em exílio, na esperança de que um dia volte a rever aquela imagem. Na festa, é logo atraído por Carolina, e quase trai por ela a lembrança infantil. Carolina lhe pede o breve. Augusto não quer dar-lhe: "...ficar-meia no seio como o remorso de um sacrilégio... perdão!... não exija!".

89

Nessa resistência à entrega total, no presente, revela inteira fidelidade a Carolina. Ela agradece a fuga de agora: "Oh!... abençoada seja a recusa!... abençoada!". Era Carolina a criança a quem Augusto jurara amor eterno, e ela se julga assim plenamente amada na fidelidade ao passado e na irrecusável inclinação atual. As duas imagens se fundem, para formar a fisionomia completa do amor. *A Moreninha* fala de uma fatalização romântica, pela qual os seres mutuamente destinados podem desconhecer a sua identidade, mas um dia se descobrirão íntegros e totais. Trata-se de um cântico do amor absoluto. Nessa força irresistível do sentimento está o mistério da criação de Macedo, e a sua inequívoca mensagem otimista, que supera as permanentes críticas à sociedade. Seria o caso de afirmar que ele satiriza os vícios, pelo erro incompreensível de encobrir essa verdade elementar. Transposta a superfície ligeira do erro, impera a realidade autêntica do amor. Todos, mesmo os gratuitos na maldade, são capazes de senti-lo e guiar-se por ele. Um róseo romantismo resume a figura desse simpático e generoso ficcionista.

Não será difícil imaginar que esse mundo contém todas as coordenadas das personagens, com semelhantes características. Reduzem-se as criaturas a boas e más, numa dicotomia pouco profunda em que o mal não passa de um desconhecimento provisório do bem. É verdade que as peças, muitas vezes, não mudam o vilão de seu papel. Foi falta de ensejo, a rapidez da história não permitiu a descoberta de seu real caráter. Uma das saídas do dramaturgo é sempre a reconciliação final, o arrependimento que leva ao bom caminho. Os suicídios são menos a fuga à responsabilidade ou a autopunição que o desejo de tornar os outros felizes. Deleita-se Macedo com as personagens que têm algo de demiurgo – movendo os fios da história e instaurando, afinal, o bem.

A multiplicidade de caminhos deu-lhe certa riqueza de tipos. O jovem de sentimentos nobres aparece, sob diversas facetas, por toda a obra. Desde Henrique, de *O cego*, passando pelo indígena Cobé, por Luciano (de *Amor e pátria*), por outro Henrique (de *A torre em concurso*), até Leonel (de *Lusbela*), todos são generosos, amantes, patriotas e inimigos das falsificações sociais. O jovem José, de *O fantasma branco*, filia-se ao tipo da Comédia Nova grega, conservando muito do ímpeto e da invenção de *O eunuco*, de Terêncio. Para aproximar-se da prima, José disfarça-se primeiro como velho peregrino, depois como italiano de realejo às costas e finalmente faz-se de fantasma. Com tanto engenho, sendo ademais elogiado em jornal como poeta, deveria por certo conquistar a prima. As jovens que lhes correspondem são em geral oprimidas, sofrendo a triste condição feminina. Pertencem a uma mesma família as heroínas de *O cego*, *O fantasma branco*, *O primo da Califórnia*, *Cobé*, *Remissão de pecados* e *Cincinato Quebra-louça*, com variantes explicáveis pelos diferentes entrechos das peças. A circunstância de ser drama ou comédia não altera muito o substrato da personagem feminina, sempre dependente da vontade paterna e de uma vocação inata para o sofrimento e o sacrifício. Damiana pareceria uma exceção, mas seu problema é ainda mais sintomático da força social que sobre ela se abate. Ao ser seduzida, sem possibilidade de matrimônio com o sedutor, torna-se logo indesejável ao meio familiar, e só pode sobreviver na marginalidade. Os preconceitos de tal forma a sufocam que, guardando os bons sentimentos originais, apesar de se ter transformado em Lusbela, conseguirá a plena redenção por meio do suicídio. A perda da virgindade desencadeia tragédias na vida brasileira...

O autor compraz-se em pintar outro gênero de moças que tramam o êxito de seus matrimônios. Carolina, *A Moreninha* do romance, põe à prova Augusto, e a astúcia feminina se repetirá, em facetas semelhantes, na jovem de *O fantasma branco*, *A torre em concurso*, *Romance de uma velha* e *Antonica da Silva*. Nunca deixa de ser vitoriosa a bem-intencionada e pura iniciativa da mulher.

Os velhos, estereotipados nas categorias tradicionais, apresentam geralmente personalidade mais definida. Ora é o pai intransigente dos dramas *O cego* e *Cobé*, que assume feitio religioso no cumprimento do mandado divino, como Abraão de *O sacrifício de Isaac*. O pai de Damiana tem um primeiro impulso violento, que o faz renegar a filha, mas a condição humilde lhe facilita, depois, perdoá-la e lutar pelo seu salvamento. Há certos maridos fracos, como o de *Luxo e vaidade*, arrastado à ruína pelos gastos da mulher, e um solteirão que a irmã rica, prometendo-lhe fortuna em testamento, domina também, como

91

o João Fernandes de *A torre em concurso*. O êxito popular o autor encontrou mais com os tipos farsescos, entre os quais sobressaem o Capitão Tibério de *O fantasma branco*, herdeiro do *Soldado fanfarrão* plautiano, e a velha de *A torre em concurso*, infatigável na luta e no ridículo para afastar a sobrinha do jovem pretendido. Esse tipo deve ter-lhe marcado tanto a carreira que alterou as características de Ana do romance *A Moreninha*, a fim de que, no palco, ela corresse sempre atrás do inglês James, acreditando (ao menos para efeito de comicidade cênica) que as suas recusas e fugas fossem demonstrações de recato de um amor verdadeiro. Ao pintar aproveitadores – como os negociantes de *O primo da Califórnia*; os maus amigos de *Luxo e vaidade*, que abandonam o protagonista, quando as dívidas parecem insolváveis; o sedutor e o moedeiro falso de *Lusbela*; o proprietário da casa de jogo de *Remissão de pecados*, que incluía a sobrinha em seus negócios; e o casal maligno de *Cincinato Quebra-Louça* – Macedo pretendeu, por certo, completar o quadro da sociedade de seu tempo, documentando os tipos em evidência no Rio de Janeiro de então.

Uma figura, verdadeiro instrumento da Providência, vai assumindo aos poucos papel relevante, nas peças sucessivas. A princípio mero elemento catalisador, passa depois a acionar os fios da história, que se enreda por arte sua, aos olhos do público. Em *Luxo e vaidade*, é Anastácio, o rico fazendeiro de Minas, que desmascara os vilões, restabelece a verdade e salva da ruína a família do irmão. Nessa peça, Macedo ainda tem a ingenuidade de fazê-lo pregar abertamente moral, combater os vícios e dirigir discursos contínuos aos circunstantes (e aos espectadores). Esse tipo, que nada quer para si, adquire forma um pouco mais sutil na figura de Brás, de *Romance de uma velha*. Aqui também é ele quem tece a trama, afastando da velha e da sobrinha os namorados interesseiros, para que sejam coroados de êxito os sinceros. Um tique bem marcado procura humanizar essa criatura abstrata, que nada almeja em proveito pessoal e está recolhida a uma sabedoria que se aplica aos outros mas não trouxe completação para si: a mania de concluir as frases com "etc. etc.".

Brás foi o inspirador, provavelmente, do Cincinato de *Remissão de pecados*. Rico, inteligente, "bom partido" para as famílias, recolhe-

92

-se porém à vida solitária, talvez por medo das maquinações interesseiras da sociedade. Em sentenças brincalhonas, destinadas a disfarçar o propósito moralizante, critica os erros à volta, e tem um cacoete vaidoso, a todo momento repetido com objetivo cômico e garantia de sua responsabilidade: "*Cincinato Quebra-Louça*... assinado... por cima de estampilha".

O dramaturgo talvez tenha querido retratar-se nesse gênero de personagem, pela capacidade criadora de mover ao seu arbítrio os fios da história, a fim de conduzi-la ao desfecho feliz, com prêmio da virtude e castigo do pecado. Mas, no teatro, um tipo não pode permanecer indefinidamente intocado pela realidade, e, ao escrever em seguida *Cincinato Quebra-Louça*, Macedo precisou conferir-lhe substância mais humana. Em *Remissão de pecados*, Cincinato desfez a trama que perderia irremediavelmente o marido trânsfuga, e colocou no próprio lugar, como salvador providencial para escapar com a mercenária, um conhecido em apuro financeiro. Na peça que traz o seu nome, Cincinato pratica atos semelhantes, poupando os puros dos devassos e permitindo regenerações, e, no final, casa-se também com uma eleita, pobre mas cheia de virtude. Há nesse matrimônio verdadeiro prêmio da pureza, que se mantém íntegra, apesar da conspiração do mundo. Por que a alcunha de "Quebra-Louça" para Cincinato? Os dois textos conferem à expressão o sentido de "pregar peças", resolver brincalhonamente as dificuldades e distribuir a justiça segundo um preceito superior. Anacleto, que serve de contraste ao protagonista, nos meios empregados, gosta de quebrar gente, enquanto ele apenas quebra louça. A imagem de Cincinato confunde-se com a de Macedo: bonachão, compreensivo, cáustico suave da sociedade e defensor intransigente do bem, e que se sentiria feliz por curar com palmadas todas as travessuras humanas.

Um teatro tão ao gosto do público médio não viveria de pesquisas formais. Encontrando o êxito, aliás, o autor abdicou das tentativas mais ambiciosas, possível espectro para o espectador comum. Sintoma dessa acomodação é o abandono progressivo do verso, com o qual se iniciou no drama. Importava encontrar um denominador eficaz para a plateia. No drama, a acolhida favorável às novas peças andava paralela ao aprofundamento dos defeitos. *O cego* e *Cobé* já têm sugestões melodramáticas, e recursos fáceis.

Paulo inteira-se do amor da mulher pelo irmão, protegido num esconderijo. Em *Cobé*, há veneno providencialmente substituído. Mas o arsenal do dramalhão domina completamente os textos do gênero com *Luxo e vaidade*, *Lusbela* e *Remissão de pecados*. Henrique apara um golpe, que seria fatal para a amada, se não estivesse casualmente atrás dos bambus, no Jardim Botânico, escutando a maquinação de um rapto. Cada personagem, pela boca de Anastácio, o autor, faz questão de proclamar, torna-se símbolo, num baile que significativamente é de máscaras: Maurício, Fraqueza; Hortênsia, Vaidade; Leonina, a jovem, a única que não traz máscara, vítima que é dos erros paternos; Pereira, Fatuidade; Filipa, Inveja; Frederico, Libertinagem, Fabiana, Traição. As intenções demasiado óbvias do autor subtraem-lhe um alcance maior.

Em *Lusbela*, além de coincidências e gratuidades, há uma cena que incide no ridículo: o vilão deixou em casa de Damiana a caixa de dinheiro falso, que a comprometeria, e o pai dela, num pressentimento salvador, destrói num delírio o conteúdo. Verdadeiro passe de mágica de um autor que não sabe o que fazer da intriga.

O desfecho de *Remissão de pecados* traz reconhecimentos providenciais, descoberta de um filho por mãe que o julgava morto, um mau gosto de pasmar. Macedo desenfreou-se no mais inverossímil melodrama, abandonando quaisquer exigências de escritor sério. Essa não é uma perspectiva moderna, que omite a visão da época, porque Machado de Assis, em 1866, já invectivava os absurdos do dramaturgo.

Os processos cômicos valem-se mais, também, da farsa, no que Macedo parece um continuador de Martins Pena. Até surras em adversários de olhos vendados, numa técnica típica do pastelão, aplica o José de *O fantasma branco*. Certas revelações são feitas graças à presença fortuita em esconderijos. E só para um público muito ingênuo Macedo poderia urdir a história do fantasma, disfarce do jovem no encalço da amada.

Os recursos "burlescos" de *A torre em concurso* limitam a verossimilhança da comédia, cujo mérito se deve antes ao painel dos costumes eleitorais na província. Deve-se abstrair o exagero inicial da presença de dois malandros – um ator e um capanga, fantasiados de engenheiros ingleses – para apreciar a graça desse quadro da vida brasileira. Importam na peça as figuras vivas de alguns tipos, a mulher que domina o irmão e deseja roubar o jovem à sobrinha, a autoridade sem mando efetivo, a passagem de um eleitor de um para outro partido, sem motivo ponderável. Fica a pintura jocosa de tantos hábitos nacionais.

A partir de *Romance de uma velha*, Macedo elabora enredos mais intrincados, sem os episódios rocambolescos dos dramalhões. Não chega a configurar um caráter, como lhe reclamara Machado de Assis, mas atribui coerência e um pouco mais de finura às personagens. A velha não é a tipificação inteiriça das peças anteriores, oscilando apenas entre o bem e o mal. Consciente embora do engano dos jovens interesseiros, quase se abandona à tentação humana de casar com um deles, para usufruir agradavelmente os anos de vida que lhe restam. O autor, maduro, penetra em alguns desvãos da natureza.

O estratagema que Beatriz arma para o pretendente e o irmão, em *O macaco da vizinha*, nasce também de repousada sabedoria. Como o Dr. Anselmo cria canários, Beatriz precisa tirar a prova se o futuro marido os preferirá a ela, como sucede ao irmão, que esquece a mulher Sofia. Finge desmaio, e o noivo solta os pássaros, para ampará-la. Com o irmão cabeçudo, o recurso tinha de ser mais severo, e ela o põe num esconderijo para assistir à tentativa de sedução da mulher por um falso amigo. O ensinamento é risonho, bem-humorado.

Nas modificações introduzidas na peça *A Moreninha*, em face da intriga do romance, percebe-se o entendimento que tinha o autor dos dois gêneros. A transposição cênica, pura e simples, encontraria um público cético, distante do romantismo açucarado da narrativa. Fez então Macedo que, ao lado da intriga amorosa dos protagonistas, corressem episódios cômicos, rompendo com um traço de realidade chã o etéreo algo onírico do caso sentimental. Introduz-se no palco um inglês caricato, que forma com Violante um duo ridículo, destinado a proporcionar o riso. Lembrando a tia de *A torre em concurso*, Violante persegue James, que, na fuga, repete insistentemente: "Mas eu não tem mais nada para dizerrr!...". O recurso do esconderijo faculta aos protagonistas o conhecimento prévio da situação, dando-lhes superioridade no diálogo a travar. Mas a fórmula ingênua serve aqui para dar mais encanto à atmosfera sentimental da história.

95

Ou o espectador aceita o enlevo dessa literatura doce e despretensiosa, ou a considerará irremediavelmente datada.

A uma análise muito rigorosa, a dramaturgia de Joaquim Manoel de Macedo parecerá frágil, prestes a quebrar-se. Não reconhecer-lhe mérito significará, por outro lado, banir de nossa sensibilidade a formação da juventude, cujo romantismo mais fluido vem de sua literatura. Aceitar o encanto desse teatro é manter vivo, dentro de si, o sortilégio adolescente.

IDEIAS COM SEIVA HUMANA

A PASSAGEM meteórica de José de Alencar (1829-1877) pela cena brasileira convida à meditação. Tudo o que escreveu para o teatro resumiu-se dos 28 aos 32 anos, depois do lançamento brilhante do romance *O Guarani*, e antes da total consagração do escritor e do homem público. Por que o desânimo ou o desencanto, afastando-o tão cedo da dramaturgia?

Na explicação desse rápido afastamento do palco se verá um dos diagnósticos do estado do teatro brasileiro, nas décadas que vão de 1855 a 1875, e que se costuma apresentar como o período áureo de sua existência. A entrada de Alencar na cena deu-se com o mesmo êxito do romance, e em poucos meses encenaram-se três obras suas. *Rio de Janeiro* (*Verso e reverso*) foi representada pela primeira vez no Ginásio carioca em 28 de outubro de 1857, e *O jesuíta*, última peça que compôs, destinava-se, a pedido de João Caetano, a "solenizar a grande festa nacional no dia 7 de setembro de 1861". Como o ator desistiu de apresentar o drama, depois de alguns ensaios, só em 1875 o público foi conhecê-lo, registrando-se um malogro total. Responsabiliza-se o desempenho pela má acolhida ao espetáculo, ao qual não compareceram cem indivíduos, numa cidade de trezentos mil habitantes. O dramaturgo acusa o público do desinteresse pela produção nacional, e afirma que, antes de escrever *O jesuíta*, "já tinham passado as veleidades teatrais que produziram *Verso e reverso*, *O demônio familiar*, *O crédito*, *As asas de um anjo*, *Mãe*, *Expiação*, e já me havia de sobra convencido que a plateia fluminense estava em anacronismo de um século com as ideias do escritor". Refere-se Alencar à "indiferença desse público híbrido, que desertou da representação de um drama nacional, inspirado no sentimento patriótico, para afluir aos espetáculos estrangeiros". "Não havia ali o sainete do escândalo; não insultava-se a religião; não abundavam os equívocos indecentes; não se incensava essa puerilidade de homens barbados, chamada maçonaria." Está aí o processo do público brasileiro, válido para aquela época e atual ainda hoje. A burguesia cosmopolita, alheia aos anseios nacionalistas como aos ideais artísticos, não cuidava de participar de um movimento de criação dramática. Não nos sintamos inferiorizados por essa verdade: ela se estende a Paris, Londres ou Nova York.

O fracasso liga-se a dois outros fatores, igualmente significativos: Dias Braga, ainda jovem, não tinha força para viver "o Jesuíta" (muitas vezes as nossas montagens ressentem-se da inadequação dos intérpretes); e o texto, com todas as suas elogiáveis intenções, não chega a ser uma boa peça de teatro. Falta de público, má interpretação e insuficiência teatral do texto – eis o epílogo de uma carreira que se anunciava, para nós, a mais rica e ambiciosa da dramaturgia brasileira do passado. Mas o grande ficcionista José de Alencar não deixou de mostrar a sua garra no teatro.

Definiu ele a sua vida de escritor, incluindo sobretudo os romances (são de sua autoria nossas melhores narrativas indianistas), pelo desejo de abarcar toda a expressão nacional: "em cerca de quarenta volumes da minha lavra não produzi uma página inspirada por outra musa que não seja o amor e admiração deste nosso Brasil". O passado teatral brasileiro não lhe forneceu, porém, exemplos satisfatórios. Alencar julgou seus predecessores com extrema e mesmo injusta severidade. *Verso e reverso* ele qualificou "revista ligeira", que dispensava padrões muito precisos. A segunda peça, mais empenhada, trouxe-lhe considerações, assim expressas: "No momento em que resolvi a escrever *O demônio familiar*, sendo minha tenção fazer uma alta comédia, lancei naturalmente os olhos para a literatura dramática do nosso país em procura de um modelo. Não o achei; e verdadeira comédia, a reprodução exata e natural dos costumes de uma época, a vida em ação não existe no teatro brasileiro. Dois escritores, é verdade, começaram entre nós a escrever para o teatro; mas a época em que compuseram as suas obras devia influir sobre a sua escola.

"O primeiro, Pena, muito conhecido pelas suas farsas graciosas, pintava até certo ponto os costumes brasileiros; mas pintava-

-os sem criticar, visava antes ao efeito cômico do que ao efeito moral; as suas obras são antes uma sátira dialogada, do que uma comédia.

"Depois de Pena veio o Sr. Dr. Macedo, que, segundo supomos, nunca se dedicou seriamente à comédia; escreveu em alguns momentos de folga duas ou três obras que foram representadas com muito aplauso.

"Não achando pois na nossa literatura um modelo, fui buscá-lo no país mais adiantado em civilização, e cujo espírito tanto se harmoniza com a sociedade brasileira: na França."

Acrescenta Alencar que "a escola dramática mais perfeita que hoje existe é a de Molière, aperfeiçoada por Alexandre Dumas Filho", e de que a "*Question d'argent* é o tipo mais bem-acabado e mais completo". Na opinião do dramaturgo brasileiro, o mestre francês incorporava a naturalidade ao teatro, o qual passou a reproduzir "a vida da família e da sociedade, como um daguerreótipo moral". "O *jogo de cena*, como se diz em arte dramática, eis a grande criação de Dumas."

Essas reformas, aliadas ao conceito de que o teatro é uma escola, nortearam o trabalho de Alencar, e poderiam parecer meramente de tese as suas peças, se uma seiva humana, marca do ficcionista, não as animasse.

De vez em quando a ideia preconcebida determina o desenvolvimento da intriga, torcendo as personagens de acordo com uma inspiração ética. Esse erro artístico se manifesta sobretudo nos textos em que o dramaturgo desejou trazer a sua opinião a um debate do dia, como em *As asas de um anjo*. *A Dama das Camélias* provocara verdadeiro rebuliço nos meios intelectuais brasileiros, e Alencar pretendeu oferecer a sua versão do tema da decaída que se redime. Além de não ter alcançado originalidade apreciável, submeteu as personagens a um juízo moral preestabelecido, o que lhes embaraçou os movimentos, sugerindo que se tratava de bonecos acionados pelo arbítrio do autor. Seria injustiça, contudo, estender essa observação a toda a dramaturgia alencariana. Na maioria das peças, a ideia se dissolve no viço das criaturas, e a admirável concisão e teatralidade dos diálogos confere um vigor espontâneo ao andamento da história. O crítico e o espectador serão capazes de distinguir a ideia moral que o autor se preocupou em transmitir, mas *a posteriori,* sem que as cogitações teóricas turvem a qualquer momento a cristalinidade da ficção. Nas suas melhores cenas, Alencar fez teatro como talvez nenhum outro autor brasileiro do passado. O intuito moralista já está presente na fatura de *Verso e reverso.* Citemos, a propósito, o escritor, que explica a sua estreia: "A primeira ideia que tive de escrever para o teatro foi-me inspirada por um fato bem pequeno, e aliás bem comezinho na cena brasileira.

"Estava no Ginásio e representava-se uma pequena farsa, que não primava pela moralidade e pela decência da linguagem; entretanto o público aplaudia e as senhoras riam-se, porque o riso é contagioso; porque há certas ocasiões em que ele vem aos lábios, embora o espírito e o pudor se revoltem contra a causa que o provoca.

"Este reparo causou-me um desgosto, como lhe deve ter causado muitas vezes (dirige-se o dramaturgo a Francisco Otaviano), vendo uma senhora enrubescer nos nossos teatros, por ouvir uma graça livre, e um dito grosseiro; disse comigo: 'Não será possível fazer rir, sem fazer corar?'.

"Esta reflexão, coincidindo com alguns dias de repouso, criou o *Rio de Janeiro*, espécie de revista ligeira que na minha opinião não tem outro merecimento senão o de ser breve, e não cansar o espírito do espectador."

Foi o dramaturgo muito modesto, na aferição do mérito da comédia. No gênero ligeiro, *Verso e reverso* é uma das mais graciosas e inteligentes obras nacionais, e só encontra paralelo na burleta *A capital federal*, de Artur Azevedo. Mesmo que a consideremos precursora da revista, temos a lamentar que os trabalhos posteriores, preferindo a graça picante e a intenção dúbia, não lhe tenham seguido o modelo. A peça é de uma vitalidade impressionante, de uma comunicação direta e efusiva que torna um prazer a leitura, e por certo encanta o espectador.

O tema pode ser resumido numa frase simples: o amor modifica a fisionoinia da paisagem à volta. Nessa singeleza, que observação psicológica revelou Alencar! Ao estudante paulista, o Rio de Janeiro se afigura uma cidade sem atrativos, já padecendo os males que alimentam até hoje a incompreensão dos seus detratores. Queixa-se o protagonista dos tipos inescrupulosos, da sujeira

100

das ruas e da alucinação do trânsito, nessa desordem que para muitos esconde até a beleza natural. Nasce no jovem o amor pela prima, e a cidade de súbito se transfigura, ressurgindo sob ângulo novo tudo aquilo que fora objeto de crítica. Esta frase do paulista é ainda hoje a definição da jovem carioca: "... não há como as moças do Rio de Janeiro para fazerem de um nada, de uma palavra, de um gesto, um encanto poderoso! Seu espírito anima tudo; onde elas se acham tudo brinca, tudo sorri, porque a sua alma se comunica a todos os objetos que as cercam". Os importunos têm a sua utilidade, aqueles que pareciam aproveitadores mostram o seu feitio generoso, a "confusão tira a monotonia do passeio", e até um bilhete de loteria, imposto ao herói, sai premiado. Sabia o dramaturgo que o amor é um sentimento totalizante, que irradia do ser amado para o mundo inteiro, e envolve de plenitude tudo que o cerca. Foi sob a perspectiva amorosa que ele mostrou o reverso do Rio, fazendo de sua peça o primeiro cântico teatral de paixão pela cidade, e sem dúvida um dos mais belos e convincentes. O provinciano cearense foi tocado pelo sortilégio da metrópole, e julga merecido o nome que lhe deram de *Princesa do Vale*, transformado mais tarde em *Cidade Maravilhosa*. Sem recorrer a uma inconveniência e inspirado em irrepreensível psicologia, Alencar começou a sua carreira cênica de enaltecimento dos reais valores, dentro dos moldes autênticos da ficção.

O demônio familiar, que passou em julgado como uma das melhores comédias brasileiras de todos os tempos, suscita discussões quanto à sua exegese. Viram-lhe logo um cunho abolicionista, que outros críticos timbraram, mais tarde, em contestar. A nosso ver, é impossível não distinguir na peça a condenação do cativeiro, embora o autor o tenha feito com as armas próprias do ficcionista. Aceita-se, hoje em dia, o teatro épico de Brecht, com o claro propósito demonstrativo e didático, não parecendo a "lição" a recusa dos meios propriamente cênicos. Até ele, porém, o ensinamento explícito seria julgado intromissão indébita do ensaísmo no terreno específico do drama, com prejuízo dos valores ficcionais. Conhecedor da estética aristotélica, Alencar não substituiria a sugestão pela demonstração, e a ideia abolicionista é um resultado da intriga que armou, não transparecendo, em nenhum momento, o intuito de propaganda. A prova de que era necessária a abolição da escravatura nasce dos erros praticados por um escravo. Nem cometeu o autor a ingenuidade de pintar um herói positivo, que advogaria a causa progressista. O moleque Pedro é uma figura negativa, quase comprometendo sem remédio a paz familiar, por causa de suas maquinações. Seria ele responsável pelos próprios atos, merecendo condenação? O jovem que fora vítima das intrigas urdidas por Pedro é o primeiro a reconhecer: "É a nossa sociedade brasileira a causa única de tudo quanto se acaba de passar". E, adiante: "O único inocente é aquele que não tem imputação, e que fez apenas uma travessura de criança, levado pelo instinto da amizade. Eu o corrijo, fazendo do autômato um homem; restituo-o à sociedade, porém expulso-o do seio de minha família e fecho-lhe para sempre a porta de minha casa. (*A Pedro*). Toma: é a tua carta de liberdade, ela será a tua punição de hoje em diante, porque as tuas faltas recairão unicamente sobre ti; porque a moral e a lei te pedirão uma conta severa de tuas ações. Livre, sentirás a necessidade do trabalho honesto e apreciarás os nobres sentimentos que hoje não compreendes".

Parece-nos claro e indiscutível o sentido dessa fala. Alencar estigmatiza, genericamente, a sociedade escravocrata, pelos males que a afligem. E, numa verdadeira antecipação da teoria sartriana, subordina o conceito de responsabilidade ao de liberdade. Não é um castigo que aplica ao moleque, expulsando-o de casa: condena-o à terrível liberdade, o único meio para que se torne adulto. Só a condição de homem livre permite o trabalho honesto e o apreço pelos nobres sentimentos. A "tese" de Alencar é revolucionária: integra o escravo, com iguais direitos e deveres do senhor, na sociedade, fazendo dele um cidadão brasileiro. Nessa convicção, como em tantas outras de sua obra, o escritor mostrou o seu profundo e progressista instinto da nacionalidade.

Outro aspecto brasileiro da peça se apresenta na sátira à personagem Azevedo, cujas ideias condenáveis não se casariam à nossa índole. Diz ele que a mulher bonita "é o meio pelo qual um homem se distingue no *grand monde*". Coerente com a teoria estapafúrdia, Azevedo tem "o mau costume de falar metade em francês e metade em português", numa mania que o torna "sofrivelmente ridículo". A reivindicação nacionalista surge com frequência, e se exprime num diálogo entre Azevedo e o porta-voz do autor:

102

"*Azevedo*: ... Não há arte em nosso país.
Alfredo: A arte existe, senhor Azevedo, o que não existe é o amor dela.
Azevedo: Sim, faltam os artistas.
Alfredo: Faltam os homens que os compreendam; e sobram aqueles que só acreditam e estimam o que vem do estrangeiro."

A reprodução da vida da família e da sociedade faz-se em cenas típicas dos interiores, acolhendo o dramaturgo as conversas e os comentários das salas de visitas. A modificação da vida urbana, com o crescimento do Rio, provoca em Eduardo este juízo: "A sociedade, isto é, a vida exterior, tem-se desenvolvido tanto que ameaça destruir a família, isto é, a vida íntima". O progresso vai afastando os antigos hábitos coloniais, e o velho Vasconcelos pode criticar: "Estas meninas de hoje aprendem muita coisa: francês, italiano, desenho e música, mas não sabem fazer um bom doce de ovos, um biscoito gostoso!". D. Maria, também idosa, completa: "Hoje as moças são educadas para a sala; antigamente eram para o interior da casa!". Para o gosto europeu de Azevedo, essas alterações são insuficientes, e ele assim retrata a vida carioca: "Um piano que toca, duas ou três moças que falam de modas; alguns velhos que dissertam sobre a carestia dos gêneros alimentícios e a diminuição do peso do pão, eis um verdadeiro *tableau* de família no Rio de Janeiro".

O dramaturgo já ia penetrando no mecanismo da cidade em crescimento, com a substituição dos padrões aristocráticos pelos métodos da burguesia ascendente. Tipicamente defensora da nova ordem econômica é a peça *O crédito*, que sucedeu a *O demônio familiar* de poucas semanas, no cartaz do Ginásio Dramático. A instituição do crédito já merecera uma referência elogiosa, em *Verso e reverso*, e se converte na mola da nova peça. São-lhe apontados os defeitos e as qualidades, e Rodrigo, que assume aqui a palavra do autor, esclarece: "Todas as grandes ideias, Hipólito, têm a sua aberração, é a consequência da fraqueza humana. A liberdade produziu a licença, a religião o fanatismo, o poder a tirania, o dinheiro a usura. O crédito não podia escapar a essa lei fatal; ligando-se à ambição, produziu também o seu aborto".

Adepto do realismo francês, que descobriu no dinheiro o agente secreto ou ostensivo das relações humanas, Alencar haveria

103

de analisar os seus efeitos na sociedade brasileira. E desfilam assim em *O crédito* as mais diversas criaturas desse mundo em que o amor se transforma em negócio. O romântico, que persistia no escritor, permite que todos se regenerem, salvo o agiota, vilão absoluto no império do dinheiro. Alencar mostra-se, mais uma vez, progressista. Afirma o seu porta-voz Rodrigo: "A verdadeira caridade, Sr. Pacheco, é a que evita miséria e não a que a alivia". O problema feminino se inscreve no contexto, sob um ângulo bastante adiantado para a época. É verdade que Alencar toma como referência a Europa, e Rodrigo reconhece a existência do preconceito segundo o qual a senhora que trabalha desmerece: "No Brasil há esse prejuízo e por isso a primeira impressão que sofre o estrangeiro, observando os nossos costumes, é essa ociosidade completa em que vive a mulher. Nenhuma sociedade da Europa apresenta este fenômeno porque ali a civilização já fez compreender que a mulher não é nem uma senhora, nem uma escrava, nem um traste; que o seu mais belo título é o de companheira do homem; companheira no trabalho, na honra, no amor, na vida enfim".

A organização burguesa, sobretudo nas relações entre os sexos, abriu as suas feridas, e *As asas de um anjo* as expôs ao julgamento público. O autor conhecia bem os vínculos de sua peça com as criações europeias da mesma família, tendo assim definido a sua contribuição: "Vitor Hugo poetizou a perdição na sua *Marion Delorme*; A. Dumas Filho enobreceu-a n'*A Dama das Camélias*; eu moralizei-a n'*As asas de um anjo*; o amor, que é a poesia de Marion, e a regeneração de Margarida, é o martírio de Carolina (sua protagonista); eis a única diferença, não falando do que diz respeito à arte, que existe entre aqueles três tipos".

A intenção de Alencar era arrastar o vício "sobre a cena, cobrindo-o com o ridículo", a fim de preencher um dos requisitos fundamentais da nova escola: o objetivo moral e civilizador. A condição da decaída facultava ao dramaturgo verberar o seu erro e, simultaneamente, o da sociedade, que se comportava com hipocrisia. O protesto de Carolina valia como anátema dirigido a todas as mulheres, movidas pela conveniência: "Nós, ao menos, não trazemos uma máscara; se amamos um homem, lhe pertencemos". Podia o autor, através da clareza do vício, denunciar a máscara afivelada à face de toda a sociedade.

Se para alguns intelectuais, na época, e para o leitor moderno *As asas de um anjo* se afigura uma peça concebida na mais rigorosa ética, a censura proibiu o espetáculo, depois de algumas representações. Esse acontecimento, a par da proverbial falta de senso das autoridades censoras, ilustra o espírito que reinava há cerca de um século. A mentalidade retrógrada deve ter influído no escritor, que, apesar da audácia básica, impôs severos freios morais ao desfecho. Consentiu ele no casamento da heroína, redimida dos tempos de prostituição. Mas, se foi pelo sexo que ela pecou, a completação carnal lhe seria agora vedada. O próprio marido, preso a um código que incide para nós em absoluta inverossimilhança, considera-a irmã, não esposa. E resume a felicidade dela nos cuidados com a filha, nascida da união com o antigo sedutor: "Sê mãe!..." – nessa amputação de uma existência total estava a única possibilidade de volta da decaída à vida familiar.

Tanto pareceu incompleta para o autor essa pintura, que, depois, ele lhe acrescentou a segunda parte, denominada *A expiação*. O título indica o intento, que era o de continuar a biografia da heroína, suspensa no matrimônio. A primeira peça estendeu-se até o arrependimento, e se impunha agora fixar a expiação do erro. A premissa daquele consórcio era um absurdo, e o dramaturgo, num "pós-escrito", não deixou de reconhecer: "O amor de Luís que acompanha Carolina durante seu eclipse e tenta regenerá-la pelo casamento é sem dúvida um monstro: mas não do espírito do autor; é um monstro do coração humano". Proibindo-se a ligação sexual com Carolina, Luís acabaria por gostar de outra mulher, e foi o que lhe sucedeu. Freado no impulso, e diante da grandeza de Carolina, transcorridos 13 anos desde o epílogo de *As asas de um anjo*, pôde enfim consumar o matrimônio do casal, com um *happy end* que engloba a felicidade da filha inocente. Para um burguês sólido e triunfante na política, o valor estável, que importa preservar, é o reduto da família. Luís anuncia que voltarão para a roça. "Aí vive-se isolado do mundo, e por isso mais perto de si e dos seus!."

Cronologicamente, a peça que se seguiu a *As asas de um anjo* foi *Mãe*, muito discutida também quanto ao intuito abolicionista. Reconhecemos-lhe, como a *O demônio familiar*, não obstante as opiniões em contrário, o empenho na luta por essa causa. Os processos do dramaturgo são agora diversos, e tanto esses como os

105

daquela peça se pautam por admirável coerência. Pedro, travesso, provocando involuntariamente o mal, era o produto da sociedade escravocrata. Mas, entre os absurdos criados por essa sociedade, podem florescer outras virtudes, alicerçadas no hábito da renúncia e da abnegação. Desconhecemos se, para compensar a figura negativa de Pedro, o dramaturgo quis atribuir à nova personagem negra as mais sublimes qualidades humanas. Joana, a "mãe", cresce na trama pelas ações opostas às que assinalaram a presença do "demônio familiar". Como anjo protetor, ela estende a sua bondade e o seu zelo por todas as figuras à volta. Graças a ela, superam-se as dificuldades que ameaçavam a paz dos que lhe estão próximos. Pelo sacrifício e pelo amor Joana propicia aos outros um desfecho feliz, mesmo à custa da própria vida. Simplesmente por tê-la pintado como um modelo de virtudes, numa peça dedicada a sua mãe, Alencar prestou homenagem à raça negra.

E o suicídio de Joana, que ela julgou necessário para não prejudicar o filho, se transforma também em condenação da sociedade escravocrata, a única responsável pelo ato. Todo o entrecho decorre da ignorância voluntária em que a escrava mantém o filho a respeito de sua origem, a fim de preservá-lo do preconceito social. Tendo Jorge recebido do padrinho a herança que lhe permitiria afirmar-se, no meio, graças ao estudo e ao trabalho, Joana lhe serve de escrava, guardando segredo sobre o parentesco. Argumenta a mãe, para esconder a sua condição: "Pois meu filho havia de ser escravo como eu? Eu havia de lhe dar a vida para que um dia quisesse mal a sua mãe?". Eis que, para salvar a vida do futuro sogro, Jorge aceita dar como garantia da dívida a escrava. O protetor lhe revela que vendeu a própria mãe. Joana, não querendo estorvar o filho (assim ela acredita, em face sem dúvida dos enraizados prejuízos do ambiente), bebe o veneno com o qual pretendia matar-se o futuro sogro do filho, por causa das dificuldades financeiras e da possível desonra.

Alencar deixou bem marcado o mal produzido pelo preconceito. Salvo pela generosidade da escrava, o pai da jovem, ao saber que Joana era mãe de Jorge, pretende desfazer o compromisso de casamento. A situação condenatória do preconceito é claramente verberada por Jorge: "O senhor me julga indigno de pertencer à sua família porque eu sou filho daquela que se vendeu para salvar essa mesma honra em nome da qual me repele!". O valor proban-

106

te da "lição" vence as resistências do sogro, que acaba concordando com o matrimônio.

Assim como *O demônio familiar*, *Mãe* valeu à causa abolicionista em virtude da injustiça fundamental que denuncia na sociedade escravocrata. Joana é a vítima inocente que atravessa toda a história do teatro, sacrificada em holocausto aos erros do mundo. O autor foi feliz ao ligar uma história concreta a um dos mitos mais poderosos da nossa civilização: o da maternidade. Joana pode ser considerada o protótipo da mãe, que abdica totalmente de si mesma em função do filho. Ela renuncia à própria individualidade em benefício do fruto, ou, se se quiser, encarna nele a sua inteira realização. Num meio diferente, as relações entre mãe e filho não exigiriam aquela abnegação autodestruidora, em que a continuidade da espécie parece um crime, tal a força do sentimento de culpa. Ao compor uma história que deseja comover o público pelo patetismo, o dramaturgo elevou socialmente a condição do escravo, dando-lhe foros de grandeza e de mérito que estavam a exigir o fim do cativeiro e a recomendar a igualdade racial.

A família feliz, estruturada no amor dos cônjuges, surge sempre na obra de Alencar como o ideal a alcançar e culminação da sociedade. Em *O que é o casamento?*, rebatizada por Mário de Alencar, filho do escritor, com o nome de *Flor agreste*, investiga-se a estrutura do matrimônio, célula da vida familiar. Foi bem achado o novo título, com o qual se pretendia dar o texto à publicação (só agora veio ele a lume, na *Obra completa* do autor), porque, além de pertencer ao diálogo, lhe resume o sentido. Miranda, o protagonista, fala: "... lá está logo à entrada do jardim, rasteira e oculta, a flor modesta, a violeta celeste que Deus plantou na terra para derramar sobre a alma o bálsamo divino. Alguns a olham de longe, desdenhosamente; muitos aproximam-se um instante atraídos pelo suave perfume; mas todos passam além; nenhum põe aí o termo dessa jornada que se chama a vida; nenhum faz dessa flor agreste o seu primeiro cuidado e o seu melhor tesouro. Essa flor, já compreendeste, Henrique, é a felicidade conjugal". E conclui: "a primeira ocupação e a mais séria do homem é a sua felicidade doméstica".

Embora tivesse feito essas afirmações, Miranda era infeliz no matrimônio, e considerava morta a mulher, como se julgava morto

107

para ela, porque lhe supunha uma traição. Deve ter persistido no autor a imagem da Mãe, já que a heroína de *O que é o casamento?* repete alguns traços psicológicos seus. Com uma palavra, ela poderia desfazer o equívoco, apontando para o marido o nome do homem cuja sombra ele surpreendera. Não o fez, porém, porque o apaixonado, que ela repelira, era sobrinho do marido. Preferiu a renúncia e o mau juízo à condenação de outro, traindo, nessa atitude, a superioridade dos sentimentos. Era necessário, por certo, esse conflito, para explicar o matrimônio: tem ele os seus arrufos, mas efêmeros, desde que exista amor verdadeiro. O casamento supõe obrigações entre os cônjuges, não se devendo esquecê-las pelo trabalho ou pela ambição.

Na peça, bem mais modesta quanto aos propósitos, o dramaturgo não deixa de mostrar as qualidades de fino psicólogo. As situações cambiantes, os segredos domésticos aí estão, examinados com argúcia de legítimo ficcionista. A heroína separa o conceito de homem do de marido, e afirma: "... O casamento mata esse primeiro amor que dura alguns meses, o primeiro ano quando muito. Desaparece a ilusão: o marido não é mais um herói de um bonito romance, torna-se um homem como qualquer outro, e às vezes mais ridículo, porque o vemos de perto. Então sente-se n'alma um vácuo imenso que é preciso encher". O admirável analista dos romances desponta, com frequência, no dramaturgo, e nos faz lamentar que ele tenha abandonado tão cedo o palco.

Atento às várias manifestações artísticas do tempo, Alencar escreveu *A noite de S. João*, comédia lírica. Decidiu-se a publicar o trabalho, "incorreto e feito às pressas", para que algum talento musical o aproveitasse. A fatura de uma ópera "deve ser, e é, para um homem que tenha um pouco de gosto literário, um sacrifício". Considerou essa experiência uma "pequena oferenda no templo das artes", já que "é mister que aqueles que amam a música, façam esse sacrifício". Sabia Alencar o papel subalterno desempenhado pelo libretista, tendo observado: "Na Itália o poeta de óperas, ou o fazedor de versos, é um empregado como o contrarregra, o ponto, o pintor de vistas". Ainda assim, moveu-o um desígnio superior, que o levou a ceder os direitos autorais a quem musicasse a obra: o desejo de ver "uma ópera nacional de assunto e música brasileira". O libreto, musicado por Elias Álvares Lobo, teve ótima aceitação do público.

Partindo desse pressuposto e não tendo Alencar querido dirigir-se aos literatos ("porque já adverti que isto não é um trabalho feito com esmero, é uma simples tela em branco que o compositor se incumbirá de cobrir"), pode-se louvar a leveza do libreto, o popular aproveitamento de uma lenda brasileira. Passa-se o episódio na festa de São João, na Freguesia do Brás, em São Paulo, nos tempos coloniais. O pequeno obstáculo ao amor dos primos Carlos e Inês é suplantado pelas virtudes sibilinas do alecrim, que os jovens plantam, na esperança de se verem unidos. Na lenda como na peça, consuma-se o milagre.

A última incursão de Alencar no palco foi a mais arrojada, na tentativa de apreender o gênio da nacionalidade. A encomenda de uma peça, com o objetivo de comemorar a data da Independência, determinava o assunto. No estudo *O teatro brasileiro* (*A propósito d'O Jesuíta*), Alencar passou em revista vários episódios históricos que lhe ocorreram, não lhe tendo nenhum inspirado "o drama nacional, como eu o cogitava". Resolveu "portanto criá-lo da imaginação, filiando-o à história e à tradição, mas de modo que não as deturpasse".

A ideia criadora do dramaturgo surge de uma visão espantosa da brasilidade, e, transcendendo o campo cênico, se inclui entre as mais profundas que definem o caráter nacional. O protagonista, precursor da formação do país (a peça passa-se nos tempos de colônia, em 1759), explica no desfecho para aquele a quem destinava a missão de continuá-lo o sonho que o alimentou: "Esta região rica e fecunda era e ainda é hoje um deserto; para fazer dela um grande império, como eu sonhei, era necessária uma população. De que maneira criá-la? Os homens não pululam como as plantas; a reprodução natural demanda séculos. Lembrei-me que havia na Europa raças vagabundas que não tinham onde assentar a sua tenda; lembrei-me também que no fundo das florestas ainda havia restos de povos selvagens. Ofereci àqueles uma pátria; civilizei estes pela religião. Daniel, o cigano, era o elo dessa imigração que em dez anos traria ao Brasil duzentos mil boêmios; Garcia, o índio, era o representante das nações selvagens que só esperavam um sinal para declararem de novo a sua independência. Mas isto ainda não bastava; os judeus, família imensa e proscrita, corriam a abrigar-se aqui da perseguição dos cristãos; Portugal e Espanha pela intolerância, a Inglaterra pelo protestantismo, a França pelo catolicismo, lançariam metade de sua população nesta terra de liberdade e tolerância, onde toda religião poderia erguer o seu templo, onde nenhum homem seria estrangeiro". A fala talvez seja excessivamente democrática para um jesuíta, embora o próprio autor lembre que "a separação das colônias da América foi um dos sonhos da Companhia, quando sentia que a Europa escapava-lhe". Não é essa alegoria de Alencar, até hoje, o maior título do sentimento brasileiro?

A história do nosso teatro parece feita, muitas vezes, das produções secundárias dos melhores poetas e romancistas que escreveram a literatura do país. Não reconhecer essa verificação seria, ao menos em parte, inverdade. Para explicar o fenômeno, basta referir que a dramaturgia é apenas um dos elementos do espetáculo, e as limitações impostas pela cena devem ter tolhido muito os escritores teatrais. No diálogo mudo com o leitor, o ficcionista se espraia com maior liberdade. Alencar já se queixara de alguns percalços do desempenho, desservido por atores que se recusavam a interpretar papéis pequenos. A dependência que tem o autor dos interesses comerciais das companhias significou sempre um melancólico desestímulo para o desenvolvimento da literatura dramática. Alencar, homem vaidoso e de talento múltiplo, obtendo êxito em outros campos, não haveria de interessar-se mais por um gênero que deixou de dar-lhe a compensação da glória e cujo consumidor, ademais, ele julgava em atraso de um século com as suas ideias. O teatro, para ele, não passou de veleidade, abandonada por outros cultos mais animadores.

O julgamento artístico de sua obra teatral apresenta, a nosso ver, saldo amplamente favorável. É preciso considerar que Alencar abandonou a dramaturgia ainda muito jovem, e a insistência no gênero teria aprimorado as suas imensas virtudes. Encontram-se nas peças, lado a lado, exemplos de Romantismo e de Realismo, e a segunda escola, se lhe deu instrumentos mais precisos para que desmontasse o mecanismo social, trouxe também o que há de pior nas peças: a figura do *raisonneur*, comentarista da ação segundo a perspectiva do autor ou da sociedade. Sem a beleza poética do coro

110

antigo e transmitindo quase sempre ensinamentos éticos simplórios, esse tipo de personagem entrava os diálogos com frases grandiloquentes e uma presença abstrata, difícil de tolerar. Basta o ficcionista, no correr dos episódios, suplantar o porta-voz da moral, para surgirem cenas maravilhosas, de pura teatralidade. Armam-se elas com a total objetividade do diálogo, direto e enxuto, e que poderia servir de modelo aos dramaturgos atuais, ciosos do descarnamento de suas criações, para que o ator as complete no palco e não as sinta como penoso fardo de palavreado. Com um jogo ininterrupto de pequenas sugestões, levanta-se todo o quadro dos acontecimentos, e perguntas e respostas se encadeiam, de forma a acrescentar sempre um novo aspecto. Não ficam os interlocutores na conversa: na troca mais inconsequente de palavras, e feita apenas na aparência para ligar episódios, progride a ação.

O talento do romancista, afeito aos grandes painéis enovelados, não se simplifica no teatro em tramas pobres e elementares. Em qualquer peça revela-se a capacidade fabuladora do dramaturgo. Lança ele no palco numerosas personagens, e cada uma cumpre a sua função dramática, num jogo complexo de inter-relações. O público terá provavelmente esquecido uma personagem episódica, e o autor não encerra a peça sem deixá-la completamente amarrada ao conjunto do entrecho. Esse procedimento chega a molestar em *A expiação*, porque não há uma figura de *As asas de um anjo*, transcorrida 13 anos antes, que não volte na segunda parte da duologia, e sempre para que a heroína possa resgatar-se com o bem do mal que lhe fez um dia.

Pelas linhas gerais da arquitetura cênica e pelo gosto dos quadros coloridos, Alencar representa um avanço ponderável em nossa dramaturgia. Em *Verso e reverso*, o jogo de antíteses, já expresso no título, tem o propósito de mostrar o lado mau e depois o bom do Rio de Janeiro. O autor, porém, não se contenta com uma faceta do problema. A jovem, responsável por que o protagonista passasse a amar a sua cidade, afirmando mesmo que desejara vingar a sua terra, acaba por dizer: "... apesar de ser filha daqui, não acho na corte nada que me agrade. O meu sonho é viver no campo; a corte não tem seduções que me prendam".

Uma das armas de que se utilizou o dramaturgo para enriquecer as situações pode ser distinguida numa fala do seu porta-voz em

111

O demônio familiar: "É preciso conhecer o coração humano, minha mãe, para saber quanto as pequeninas circunstâncias influem sobre os grandes sentimentos". As peças emaranham essas circunstâncias e os sentimentos, conseguindo, assim, um cunho de maior plausibilidade, dentro de uma composição menos linear. O amor, por exemplo, não é apenas aquele sentimento que une, depois de vencidos obstáculos exteriores, o casal de jovens. As barreiras existem no íntimo dos próprios amorosos, sob a forma do pudor, do orgulho, do equívoco, da dificuldade em ler claramente dentro de si. Alencar sutiliza mais, assim, a psicologia das personagens, que deixam de ser as figuras estereotipadas e imutáveis das criações anteriores. Investiga, também, o terreno delicado das relações matrimoniais, ausente do palco na agudeza de análise com que as surpreendeu.

Outra peculiaridade de Alencar, responsável pela maior riqueza de suas peças, é a configuração de um segundo amor em seus heróis. A dramaturgia que o precedeu esgotava a capacidade amorosa num único objeto, não lhe ocorrendo a hipótese de transferência do sentimento ou a consideração de que ele fora um engano; Alencar, em várias peças, instala a inclinação dúbia ou a mudança do amor, o que abre maior número de veredas ao itinerário dos heróis. É certo que o mito romântico do amor único persiste, sendo a segunda inclinação reconhecida como a verdadeira, porque a outra nascera da mera incapacidade momentânea de ler no próprio íntimo. Luís, casado com Carolina, nutre em *A expiação* uma paixão adúltera por Sofia. Justificava esse anseio de um amor completo a circunstância de que se proibira a relação carnal com a esposa, egressa da vida pecaminosa. Sofia não admite a consumação do adultério, embora fosse sensível a Luís e lhe prometesse não amar a ninguém mais, e ele, tocado pela abnegação da esposa, volta a ela sem os vetos morais.

A mão do dramaturgo, por vezes, torna-se visível na condução da história, e os episódios perdem a verossimilhança. A atração pelos golpes cênicos, ao gosto da época, falseia a verdade e leva a um patetismo inaceitável. A peça menos satisfatória, desse ponto de vista, é *As asas de um anjo*, em que os efeitos principais se perdem na gratuidade. Desde a inacreditável cena de sedução até o roubo dos bens de Carolina, para que ela conhecesse a miséria, como castigo, todo o entrecho parece armado pelos desígnios moralizantes do dramaturgo. As cenas em que o pai, bêbado e inconsolável, encontra por acaso a filha trânsfuga pagam total tributo ao dramalhão. Em *O que é o casamento?* o marido surpreende da porta um fim de diálogo aparentemente comprometedor para a mulher, e no desfecho, sem ser visto, assiste a outro, que lhe assegura não só a inocência como a nobreza do silêncio dela. São essas ingenuidades, entre outras, que permitem pensar que a tese prejudica a ficção, na obra teatral do autor. Dentro do esquema apriorístico, porém, introduzem-se lampejos surpreendentes de penetração psicológica.

Os protagonistas alencarianos venceram a fixidez interior e atuam sobre os interlocutores, reclamando sempre novas definições à volta. À relativa concentração das peças, incorporou ele o mais flexível tempo romanesco. Para a duração que pretende abranger, precisou o dramaturgo, várias vezes, colocar intervalos longos entre os atos, para que o tempo atuasse no entrecho. Com essa dilatação dos prazos, o escritor sentiu-se à vontade para variar os estados psicológicos.

Aplica Alencar funções dramáticas semelhantes em objetivos opostos, o que mostra, sob outro ângulo, o seu gosto das antíteses. O moleque de *O demônio familiar* usa o seu talento de improvisação com o propósito de conseguir um matrimônio rico para o senhor. Animava-o a ideia de desfazer um noivado pobre, para, através da melhoria financeira, alcançar a ambicionada posição de cocheiro. Surgindo novas necessidades na trama, ele colabora depois para o *happy end*, com a mesma esperteza que o levara a prejudicar inconscientemente os jovens amorosos. Toma como modelo de suas ações o Fígaro de *O barbeiro de Sevilha*, e afirma vaidosamente, cônscio de suas qualidades: "Pedro tem manha muita, mais que Sr. Fígaro". O paralelo com a personagem de Beaumarchais permanece apenas quanto à natureza de enredador, no que não difere muito de Arlequim ou dos outros escravos e criados que assumiam, na trama de tantas comédias da história teatral, a iniciativa de puxar o fio dos acontecimentos, dando ao público a impressão de que a peça se constrói em sua presença. Pedro existe pelas providências contínuas, cujos resultados determinam reações das outras personagens. Já a escrava Joana, em

Mãe, atua por assim dizer pela omissão em declinar sua identidade. Ajudando a todos, afirma-se como instrumento do bem.

De toda a galeria teatral de Alencar, "o jesuíta" parecenos a personagem mais elaborada e reunindo maior número de intenções. "O que é a criatura neste mundo senão o instrumento de uma ideia?" – pergunta ele, certamente para justificar a própria personalidade. Essa ideia, contudo, embora se resuma no desejo de independência do Brasil e na construção de um vasto império americano, admite diversos fatores contraditórios, sobretudo com a sua condição religiosa. Há 18 anos Samuel vivia disfarçado como médico italiano, sendo, na realidade, o vigário-geral da Companhia de Jesus no Brasil. Para cada uma de suas facetas existe um antecedente justificador: o ideal libertário foi uma das teses da ordem; a democracia racial e religiosa é um dos pressupostos da nacionalidade; os jesuítas foram os primeiros civilizadores do país; revolucionário no propósito separatista, encarna a tradicional aversão brasileira pelas lutas com sacrifício de vidas: "Todo o ouro da terra não paga uma gota de sangue derramado". *O jesuíta* pode reivindicar o título de primeira peça épica de nossa literatura.

Não se deve omitir, melancolicamente, que, dono de tantas virtudes, o escritor não chegou a igualar no teatro seus melhores romances. Parecem-nos mais válidas, para o gosto atual, suas duas primeiras experiências cênicas: *Verso e reverso* e *O demônio familiar*. Faltou-lhe amadurecimento para ajustar cenicamente as novas dimensões que inaugurava em nossa dramaturgia. O romancista beneficiou-se, sem dúvida, com o traquejo do diálogo e a visão unitária do teatro. O instrumento do ficcionista temperou-se na rudeza do palco. Várias peças preparam os admiráveis romances da maturidade. Está aí mais uma virtude a registrar-se em seu teatro.

114

INCURSÃO DE POETAS

OCUPAMO-NOS até agora das figuras dominantes do nosso teatro, deixando de mencionar muitos nomes secundários, sobre os quais pesa o esquecimento. Numa história teatral, caberia estudar ainda diversos outros autores, que, embora sem terem alcançado a mesma importância dos contemporâneos ou por não resistirem a uma crítica moderna, participaram do recheio indispensável a uma vida cênica. Tratando-se de panorama do teatro brasileiro, que visa sobretudo a expor as grandes linhas e apreender as principais realidades, dispensamo-nos de exumar a obra de muitos dramaturgos, assinalados em seu tempo por uma ou outra peça de êxito. Arrolam as histórias e as investigações trabalhos de Norberto e Silva, Teixeira e Sousa, Araújo Porto Alegre, Paulo do Vale, Agrário de Menezes, Burgain, Quintino Bocaiuva, Pinheiro Guimarães, Aquiles Varejão, Castro Lopes e muitos outros, correspondendo a fases sucessivas do Romantismo e abrindo-se já para a escola realista. Provavelmente o mau gosto é o seu traço comum, não obstante a existência de alguns textos que atraem a curiosidade, menos por valores próprios do que pela falta de defeitos demasiados, ou por serem representativos de um debate do dia.

De Pinheiro Guimarães (1832-1877), por exemplo, constituiu um dos maiores sucessos do palco, na segunda metade do século passado, a *História de uma moça rica*, também pertencente à numerosa descendência brasileira de *A Dama das Camélias*. As intenções, mais uma vez, são as melhores possíveis, abertas pela epígrafe da peça, os versos de Victor Hugo: "Oh! n'insultez jamais une femme qui tombe!/ Qui sait sous quel fardeau la pauvre âme succombe?". O olhar é de compreensão e simpatia pela mulher, vítima perene de uma sociedade regida pelo tirânico arbítrio paterno.

115

A "moça rica" tem uma inclinação espontânea pelo primo Henrique, nascida de reminiscências infantis, que os dois trazem à tona num diálogo. Atravessaram, sob a proteção dele, um rio perigoso, o jovem salvou-a de um cão e colheu numa árvore, perigosamente, um parasita. Amélia está prestes a corresponder à jura de amor de Henrique, e é interrompida pelo pai, que expulsa de casa o sobrinho pobre. Já se declarou, nesta cena, o irremediável da situação de Amélia, que precisará contrair matrimônio ditado pela escolha paterna.

Passam-se quatro anos e ela está casada com Magalhães. Henrique, recrutado por influência do tio, falecera na batalha de Monte-Caseros. A união fora o atendimento da última vontade do pai, e o marido nem esconde a repulsa que lhe vota. Diante de uma cena com a criada, em que Magalhães se coloca ostensivamente ao lado desta, Amélia resolve fugir com o cortejador, desautorizado até aquela hora a alimentar qualquer esperança. Numa confissão altissonante, ela explica seu gesto: "... Desejo sair de cabeça erguida, à vista de todos: não é uma mulher que deixa seu marido: é uma vítima que foge do algoz. – Partamos!".

A partida é de Pernambuco para o Rio, mas o destino não se torna mais risonho com a mudança. Abandonada, Amélia chega a pedir esmola, e recebe até duas moedas do antigo amante, que se casou com "uma menina rica manchada por uma falta". Revoltou-se então contra a sociedade que a repelia e insultava, e jurou vingar--se dos homens; "... não pedi mais esmolas, vendi-me!". E se transformou logo em grande cortesã, tendo a seus pés os mais diversos apaixonados, inclusive o antigo amante. Essa história Amélia narra, como cabe a uma cena do gênero, numa reunião de mascarados, em que ela atende pelo nome de Revolta. Seu objetivo é atingir o próprio marido, Magalhães, ali presente, e as voltas melodramáticas do destino lhe permitem contar que o amante, "tendo deixado a família na miséria, vive nos Estados Unidos, à custa de uma mesada mesquinha que lhe envio, dizendo-lhe sempre: são os juros dos dois vinténs que me deu de esmola". Amélia pede a Roberto, o amigo solícito, que tome sob a sua proteção a filha que teve ("... oculte-lhe sempre o meu nome e a minha vida") e revela que vai a caminho do hospital. O ato não podia terminar sem que

116

Roberto chegasse à boca de cena para invectivar: "Vieira!... Vieira!... eis o que fizeste de tua filha!...". A última parte da peça coloca Amélia na província, vivendo pacatamente no seio de uma família. Roberto lhe entregará a filha, desde que se certifique da mudança dos hábitos da amiga. Frederico tranquiliza-o. Depois da febre cerebral, ela se restabeleceu e "já não era mais a Revolta, era a Arrependida!". Frederico propõe de novo casamento a Amélia (o marido morreu e "até diz-se que envenenado pela escrava com quem se amancebara"), mas, rígida na moral, ela o dissuade: "O senhor é homem; e um homem se regenera e purifica: a mulher nunca! A nódoa que uma vez a poluiu é eterna; nem todas as suas lágrimas, nem todo o seu sangue a podem lavar". A pecadora arrependida abraça a menina e conclui a peça: "... Feliz, muito feliz! Madalena só teve os braços da cruz para se abrigar, eu tenho os de minha filha".

Está patente que esse desfecho se dobra ao preconceito social. Amélia regenera-se, expia o erro, mas não admite a ideia de outro casamento, mesmo sabendo que está viúva. O passado exige a renúncia inteira. Diz consolar-se no exercício da maternidade, que lhe vem como prêmio. Se o final se atém a uma ética ditada pelo convencionalismo, sobra (o que parece muito, em face da exaltação dos contemporâneos pelos aspectos audaciosos do texto) a condenação do arbítrio paterno e da sociedade movida pelos interesses materiais. A grandiloquência melodramática, feita de patetismos hoje ridículos, é o tributo ao qual não escapou nenhuma obra do gênero. Aí fica um exemplo revelador da peça do agrado geral, na segunda metade do século XIX.

Preferimos, a esses lances campanudos, as experiências teatrais de alguns poetas, que tentaram ao menos transpor para o palco a sua rica inspiração. Gonçalves Dias, agora revalorizado, serve de ponto de partida para essa curiosidade simpática.

A morte, aos 21 anos, não deu tempo a Casimiro de Abreu (1839-1860) para reincidir no teatro. Deixou apenas *Camões e o jau*, cena dramática representada em Lisboa, em 1856, quando contava 17 anos de idade. Mal pôde compor *As primaveras*, poesias repassadas de imensa ternura e daquela nostalgia que lhe trouxera o exílio. No Prólogo de *Camões e o jau*, Casimiro tem oportunidade de escrever: "Como o índio, prefiro a Portugal e ao mundo

117

inteiro o meu Brasil, rico, majestoso, poético, sublime. Como a planta dos trópicos, os climas da Europa enfezam-me a existência, que sinto fugir no meio dos tormentos da saudade. Feliz aquele que nunca se separou da pátria!". Sua mágoa desconsolada era autêntica, porque a tuberculose lhe permitiu apenas um pouco mais de trabalho, e a satisfação de morrer na terra natal.

A cena dramática foi bem recebida em Lisboa, e estavam certos aqueles que desejaram incentivar o talento adolescente. Com simplicidade de recursos, dialogam no curto ato apenas Camões e Antônio, seu escravo. O poeta chama amigo ao jau, a única pessoa a quem pode dirigir a palavra, em meio à miséria e à solidão. O ribombar do canhão, à distância, rememora glórias passadas de Portugal e cria o clima de confidência, em que ambos falam do antigo amor. Na fórmula romântica, tanto o poeta como o escravo tiveram somente uma paixão fatal, que sepultou de vez o pensamento de felicidade. Finou-se a moça amada de Antônio e Camões, em longo monólogo, narra o episódio com Natércia. A sorte cega a havia colocado "mui alta" para o poeta, que partiu para a luta em busca de glória. "Ai, loucos! porventura um sentimento/ Quereis moldá-lo a conveniências fúteis?" – brada o seu despeito impotente. Ela também expirou jovem e o poeta confessa: "Desde esse dia então morri pro mundo". Ouvem-se salvas repetidas e Camões tem a visão dos melancólicos dias futuros que aguardam a pátria, sob o jugo de Castela. O poeta quer lançar ao fogo *Os Lusíadas*, mas o escravo os salva. O sentido final da cena é de exaltação das grandezas antigas do país e da perenidade da poesia. Em tom inflamado, Antônio se dirige a Camões, encerrando o ato: "Se é verdade que tua pátria é morta,/ Este poema lembrará ao mundo/ Que houve outrora um Portugal gigante/ E – Camões – fora seu cantor sublime". No verso heroico em que se vazara a obra camoniana, Casimiro de Abreu prestou homenagem sincera à pátria dos avós, que o acolhera bem e deu mostra do que alcançaria o seu teatro, se a doença não o vitimasse tão cedo.

Álvares de Azevedo (1831-1852), pouco anterior a Casimiro, não chegou propriamente a escrever uma peça, mas uma "tentativa dramática", *Macário*, que vale a pena registrar pelos lampejos excepcionais, pela promessa de uma obra cênica admirável, e prova da versatilidade de um poeta que se inclui entre as nossas primeiras figuras literárias.

Não cometamos a injustiça de julgar *Macário* pelos padrões teatrais, condenando-o porque não observa as regras dramáticas. Puff monologa numa espécie de prólogo, afirmando: "Esse drama é apenas uma inspiração confusa – rápida – que realizei à pressa como um pintor febril e trêmulo. Vago como uma inspiração espontânea, incerto como um sonho; como isso o dou, tenham-no por isso. Quanto ao nome, chamem-no drama, comédia, dialogismo: não importa. Não o fiz para o teatro: é um filho pálido dessas fantasias que se apoderam do crânio e inspiram a *Tempestade* a Shakespeare, Beppo e o XI Canto de *D. Juan* a Byron; que fazem escrever *Annunziata* e *O canto de Antônia* a quem é Hoffmann ou *Fantasio* ao poeta de *Namouna*".

O brilhante adolescente não considerava *Macário* a realização da sua utopia dramática, imaginada num território de absoluto que a morte precoce, aos vinte anos e meio, não lhe permitiria mesmo escrever. Puff abre o texto com as seguintes observações: "Criei para mim algumas ideias teóricas sobre o drama. Algum dia, se houver tempo e vagar, talvez as escreva e dê a lume. O meu protótipo seria alguma coisa entre o teatro inglês, o teatro espanhol e o teatro grego – a força das paixões ardentes de Shakespeare, de Marlowe e Otway, a imaginação de Calderón de la Barca e Lope de Vega, e a simplicidade de Ésquilo e Eurípides – alguma coisa como Goethe sonhou, e cujos elementos eu iria estudar numa parte dos dramas dele – em *Goetz de Berlichingen*, *Clavigo*, *Egmont*, no episódio da Margarida de *Faust* – e a outra na simplicidade ática de sua *Ifigênia*. Estudá-lo-ia talvez em Schiller, nos dois dramas do *Wallenstein*, nos *Salteadores*, no *D. Carlos*: estudá-lo-ia ainda na *Noiva de Messina* com seus coros, com sua tendência à regularidade".

A desordenada inspiração do poeta precisava de liberdade para expandir-se. E nada melhor do que um sonho, que rompe sem cerimônias as fronteiras cênicas e desconsidera as limitações do espaço. Macário chega a uma estalagem da estrada e pede a ceia. Enquanto a mulher vai atendê-lo, ele monologa: "E não ter nem um gole de vinho! Quando não há o amor, há o vinho; quando não há o vinho, há o fumo; e quando não há amor, nem vinho, nem

119

fumo, há o *spleen*. O *spleen* encarnado na sua forma mais lúgubre naquela velha taverneira repassada de aguardente que tresanda". O sonho põe Macário diante de um Desconhecido, com quem ele dialoga. É a forma de quebrar a digressão erudita daquele adolescente saturado de leituras e de ideias, querendo exprimir a sua confidência atônita sobre o mundo. Amor, mulheres, filosofia, verdade – sobre tudo Macário tem uma palavra, encharcada do desvario romântico de seus modelos literários. O Desconhecido é Satã e Macário, na garupa de um burro preto em que o companheiro está montado, inicia a sua peregrinação por paisagens diversas, cujo teor abstrato pode ser apenas, como numa cena, "ao luar". Macário, diante da falta de resposta aos reclamos fundamentais, tão denunciadores do romantismo desenfreado, conclui que "a filosofia humana é uma vaidade". (...) "Ter revolvido e revolvido um livro a ponto de manchar-lhe e romper-lhe as folhas, e não entendê-lo! Eis o que é a filosofia do homem! Há cinco mil anos que ele se abisma em si, e pergunta-se quem é, donde veio, onde vai, e o que tem mais juízo é aquele que moribundo crê e ignora!". Mais adiante ele pergunta: "Quem sabe onde está a verdade? nos sonhos do poeta, nas visões do monge, nas canções obscenas do marinheiro, na cabeça do doido, na palidez do cadáver, ou no vinho ardente da orgia? Quem sabe?". O mal de ser obceca o poeta mais inclinado às indagações metafísicas do que às prosaicas exigências de um entrecho, e o leitor se assusta ao ver que acompanhou um delírio onírico, quando a mulher da estalagem acorda Macário, no fim do primeiro episódio. Ele era capaz de jurar que não sonhou, e a mulher, espantada, vê o trilho de um pé. "Um pé de cabra... um trilho queimado... Foi o pé do diabo! o diabo andou por aqui!".

O segundo episódio passa-se na Itália, pátria adotiva de tantos românticos, e a descontinuidade formal está mais patente. Num vale, com montanhas e um rio torrentoso, Macário encontra Penseroso cismando, e o diálogo guarda as mesmas características anteriores do debate de ideias. "Se na vida há uma coisa real e divina é a arte – e na arte se há um raio do céu é na música." Adiante: "Oh! o amor! Como uma estrela que se apaga pouco a pouco entre perfumes e nuvens cor-de-rosa, por que a vida não desmaia e morre num beijo de mulher?". Outras meditações con-

120

servam cunho semelhante, que julgaríamos ingênuo e resvalando para a subliteratura, se não fossem o desabafo de um adolescente cheio de talento. Na cena final, Satã se dispõe a levar Macário a uma orgia. "A embriaguez é como a morte..." Satã quer purgar Macário da paixão suicida (Penseroso matara-se) e lhe diz: "Ainda não saboreaste a vida e já gravitas para a morte. O que te falta? Oiro em rios? eu to darei. Mulheres? tê-las-ás, virgens, adúlteras ou prostitutas... – O amor? dar-te-ei donzelas que morram por ti, e realizem na tua fronte os sonhos de seu histerismo... Que te falta?". Em troca daquela alma inquieta, Satã promete a Macário, qual Mefistófeles a Fausto, a posse do mundo. Álvares de Azevedo devorou tão intensamente os poucos anos, que a vida tinha de estalar-lhe.

Seu teatro, se ele o tivesse escrito, deveria diferir em tudo do que dominava o palco nacional, na quadra em que tomou conhecimento do que ocorria à sua volta. Por isso não poderia ser animadora a "Carta sobre a atualidade do teatro entre nós", depoimento arrolado entre as visões pessimistas do nosso palco. Afirma Álvares de Azevedo: "É uma miséria o estado do nosso teatro: é uma miséria ver que só temos o João Caetano e a Ludovina. A representação de uma boa concepção dramática se torna difícil. Quando só há dois atores de força sujeitamo-nos ainda a ter só dramas coxos, sem força e sem vida, ou a ver estropiar as obras do gênio". É preciso lembrar que o poeta escreveu esse testemunho antes da reforma da década de cinquenta, em que os "dramas de casaca", ao sabor do dia, substituíram os "melodramas caricatos" de que ele se queixava.

Outra obra de poeta é *Gonzaga ou A Revolução de Minas*, único texto completo de Castro Alves (1847-1871), escrito expressamente para o palco. De passagem pelo Rio, o cantor de *Os escravos* leu a peça para José de Alencar, que a consagrou numa carta endereçada a Machado de Assis, apesar das restrições feitas à exuberância de poesia. Machado também saúda o *Gonzaga*, afirmando: "O poeta explica o dramaturgo, reaparecem no drama as qualidades do verso". Depois de uma representação na Bahia, sua terra natal, Castro Alves tem a peça encenada em São Paulo, em 1868, e o êxito não poderia ser maior. Além do interesse dos escritores pelo teatro, no século passado, motivara o poeta o dese-

121

jo de criar uma personagem para a atriz Eugênia Câmara, a musa e amante por quem mantivera com Tobias Barreto as memoráveis batalhas do Teatro Santa Isabel do Recife.

Depois de *Leonor de Mendonça, Gonzaga ou A Revolução de Minas* é provavelmente o drama romântico mais inspirado de nossa literatura, transbordante de riqueza e de intenções. Se algumas peripécias nascem da inverossimilhança e do gosto melodramático, será forçoso explicá-los pela extrema juventude do poeta, que escreveu a peça aos vinte anos. Quanto vigor, porém, e que visão do espetáculo como ampla arquitetura!

O protagonista não é Tiradentes, o protomártir da Independência, mas Gonzaga, talvez porque era também poeta e porque tinha a sua musa, Maria, papel para Eugênia Câmara. O drama toma a liberdade de emprestar feitio heroico ao poeta, quando a história ensina que, ao ser descoberta a conjuração, seu comportamento não se pautou por irrepreensível coragem. Como Gonzaga deixou, porém, os belíssimos poemas a Marília, e a lenda coloriu de encantamento esse amor rompido pelo degredo, o herói teatral não parece desmentir a realidade. O autor foi hábil e comprovou mais uma vez a sua extraordinária intuição ao ligar à revolta pela liberdade do Brasil a luta para abolir-se a escravatura. Engasta-se na intriga, tendo função decisiva para o desfecho, um problema de escravos, cujo epílogo trágico grita contra a injustiça social.

Como se sabe, os inconfidentes foram traídos por Joaquim Silvério dos Reis, que os denunciou às autoridades. Na trama, ele é auxiliado pela escrava Carlota, que aceita o papel infamante em troca da promessa de reencontrar o pai. Este, que é fiel aos conjurados, se acha também no encalço da filha, e a cena de reconhecimento se passa em circunstâncias pouco felizes. Carlota define para o pai a condição do escravo, ao explicar por que se aliara ao delator: "Os homens me perderam, e eu fui apenas seu instrumento, porque eu sou escrava, porque mataram-me a vergonha, tiraram-me a responsabilidade dos crimes, sem me arrancarem o remorso. Oh! é uma cousa horrível ter de escolher entre infâmia e infâmia!... ou perdida, ou traidora!...". Quando Silvério resolve castigá-la, destinando-lhe "o lugar de esposa de todos os meus escravos", Carlota se liberta da abjeção pelo suicídio. O pai, desvairado, fecha com uma tirada oratória o terceiro ato: "(...) Deus te escolheu para a primeira vítima! Pois bem; que teu sangue puro, caindo na face do futuro, lembre-lhe o nome dos primeiros mártires do Brasil".

O conhecimento dos planos dos inconfidentes fora possível graças a um recurso cênico bastante pobre. Maria desmaia e, ao cair, deixa rolar um maço de papéis, que Carlota apanha. Contêm eles a "Lista dos conspiradores, cartas sobre a revolução, planos sobre as leis da nova república". Na visão de Castro Alves, os conjurados não se contentavam com a Independência: sonhavam já o regime republicano, que seria proclamado muitos anos depois da morte do poeta.

Não só na presença dos escravos, introduzindo na Inconfidência Mineira o pensamento abolicionista, Castro Alves revelou o seu dom de fabulador: complica-se também a trama sentimental entre os protagonistas. O governador emaranha-se na história, deixando de ser o mero representante do poder português. Gosta de Maria, e está disposto a alterar o rumo da devassa, se a jovem lhe dispensar o seu favor. Documentos algo rocambolescos são assinados como preço da intervenção dele por Gonzaga, mas o drama não pertenceria ao Romantismo, sem esse *suspense* que hoje provoca a condescendência irônica. O poeta precisa dar a Silvério o castigo dos patriotas. O governador culpa-o dos males que o afligem e, apontando o grupo de Gonzaga, fala: "Eis tudo que me deste... o crime, a desonra, o remorso... a condenação dos homens, de minh'alma e de Deus... a perda de Maria na terra, no céu, no inferno. Tu me perdeste... porém minha queda há de perseguir eternamente a tua no abismo em que rolamos". Na apoteose patriótica em que não poderia deixar de concluir-se o drama, ouve-se o Hino Nacional, em surdina, e Gonzaga e o escravo passam no fundo do palco, num barco. Antes de baixar o pano, Maria declama um alentado poema para os espectadores, no estilo condoreiro que celebrizou o poeta. *Gonzaga ou A Revolução de Minas*, revista no excesso verboso, que se adapta mais à oratória que ao teatro, e depurada das vilanias melodramáticas, tem eficácia para o público, e sobretudo, como aspirava e alcançou o autor, para uma plateia acadêmica. "O lirismo, o patriotismo, a linguagem, creio que serão bem recebidos por corações de vinte anos, porque o *Gonzaga* é feito para a mocidade."

123

Ao computar a contribuição desses poetas ao teatro, sentimo-nos confrangidos. Tanto talento merecia deixar uma obra cênica mais vasta, realmente palpável. A prematura morte romântica foi responsável, talvez, pela devastação que se deve de fato lamentar em nossa dramaturgia.

PREPARAÇÃO DE UM ROMANCISTA

FEITAS as mais diversas ponderações, é forçoso concluir: as peças de Machado de Assis (1839-1908) não apresentam grandes qualidades em si. Tivesse o autor cultivado apenas o teatro, seu nome seria absolutamente secundário na literatura brasileira. Trata-se, porém, do nosso primeiro escritor. E, a esse título, na pior das hipóteses, como faceta não muito brilhante, mas preparadora do admirável romancista, cabe uma tentativa de análise do dramaturgo. Quanto ao crítico teatral, este foi possivelmente a maior autoridade que tivemos no século XIX. É lugar-comum o juízo segundo o qual Machado de Assis não teve autêntica vocação para o palco. O anátema proferido por Quintino Bocaiuva contra dois textos do início da carreira – "as tuas comédias são para serem lidas e não representadas" – estendeu-se pelos comentaristas posteriores a toda a obra dramática, apêndice inferior da personalidade do ficcionista. Que o romance e o conto sejam infinitamente mais expressivos, ninguém põe em dúvida.

No entanto, foi a dramaturgia a primeira ambição literária do autor de *Quincas Borba*, o secreto anseio de êxito artístico e social. Teria ele, reconhecendo que não estava no palco sua forma de expressão peculiar, abdicado do gênero para lançar-se a outras aventuras? Uma verdade é patente: o interesse maior de Machado pela linguagem dramática enraíza-se nos anos da juventude, correspondendo sobretudo à década de sessenta, quando se registrou no Rio de Janeiro uma especial febre cênica. Se o germe do teatro nunca o abandonou de todo, diluiu-se com o tempo a ação que exerceu sobre a sua personalidade. Ao cronista de acontecimentos diários não podia passar despercebida a tentativa de afirmação de uma cena brasileira, no momento em que experimentava seus pri-

125

meiros passos na imprensa. Pela tradução de obras que agitaram o público francês ou pelo escrito de originais, Machado fazia-se presente e atuante num setor capaz de empolgar os contemporâneos. Com o teatro, esteve na ordem do dia. Distanciou-se do palco à medida que descreu dos homens e mergulhou na vida interior. O estudo objetivo das peças concluirá pela inconsistência delas e, quando muito, pelo mérito relativo, subordinado à ideia de que temperaram o instrumento dos contos e dos romances. Que importa argumentar que não houve, em sua época, outros dramaturgos muito mais bem-sucedidos? Concluir-se-á, melancolicamente, que não progrediu a literatura dramática brasileira.

O paralelo entre os conceitos críticos e as realizações cênicas de Machado contém numerosas seduções. A um exame superficial, podem parecer contraditórios. Julgamos mesmo que, se tivesse ele vivificado no palco as opiniões dos comentários, suas peças seriam muito diferentes. Estará aí o paradoxo fundamental da natureza criadora, que timbramos em recusar? A explicação do fenômeno não nos parece fugidia. O jornalista joga com as ideias do instante, tem participação polêmica. O teatro de Dumas se impunha em Paris e o crítico brasileiro, pela inteligência e pelo raciocínio, perfilhava a corrente das peças de tese. A valorização dessa dramaturgia amoldava-se à nossa realidade, pois a campanha abolicionista, entre outros estímulos, inflamava os intelectuais, e não podia haver melhor arma para eles do que o palco. Mas as criações literárias vivem menos de princípios racionais do que dos sofridos motivos íntimos, que afloram com a passagem à confidência. A sensibilidade acorrentava Machado a palavras menos gritantes, a paixões não derramadas. Aconchegou-se, sentimentalmente, à forma da anterior geração francesa, e daí o parentesco de suas peças com os provérbios de Musset, como já assinalara Quintino Bocaiuva. A sutil psicologia, a delicadeza do diálogo, o pudor dos grandes gestos, o mal-estar no palco da maioria das peças do poeta francês serviram de modelo ao jovem brasileiro. Quem sabe se até um semelhante episódio biográfico teria marcado de um destino idêntico os dois dramaturgos? Desgostoso com um primeiro malogro cênico, Musset confiou seus textos à publicação. Só muitos anos depois eles passaram a ser representados. Ferido com o julgamento claro e honesto de seu amigo Quintino Bocaiuva, Machado de

Assis, possivelmente, não teria incentivo para uma produção dramática mais franca. Acresce, a essa circunstância, o desinteresse progressivo no Rio pelo teatro. Ao menos, estava cessando aquele ardor cívico de criar uma dramaturgia nacional. Como a prova do palco é indispensável, recolheu-se o escritor aos gêneros que prescindem de assembleias humanas. No gabinete, pôde apurar as forças corrosivas do homem, já que no teatro não lograra exaltá-lo.

As virtudes das comédias machadianas prendem-se sempre a negações: não têm mau gosto (só, de vez em quando, algumas frases incompreensíveis num escritor requintado), não se entregam a exageros, não admitem melodramaticidade. Temerosas de ultrapassar os limites das conveniências literárias, enclausuram-se em atmosfera de meios-tons, onde respirariam ridículos os arroubos românticos. Tão tímidas se mostram de experimentar o hausto largo que se encolhem propositadamente no fôlego comedido. Embora elogiando nos folhetins as regiões contestáveis do drama de Alencar, Machado prefere para si o âmbito limitado das peças em um ato. São simples exposição de uma ideia espirituosa, um provérbio com feitio moral, uma sentença que, por ser conclusiva, solicita antes um pequeno entrecho. Esse caminho descomprometido casava-se melhor ao tipo de representação a que se destinaram várias peças – saraus literários de arcádias e ateneus dramáticos, em que se reunia um público diminuto e especial, composto o elenco apenas de homens. Assim, após o primeiro impulso cortesmente registrado, o autor de *Quase ministro* enveredou para as composições de circunstância, cujas fronteiras ele próprio lamentava. Ao escrever *Os deuses de casaca*, ressentiu-se da falta das deusas, a ponto de confessar com modéstia no prólogo: "Damas, sem vosso amparo a obra se acabou!". É evidente que as restrições que se impôs terminaram por ressequir o viço, tolher a espontaneidade.

As situações das peças urdiram-se com poucos elementos, numa intriga quase simplória a desvendar. Contudo, Machado não foi primário na dramaturgia. A graça leve que inoculou na trama, o espírito observador e de tênue ironia que introduziu no diálogo salvaram o seu teatro do lugar-comum, cabendo-lhe o epíteto de simples, sem incorrer propriamente em primarismo. Preocupa-se

127

o dramaturgo sobretudo com os episódios relativos ao matrimônio, os amuos de um casal ou as primícias do amor. Nunca paixão desvelada, que rompa a serena elegância do trajar. Um intérprete de Machado de Assis não suará no palco. No imponderável que cerca os episódios banais percebe-se, porém, sua mão de escritor, que sugere os problemas sem trocá-los em miúdos para a plateia. As dificuldades da adaptação dos esposos, pinta-as com a ligeireza dos caprichos, fazendo que, ao surgir um perigo real para o casamento, se desfaçam as águas turvas para reinar de novo a calmaria. O atilado analista já encara com ceticismo e amargura os homens em *Quase ministro*, sátira da bajulação nacional aos políticos. Ao saber que o apaniguado não figurava no novo ministério, o cortejo de aduladores, que se mobilizara à simples notícia de sua possível nomeação, desfez-se em busca do verdadeiro escolhido. Machado causticava as fraquezas humanas, ainda aí sem vestir o ridículo de negro humor.

O ambiente burguês que retratou lhe exigiu reações pacatas, recursos pouco romanescos e linearidade na trama. Quase nenhum autor dispensou como ele as complicadas peripécias, sustentando a ação apenas pelo diálogo. Quando é necessária a ausência de uma personagem do palco, as escusas menos elaboradas socorrem o andamento da trama: faz-se que um leque caia das mãos para o jardim; que alguém esteja a esperar o interlocutor em casa; que este saia para deixar um cartão de visita na propriedade vizinha; ou que simplesmente se recolha aos aposentos, para logo depois voltar. É verdade que é esse o estilo do cotidiano, formado mais dos pequenos hábitos do que dos gestos excepcionais. O leitor sente-se contrafeito, porém, com a pobreza do poder inventivo, acanhamento de meios que acaba por depauperar o resultado.

Talvez não fosse outra a intenção de Machado: permanecer em território neutro, longe de choques decisivos. Uma tranquila lição encerra cada peça. A mulher que se guia pela conveniência e não pelo ímpeto do coração vem a ser castigada. Concluem os homens, sentenciosos, em outro texto: "quando não se pode atinar com o caminho do coração, toma-se o caminho da porta". O primo do "quase ministro", apaixonado por cavalos, aproveita o desfecho da história para moralizar: "Um alazão não leva ao poder, mas também não leva à desilusão". Os protagonistas de

Não consultes médico, curando-se um com o outro de desilusões amorosas, ilustram o provérbio grego: "Não consultes médico; consulta alguém que tenha estado doente". O título *Lição de botânica* já enfeixa o cunho didático – a botânica aplicada conduz o homem ao amor.

Há de convir-se que, inspirado por matéria tão escassa, dificilmente Machado realizaria um grande teatro. Suas qualidades mais ponderáveis impeliram-no às sondagens introspectivas, que se dão mal no palco. Procede a dramaturgia por síntese, enquanto o romance, por análise. Analista profundo, capaz de investigações insuspeitadas partindo de um frágil fio de história, pôde compor obras-primas romanescas, não se ajustando bem à rígida exigência cênica de mostrar os homens de pé, em transe ativo. O exercício da síntese que fez na dramaturgia aplicou magistralmente no conto, que por muitos aspectos se aproxima da peça em um ato, sem a obrigação de utilizar o homem inteiriço. Por esses motivos, paradoxalmente, depois de ser o primeiro moto de Machado, o teatro, embora menor, passou a figurar como testemunho da exuberância de seu gênio criador, ao qual não permaneceu estranho nenhum desvão da literatura.

O criador de *Dom Casmurro* não realizou, nas peças, tipos humanos de riqueza semelhante. As personagens, anteriores em geral às dos romances da maturidade, apenas anunciam, em certos aspectos, os matizes complexos que vão assumir depois. Quem sabe se o autor de *Memórias póstumas de Brás Cubas*, se tivesse continuado a dedicar-se sistematicamente ao teatro, quando passou de uma ficção menos ambiciosa às sondagens demoníacas iniciadas aos quarenta anos, acharia no palco a equivalência do seu gênio novelesco... Mas a dramaturgia ofusca-se de suas preocupações essenciais e temos de contentar-nos com os ensaios cênicos, na maioria juvenis. Os tipos são simples, definidos numa ação linear, distantes das paixões mais ardorosas que poderiam abrir-lhes perspectivas amplas, e ainda assim desenham-se, no mais das vezes, com sutileza que faz supor lutas íntimas. Um silêncio, uma pausa, uma coqueteria, uma motivação pouco esclarecida deixam entrever uma vida interior diversa das pobres atitudes objetivas que as personagens via de regra tomam. Tinha Machado consciência de que "é de sobre individualidades e fatos que irradiam os vícios e as virtudes, e sobre eles assenta sempre a análise". Seu "gosto dramático moderno" repudiava, também, o "desfecho sanguinolento". Na confluência dessas duas indicações, confessadas em crítica, repousa a forma de sua comédia. O indivíduo com pudor de exprimir-se e derramar gestos largos constitui a norma das peças.

Até mesmo os apaixonados, propensos mais às indiscrições em voz alta, mantêm-se em sóbrio comportamento, que não fere as conveniências. Cabe-lhes, aliás, o papel mais ingênuo, tendo o dramaturgo banhado de ironia os seus arroubos. É difícil discutir, à luz de qualquer escola, as reações das personagens. Em *Desencantos*, Luís, de 22 anos, parece o romântico rotineiro. Entretanto, já racionaliza seu sentimento, analisado como por alguém fora da própria pele: "Na minha idade o amor é uma preocupação exclusiva que se apodera do coração e da cabeça". Teria um romântico descabelado raciocínio para explicar-se com tanta compostura? E os seus entusiasmos não encontram eco na sensibilidade experiente da viúva, que logo o sofreia com o juízo de que anda atrasado do seu século. O concorrente, que se diz afeito a situações claras e definidas, leva a melhor na preferência da jovem, não sem antes apostrofar o rival: "O amor, o respeito e a dedicação! Se o não conhecesse, diria que o sr. acaba de chegar do outro mundo". Essa vitória do espírito sólido, porém, não se mostra exata, incontestável. Casada de novo, a viúva refere-se ao aborrecimento e à insipidez do matrimônio, depois de confessar: "A vida fora bem prosaica se lhe não emprestássemos cores nossas e não a vestíssemos à nossa maneira". E, adiante: "Nós outras, as mulheres, somos as filhas da fantasia; é preciso levar em conta que eu falo em defesa da mãe comum". Achando-a embora convertida nesse encontro, cinco anos depois da recusa do seu amor, o antigo apaixonado não se furtará a dar-lhe uma lição. Obtém a mão da filha dela, ainda incontaminada das transigências da vida prática. Que a viúva tenha ao menos espírito para ser sua sogra, se não teve para ser esposa. Conclui-se, é óbvio, pela crítica ao cálculo no matrimônio, sem que essa posição importe em recuo romântico. Dir-se-ia que é por vantagem real que o casamento deve observar a preferência espontânea.

A figura da viúva, aqui castigada, adquire características diversas no contexto de várias outras peças. Em *O caminho da porta*, acentuam-se seus traços de coqueteria, sendo vários os homens a girar em torno dela, sem receber nunca uma palavra definitiva de concordância. Fica patente a inclinação de namoradeira, satisfeita em entreter, mas inacessível a um assentimento duradouro. Seria o caso de indagar se ela continua presa à memória do esposo, explicando-se daí a recusa do presente. O texto, porém, nada sugere a respeito. O estado de viuvez não envolve compromisso sentimental da mulher. Parece escolhido pelo autor para dar a ela aura maior de mistério, de encanto e sobretudo de independência. A jovem solteira incorreria no lugar-comum de um matrimônio ditado pelo sentimento ou pela determinação paterna. Não teve ainda contato com a realidade, se se considerar principalmente a organização da família no século passado. Ao ficar viúva, sendo jovem e bonita, a mulher não perde a sedução da quase adolescente, acrescentando-lhe a experiência. Livre, apta a escolher por conta própria, envolta de prestígio especial, torna-se muito mais cobiçada do homem machadiano, sem sua finura e malícia. É certo que, na psicologia masculina, não entra o ciúme do morto, razão pela qual o interesse amoroso dispensa a tortura imaginária. No caso da viúva de *O caminho da porta*, por não ultrapassar o estádio da coqueteria, acaba sendo abandonada por todos os pretendentes, que não souberam encontrar-lhe o caminho do coração. Não admite o teatro de Machado a fuga ao apelo sentimental.

A viúva de *Lição de botânica* representa um passo mais avançado da psicologia feminina. Instada pela irmã a propiciar seu casamento, toma as rédeas da ação, não só permitindo que ele se realize, mas também encontrando para si novo marido. Um barão sueco entra em cena com o propósito de pedir que fechem a porta ao seu sobrinho, em virtude de serem inconciliáveis botânica e matrimônio. A viúva, entretanto, enreda-o em malhas tão sutis que se desfaz sua dureza de cientista. Pelo ardil, convence-o de que aprecia também a botânica, a ponto de oferecer-se ele como professor. Mostra-lhe que se pode dar o espírito à ciência e o coração ao amor, "pois são territórios diferentes, ainda que limítrofes". "O aplauso público – diz a viúva – é mais ruidoso, mas muito menos tocante que a aprovação doméstica." Os argumentos são tão lógicos e válidos que o barão tira a carapaça de urso selvagem para ficar indefeso e dócil em suas mãos. Ela própria atalha-o, quando embaraçado pela timidez, para falar à tia que a pede em casamento.

De uma coqueteria difusa e perniciosa, a viúva da dramaturgia machadiana evolui, assim, para uma objetividade admirável, em que, pela inteligência e pela sedução, conquista o homem que lhe convém. Ser imanente, no início, exposta aos lances de quem pode oferecer-lhe maiores vantagens, transforma-se em mulher firme, que sabe ferir o alvo com as armas que lhe são próprias. É certo que, nessa sociedade, o casamento surge ainda como o supremo bem a almejar, e depois do qual cessam as ambições femininas.

Se o matrimônio sintetiza o anseio de afirmação amorosa e sentimental, deveriam em torno dele tecer-se as tramas. Machado só o desconhece quando, ao escrever comédias de circunstância em que é proibida a presença feminina, precisa buscar outro centro de atração. É o que se verifica em *Quase ministro*, onde o protagonista desempenha uma das funções para Machado mais representativas – a política – e em *Os deuses de casaca*, alegoria na qual Júpiter, descendo à terra, escolhe um dos trabalhos burgueses mais sólidos – o de banqueiro. A política é a profissão do homem adulto, vencedor. Nela as personagens masculinas se realizam publicamente, na plena consciência dos direitos que a sociedade lhes confere. Circunscritos antes do casamento à mulher, fundam-se depois no novo estado para a luta da ascensão social. A mudança psicológica é bastante nítida. Os apaixonados machadianos chegam às raias do ridículo. O dramaturgo, avesso ao Romantismo, não teve com eles muita complacência. Mesmo considerando que guardam sempre noção do seu amor e teorizam sobre ele, e sabem até atinar com o caminho da porta, mais parecem fantoches incomodamente ligados por fios ao autor. A predileção pelas viúvas marca uma imaturidade sentimental próxima do complexo de Édipo. Mostra-se ele muito claro no caso do protagonista de *Lição de botânica*, que confessa só ter depositado "algumas coroas de goivos no túmulo de minha mãe". A mulher está todo momento a reprimir os impulsos do homem, e parece exercer a função de censora literária dos seus extravasamentos. À exclamação "ó poesia!", do jovem que lhe faz a corte, a esposa de *O protocolo* responde: "Mau gosto!". Recomenda-lhe que não dê corda à paixão, que ela parará por si.

Acreditamos que Machado de Assis tenha utilizado essa psicologia feminina como instrumento de seu antirromantismo. De coquete a decidida, esteve ela sempre distante de uma visão romântica. A Catarina de Ataíde de *Tu, só tu, puro amor...* apresentava outros problemas, pois devia cingir-se à verdade histórica. Escrita em homenagem ao tricentenário de Camões, a comédia fixou-lhe o infeliz amor palaciano, que foi a causa da aventura além-mar. Naquele tempo, a sanção social era muito mais forte para uma imprudência, e Catarina cometeu o erro de demorar-se em demasia no colóquio com o poeta, isto é, em deixar claro e insofismável o seu sentimento. Pode-se dizer que teve a iniciativa de declarar-se a Camões. O malogro do amor originou-se apenas da situação. E ela cumprirá conscientemente o dever que lhe dita a corte. A razão feminina o dramaturgo pinta de novo, e com muita segurança, em *Não consultes médico*. A jovem acaba de sofrer uma desilusão amorosa. Perguntam-lhe se cogitou alguma vez da morte, ao que ela responde: "Pensa-se nela, mas lá vem um dia em que a gente aceita a vida, seja como for". Parece ser essa a mensagem final de Machado. Ninguém desbota romanticamente no luto sentimental, mas logo se apresta para um segundo casamento. A rapidez com que as personagens se entregam ao amor demonstra o nenhum cultivo de paixões insatisfeitas. A vida leva sempre para a frente – a realidade impele o homem sereno e lúcido para o cumprimento de seus dias. O matrimônio é menos a coroação de sentimentos românticos do que a fatalidade da espécie. O próprio amoroso de *O caminho da porta* já afirmara: "Para dar justificação moral à união dos sexos inventou-se o amor, como se inventou o casamento para dar-lhe justificação legal". Está aí a lição do dramaturgo. Machado de Assis, apesar do profundo pessimismo, caminhou para a morte, na velhice, com impávida dignidade.

A posição da crítica teatral assemelha-se, na obra machadiana, à da dramaturgia: elemento subsidiário na configuração do gênio criador do romancista, exerceu apreciável influência nos traços da maturidade literária. Escritos nos anos da juventude, os folhetins acham-se na base da formação do escritor. As ideias expressas nos comentários, ora aplicadas às obras, ora apenas referidas como preceitos de arte, serão a base para as realizações de fôlego, não obstante pertençam a outros gêneros. Não cabe supor que os melhores romances machadianos sejam a consubstanciação das diretrizes estéticas anunciadas pelo cronista dramático. Mas, decantadas pela experiência e pelo trato do tempo, as forças que animam o ficcionista são as mesmas que ensaia o jovem crítico. Não houve recuo ou troca de posição. O homem realizado passou a limpo as convicções do moço, sem alterar-lhes as linhas fundamentais. A trajetória de Machado se define no sentido do acabamento, sedimentação de valores e filtragem de qualidades, nunca na recusa de caminhos antigos. A última imagem é a síntese da longa e penosa jornada, em que as transformações serviram para tornar mais nítido o desenho.

Pelas ideias que professou, pelos juízos objetivos sobre a dramaturgia e os espetáculos, Machado foi um grande crítico de teatro. Poucas páginas tão lúcidas há como os seus comentários sobre o teatro de Gonçalves de Magalhães, José de Alencar, Joaquim Manoel de Macedo ou Antônio José. Tornaram-se fonte obrigatória para a análise desses autores. E o conceito machadiano da arte cênica, sobretudo, espanta-nos pela imensa clareza e penetração.

Professa o autor um teatro moral e educativo: "a arte não pode aberrar das condições atuais da sociedade para perder-se no mundo labiríntico das abstrações. O teatro é para o povo o que o *Coro* era para o antigo teatro grego; uma iniciativa de moral e civilização". Para tanto, "a arte não deve desvairar-se no doido infinito das concepções ideais, mas identificar-se com o fundo das massas; copiar, acompanhar o povo em seus diversos movimentos, nos vários modos da sua atividade". Conhece Machado a força do teatro, considerando-o um "canal de iniciação". "No país em que o jornal, a tribuna e o teatro tiverem um desenvolvimento conveniente – as caligens cairão aos olhos das massas; morrerá o privilégio, obra da noite e da sombra; e as castas superiores da sociedade ou rasgarão os seus pergaminhos ou cairão abrasadas com eles, como em sudários." Acredita que "a palavra dramatizada no teatro produziu sempre uma transformação. É o grande *fiat* de todos os tempos". Esclarece Machado, terminantemente, que "não só o teatro é um meio de propaganda, como também o meio mais eficaz, mais firme, mais insinuante".

Talvez os leitores, afeitos à fisionomia irônica e cética das últimas obras literárias, estranhem o fervor empenhado dessas

Ideias sobre o teatro. Impulsos da mocidade, logo coibidos pela sabedoria dos anos? Mais uma vez lembramos que não houve ruptura, mas finalização. Já aí o crítico afiança que no teatro "a verdade aparece nua, sem demonstração, sem análise". Não se trata de transformar expressamente o palco em arma panfletária. O mérito probante do teatro acha-se implícito, sem desvirtuamento da incontaminação literária. Exemplifica-o Machado no seguinte juízo: "Não supomos que o Sr. Alencar dê às suas comédias um caráter de demonstração; outro é o destino da arte; mas a verdade é que as conclusões do *Demônio familiar*, como as conclusões de *Mãe*, têm um caráter social que consolam a consciência; ambas as peças, sem saírem das condições da arte, mas pela própria pintura dos sentimentos e dos fatos, são um protesto contra a instituição do cativeiro". Fixa-se o crítico no conceito da impressão, oposto ao de demonstração, que escapa ao domínio da arte. Nesse campo, afasta-se o teatro da oratória, e, em nome da distinção, condena o cronista o caráter cicerônico da teoria dramática de Macedo. O valor próprio da arte tinha-o Machado tão presente que a separou da história e da realidade: "Uma coisa, porém, é a lei da biografia, e outra é a lei da comédia. Se a arte fosse a reprodução exata das cousas, dos homens e dos fatos, eu preferia ler Suetônio em casa, a ir ver em cena Corneille e Shakespeare". O teatro pode ser arma, política ou de outra natureza, mas preservado primordialmente o estatuto artístico que lhe deu origem. Ainda no início da carreira, não confundiu Machado a aplicação de que é passível a arte com a sua linguagem de especificidade estética – o que estimulou o aprimoramento contínuo de seu lavor literário.

Dispensa-se, a respeito de Machado, rememorar as qualidades de um crítico, religiosamente observadas por ele: a imparcialidade, a distância das polêmicas efêmeras, o equilíbrio, o propósito construtivo, o juízo fundado na análise minuciosa. Faz protestos de ecletismo: "As minhas opiniões sobre o teatro são ecléticas em absoluto. Não subscrevo, em sua totalidade, as máximas da escola realista, nem aceito, em toda a sua plenitude, a escola das abstrações românticas; admito e aplaudo o drama como forma absoluta do teatro, mas nem por isso condeno as cenas admiráveis de Corneille e de Racine". Iniciando-se quando a curva do Romantismo não podia seduzi-lo, seu caminho era o da realidade, que não se confundia também com os exageros do Realismo. Compreendeu Machado bem cedo, no fluxo literário, um padrão qualitativo independente da vigência das escolas, e capaz de aproximar, no universo literário, gênios de estruturas muito distintas. A matéria de que são feitos os gênios, como se sabe, é sempre parecida, projetando-se eles para além das escolas, cujas normas não podem contê-los. Consciente desse processo, o autor do *Memorial de Aires* buscou sempre os valores de perenidade, "os elementos que guardam a vida", visíveis na recusa dos modismos.

A procura dos padrões absolutos norteou também sua crítica teatral, guiando-o as mesmas ideias de simplicidade e gosto que inspiram o ensaísmo de hoje. Sua visão da realidade cênica é de admirável lucidez, sem escapar-lhe nenhum aspecto do problema teatral. Verbera a aclimatação ao nosso palco de concepções estrangeiras, assim pondo em causa o teatro: "A missão nacional renegou-a ele em seu caminhar na civilização; não tem cunho local; reflete as sociedades estranhas, vai ao impulso de revoluções alheias à sociedade que representa, presbita da arte que não enxerga o que se move debaixo das mãos". Considera essencialmente a falta de emulação "a causa legítima da ausência do poeta dramático". "Daqui o nascimento de uma entidade: o tradutor dramático, espécie de criado de servir que passa, de uma sala a outra, os pratos de uma cozinha estranha." A análise fria do movimento cênico leva-o a duas conclusões: "longe de educar o gosto, o teatro serve apenas para desenfastiar o espírito nos dias de maior aborrecimento. Não está longe a completa dissolução da arte; alguns anos mais, e o templo será um túmulo". Não fosse a crise o estado quase permanente do teatro, diríamos que Machado se refere à realidade de nossos dias, não à de um século atrás.

As opiniões que emite sobre o desempenho coincidem com as diretrizes da crítica atual. Ao pudico Machado repugnam os exageros desligados da vida, elogiando no ator Furtado Coelho "a naturalidade, o estudo mais completo da verdade artística". É tão significativa, no momento, essa conquista, que o crítico aduz: "Ora, isto importa numa revolução; e eu estou sempre ao lado das reformas. Acabar de uma vez essas modulações e posições estudadas, que fazem do ator um manequim hirto e empenado, é uma missão de verdadeiro sentimento da arte". Ao analisar a figura de João

Caetano, reconhece-lhe o posto de primeiro ator trágico e dramático, sem ocultar-lhe os defeitos, imputáveis mais à falta de escola e concorrência. Embora não precise as imperfeições do intérprete, Machado parece ligá-las à "tendência arqueológica de pôr à luz da atualidade essas composições-múmias, regalo de antepassados infantes que mediam o mérito dramático de uma peça pelo número dos abalos nervosos". Vê-se, em seu ideário crítico, a fixação da supremacia do texto, responsável em parte pelas restrições das quais acaba sendo vítima o comediante. Chega Machado a confessar: "Sobre o desempenho sou talvez menos severo do que a opinião pública. Se um ator bom faz um drama bom, também um drama mau faz às vezes um ator mau".

Em diversas ocasiões, o crítico alude à perspicácia e à sensibilidade do público, motivos que o fazem separar um bom desempenho de um mau texto, aplaudindo o primeiro sem deixar-se influir pelo segundo. Depois de responder negativamente à pergunta se as plateias estão educadas, reconhece o divórcio entre arte e público. Não responsabiliza este último, porém, pelo estado da arte, pois "seria transformar o efeito em causa". O problema real está na educação da sociedade, que recomenda escola para as plateias e sobretudo para o próprio teatro. Confia em que "a iniciativa oficial venha dar corpo e realidade ao desejo e a esperança de todos, criando um teatro de escola nacional". Volta ao assunto num comentário sobre o *Teatro Nacional*, escrevendo: "Para que a literatura e a arte dramática possam renovar-se com garantias de futuro, torna-se indispensável a criação de um teatro normal". E acrescenta que "a iniciativa desta medida só pode partir dos poderes do Estado; o Estado, que sustenta uma academia de pintura, arquitetura e estatuária, não achará razão plausível para eximir-se de criar uma academia dramática, uma cena-escola".

A crítica teatral deu a Machado de Assis, para a sua formação artística, o indispensável contato com a realidade viva, móvel, flutuante. Seus comentários têm o jeito ameno de conversa, de quem procura transmitir sem esforço uma impressão. Também como crítico Machado evoluiu: de seus primeiros trabalhos, datados dos vinte anos, aos últimos, da casa dos quarenta, nota-se uma paulatina penetração na obra de arte, fixando-se sempre mais no estudo estrutural das peças. O resumo do enredo é pretexto para mostrar-

-lhe o acerto ou as incongruências, as faltas à verossimilhança e às regras para melhor composição. Sempre se pautou Machado pelo princípio da harmonia.

Pode parecer estranho que a noção da dignidade artística não o tenha levado a repelir a ideia de censura. O jovem cronista advogava, ao contrário, uma "crítica oficial, tribunal sem apelação, garantido pelo governo, sustentado pela opinião pública", chamando-a "a mais fecunda das críticas, quando pautada pela razão, e despida das estratégias surdas". Nessa ressalva, resguarda--se o seu idealismo. Superior às correntes e aos embates do cotidiano, podia crer que o *Conservatório Dramático* espelhasse a sua própria isenção. Percebe-se ainda aí o escritor preocupado com a missão educativa da arte, infensa às mesquinhas controvérsias do meio. Se Machado nunca perdeu de vista a realidade, seu bem--intencionado idealismo cegou-lhe às vezes a visão dos problemas práticos, como este da censura.

Segundo o testemunho de Mário de Alencar, Machado, nos últimos anos, olhava com simpatia as tentativas renovadoras do teatro, talvez sem confiar nelas. Havia iniciado a militância crítica cerca de meio século atrás, num período de efervescência do palco, e os esforços de seus contemporâneos não levaram à criação de um teatro inteiramente válido. Mais desencanto e amargura para matéria do romancista? Aqui ligam-se os fios para formar a última efígie machadiana. O antigo defensor da democracia do talento não se tornou aristocrata empedernido. A aristocracia do pensamento era para ele a culminação de uma política democrática. Castigado por uma realidade que se distanciava dos ideais da juventude, depurou a estética socializante do teatro num estoico humanismo, do qual não foram subtraídas as primeiras forças positivas. A crítica teatral, assim como a dramaturgia, ajudou a consciência do escritor. Quando, entre nós, se passa do livro de sonetos à demissão da vida prática, Machado partiu do exercício da crítica para o apuro do ficcionista. As intransigências iniciais evoluíram para a serena narração dos romances. Apenas o panfletário fez-se homem.

Até recentemente, os estudiosos da obra machadiana não se detinham sobre a figura do homem de teatro. A voz geral subestimava essa faceta do escritor, que muitas vezes nem mereceu o

138

juízo complacente de que talvez houvesse contribuído para o apuro do instrumento do ficcionista. Livros inteiros omitiam o comentário sobre as peças e sobre a significação do crítico. Em contrapartida, assiste-se hoje a uma valorização por certo exagerada da literatura teatral do autor de *Quincas Borba*. O prestígio do ficcionista procura sustentar o frágil acervo do dramaturgo. Quando não se consegue reconhecer muitos méritos nas peças, em si, passa-se a julgá-las em comparação com as de outros autores, contemporâneos de Machado. Elas ganhariam no cotejo. Ainda assim, parece-nos benevolente esse ponto de vista. O dramaturgo Machado foi, talvez, menos irregular que Macedo, Alencar ou França Júnior. Mas não produziu uma só peça que se igualasse aos melhores momentos daqueles nomes. O bom senso poupou-lhe o dramalhão, o mau gosto e a vulgaridade. A falta de vocação específica para o palco não provocou um só estalo cênico, encontrável na obra dos outros. Como fino passatempo, apoiado no sabor da linguagem, o teatro de Machado de Assis pode estimular, até hoje, o prazer intelectual de uma plateia culta.

FIXAÇÃO DE COSTUMES

O VERDADEIRO continuador de Martins Pena, na preocupação precípua de fixar os costumes, foi França Júnior (1838-1890). Diversas características análogas, presas à crônica da realidade à volta, aproximam a obra de ambos, embora a distância de algumas décadas devesse forçosamente alterar a visão da sátira. Martins Pena é mais ingênuo e espontâneo, formado no clima romântico; França Júnior é mais realista e elaborado, e se deixa às vezes contaminar pela vulgaridade que se propagou nos espetáculos da segunda metade do século. O fundador da comédia brasileira preserva a pureza do sentimento juvenil, encarando-o sob um prisma róseo. O consolidador do teatro de costumes não poupa ninguém, satisfazendo-se em cobrir de ridículo até os bem-intencionados. Pena, afeito ao instrumento da farsa, não eleva nem abaixa muito os seus recursos, e se mantém sempre num território aberto às sensibilidades delicadas. França Júnior dificilmente se apoia no meio-termo: ora admite a graça pesada, o mau gosto claro, a presença dos menos exigentes padrões cômicos, dentro da quase anedota; ora mostra um grande domínio da carpintaria teatral, e usa com segurança diálogos simultâneos e elipses, ambicionando exprimir complexas arquiteturas cênicas. Por isso, escreveu algumas das comédias mais rasteiras entre as que figuram em nosso repertório, e duas ou três que se distinguem entre as melhores da dramaturgia brasileira. A simplicidade de Martins Pena encontrava um veículo adequado no ato único; este sugeria a França Júnior sobretudo os esquetes de tema circunstancial, enquanto as peças longas lhe impunham o uso pleno da imaginação.

Acompanha-se com facilidade, através da obra, o caminho evolutivo percorrido pelo autor. Quando residia em São Paulo, como estudante de Direito, começou a escrever para o palco, e o

140

primeiro texto – *Meia hora de cinismo* – tem tudo da brincadeira de rapazes, bate-papo cênico mais do que peça orgânica. Parece uma "estudantada", feita com a verve e a graça de quem já mostrava real talento. Os veteranos caçoam de um calouro que não tem esportividade, mas os ânimos se pacificam na confraternização da bebedeira. Como um espectro para o estudante endividado, surge com pontualidade o implacável credor. Para que o pano baixe sem preocupações, é preciso que ele seja pago, e um colega salva providencialmente o faltoso, mas o agiota não se retira de cena sem ouvir impropérios da rapaziada. O "cinismo" do título não significa a impudência hoje atribuída à palavra. Ele se refere a tédio e aborrecimento, que os estudantes quebram com essa "rabequeação".

O motivo do credor retorna em outro ato único: *Ingleses na costa*. O título despista o leitor, mas o diálogo logo o esclarece. Balzac chamava os credores de ingleses, e por isso a expressão pode ser traduzida para "credor à vista". A comédia é também despretensiosa, fraca mesmo, e procura atualidade, ao menos no nome, pela referência à questão anglo-brasileira. Um tio vindo do interior, para coibir os esbanjamentos do sobrinho, paga as dívidas, com a condição de que ele silencie sobre o que se passara ali: fora sensível à tentação de companheiras fáceis.

A sátira vai incidir nos *Tipos da atualidade*, comédia apresentada também sob o título *O Barão de Cutia*. Apesar de serem três os atos, França Júnior ainda se mostra bisonho na composição da história e na pintura das personagens. A influência de Martins Pena está presente na figura desse fazendeiro paulista, viúvo rico a quem a mãe de Mariquinhas pretende confiar a moça. O desfecho róseo se facilita porque o jovem que a ama de repente recebe uma herança, passando a agradar assim à futura sogra. A insinceridade da velha não altera a situação dos jovens, porque já era sólido o seu amor. França Júnior toma partido no entrecho, castigando os interesseiros com um casamento melancólico. D. Ana, mãe de Mariquinhas, se ligará a Gasparino, especialista em velhas ricas mas logrado na recente viuvez, porque a morta não tinha fortuna, como supunha. O barão comete com frequência gafes de mau gosto e os equívocos são primários e pouco originais. Os "tipos da atualidade" caricaturados não primam por nenhuma grandeza –

141

revelam em tudo o padrão medíocre. Seria esse o retrato da sociedade da época?

Os temas ligados à anedota aparecem, entre outras, nas comédias *O defeito de família*, *Entrei para o Clube Jácome*, *O tipo brasileiro*, *Dois proveitos em um saco* e *A lotação dos bondes*. O autor se avizinha, aí, da revista, cujos efeitos cômicos são extraídos de fáceis quiproquós. Sabem, por exemplo, qual o defeito de família? Um criado alemão alerta o namorado sobre os maus costumes da jovem, que recebe um homem em segredo. O pai, levado por indício falso, pensa tratar-se de amante da mulher. A situação insustentável obriga as mulheres a esclarecerem o problema: o visitante suspeito era apenas um pedicuro. A moça tem um joanete, semelhante ao da mãe. Esse o defeito de família... França Júnior se salva aí pelas réplicas engraçadas, inclusive a final, em que o criado pensa que abafaram o escândalo na intimidade.

Na comédia *Entrei para o Clube Jácome* o autor satiriza a mania de cavalos, característica do protagonista. As qualidades de um marido desejável para a filha se identificam às virtudes hípicas, isto é, o pretendente deve gostar ao mesmo tempo do animal e se definir pelos méritos que assinalam um corredor de boa raça. A farsa torna-se tão desabrida que os dois homens simulam um páreo, em cena, e outra personagem, surgindo diante deles, leva um encontrão que resulta em queda violenta. A comicidade é a mesma das funções circenses. A entrada no Clube Jácome assegura ao rapaz a mão da filha do maníaco por cavalos.

Martins Pena é de novo o modelo próximo de França Júnior em *O tipo brasileiro*. A caçoada com os aproveitadores europeus que se instalaram no país e com os ingênuos nacionais que lhes rendiam culto se tornou tema popular na comédia, tratado com verve por Macedo, em *A torre em concurso*. O pai deseja para Henriqueta o casamento com um inglês, embora ela goste do brasileiro Henrique. Como todo estrangeiro das nossas comédias, Mr. John Read pretende obter do governo privilégio para uma exploração. A sua é a de encanar cajuadas em toda a cidade. Henrique não se dá por achado: põe barbas e cabeleira postiças e se anuncia como francês. O diálogo lhe faculta descobrir que John Read é um impostor. O protagonista cura-se do mal de estrangeirismo e resolve dar a filha em casamento a Henrique. Até o *happy end*, o jovem tem oportunidade de afirmar algumas "verdades", de intuitos nacionalistas. Fala Henrique: "O Sr. Teodoro é o tipo do brasileiro. (...) O brasileiro desprestigia-se a si próprio, em todos os lugares, a cada momento, nas coisas mais insignificantes da vida e nos maiores acontecimentos dela". A queixa se generaliza: "A imprensa desprestigia os nossos literatos: quando uma vocação surge, ébria de esperanças, ou morre ignorada, tiritando no gelo da indiferença, ou sucumbe aos golpes da crítica invejosa e mordaz (...) A cerveja nacional não agrada; basta mentir que é estrangeira para satisfazer aos mesmos paladares". Com um convencionalismo ingênuo, talvez inevitável em sátiras dessa natureza, a trama consegue provocar permanentemente o riso.

Dois proveitos em um saco tem o esquema de esquete. A cena passa-se em Petrópolis e Amélia sofre com os invernos vividos lá, quando, no Rio, há tantos divertimentos. Inventa um jogo com o marido, sendo seu prêmio, se ganhar, a mudança para a capital. Boaventura, fugindo da febre amarela, tenta hospedar-se num hotel de Petrópolis, mas, como todos estão lotados, quer à força alojar-se na casa de Amélia. A chegada do marido, podendo sugerir-lhe cena de ciúme, serve de pretexto para que ela se livre do importuno e ganhe o jogo. Aí estão os dois proveitos em um saco. A atrapalhação causada pela presença de Boaventura traz algumas réplicas divertidas. O texto não ambicionava muito.

Mais um episódio circunstancial, *A lotação dos bondes* nada incorpora também ao nome de França Júnior. O Rio já sofria com o problema de condução, perdendo-se muitas vezes as pessoas na corrida para se acomodarem num banco. Os quiproquós da peça nascem desse desencontro de alguns pares, e as personagens se procuram numa sala do Hotel de Londres, no Jardim Botânico. Desfilam pelo palco tipos diversos, como um indivíduo acostumado a esmolar para as vítimas da epidemia de Buenos Aires, os namorados e uma mineira que, na confusão, lamenta não ter ficado na terra: "Eu bem não queria vir ao Brasil". Um criado anuncia a chegada de um bonde e todos saem correndo, temerosos de perdê-lo. Peças curtas como essas, simples e fáceis, deveriam servir de modelo aos atuais autores de revistas, que preferem a pornografia.

Ainda entre os textos em um ato, *Maldita parentela* parece-nos mais sugestivo. O novorico oferece uma festa prestigiada por autoridades e figuras do meio social, com o objetivo de arranjar um casamento vantajoso para a filha. Como sempre, a moça já tem o seu preferido, jovem de futuro, mas pobre e sem nome de família. Acolhendo uma convenção teatral que remonta à Comédia Nova grega, há uma cena de reconhecimento, pela qual o rapaz descobre o pai e a condição de primo da moça. O ricaço mal-educado, que foi preterido, pede no estratagema que lhe armaram a mão de outra jovem, e a troca foi da conveniência geral. A maldita parentela é o lado da mulher – dote incômodo que ela trouxe ao novo-rico. É, sobretudo, o pretexto para as situações cômicas, exploradas com objetividade e desenvoltura pelo autor.

No mesmo gênero, *Amor com amor se paga* fixa um episódio mais original, mantido inteligentemente na comédia, quando uma fala menos hábil poderia convidar ao dramalhão. Depois de aceita a coincidência como ponto de partida, o desenvolvimento da trama se processa com certa lógica. Miguel Carneiro, fugindo de uma situação comprometedora, entra ao acaso na sala elegante de Vicente, que terá ali, dentro de poucos momentos, à hora da ceia, uma entrevista amorosa. A farsa exigiria que Miguel se escondesse debaixo da mesa e eis que, desse local pouco agradável, ele reconhece que é com sua mulher que se estabelece o colóquio. Assustada com a perseguição ao seu frustrado Romeu, a outra mulher aparece também (naturalmente ao acaso), naquela sala, e descobre que é seu marido o outro homem presente. Dois indivíduos, sem o saber, cortejavam um a mulher do outro. Felizmente, a aventura não passara do domínio intelectual. Uma diz ao galanteador que ama muito o marido: "Há neste peito, porém, muita sede de poesia, e o senhor não é para mim neste momento mais que o ideal de um belo romance, que acabo de ler". Miguel, sob a mesa, comenta, em aparte: "É o *Raphael* de Lamartine. E fui eu quem o comprou! Eu acabo por atacar fogo em todas as livrarias". A outra fala a Miguel: "Eu amava muito meu marido. Por que veio desinquietar-me? Estou perdida, por causa de um namoro de passatempo...".

O conquistador não pode aturar mais a conviva da ceia: "Decididamente não é uma mulher; é um romance vivo. Sou para ela D. Juan, Gilbert, Dartagnan, tudo que tem saído da cabeça dos poetas, menos o que sou". Face a face os casais, cabe a explicação de Miguel: "Enquanto o sr. fazia a corte à minha metade, eu

144

constipava-me no seu galinheiro à espera da sua. Mas já lhe disse que pode ficar tranquilo; o divino Platão velava por nós". Ironicamente, a comédia acaba com um cântico em louvor do filósofo grego e seus versos finais dizem: "Onde plantas teu domínio/ Reina a ordem, impera a paz". Não há dúvida de que o ridículo cobre todas as personagens, e é principalmente satirizada a mania livresca da mulher, que se arrebata pelas aventuras imaginárias.

As numerosas comédias em um ato (das duas dúzias de peças de França Júnior, a metade tem aquela medida), escritas principalmente no começo da carreira, devem ter apurado a linguagem cênica, para que ele pisasse terreno firme nos textos mais longos. Informa Artur Azevedo que França Júnior se popularizou com *Direito por linhas tortas*, em quatro atos, que obteve um êxito excepcional em 1870, na montagem da Fênix Dramática, sob a orientação de Jacinto Heller. A comédia foi escrita "depois de um pequeno intervalo de arrefecimento e desânimo", e abriu para o autor, que se ausentara como secretário do governo provincial da Bahia, um novo período, "muito mais brilhante".

Direito por linhas tortas, não obstante um primeiro ato benfeito e o diálogo vivo e ágil, não mostra ainda o melhor França Júnior. O autor já investiga, sob a faceta cômica, as relações de casais, que lhe inspirarão, mais adiante, a divertida sátira ao feminismo, em *As doutoras*. A peça joga com outros componentes que se tornarão comuns no nosso teatro ligeiro: a transferência desagregadora de uma família do interior para o Rio de Janeiro; e a graça primitiva e sensual da mulata, provocando o apetite masculino. Estão em germe em *Direito por linhas tortas* os motivos básicos da burleta *A capital federal*, de autoria de Artur Azevedo, amigo e quase colaborador de França Júnior, num projeto que a doença deste não deixou concretizar-se. O primeiro ato, à guisa de prólogo, situa as personagens no ambiente da roça. Embora Inacinha diga não acreditar nos moços da cidade, autoriza Luís a pedi-la em casamento. O namoro do casal progride à medida que se realiza um leilão, e aproveita para o diálogo os vários lances, numa técnica segura e espirituosa. O segundo ato joga abruptamente o público diante da prosaica realidade, na corte: Luís embala o filho, enquanto Inacinha e a mãe saem para a rua. A conselho de Miguel, que tem na peça função catalisadora, genro e sogro escrevem bilhete às mulheres, despedindo-se daquela vida humilhante. A paralela intriga sentimental entre os criados Felisberta e Santa Rita faz crer que a fuga se dera com a mulata. França Júnior não deixaria de tirar partido de uma festa de mascarados, no salão do Teatro Lírico, para pôr em movimento as suas personagens, e Luís diz ao sogro o que os diferencia: "eu tenho me atirado, durante esses quinze dias, no seio dos prazeres, porque nele encontro o esquecimento das dores que me torturam a alma; o senhor deixou-se fascinar pela liberdade, a que não estava habituado". O "reconhecimento" traz o princípio de reconciliação, novamente encaminhada por Miguel. Felisberta volta para casa, pressurosa de desfazer o equívoco, e pede consentimento para casar-se com Santa Rita. Os dois homens vivem cena de ofendidos, para uso das mulheres. Inacinha admite: "Deixemos-lhes a força e esse poder aparente, minha mãe, nós os dominaremos pelo coração". O reencontro, como se vê, não vai processar-se num clima de igualdade e mútua compreensão. As relações entre os casais colocam-se num plano de domínio de um cônjuge sobre o outro. Não se pode esquecer, porém, que era intenção do autor provocar o riso.

Em 1876, França Júnior afastou-se outra vez do teatro, para publicar nos jornais uma série de crônicas, enfeixadas mais tarde em volume, sob o título de *Folhetins*. Depõe Artur Azevedo, num estudo de 1906, que serve de prefácio a esse livro: "Em 1881, depois de prolongado descanso como autor dramático, França Júnior assentou o plano de uma comédia, *Como se faz um deputado*, mas disse-me que não a escrevia porque o nosso teatro chegara a um estado desanimador. Que diria ele se vivesse hoje!". Artur Azevedo insistiu para que França Júnior realizasse a peça, comprometendo-se a providenciar a sua montagem, nas melhores condições possíveis. "A Lei Saraiva, promulgada durante os ensaios, obrigou o autor a substituir *Como se faz* por *Como se fazia*, de modo que a comédia parecia um elogio à famosa "ideia-mãe". O êxito, aduz ainda Artur Azevedo (que havia levado o original a Xisto Bahia), foi retumbante.

E merecido. Estão na comédia as melhores qualidades de França Júnior, que revela particular espírito na sátira dos costumes políticos. A ação transcorre no interior da província do Rio

146

de Janeiro, fixando o processo ascensional de um recém-formado bacharel em Direito ao posto de deputado. Passa-se em cena o episódio da votação, com a interminável chamada de defuntos e a troca de eleitores. Esse o aspecto prático das urnas, porque, no plano intelectual, os arranjos não diferem muito. O apoio ao jovem bacharel é tratado pelo pai, rico fazendeiro, que inclui no negócio o casamento com a filha de outro chefe político. Limoeiro representa o poder econômico e o tenente-coronel, a influência; é liberal e o amigo, conservador. Assim, o governo fica sempre em família. Limoeiro diz ao filho que toda carreira é problemática no Brasil, salvo a política. Quando o filho lhe informa que as opiniões políticas são "coisa em que nunca pensei", o pai fica satisfeito: "Pois olha, és mais político do que eu pensava".

O autor começa a castigar (ao menos pelo riso) as oligarquias que dominam o país, sem observância de nenhum programa. As ideias nada têm a ver com as plataformas políticas, e vice-versa: "O programa é um amontoado de palavras mais ou menos bem combinadas, que têm sempre por fim ocultar aquilo que se pretende fazer". E vem o veredito sobre a inconsistência dos partidos, quando se originam da mesma classe dominante: "... eu não conheço dois entes que mais se assemelhem que um liberal e um conservador. São ambos filhos da mesma mãe, a Sra. D. Conveniência, que tudo governa neste mundo". No teatro, em fins do século passado, França Júnior já diagnosticava a vida política nacional com uma penetração válida até os dias de hoje. O jovem pondera: "Acabo de sair dos bancos da academia, do meio de uma mocidade leal e cheia de crenças, sonhando a felicidade de minha pátria, e eis que de chofre matam-me as ilusões, atirando-me no meio da mais horrível das realidades deste país – uma eleição, com todo o seu cortejo de infâmias e misérias". Essa verificação não impede que o bacharel siga a carreira política, e o futuro lhe reservará, por certo, cargos sempre mais importantes. A noiva, logo esposa, espicaçada pela vaidade, colaborará para que o jovem tenha posição e se converta num "grande homem". A fatalidade no êxito da trama, urdida na presença do espectador, guarda uma ironia corrosiva. Com mestria técnica admirável e uma graça renovada a cada cena, o autor acrescenta o colorido brasileiro ao esquema tradicional da comédia. Como num texto de Plauto, o fazendeiro liberta o escra-

147

vo que serviu de cabo eleitoral, assegurando a vitória do jovem. Tudo o mais revela uma infinita ciência da vida brasileira, e *Como se fazia um deputado* pode ser considerada um marco da nossa comédia e da observação do temperamento nacional. *Caiu o Ministério!* provavelmente se valeu da peça *Quase ministro*, de Machado de Assis (que lhe é anterior de quase duas décadas), e da sátira aos estrangeiros, inaugurada por Martins Pena e que já lhe sugerira *O tipo brasileiro*. A filha de Felício de Brito não interessa ao círculo de caçadores de dote, porque não tem fortuna. Basta confirmar-se a notícia de que o Conselheiro foi chamado para organizar o Ministério e sucedem-se as declarações sentimentais, naturalmente acompanhadas de um pedido ao pai ministro. O autor satiriza com verve os costumes do filhotismo nacional. Na composição do Ministério, Felizardo declina do convite para ocupar uma pasta, por sentir-se velho, mas indica para a vaga um sobrinho, o Dr. Monteiro, "o meu Cazuzinha", bacharel de 22 anos que chegou da Europa com a cabeça cheia de Spencer e Schopenhauer e sobretudo de retórica. O indefectível inglês pergunta, com a sua natural estupefação: "Toda ministéria estar doutor em direita?". E mais: "Na escola de doutor em direita estuda marinha, aprende planta batatas e café, e sabe todas essas cousas de guerra?". Naturalmente, um país assim parece-lhe ideal para os projetos mirabolantes, e o privilégio é dessa vez pedido para um novo transporte – o trem puxado por cachorros. O Ministério patrocina (por insistência da mulher de Felício de Brito) o "sistema cinófero" e dá margem a amplas críticas da Câmara e da imprensa. A consequência é a queda do Ministério, nesse debate bem típico em que o governo e a oposição se acirram em torno de uma louca futilidade. A caricatura do pretexto não prejudica a eficácia da sátira. Em plena época do bacharelismo, o autor não o poupa: "... se o ser bacharel em direito fosse um emprego, haveria muito pouca gente desempregada no Brasil". Os pretendentes à moça desaparecem como por milagre, e a peça chegaria a um desfecho dramático, se não recorresse ao *deus ex machina*. Filipe, o antigo apaixonado sincero da jovem, e que passara a jornalista (certamente para continuar em cena nos episódios ministeriais), tirou duzentos contos na loteria e vem pedi-la em casamento. A reposição do clima cômico não desfaz um certo travo amargo de toda a história, visível no gosto do autor de sublinhar sempre o ridículo de suas criaturas. A moça, bastante fútil, não perde oportunidade de exprimir-se em francês. A mãe, na desmedida ambição, quer logo a mudança de Catumbi para o Botafogo, e obriga o marido a afundar-se em dívidas. O Conselheiro é um fraco, sensível aos interesses da mulher e curvado à política de clientela, tornando-se logo a maior vítima da falta de firmeza. O inglês e outros pretendentes são os tradicionais aproveitadores sem nenhum traço maior. Até o desinteressado Filipe, a única alma pura em meio a esse conchavo, recebe a parcela de ridículo que lhe reserva o autor, sem dúvida para não perder um efeito cômico. Com mau gosto proposital, o jovem ajoelha-se aos pés da moça para declarar-se: "Minha senhora, eu adoro-a, idolatro-a. Quando a vi pela primeira vez foi no Castelões, a senhora comia uma empada. Quer aceitar a minha mão?". "De tout mon coeur" é a resposta que recebe, para o inglês comentar, finalizando a peça: "All right! boa negócia". Para França Júnior, o teatro não guarda mais segredos. Ele movimenta com inteira facilidade as suas personagens, e não desperdiça um só diálogo que possa produzir um efeito cômico. A farsa política, vazada com perspicácia realista, atinge na sua obra os melhores exemplos do gênero, no Brasil.

Segundo Artur Azevedo, França Júnior teve outra fase de desânimo, da qual saiu, em 1889, com "a grande comédia *As doutoras*, um dos maiores sucessos do teatro nacional". O título pode aparentar-se a *Les femmes savantes*, de Molière, e Carlota, a advogada, uma das protagonistas, tem toda a pedanteria vocabular das preciosas. Em fins do século XIX, porém, não cabe mais o brilho único dos salões, e as reivindicações feministas estavam permitindo às mulheres ocupar muitos postos, exercidos antes só por homens. A médica Dra. Luísa, incentivada pelo pai, casa-se com um colega de turma, e os seus temas preferidos são os debates científicos, sem lugar para derramamento sentimental, porque "o coração é um músculo oco". Mulher e marido parecem viver a tese do "casamento-contrato", mas, à maneira aristofanesca de comprovar na prática o absurdo das ideias novas, França Júnior vai surpreendendo os atritos e os ciúmes profissionais, até impor-se a separação. Luísa sente as primeiras reações femininas quando do Carlota, incumbida de promover-lhe o divórcio, se insinua para

149

o marido. Mas a verdadeira condição da mulher se revela em face da maternidade. O anúncio da criança reconcilia o casal, e, no quarto ato, presente em cena um berço, a médica já abandonou qualquer veleidade profissional. A advogada também se casou com um colega e, nascido um filho, deixa o foro. O autor não se contenta com essa mudança: é a criada portuguesa, de longa experiência humana, quem administra os velhos remédios caseiros à criança da médica.

A peça não poupa nenhuma forma de feminismo. A mãe de Luísa é a tradicional dona de casa brasileira, que encara com espanto os pruridos científicos da filha. Quem a apoia é o pai, e a mulher se apressa a lembrar-lhe que "em todas as empresas em que te meteste tens dado com os burros n'água". Decepcionado com a defecção de Luísa, o pai, comicamente, ainda se alimenta da esperança de que o neto seja um "médico de raça".

Poderíamos surpreender-nos com o reacionarismo da conclusão de França Júnior, se esquecêssemos o gênero de *As doutoras*. No drama, cabe qualquer espécie de reivindicação. A comédia, sobretudo a sátira, se presta a caçoar das ideias inovadoras, e há mesmo implícito, em toda luta pelo progresso, ao lado da causa justa e simpática, um inevitável ridículo. Ao comediógrafo cumpre desenvolver esse prisma, incorrendo embora no erro de assumir uma perspectiva retrógrada. Mas não se deve conceder demasiada importância a esse vezo de passadismo nostálgico, tão frequente na comédia: os autores apenas criticam os excessos das teses progressistas, porque, ao tratarem delas, geralmente já estão vitoriosas. Talvez o teatro exerça o papel moderador de corrigir o entusiasmo quixotesco das místicas da novidade.

Artur Azevedo narra que a Proclamação da República mortificou França Júnior, sobretudo porque foi deportado o imperador. Nesse "mau estado" encenou-se em maio de 1890 sua última comédia, *Portugueses às direitas*, inspirada na questão anglo--portuguesa. "A peça, uma das mais espirituosas do autor do *Direito por linhas tortas*, caiu redondamente, e desgostou a colônia portuguesa, quando não tivera, aliás, outro propósito senão o de lhe ser agradável, sendo a primeira representação dada em benefício de um batalhão de patriotas, que partia para a Zambésia. A colônia portuguesa é fértil nessas injustiças" – afirma ainda o dramaturgo de *O dote*. Poucos meses depois, numa estação de águas, em Poços de Caldas, expirava França Júnior. As peças do comediógrafo são hoje raridade bibliográfica e só um esforço ingente permite ler parte delas. Ele está a pedir uma edição crítica bem cuidada, semelhante à da recente obra completa de Martins Pena. França Júnior teve a sorte (o talento, diríamos melhor) de compor umas poucas comédias deliciosas, que figuram obrigatoriamente em qualquer antologia do nosso teatro de costumes. No terreno político, ele fixou certos ridículos brasileiros melhor do que ninguém. Escreveu, por felicidade, algumas obras-primas, e elas são sempre a culminação do palco. Mais próximas de nós, pelo sabor realista, prestam-se a remontagens, que não se tornam rotineiras em virtude do nosso desconhecimento do passado. *Como se fazia um deputado*, *Caiu o Ministério!* e *As doutoras*, entre outros textos, sustentam a reivindicação para França Júnior do título de melhor comediógrafo do Brasil.

151

UM GRANDE ANIMADOR

A PREFERÊNCIA progressiva pelo gênero ligeiro quase matou o drama e a comédia, em fins do século passado. A opereta, o cancã, a ópera-bufa – tudo o que fazia a delícia da vida noturna parisiense – nacionalizou-se de imediato num Rio ávido de alegria e de boemia, que abandonava os costumes provincianos. Somente a abnegação da gente de teatro impediu que o gênero desaparecesse por completo da paisagem carioca, à falta de estímulo do público.

Já em 1873, no estudo *Literatura brasileira: instinto de nacionalidade*, em que fez um balanço do romance, da poesia e da língua no país, Machado de Assis escrevia: "Esta parte (o teatro) pode reduzir-se a uma linha de reticência. Não há atualmente teatro brasileiro, nenhuma peça nacional se escreve, raríssima peça nacional se representa. As cenas teatrais deste país viveram sempre de traduções, o que não quer dizer que não admitissem alguma obra nacional quando aparecia. Hoje, que o gosto público tocou o último grau da decadência e perversão, nenhuma esperança teria quem se sentisse com vocação para compor obras severas de arte. Quem lhas receberia se o que domina é a cantiga burlesca ou obscena, o cancã, a mágica aparatosa, tudo o que fala aos sentidos e aos instintos inferiores?".

Depois de resenhar os nomes capazes de servir de exemplo, na atualidade, Machado concluiu: "Os autores cedo se enfastiaram da cena que a pouco e pouco foi decaindo até chegar ao que temos hoje, que é nada.

"A província ainda não foi de todo invadida pelos espetáculos de feira; ainda lá se representa o drama e a comédia – mas não aparece, que me conste, nenhuma obra nova e original. E com estas poucas linhas fica liquidado este ponto."

Por coincidência, chegava ao Rio de Janeiro, procedente do Maranhão, no mesmo ano em que Machado de Assis fazia esse juízo severo, o jovem Artur Azevedo, que dominaria o teatro brasileiro até morrer, em 1908. Considera-se mesmo que ele fechou um ciclo do nosso teatro, nascido com as comédias de Martins Pena, de quem foi herdeiro direto. Artur Azevedo reagiu contra a bambochata e a paródia que invadiam o palco, em várias comédias de ambição literária, mas talvez deixou de mais significativo duas burletas – *A capital federal* e *O mambembe* – nas quais deu categoria ao gênero. Ambas as peças estão entre as obras-primas da nossa dramaturgia – resumo feliz das características de uma época.

A dezena de textos ainda vivos de Artur Azevedo, de uma produção copiosa, não desenha a imagem completa do grande homem de teatro. Temos, na posteridade, o vezo de julgar um nome somente pela permanência da obra literária. No teatro, fazem-se as contas das peças ainda representáveis, e surge o veredito rude, se poucas parecem resistir à prova do palco. Artur Azevedo, ressumado o seu pródigo labor que, entre comédias, revistas, burletas, *vaudevilles*, traduções e adaptações, alcança cerca de duzentos títulos, seria prejudicado por essa visão parcial. No próprio campo da dramaturgia, espanta essa atividade infatigável, em apenas 53 anos de existência, que contrastam com a fama de boemia dos meios literários, à volta de novecentos. Gorda e bonacheirona figura, símbolo do patriarca num Rio que já exigia pesados sacrifícios de seus habitantes, Artur Azevedo não se reduz à faceta de autor. No quadro de seu tempo, enriqueceu a extraordinária personalidade como um dos maiores batalhadores do nosso teatro. Não abdicamos, no caso, de um critério puramente artístico. Um homem como ele não escreveu apenas peças e se, na literatura, cultivou ainda o conto e a poesia humorística, além de ter sido crítico, definiu-se sobretudo como admirável animador do movimento cênico.

Ao chegar ao Rio, com dezoito anos de idade (nasceu em 1855), Artur Azevedo trazia na bagagem *Amor por anexins*, peça que ainda hoje funciona no palco, pela graça com que se enfileiram os ditos sentenciosos, sempre a propósito. Informa sua biografia que escreveu a primeira peça aos 9 anos. Aos 10, nova peça, tratando o episódio de Múcio Cévola e Lars Porsena, lido na

Seleta Francesa. No Rio, revelou-se bem, num certo sentido, o provinciano que se encanta com a corte mas satirizará na obra, pois logo abandonou o projeto de estudar seriamente, para prover ao próprio sustento e ao da família que pretendia constituir. Daí por diante, apesar de uma viagem à Europa, dez anos depois de viver na capital, e que era uma recompensa de tanto trabalho, Artur Azevedo se tornou escravo da pena, a ponto de multiplicar-se em espantosa atividade jornalística. Quando lhe coube, mais tarde, defender-se de críticas, historiou a sua vida teatral, o que vale como depoimento sobre a situação do palco brasileiro, naquela época: "Não é a mim que se deve o que o Sr. Cardoso da Motta chama o princípio da *débâcle* teatral; não foi minha (nem de meu irmão, nem de *quelqu'un des miens*, como diria o lobo da fábula) a primeira paródia que se exibiu com extraordinário sucesso no Rio de Janeiro.

"Quando aqui cheguei do Maranhão, em 1873, aos 18 anos de idade, já tinha sido representada centenas de vezes, no Teatro São Luís, *A Baronesa de Caiapó*, paródia d'*A Grã-Duquesa de Gerolstein*. Todo o Rio de Janeiro foi ver a peça, inclusive o Imperador, que assistiu, dizem, a umas vinte representações consecutivas...

"Quando aqui cheguei, já tinham sido representadas com grande êxito duas paródias do *Barbe-Bleu*, uma, o *Barba de Milho*, assinada por Augusto de Castro, comediógrafo considerado, e outra, o *Traga-moças*, por Joaquim Serra, um dos mestres do nosso jornalismo.

"Quando aqui cheguei, já o Vasques tinha feito representar, na Fênix, o *Orfeu na roça*, que era a paródia do *Orphée aux enfers*, exibida mais de cem vezes na Rua da Ajuda.

"Quando aqui cheguei, já o mestre que mais prezo entre os literatos brasileiros, passados e presentes (Machado de Assis), havia colaborado, embora anonimamente, nas *Cenas da vida do Rio de Janeiro*, espirituosa paródia d'*A Dama das Camélias*.

"Antes da *Filha de Maria Angu* (paródia da opereta *La fille de Madame Angot*, música de Lecoq), apareceram nos nossos palcos aquelas e outras paródias, como fossem *Faustino*, *Fausto Júnior*, *Geralda Geraldina* e outras, muitas outras, cujos títulos não me ocorrem.

"Já vê o Sr. Cardoso da Motta que não fui o primeiro.

"Escrevi *A filha de Maria Angu* por desfastio, sem intenção de exibi-la em nenhum teatro. Depois de pronta mostrei-a a Visconti Coaracy, e este pediu-me que lha confiasse, e por sua alta recreação leu-a a dois empresários, que disputaram ambos o manuscrito. Venceu Jacinto Heller, que a pôs em cena.

"O público não foi da opinião do Sr. Cardoso da Motta, isto é, não a achou desgraciosa: aplaudiu-a cem vezes seguidas, e eu, que não tinha nenhuma veleidade de autor dramático, embolsei alguns contos de réis que nenhum mal fizeram nem a mim nem à Arte.

"Pobre, paupérrimo, e com encargos de família, tinha o meu destino naturalmente traçado pelo êxito da peça; entretanto, procurei fugir-lhe. Escrevi uma comédia literária, *A almanjarra*, em que não havia monólogos nem apartes, e essa comédia esperou quatorze anos para ser representada; escrevi uma comédia em 3 atos, em verso, *A joia*, e para que tivesse as honras da representação, fui coagido a desistir dos meus direitos de autor; mais tarde escrevi um drama com Urbano Duarte, e esse drama foi proibido pelo Conservatório; tentei introduzir Molière no nosso teatro: trasladei *A escola dos maridos* em redondilha portuguesa, e a peça foi representada apenas onze vezes. Ultimamente a empresa do Recreio, quando, obedecendo a singular capricho, desejava ver o teatro vazio, anunciava uma representação da minha comédia em verso *O Badejo*. O meu último trabalho, *O retrato a óleo*, foi representado meia dúzia de vezes. Alguns críticos trataram-me como se eu houvesse cometido um crime; um deles afirmou que eu insultara a família brasileira!

"Em resumo: todas as vezes que tentei fazer teatro sério, em paga só recebi censuras e apodos, injustiças e tudo isto a seco; ao passo que, enveredando pela bambochata, não me faltaram nunca elogios, festas, aplausos e proventos. Relevem-me citar esta última fórmula da glória, mas – que diabo! – ela é essencial para um pai de família que vive da sua pena!...

"Não, meu caro Sr. Cardoso da Motta, não fui eu o causador da *débâcle*: não fiz mais do que plantar e colher os únicos frutos de que era suscetível o terreno que encontrei preparado.

"Quem se der ao trabalho de estudar a crônica do nosso teatro – e para isso basta consultar a quarta página do *Jornal do Comércio* – verá que o desmoronamento começou com o Alcazar.

"Depois que o Arnaud abriu o teatrinho da Rua Uruguaiana, o público abandonou completamente o trabalho dramático, durante alguns anos sustentado com inteligência e heroísmo por Joaquim Heleodoro.

"Furtado Coelho, o grande artista, foi o primeiro que se lembrou de mandar fazer uma paródia, para enfrentar com o inimigo. *A Baronesa de Caiapó* nasceu, como todas as peças do seu gênero, do *primo vivere* dos empresários.

"E não tem razão o Sr. Cardoso da Motta em considerar a paródia o gênero mais nocivo, mais canalha e mais impróprio de figurar num palco cênico. Eu, por mim, francamente o confesso, prefiro uma paródia benfeita e engraçada a todos os dramalhões pantafaçudos e mal escritos em que se castiga o vício e premia a virtude."

Comentando a recepção à *Fonte Castália*, generosa por parte da crítica e fria por parte do público (o espetáculo foi apresentado apenas 14 vezes), Artur Azevedo concluiu:

"Digam-me agora se, à vista do resultado que aí fica exposto, devo ter alguma pretensão literária quando me sentar à mesa e pegar na pena para escrever uma peça destinada ao nosso público... Entretanto, ninguém acreditará que eu não saiba a que meios recorrer para fazer alguma cousa que dê cem representações seguidas, embora incorra no desagrado da 'boa roda'.

"Se tivéssemos o teatro com que sonho há tantos anos, as circunstâncias seriam outras; não haveria de minha parte, nem da parte de outro qualquer autor, o receio de sacrificar um empresário, e então escreveríamos por amor da Arte; mas no caso da *Fonte Castália*, por exemplo, eu fico de bom partido, unanimemente elogiado pela imprensa, mas a empresa?... Essa paga com alguns contos de réis o nobre desejo de ser agradável a um comediógrafo!" (*apud* Múcio da Paixão, *O teatro no Brasil.*)

Na *Espécie de profissão de fé*, Artur Azevedo observou: "Prevenido contra esses maldosos, que andam a descobrir nos outros imaginários pecados, venho dizer aos meus leitores que amo e respeito profundamente a arte em todas as suas manifestações.

"Também fui moço e também tive o meu ideal artístico ao experimentar a pena; mas um belo dia, pela força das circunstâncias, escrevi para ganhar a vida, e daí por diante adeus ideal!"

"Quando descobri que no bico daquela pena havia um pouco de pão para a minha prole tornou-se ela para mim um simples utensílio de trabalho que trato de utilizar em proveito meu e de quem me recompensa. E não a posso utilizar melhor do que escrevendo para esses que não me condenam, e se satisfazem com a minha simplicidade."

Em face desse reconhecimento, a primeira atitude do revisor literário é a de transcrever simplesmente as palavras de Artur Azevedo, poupando-se de repetir aquilo que o dramaturgo se apressou em confessar. Cumpriria saber se essa foi, afinal, uma fuga de quem não teve suficiente talento, ou se as condições do nosso teatro não permitiam outra aventura. Essa alternativa afigura-se-nos, hoje, fácil e errada, como se caíssemos na armadilha feita pelos preconceitos do tempo, e à qual o próprio autor não escapou. A ideia do "teatro sério" vive a ofuscar a simpatia e a compreensão pelas obras ligeiras, como se elas, na transparência das intenções, não pudessem guardar outras e importantes virtudes. Até há pouco, diríamos sem hesitação que *O dote* era a melhor peça de Artur Azevedo, pelo cunho ambicioso do seu intento. Estamos convencidos agora de que, muito mais livres e espontâneas na falta de um propósito intelectual, as burletas atingiram melhor os objetivos e se tornaram modelares no gênero. Representadas, como aconteceu recentemente a *O mambembe*, na excepcional montagem do Teatro dos Sete, ganham uma vida e uma atualidade a que poucos textos podem pretender. O espetáculo de *O mambembe*, lançado em 1959, no Teatro Municipal do Rio, pelo grupo carioca, 55 anos após a estreia da burleta, deve ser incluído entre as três realizações inteiramente felizes do teatro brasileiro contemporâneo. Não se diria que a peça está datada do começo do século, tal a graça e a leveza do diálogo, e a eficácia do tema, aliás apreendida pelo público, prolongando-se a encenação por mais cinco meses, no Teatro Copacabana.

Será preciso convir que Artur Azevedo não se mostrou um autor de imaginação, apesar da obra profusa. Quase sempre tomou de empréstimo a outros a ideia dos seus trabalhos. Além das paródias, em que se sentiu tão à vontade, adotou a parceria em diversas produções, e *O dote* inspirou-se num conto de Júlia Lopes de Almeida. Não importa, contudo, que seus voos não tenham sido muito largos. A pressa impediu o maior apuro de sua dramaturgia, e sabe-se que um relativo ócio é poderoso estímulo para as descobertas pessoais. Outras qualidades assinalaram o talento de Artur Azevedo. Cabe valorizar, antes de mais nada, sua teatralidade. Teve ele o dom de falar diretamente à plateia, isento de delongas ou considerações estáticas. Juntando duas ou três falas, põe de pé, com economia e clareza, uma cena viva. Simples, fluente, natural, suas peças escorrem da primeira à última linha, sem que o espectador se deixe tentar pelo bocejo. A dinâmica dos textos nunca se prejudica por retardamentos explicativos. O ritmo ágil engole a plateia, impedida no instante de refletir. Até os versos, de métrica e rima fáceis, e uma continuidade próxima da mais direta construção em prosa, servem para dar ligeireza ao andamento da trama. Não se poderia pôr em dúvida a objetividade cênica de qualquer obra de Artur Azevedo.

Por essas virtudes, há de concluir-se que seu talento se sentia mais à vontade nas obras ligeiras. O forte de Artur Azevedo eram os flagrantes naturalistas, que lhe proporcionaram uma fotografia colorida dos ambientes. Que não tentasse, porém, análise psicológica mais profunda: somos levados a julgar ingênuos seus ensaios de introspecção, como o do amante de *O oráculo*, que se prende pelo ciúme à viúva, de quem já se cansara. Pela psicologia, acharíamos a peça apenas anedótica. A conselho do amigo, o "oráculo", o amante diz à viúva – modelo de fidelidade e carinho – que está rompida a ligação, porque chegara ao seu conhecimento um fato lastimável. Ela, que escutara a conversa, finge ser verdade a pecha de traição. Pensando sobrepujar o rival, volta o amante com redobrado ardor...

A armação das cenas, também, muitas vezes é arbitrária e simplória. Em *A joia*, o chichisbéu entra no palco, no momento oportuno, somente para que o fazendeiro conheça a leviandade de sua protegida. O entrecho de *O retrato a óleo* parece-nos mais forjado ainda: o rapaz, para obter um casamento vantajoso, procura comprometer a moça em público. Marca-se um casamento precipitado, mesmo estando doente a mãe da jovem, com evidente inverossimilhança, não para resolver um problema real, mas com o objetivo de dar lances novelescos à história.

Sob o prisma psicológico, também é discutível a trama de *O dote*. Tanto a fraqueza do marido, deixando que a mulher o arruine, como a inconsciência dela, fazendo despesas absurdas à conta de um dote que já expirou, não observam um padrão de medida e verossimilhança recomendáveis. Não há a menor tentativa de exame racional da situação. A sutileza era desconhecida de Artur Azevedo. Mas a comédia resiste, ainda assim, pela vivacidade cênica e condução natural da história.

Talvez por conhecer sua insuficiência na análise introspectiva, o dramaturgo nunca se atreveu a desenhar grandes caracteres. Ficou nos tipos, em geral definíveis por um cacoete ou por uma mania. O brilho de *O dote* torna-se razoável com a figura cínica do agiota, com a do sogro fátuo que, antes de pronunciar os adjetivos, parte a frase sempre com um "como direi?", e, sobretudo, com o retrato de linhas essenciais de Pai João, remanescente da escravatura, que mostra sábio conhecimento do coração e amorosa fidelidade.

O mérito quase jornalístico o levou, por certo, a encontrar maior êxito nas pachouchadas, nas revistas de ano e nas burletas. Não podendo, no gênero, demorar-se no desenho das personagens, apelava para a vivacidade das tramas e a graça simples das "coplas". Saía da situação intimista para os painéis espetaculares, onde nunca lhe faltou a tinta adequada. Contando a história de *A capital federal*, em que aproveitou uma décima parte de sua revista de ano *O tribofe* (o novo texto foi escrito, por insistência do ator Brandão e a conselho do autor Eduardo Garrido, que desejaram o reaproveitamento do trabalho primitivo), Artur Azevedo justificou-lhe a forma: "Como uma simples comédia saía do gênero dos espetáculos atuais do Recreio Dramático, e isso não convinha nem ao empresário, nem ao autor, nem aos artistas, nem ao público, resolvi escrever uma peça espetaculosa, que deparasse aos nossos cenógrafos mais uma ocasião de fazer boa figura, e recorri também ao indispensável condimento da música ligeira, sem, contudo, descer até o gênero conhecido pela característica denominação de *Maxixe*".

Providencial circunstância, a que lhe ditou o estilo de "comédia-opereta". A fim de mostrar "a capital federal", Artur Azevedo levou a ela uma família de roceiros de São João do Sabará, cujos costumes contrastam com o aparato da Corte. Os mineiros, de hábitos rígidos e vida simples (o pai, a mãe e o filho menor exprimem-se em linguagem caipira), viajam para o Rio à procura de um janota, que pediu a filha moça em casamento e nunca mais deu notícia. O recurso pareceria ingênuo, se não fizesse parte do próprio anedotário da presença de mineiros, na corte, essa ingenuidade saborosa, em que o encantamento irresistível se mistura à crença de que se reproduz ali a vida provinciana. O contato da família com os valores cariocas (isto é, a ausência de valores morais) dispersa os seus membros, e só resistem à ação desagregadora mãe e filha, representantes da austeridade e da boa índole mineira. A primeira a corromper-se ao contato da metrópole é a mulata Benvinda, cria da família e que é "lançada" no brilho carioca pelo desocupado Figueiredo. Eusébio, o fazendeiro simples, cai nas malhas da cortesã Lola, cujo único empenho é arrancar dinheiro dos homens. O menino Juquinha aplica-se no Belodromo, atraído pelas bicicletas, que acabavam de ser introduzidas no Rio e não haviam ainda chegado à roça. Cada cena serve para exibir uma faceta do Rio, e, ao lado da aparência enganosa dos costumes, existe o fascínio pela natureza. Quando passa um bonde elétrico sobre os arcos que levam a Santa Teresa, Eusébio, fechando o primeiro ato, levanta-se entusiasmado pelo panorama e diz: "Oh! a capitá federá! a capitá federá!...". Artur Azevedo captou como nenhum outro dramaturgo o sentimento do provinciano pelo Rio.

Sucedem-se, na burleta, numerosos tipos, retratados sempre em precisos traços essenciais, em que a caricatura é condição do gênero. Do mundo carioca, aparece em primeiro lugar Figueiredo, especialista em lançar mulatas ("Essas estrangeiras não têm o menor encanto para mim"), e que ele chama de trigueiras, "por ser menos rebarbativo. Isso é que é nosso, é o que vai com o nosso temperamento e o nosso sangue!". Outra figura é Rodrigues, que diz ser "homem da família" e cultiva as aventuras fáceis, referindo--se sempre à santidade do lar (uma das cortesãs revela que, enquanto ele pensa iludir nessas rápidas fugas a esposa, ela o engana por seu turno com outros homens). Do círculo de vítimas de Lola participa o jovem poeta Duquinha, em quem o autor caçoa dos nefelibatas. Enquanto ele traz "flores poéticas" à cortesã, chamando-se "poeta moderno, decadente" ela o ridiculariza com deliciosas chamadas à realidade: "Decadente nessa idade?", "Santa? Eu!... Isto é que é liberdade poética!", "Que mania essa de não nos tomarem pelo que somos realmente!", "Não me apareça aqui sem uma joia". E o jovem poeta, em aparte, informa à plateia: "Vou pedir dinheiro a mamãe".

Lola é a cortesã fria e interesseira, que acaba sendo ludibriada pelo próprio cocheiro, de quem também era amante. Sua natureza resume-se nesta fala: "Os homens não compreendem que o seu único atrativo é o dinheiro! Este pascácio (refere-se a Gouveia, o noivo da roceira) devia ser o primeiro a fazer uma retirada em regra, e não se sujeitar a tais sensaborias! Bastavam quatro linhas pelo correio. – Oh! também a mim, quando eu ficar velha e feia, ninguém me há de querer! Os homens têm o dinheiro, nós temos a beleza; sem aquele e sem esta, nem eles nem nós valemos coisa nenhuma". Gouveia completa o quadro triste do Rio de Janeiro: depois de uma maré de sorte no jogo, perdeu tudo, e até descalço aparece em cena.

A corte se confunde assim com a imagem do pecado, prestes a engolir todo o mundo. A família mineira salva-se a tempo da danação, depois da queda, que deveria exemplificar os apelos tentadores do Rio. Eusébio vê Lola aos beijos com o poeta decadente e tem a revelação do abismo em que afundara. A mulata Benvinda não se acostuma à leviandade carioca, e diz que não nasceu para ela – quer viver em família. O autor se aproveita do seu "lançamento" para caricaturar um dos tipos mais engraçados da paisagem brasileira: a mulata pernóstica, cheia de sensualidade e misturando à sua fala a corruptela de algumas expressões francesas. Essa figura haveria de popularizar-se, depois, nas revistas, em que sua presença primária e brejeira se tornou quase obrigatória. Benvinda voltará para a roça, casando-se com o homem que a seduzira. Num amoralismo que tem o objetivo de fechar comicamente o caso, Eusébio comenta, refutando possíveis objeções do futuro marido: "Quem não sabe é como quem não vê". Assim se encerra a aventura da "capital federal", saboroso pecado que a província ia apagar. O último quadro da peça é uma apoteose à vida rural, e o fazendeiro diz as palavras finais: "É na roça, é no campo, é no sertão, é na lavoura que está a vida e o progresso da nossa querida pátria". Esperamos que *A capital federal* seja revivida, num grande espetáculo, como *O mambembe*, para patentear-se todo o seu valor.

Antes da montagem do Teatro dos Sete, aliás, *O mambembe* jazia num total esquecimento, de que saiu para afirmar-se como uma das glórias do teatro brasileiro. Não há dúvida de que o espetáculo deu à burleta o pleno rendimento, na alegria feérica do desempenho e na perfeição da montagem. O texto, como se podia precipitadamente julgar, não foi, porém, mero roteiro para a pirotecnia do elenco. Sem a graça das situações e das falas, não se manteria de pé a frequente mutação dos cenários. Para o público, os atores e a crítica, sustenta *O mambembe* a magia do teatro, cujo encantamento e eternidade, dentro do efêmero, encontram na peça um dos mais apaixonados cânticos de toda a história da dramaturgia, não só brasileira. Quem gosta de teatro reconhece nessa reconstituição da vida de uma companhia ambulante o mistério poético do palco, revelado pelo autor em todos os meandros. Dificilmente haverá outra pintura tão terna, simpática e verdadeira dessa luta que enfrenta o teatro pela sobrevivência – um milagre cotidiano.

O título define não só o caráter da companhia ambulante, mas se erige em símbolo do próprio teatro. O empresário e ator Frazão, ao convidar a amadora Laudelina para o seu conjunto profissional, afirma: "Como a senhora sabe, a vida do ator no Rio de Janeiro é cheia de incertezas e vicissitudes. Nenhuma garantia oferece. Por isso, resolvi fazer-me, como antigamente, empresário de uma companhia ambulante, ou, para falar com toda a franqueza, de um mambembe". Pergunta se Laudelina e a madrinha não leram o *Romance cômico* de Scarron e, diante da negativa, expõe: "É pena, porque eu lhes diria que o mambembe é o romance cômico em ação, e as senhoras ficariam sabendo o que é. Mambembe é a companhia nômade, errante, vagabunda, organizada com todos os elementos de que um empresário pobre possa lançar mão num momento dado, e que vai, de cidade em cidade, de vila em vila, de povoação em povoação, dando espetáculos aqui

162

e ali, onde encontre um teatro ou onde possa improvisá-lo. Aqui está quem já representou em cima de um bilhar!'". Laudelina objeta que "deve ser uma vida dolorosa!" e Frazão responde: "Enganaste, filha. O teatro antigo principiou assim, com Téspis, que viveu no século VI antes de Cristo, e o teatro moderno tem também o seu mambembeiro no divino, no imortal Molière, que o fundou. Basta isso para amenizar na alma de um artista inteligente quanto possa haver de doloroso nesse vagabundear constante. E, a par de incômodos e contrariedades, há o prazer do imprevisto, o esforço, a luta, a vitória! Se aqui o artista é mal recebido, ali é carinhosamente acolhido. Se aqui não sabe como tirar a mala de um hotel, empenhada para pagamento da hospedagem, mais adiante encontra todas as portas abertas diante de si. Todos os artistas do mambembe, ligados entre si pelas mesmas alegrias e pelo mesmo sofrimento, acabam por formar uma só família, onde, embora às vezes não o pareça, todos se amam uns aos outros, e vive-se, bem ou mal, mas vive-se!". Refere-se por último Frazão à origem da palavra: "Creio que foi inventada, mas ninguém sabe quem a inventou. É um vocábulo anônimo, trazido pela tradição de boca em boca e que não figura ainda em nenhum dicionário, o que aliás não tardará muito tempo. Um dia disseram-me que, em língua mandinga, mambembe quer dizer pássaro. Como o pássaro é livre e percorre o espaço como nós percorremos a terra, é possível que a origem seja essa, mas nunca averiguei". A peça, na permanente improvisação desse nomadismo teatral, desloca-se com maravilhosa liberdade de um cenário a outro, do botequim em que se reúnem os atores à estação da estrada de ferro, da cidade de Tocos à Serra da Mantiqueira, até o arraial longínquo do Pito Aceso. A vida teatral é uma criação de cada instante.

Com a reunião do elenco, Artur Azevedo retratou vários tipos comuns no palco. Frazão, que na realidade era Brandão, "o popularíssimo", tem as características do empresário diligente e do ator que domina o seu ofício, descobrindo vocações autênticas, enquanto salta a cada momento para obter dinheiro emprestado e depois pagá-lo, com religiosidade; disfarça-se de mulher para castigar um conquistador noturno, mas lhe devolve o dinheiro – fora só uma brincadeira. Contrastando com outros empresários que davam prejuízos a donos de hotéis, Frazão surge na peça com uma honestidade impecável. Seria o grande chefe de companhia, homem que vive só para o teatro. A seu lado, Vieira, que está todo o tempo casmurro e sofredor, saudoso da mulher e dos filhos, é o cômico de maior efeito sobre a plateia. Brochado não chega a ingressar no elenco: só gosta de interpretar monólogos. Laudelina, amadora de talento, não continua na profissão, ao descobrir, como num entrecho da Comédia Nova grega, o pai desconhecido, e ao celebrar o matrimônio. Diante da solidez da vida burguesa, o teatro ficará como recordação amável de horas românticas. Ter Frazão convidado uma amadora para ser a primeira figura feminina de seu elenco revela a crise teatral do começo do século. O amadorismo, espalhado pelos bairros cariocas, compensava a pobreza da vida profissional. O próprio Artur Azevedo havia escrito, em 1898: "São eles, os teatrinhos (particulares), que fazem com que ainda perdure a memória de alguma coisa que já tivemos; são eles, só eles, que nos consolam da nossa miséria atual. Esta é a verdade que hoje reconheço e proclamo. Do amador pode sair o artista; do teatrinho pode sair o teatro".

A dramaturgia sempre teve os cultores errados, que tentam inutilmente chegar ao público. Artur Azevedo satiriza um deles – Fonseca Moreira, negociante português, dado a assuntos fantásticos – autor da peça *A passagem do Mar Vermelho*, transformada na burleta em *A passagem do Mar Amarelo*, em 12 atos e 21 quadros. O dramaturgo Pantaleão Praxedes Gomes, além de irrepresentável, sofre castigo como vilão, por ter tentado seduzir a atriz Laudelina. Artur Azevedo advoga na peça a honorabilidade do teatro.

São numerosos os aspectos pelos quais *O mambembe* encara o palco, e o mais nítido é aquele em que ele sobrevive por um fio. Laudelina tem uma fala que poderia servir de epígrafe a toda a atividade cênica brasileira, e quiçá dos outros países: "Mentiroso (o teatro), mas cheio de surpresas e sensações. Anteontem estávamos desanimados, tendo perdido quase a esperança de poder voltar à nossa casa e ainda agora, ajoelhadas e de mãos postas, naquela igreja, agradecemos a Deus a reviravolta que houve na nossa situação. Para isso bastou um espetáculo...".

164

Apesar desse otimismo, ou melhor, dessa confiança inabalável, era necessário lutar, e *O mambembe* dá bem ideia de que o teatro brasileiro precisava ser construído. Na Serra da Mantiqueira, em carro de bois, Laudelina contempla a paisagem e exclama: "Como o Brasil é belo! Nada lhe falta!...". Frazão replica, terminando o segundo ato: "Só lhe falta um teatro...". O tema volta, no final da burleta, quando Frazão deposita sua esperança no futuro Teatro Municipal, que haveria de ser inaugurado em 1909, como consequência, sobretudo, de incansável campanha de Artur Azevedo, que pensava destiná-lo a uma companhia brasileira permanente. Era essa outra faceta do homem de teatro.

Nomeado em 1908 diretor do Teatro da Exposição Nacional, erguido na Praia Vermelha do Rio, Artur Azevedo encenou, em menos de três meses, quinze originais brasileiros, de autoria de Machado de Assis, Martins Pena, França Júnior, Artur Rocha, Coelho Neto, Filinto de Almeida, José de Alencar, Goulart de Andrade, Júlia Lopes de Almeida, Pinheiro Guimarães e José Piza. Especialmente para a temporada, escreveu *Vida e morte*, adaptada de seu original *In extremis*. Não é preciso dizer mais sobre o programa nacionalista do teatro, o seu admirável alcance cultural, como afirmação do repertório brasileiro. A morte colheu Artur Azevedo em plena tarefa criadora, e o empreendimento não lhe sobreviveu muito.

Não houve um setor de teatro que permanecesse estranho ao animador. Crítico de visão, foi dos primeiros a proclamar o gênio de Eleonora Duse, ainda Duse-Checchi, quando veio ao Brasil com 25 anos de idade, em 1885. Embora avesso à política, assinalou-se como ardoroso abolicionista, escrevendo, após estudar a "lei do ventre livre", a peça em um ato *O liberato*, e, em 1882, seis anos antes da Abolição, *A família Salazar*, drama que seria publicado dois anos mais tarde com o título de *O escravocrata*. Criador, ao lado de Joaquim Serra, de Moreira Sampaio e outros, da "revista de ano", introduziu em *O mandarim*, em definitivo, como assinala Raymundo Magalhães Júnior, a caricatura pessoal. Um traço biográfico não pode ser omitido: com exceção de *A almanjarra*, que pediu para ser representada, todos os outros trabalhos escreveu de encomenda, atendendo a insistentes pedidos. Um papel se destinava a um ator, um tipo servia a outro. Tudo em

Artur Azevedo representava intimidade com o teatro, numa dedicação de todos os momentos. Depois de desculpá-lo das faltas e enaltecê-lo pelos numerosos méritos, não resistimos à tentação de considerar Artur Azevedo a maior figura da história do teatro brasileiro. Não, certamente, o maior dramaturgo – mas a personalidade que melhor encarna nossos vícios e nossas virtudes, o talento nacional típico, aquele que acompanha a corrente e ao mesmo tempo a fixa nas suas marcas privilegiadas. Em 1903, ele redigiu no jornal, em que dialogava em estilo simples com os leitores, uma espécie de epitáfio: "Quando eu morrer, não deixarei meu pobre nome ligado a nenhum livro, ninguém citará um verso meu, uma frase que me caísse do cérebro; mas com certeza hão de dizer: 'Ele amava o teatro', e este epitáfio moral é bastante, creiam, para a minha bem-aventurança eterna". A modéstia, que nele era sincera, não escondia essa certeza do amor pelo teatro. O amor era profundo e havia de sustentar sozinho muitos reveses.

Aceitar ou negar Artur Azevedo define as posições em face do teatro nacional. Quem o compreende e estima gosta do nosso palco. Quem o desconhece ou diminui, implicitamente recusa a existência da nossa atividade cênica. Ele faz parte entranhada da vida teatral brasileira. Por isso, quando morreu, sua patriarcal figura deixou um imenso vácuo. Caiu de súbito um vazio sobre a paisagem cênica. O amor, que Artur Azevedo tão generosamente cultivara, permitiu que o teatro não sufocasse de todo, e ressurgisse, mais tarde, com a mesma fé que ele lhe imprimira.

LAIVOS INTELECTUAIS

O HISTORIADOR Sílvio Romero assinala, ao estudar o teatro no *Quadro sintético da evolução dos gêneros*, a "reação idealístico-simbolista" de Coelho Neto (1864-1934), fechando o panorama que se oferecia ao seu tempo. No painel descritivo *40 anos de teatro*, Mário Nunes informa que, morto Artur Azevedo, os bem-intencionados cerraram fileiras em torno do autor de *Quebranto*, cujo preciosismo vocabular se tornaria, mais tarde, alvo dos modernistas.

Prolongando-se por longo período, marcado por influências várias, a obra de Coelho Neto não se confinaria ao simbolismo, e, numa perspectiva atual, inclinamo-nos a considerar a parte que se filiou a essa escola a mais frágil, incapaz de resistir a uma crítica objetiva. Cultivou também o escritor a comédia tradicional brasileira, com ressonância longínqua de Martins Pena, e foi até a farsa, de recursos vulgares na solicitação do riso. Talvez, entre as três dezenas de peças que produziu, as melhores sejam aquelas em que inoculou nas comédias de costumes um sabor mais intelectual, nascido da experiência idealístico-simbolista. Escapou aí da farsa para equilibrar-se numa região fronteira do drama. Uma delicadeza, uma dignidade, uma elegância algo contida fizeram o mérito desses textos.

Pelo amor!, poema dramático em dois atos, um dos primeiros ensaios teatrais de Coelho Neto, deve tudo ao dramalhão deliquescente. A ação na Escócia, em fins do século XIII, cria o ambiente propício às estranhezas fabricadas. O conde retorna moribundo ao castelo, porque o cavalo se despenhou num valo. Só a feiticeira Samla poderia salvá-lo. A condessa, descobrindo que o marido era amante da bela solitária, apunhala-se e deixa que ele morra. Samla, em aparte, observa como era grande o amor da condessa.

167

A história, artificial e dura nas longas falas, só podia inspirar a Artur Azevedo a paródia *Amor ao pelo*.

A ação legendária de *Saldunes*, visando a colaborar para que se criasse no Brasil o drama lírico, não fica atrás na ruindade. Em *Les mystères du peuple*, de Eugène Sue – afirma o autor – encontrou a semente do drama. Desculpou-se também pela audácia de usar o verso. Saldunes são aqueles que, "entre os gauleses, faziam juramento de terna amizade seguindo para a peleja unidos por uma corrente porque nem a Morte os devia separar". Os saldunes Julyan e Armel vão lutar contra os romanos invasores. Ambos gostam de Hena, que ama um deles, Julyan. Ferido no campo de batalha, o despeitado Armel, antes de morrer, leva Julyan a cumprir o juramento, matando-se. Essa a tragicidade do destino dos saldunes, superior a qualquer outro apelo. O drama lírico ficou mesmo no melodrama.

Escrito para uma festa natalina, o "evangelho" *Pastoral* (em um prólogo e três quadros) nada acrescenta às obras do gênero, que vão da Anunciação ao nascimento de Cristo. O tema, que requer para um novo tratamento uma força poética autêntica, não inspirou o cerebral dramaturgo.

Na mesma linha evanescente, buscando mistério mais num clima noturno e de fugidia impressão, incluem-se *As estações* e *Ao luar*. A primeira é um "prelúdio romântico" em verso, que, num símbolo fácil, aproxima as estações das diferentes imagens da vida, nas várias idades. Na segunda, revela-se para a filha, qual Electra prisioneira da lembrança do pai, que ele foi suprimido pela mãe e pelo médico. A sugestão, a verdade que não é proclamada abertamente para o público esbatem um pouco o conteúdo melodramático.

Pode conseguir melhor rendimento cênico, nesse gênero, o ato *Ironia*. No camarim, a atriz recebe homenagens de admiradores, durante um intervalo, enquanto em casa o filho arde em febre. A mãe vem dizer-lhe que o menino a chama, e que morrerá dali a pouco. O empresário não admite que a representação seja interrompida. O êxito de uma carreira depende da acolhida nessa primeira noite, e o público aplaude a peça com gargalhadas. O espetáculo precisa continuar. A atriz, agradando daquela forma a plateia, dilacera-se em tragédia pessoal. Daí o título. Ainda uma vez, a falta de comentários, que incidiriam obrigatoriamente no mau gosto, poupa a peça do franco dramalhão.

Não deve ter sido ao acaso que *A muralha*, em três atos, inclui uma dedicatória ao crítico Araripe Júnior, autor de um ensaio sobre Ibsen: a peça tem uma nítida presença ibseniana. No texto brasileiro, marido e sogra conspiram para atirar a mulher nos braços de um homem rico, que os salvaria da ruína financeira. A mulher, presa ao conceito de honra, não aceita a situação equívoca, e apela para o próprio pai. Este, fraco diante das convenções sociais, que não admitem um ato de afirmação feminina, recomenda-lhe que permaneça ao lado do marido. Desamparada por todos, não tendo em que apoiar-se (a não ser na própria honra e no horror do opróbrio), a mulher, numa atitude de libertação que se aparenta à de Nora, em *Casa de boneca*, decide partir. "Partes? Para onde?" – pergunta a sogra; ao que ela replica: "Tenho um destino – o trabalho. Qualquer que ele seja, é sempre nobre: glorifica e defende". A peça mostra-se mais séria e ambiciosa que as anteriores. Muito boa a intenção do autor. Pena que a dramaticidade se perca no discursivo, na tirada, na grandiloquência. Se lhe fosse suprimida a afetação, sobraria de *A muralha* uma dignidade elogiável. Assim, o texto não se salva.

Salva-se muito menos *Neve ao sol*, dramalhão em quatro atos. O propósito foi também o de pintar um sólido caráter feminino, o de Germana. A mãe, viúva, sensível ao apelo carnal, desposa um rapaz muito mais novo, naturalmente interessado no dinheiro e na maior proximidade com a filha. A denúncia falsa da criada (reservam-se no teatro esses papéis antipáticos, às vezes, aos criados) leva a mãe a envenenar Germana, por ciúme, acreditando que os jovens mantivessem colóquios noturnos. Esclarece-se que apenas o vilão tentava, inutilmente, forçar a porta da moça. O padrinho, chamado por Germana, leva-a embora daquele ambiente nocivo. A juventude talvez não permitisse à moça dar sozinha o grito de independência, como a protagonista de *A muralha*.

O ato *A bonança*, apresentado na inauguração do Teatro Municipal do Rio de Janeiro (14 de julho de 1909), vale-se de um recurso tradicional do palco: o reconhecimento. Padre Anselmo vai levar a Adelaide um jovem, que presume ser o filho dela, desaparecido na infância. Não há esperteza do rapaz, no diálogo escla-

169

recedor. Não força ele a memória, e apenas vagos indícios o socorrem, na lembrança da cena em que os ciganos o raptaram. Mas há, no teatro, os sinais, já catalogados por Aristóteles. Um corte no lábio estabelece a identidade do desaparecido. *A bonança*, recusando o exagero, mantém-se numa discrição cênica eficaz. Preenche o papel comemorativo, a que se destinou.

A opressão da mulher, vítima do marido inescrupuloso, volta a interessar Coelho Neto em *O dinheiro*, peça em três atos, que se representou pela primeira vez no Teatro Municipal do Rio, em 1912, pela Cia. Nacional subvencionada. Mamede é um homem de negócios, que, segundo diz, tem o emprego apenas como profissão. A próxima transação compreende um arranjo que só pode ser feito por intermédio da mulher. Lívia, entretanto, recusa as insinuações de Honório, embora elas contivessem dados sobre o adultério do marido. Na exigência de uma reparação moral é que aparecem as falas de mau gosto oratório de Lívia. Diz ela a Mamede: "... Vendeste-me, devo seguir a quem me comprou. A mercadoria vai com quem a paga". Ele pergunta se negociar é vergonha, ao que Lívia esclarece: "Quando o balcão é o corpo de uma mulher...". Ainda em *O dinheiro*, a afirmação feminina não tem outro veículo senão pela partida. Nessa desagregação provocada pelo dinheiro, e de que Mamede é vítima na peça, a mulher não se polui em virtude da ética rigorosa, que lhe permite a fuga de cabeça erguida. Não se nega um certo vigor a *O dinheiro*, apesar do cunho melodramático, que é atalhado, às vezes, pelas próprias personagens. O dramaturgo conhece bem o seu ofício.

O ato *O intruso* propõe um debate moral: que fazer da gravidez de uma mulher casada, pela qual é responsável, na França em guerra, um soldado alemão? O marido não quer aquele "intruso" como irmão do filho legítimo. O médico, moralista, tem uma vida a preservar, mesmo se ela é fruto da violência. A mulher sai-se da situação trágica pelo suicídio. Estará aí a condenação da intolerância do marido? Uma implícita pregação pacifista contém o conflito. Mas o texto não chega a ter mérito teatral.

O provérbio *A cigarra e a formiga* pouco aduz também à obra de Coelho Neto. A cigarra, a moça que tem vários namorados, não se prende a nenhum seriamente, e por certo esbanjará a mocidade naquela brincadeira fútil. A outra, a formiga, recebe um pedido de casamento. A jovem que se guarda tem o prêmio dado ao pudor e ao recato. A lição não é das mais interessantes.

Num ecletismo que, felizmente, dilui muito a atmosfera irrespirável dos dramas "sérios", desde o começo da carreira, Coelho Neto espiou os costumes à volta, continuando a tradição mais fecunda de nossa dramaturgia. *Os raios X*, entremez representado em 1897, parece escrito por um Martins Pena que se atualizou pelas sessões espíritas e pelo jogo do bicho. Os espíritos são convocados para inspirar o palpite do dia. O jovem amoroso vai examinar o coração da moça com um microscópio, que faz passar por aparelho de raios X. Vê que está ali o seu retrato. A ingenuidade do recurso é glosada pelo pai da moça, que observa: "Ora o raio do diabo! Pois olhe, se a ciência está agora mais adiantada, os homens estão muito mais cegos do que no meu tempo. Isto era coisa que a gente descobria a olho nu". A brincadeira diverte.

Em *O relicário*, Coelho Neto satiriza outra característica brasileira – a superstição, a consulta aos orixás. Corre a fama, no Rio, de que pai Ambrósio resolve todas as situações intrincadas. A mulher vai perguntar ao curandeiro quem lhe roubou o relicário, a preciosa lembrança guardada dos ancestrais indígenas (ela havia sido presenteada pelo marido à amante). Na casa de pai Ambrósio, encontram-se as duas mulheres, e a descoberta da relíquia já parece milagre devido ao velho santo. A trama está bem urdida, apesar do desfecho fácil, e se desenvolve sempre com graça.

O autor paga o seu tributo ao anedótico em *Fim de raça*, entre outras peças. A Baronesa de Piranhas diz que o casamento entre consanguíneos arruinou sua família, agora reduzida a duas fracas mulheres: ela, à beira do túmulo, e a filha, "uma flor perdida". A solução seria fortalecer a frágil raça dos Piranhas com um Golias. O candidato, o lavrador Bragaldabás, parece um monstro, assustando a moça. O Dr. Maldonado, que tinha inclinação pela jovem, evita--lhe o matrimônio absurdo. Ele já havia dito que ela, ao lado de Bragaldabás, faria figura "de um lírio na tromba de um elefante".

Uma gravidez portadora de problemas havia sido tratada comicamente por Coelho Neto em *O diabo no corpo*. A peça, bastante espirituosa, embora sem ambição, pode ser considerada entre as de mais eficaz rendimento na obra do escritor. A jovem, filha de fazendeiro, rola pelo chão. Cólica de fígado? Estaria possuída pelo demônio? Seria quebranto? A possível presença de Satanás cria um problema na fazenda – todos os empregados querem evadir-se. Foi essa a maneira que a jovem encontrou, a conselho do padre, para esconder o parto próximo. No segundo ato a família se desloca para o Rio, onde termina o curso de Medicina o sedutor. Na pensão, existe uma empregada mulata, cujo prestígio sensual fora lançado por Artur Azevedo. O clima de farsa se acentua, quando o sedutor apresenta o seu criado como faquir, "especialista no tratamento das moléstias sobrenaturais e da hidrofobia". Bêbado, o falso médico estabelece a confusão, terminando a cena em balbúrdia. O parto se dá em pleno terceiro ato, e o jovem, depois que fora difícil afastar as testemunhas, expõe ao futuro sogro a saída honrosa: "Já lhe disse, coronel, que pretendo praticar nos hospitais europeus; a criança irá comigo, ou antes: conosco, e, de lá, logo que chegarmos, terá o sr. uma carta anunciando a morte do enjeitadinho e, conjuntamente, o anúncio do próximo nascimento do nosso primeiro filho". O problema era a discrição de nhá Rita. O vigário a atesta, dando a conhecer que, sem ela, seu segredo estaria há muito no domínio público: o jovem não é seu afilhado, mas filho. Com o nascimento da criança ele se tornara também avô. A comédia faz apenas a revelação de efeito certo, sem esclarecer em que circunstâncias se dera a paternidade do vigário. Mantém-se, de cena a cena, a vitalidade cômica. Deve ser de graça irresistível, no palco, a figura desse vigário, cúmplice da simulação da jovem. O estudante expedito aproxima-se, na invenção de meios para resolver seu problema (e no trato do casamento enquanto se consuma o parto), dos jovens heróis que descendem de Plauto e Terêncio. O que assegura a diversão saudável de *O diabo no corpo* é sobretudo a alegria do nascimento, dominando tudo o mais. Quaisquer reservas moralistas rompem-se ante a satisfação provocada por aquele novo membro da família. O fazendeiro admite para o genro: "Afinal... o casamento é uma carta de fiança, tu pagaste adiantado, é a mesma coisa".

Um autor que tratara várias vezes do problema feminino não deixaria de escrever *A mulher*, peça na qual examinaria o lugar dela em face do homem e da sociedade. A redução do tema a uma comédia em um ato, porém, indica ter desejado permanecer aqui na brincadeira. A feminista Leonor se queixa: "... Ah! a mulher! a mulher! O homem absorve a vida – enche-a com o seu 'eu' despótico deixando apenas à mulher o canto obscuro do lar onde ela vive, como uma aranha, a tecer a teia. É iníquo!". Daí a escravização ao homem, que perdura até o presente. A avó Teresa representa o outro lado, o gosto que têm mulheres de permanecer na dependência masculina. Diz ela para a neta: "Filha, há duas ordens de sabedorias – a do cérebro, que se adquire no estudo, e a do coração, que se ganha na experiência: esta é a sabedoria da mulher". Mais adiante, Teresa reitera seu ponto de vista: "Eu insisto em dizer que a mulher deve contentar-se com a sua força, que é feita de um conjunto de fraquezas. A mulher deve ser meiga, crente, resignada, amorosa, caritativa e dócil". Leonor machuca-se numa luta de esgrima e exagera o ferimento. Apenas não poderia ir decotada ao Lírico. Precisa falar à costureira. Teresa se aproveita da reação da neta ao acidente para sentenciar: "... é a vitória do instinto. É a minha Leonor que eu consegui arrancar de um palheiro de ideias abstrusas trazendo-a para a verdade, para o seu destino que é ser mulher e não uma sabichona ridícula". A preciosa desapareceu. Mas foi lamentável que uma situação que prometia tanto, no início, se perdesse na quase anedota da luta de esgrima. Leonor cede a primazia no texto a Teresa, à medida que a ação progride, e esta domina paulatinamente os diálogos, com um bom senso cheio de convencionalismo. A prova do florete parece-nos simplória e o problema feminino não se resume no preciosismo, acrescentando-se, ademais, que Leonor nem muito tinha de preciosa. Só o desejo de converter o assunto, já tratado seriamente, em brincadeira, justifica esse "reacionarismo" algo fácil do autor.

Passou em julgado que a melhor peça de Coelho Neto é *Quebranto*, escrita especialmente para a Companhia do Teatro da Exposição Nacional, dirigida por Artur Azevedo na famosa temporada de peças brasileiras, em 1908. Há sempre ao menos um traço de verdade nessas consagrações, e, no caso dessa comédia, a releitura confirma o juízo histórico. *Quebranto* parece-nos uma síntese feliz das várias tendências do dramaturgo.

173

A história pode ser encarada como um novo tratamento, mais sério e ambicioso, da figura do provinciano na Corte, de tão larga ascendência na comédia brasileira. A presença do rico seringueiro Fortuna no seio de uma família carioca, disposta a explorá-lo, tem tudo do esquema comum do gênero. No caso, a promoção social do velho amazonense se prende ao casamento com a jovem Dora, por quem ele se apaixona e que aceita sem maiores delongas a proposta. Josino, primo de Dora, incumbe-se de lançar Fortuna na vida do Rio, cuidando de sua indumentária, do preparo físico e até de eventuais amantes, que o tornariam um homem chique. Além de explorar Fortuna, Josino tem outra característica de "vilão": um caso secreto com a prima, que o casamento vantajoso permitiria agora render. O seringueiro, porém, com dignidade e finura, desmancha a situação. Não aceita o papel de enganado que pretendem fazê-lo representar. A condição de seringueiro tem algumas funções na peça: fugir do uso habitual do provinciano de Minas ou de São Paulo; aproveitar a voga das grandes riquezas produzidas pela borracha; e favorecer a narrativa de uma lenda simbólica, que explica o recuo do protagonista. Fortuna conta a Dora o caso de uma jovem que, na sua terra, casou impura. Há "uma flor que só nasce em água muito limpa e tem a virtude de murchar e morrer logo se uma moça... que não é pura, pega nela". O seringueiro arrancou a verdade da moça e a matou. A flor... é segredo de caboclo. Fortuna, rasgando as cartas anônimas que denunciam Dora, lhe diz seu sentimento: "Ódio? Não, senhora. Ódio por quê? Ódio de caboclo não dura muito porque ele logo o afoga em sangue. (*Docemente*:) O que resta é pena. Sou um velho, a senhora é uma criança. É verdade que me quis fazer mal, mas o que passou, passou. Seja feliz. É moça, bonita, bem-educada, que mais? Pode ser ainda muito feliz. A flor da minha terra não é conhecida aqui nem os homens são brutos como o seringueiro do Purus". Dora chama-o mau e ele termina a cena com tranquila dignidade: "Eu? Oh! minha senhora, mau por que me defendo? (...) o seu segredo está na mesma sepultura em que enterrei o meu amor: um é mortalha do outro. Agora... que mais?". O julgamento de Fortuna não representa a condenação sumária da vida carioca.

174

Clara, a avó de Dora, benzeu Fortuna para livrá-lo daquele casamento que ela considerava absurdo. Não foi necessária a segunda benzedura: o quebranto passou. O mecanismo da sociedade se desmonta aí. A venda da mulher ao dinheiro, o tabu da virgindade (obrigando Dora a querer iludir Fortuna), a vitrina da ostentação, o culto da aparência. No estilo, réplicas divertidas alternam-se com uma dramaticidade velada, que não eleva a voz para o mau gosto. Um desencanto nostálgico instaura com frequência a poesia. *Quebranto* preservou-se intacta do nosso antigo repertório.

Também de 1908 data o sainete *Nuvem*, representado no Teatro da Exposição. As pretensões são aqui bem menores – o gênero o indica. O esquete é o ponto de partida para a brincadeira. A mulher quer voltar para a casa paterna, porque surpreendeu o marido num colóquio amoroso, no *five o'clock*. Chega o suposto adúltero e explica: era uma sessão de cumberlandismo, processo divinatório. O sogro finge injuriar o genro, incitando a filha, assim, indiretamente, a sair em defesa do marido. Um "chá à antiga, como no bom tempo patriarcal" (e não o *five o'clock*), coroa esse reencontro familiar. Passou a nuvem.

Na comédia *Fogo de vista*, estreada em 1923 (o elenco incluía, entre outros, Jaime Costa e Dulcina de Morais, dois nomes que marcaram o nosso palco atual), Coelho Neto procura fixar um tipo brasileiro de janota, que se dedica simultaneamente a duas jovens e tem o jantar assegurado cada noite, alternando as visitas às duas famílias. Descoberto o embuste, Costinha finge que a ida à casa do modesto funcionário Matias é parte da diligência policial em que está empenhado. Enquanto se mantém o suspense, as improvisações arlequinescas (em que precisa desdobrar-se o trêfego rapaz) prolongam os efeitos cômicos. Nesse gênero, o esclarecimento não consegue mais sustentar a graça. O público sente que talvez o tenham ludibriado. Não convence a explicação de Costinha. Sua infelicidade vem do irmão, falecido: "... Nós éramos dois, gêmeos. Ele morreu: fiquei só e com toda a herança do finado. Assim, eu tudo faço por dois: por mim e por ele. Como por dois, durmo por dois e queria casar-me por dois. Caprichos da natureza, meus amigos. Eu sou uma vítima". A anedota encerra a peça. Salvaram-se a diligência dos recursos empregados pelo conquistador e a pintura de alguns costumes, fonte generosa de nossa dramaturgia.

As peças enfeixadas no sexto volume do *Teatro* de Coelho Neto não trazem data nem menção à montagem. A edição é de 1924. Algumas indicam como gênero a farsa, outras a comédia. *O patinho torto* (em três atos), que dá título geral ao livro, talvez seja a mais fraca. Baseou-se numa notícia de jornal, publicada em Belo Horizonte. Um atestado médico, passado pelo Dr. David Rabello em 8 de novembro de 1917, dá conta de que Emília Soares é homem. "Le vrai peut quelque fois n'être pas vraisemblable", epígrafe tirada de Boileau, forneceria a justificação intelectual do entrecho. Mas o autor não soube extrair da sugestão uma história convincente. Muita comicidade poderia produzir essa súbita mudança de sexo. Um pouco de graça aparece no compromisso de matrimônio: como Eufêmia se casaria com Bibi, agora que se tornou homem querem destinar-lhe Iracema, irmã do ex-noivo. Eufêmia explica o seu problema: "O caso é simples. Como nasci muito enfezadinho, mamãe fez a promessa de vestir-me de mulher até eu completar os 18 anos. Terminando hoje o prazo do voto reintegro-me no meu sexo, que é o masculino". Ainda afeito a simbologias, Coelho Neto caracterizou Eufêmia como "patinho torto". A ave da história, um monstrengo, "não era nem mais nem menos que um cisne e só deu por isso quando, fugindo à perseguição dos patos, que o traziam de canto chorado, achou-se, um dia, num lago, entre outros cisnes. Vendo-os e comparando-se com eles, ficou surpreendido com a semelhança, compreendendo, então, e com orgulho, que não era um aleijão, mas um lindo exemplar de animal superior, com outro porte, outra graça que não tinham os patos". A antiga Eufêmia, desajeitada e dura, transformou-se num belo exemplar do sexo masculino. No jogo do bicho, havia de dar, naturalmente, naquele dia, o galo.

A farsa *Sapatos de defunto* acolhe uma graça um tanto grosseira, a começar pelos cachorros que ladram insistentemente dentro da cabeça de Militão, velho a quem o compadre quer dar a filha em casamento, na expectativa da herança. O escrevente de cartório quase cria um conflito, mentindo que o testamento não legava bem nenhum à afilhada. O compadre quer expulsar de casa

176

o hóspede incômodo, quando ele revela a verdade: presenteara generosamente a moça. Nunca lhe passara pela cabeça casar com uma criança e, como reparo, exige apenas que seja expulso de casa o tabelião. Apadrinhará no casamento o noivo da afilhada, de escolha dela. O intrigante, que desejara afastar o rival rico, volta ainda ao palco para buscar a dentadura esquecida...

O tango nasceu da voga antiga da dança e talvez agrade ao público atual, agora que ela volta à moda. Passa-se a farsa numa escola de dança e diverte, nas atrapalhações costumeiras provocadas pelas reprimendas do patrão aos professores bêbados, e na procura da mulher ao marido que fugiu.

A guerra, apesar do exagero dos recursos farsescos, parte também de uma ideia divertida: o protagonista, morador no Rio, conduz os exércitos aliados... e sofre cada peripécia da luta. Alguns quiproquós asseguram-lhe comicidade.

No melhor padrão de Coelho Neto situa-se *O pedido*, comédia em um ato. Realizou aí o autor, de novo, a síntese de suas qualidades autênticas. Misturam-se um lirismo nostálgico e comovido às observações sobre a atualidade. O pai mostra um temperamento caturra e não gostaria que a filha casasse. A nação vai mal porque o brasileiro quer é Paris. O pedido de casamento se faz num delicioso discurso, bem típico do nosso vezo oratório. Quando a moça, consultada, diz que fará o que os pais quiserem, o protagonista não titubeia: "O que nós quisermos...? Pois se é assim, minha filha, eu, por mim, falando com franqueza, ainda que tenha simpatizado muito com o doutor prefiro que fiques conosco". Mas o pedido é aceito. O pai, sozinho, contempla o retrato da menina, e apanha debaixo do sofá um sapato de boneca. A cena de lírica intimidade é interrompida pelos votos de felicidades aos noivos, enquanto baixa o pano. Na discrição e na sinceridade da pintura de interiores aparece a garra do ficcionista.

O enxundioso vocabulário, que requer frequentemente a procura de um sinônimo familiar aos ouvidos, colocou no ostracismo, durante algumas décadas, o romance de Coelho Neto. Para a sua dramaturgia, não há necessidade de revalorização, porque a linguagem rebarbativa está mais nas rubricas – o diálogo a aborrece. Veja-se, por exemplo, uma indicação de *Fogo de vista*, peça poste-

177

rior à reforma do modernismo: "Silvério é um velho jagodes: calvo, com falripas em franja sobre a gola, barba passa-piolho (...). A andaina, em que está enjorcado, (...) engelha-se-lhe no corpo. (...) Entra zumbrido". Felizmente, o público não ouve a rubrica.

É simples concluir-se que o melhor teatro de Coelho Neto se inscreve na tradição cômica brasileira, temperada por um intimismo de pulsações líricas. Só nos dramas desenfreados ele está definitivamente morto. O comediógrafo não fica à parte, nem altera a perspectiva histórica do nosso teatro: testemunha, como outros, a orgânica unidade da dramaturgia brasileira.

SENSIBILIDADES CREPUSCULARES

OS MOVIMENTOS decadentistas, ao sabor *fin de siècle*, alcançaram o nosso teatro: sua maior vítima foi o poeta Goulart de Andrade (1881-1936), cuja sensibilidade doentia se espraiou em alexandrinos de má literatura. Deveria ser uma natureza delicada e afeita a estranhas sonoridades. Ele se sente bem nas regiões dúbias, lidando com ciúmes mórbidos e estoicas renúncias. Sempre o verso, algo rebuscado, pouco útil ao diálogo e sem se prestar à ação dramática. Faltou-lhe a vocação específica do palco, e a sua poesia não tem valor. Por que não omiti-lo, se das obras que escreveu nenhuma resiste à crítica? Apenas porque Goulart de Andrade é sintomático de uma tendência teatral, o dramaturgo que exprimiu, num extremo de irremediabilidade cênica, o gosto deliquescente dos sentimentos serôdios.

Renúncia, um ato curto, baseado num conto de Oscar Lopes, basta-se com três personagens: Ester, mãe viúva; seu filho Cláudio, de 20 anos; e Laura, outra viúva, de 36 anos. A escolha das criaturas sugere o conflito pretendido. O núcleo dramático acha-se no diálogo das duas mulheres, tentando Ester convencer Laura de que seria melancólico o futuro, se levasse avante o propósito de casar-se com o filho. A razão recomenda a Laura a renúncia. O que nos parece hoje de uma curiosa ingenuidade é a revelação de Ester. Ela diz claramente que não suportaria uma ligação do filho com outra mulher. O complexo de Édipo do jovem já estaria claro no interesse por Laura.

Outro texto de implicações incestuosas é *Sonata ao luar*. A diferença com *Renúncia* reside num pormenor: dessa vez, é o pai que não deseja o casamento da filha: "Antes a visse morta!/ (...) Outros lábios ser-lhe-ão mais leves, porventura,/ Que os lábios de seu pai?". Para não repetir a situação de *Renúncia*, aqui o pai abdica da intransigência primitiva e acaba admitindo o matrimônio. O adágio da *Sonata ao luar* pontilha a aclamação do verso, imperturbável na rigidez pateta e solene.

O ciúme de *Depois da morte* pareceria mais normal: sente-o o marido da esposa. Mas o móvel nada fica a dever ao das peças anteriores. Alda é casada em segundas núpcias, e Augusto não suporta que tenha existido o primeiro cônjuge. Não o convence o argumento da mulher: "O amor só é profundo,/ Delirante, imortal, quando já vem segundo". Como resolver o problema? Só se ela abandonar tudo, e desistir também da fortuna. Assim, nenhum laço a prenderia ao passado. Alda desfaz-se de todos os bens e retorna à cena até com um avental azul. Beijos frenéticos fecham a cortina.

Numa nuvem transporta esse clima esotérico para a Florença quinhentista. O gênero está definido como "fantasia romântica". O Duque de Toscana, de 60 anos, quer casar-se com Iolanda, cega de nascença, de 18 anos (ainda uma vez a grande distância de idades nas inclinações amorosas...). Mas surpreende um colóquio entre a noiva e um jovem ourives, que lhe narra o engodo sobre as rugas do velho. Iolanda afirma que já o pressentia, pela voz do Duque (o dramaturgo revela também o gosto impressionista de misturar som e cor). Em vez de castigar o jovem e a noiva que lhe estava prometida, o Duque acolhe os dois como filhos, em seu palácio, e pede para lhe perpetuarem o nome, nos descendentes. O Duque, segundo informa, foi belo e bravo, mas nunca teve amor. Dessa vez, pretendia iludir a moça, contando com a cegueira dela. O leitor fica espantado que um duque, com tantos títulos e qualidades, nunca encontrasse antes uma mulher disposta a desposá-lo. O incrível episódio só poderia nascer do artificialismo congênito de Goulart de Andrade – a quem nunca preocupou um vínculo real.

A peça *Jesus* é dedicada à memória do irmão do dramaturgo, Aristeu de Andrade, que escreveu o primeiro ato, deixando-a inacabada. O original incluía a presença de Jesus, que foi suprimida, pelo motivo que aparece em nota: "Achando que esse personagem, todo espiritual, não devia ser corporificado, substituí-o no verso por Judas". Não obstante sejam inferiores ao texto original quaisquer versões da história bíblica, parece-nos sugestiva a exegese do poeta. Judas trai Jesus por ciúme de Maria Madalena. Ama-a, e ela se entrega a todos, menos a ele, e lhe pede para que traga Jesus, seu amor verdadeiro. O sacrifício de Jesus nasceria, assim, do ressentimento sentimental. Mais uma vez não há dramaticidade. O que seria o conflito básico é sempre escamoteado, e restam os versos de gosto duvidoso. O autor evita as grandes situações, mas impede, por outro lado, que a peça funcione cenicamente. Tudo se prepara para algo que não sucede nunca. A história de Cristo se esbate, à distância, sem se comunicar ao espectador.

O painel *Os inconfidentes* procura movimentar-se por meio de cenários diversos e da variedade de personagens. A ambição tornou menos aceitável a queda. Procura o autor dar corpo à Revolução mas, sem talento dramático, antes que ela tenha realidade palpável, já estão presos os conjurados. Tiradentes pede perdão do sucedido aos companheiros, para mais tarde Alvarenga Peixoto, que vivia a acusá-lo, pedir ao mártir que também o perdoe. A duvidosa inspiração literária condena a existência cênica do teatro de Goulart de Andrade.

João do Rio (pseudônimo de Paulo Barreto, 1881-1921) viveu, por vários indícios, na atmosfera crepuscular, mas aquilo que o distingue é a sátira aos ambientes decadentistas, a afirmação de uma autenticidade profunda, nascida em meio ao brilho fútil e ao jogo de palavras. O uso contumaz do paradoxo, arma desferida contra os erros sociais, aproxima-o inevitavelmente de Oscar Wilde. O dramaturgo, aliás arguto cronista, não perde oportunidade de emitir um pensamento ou uma frase de efeito. Na ligeireza dos salões e dos comentários superficiais acaba por introduzir sempre, porém, um sentimento genuíno, uma verdade inquestionável.

Em carta dirigida ao escritor Orris Soares, João do Rio enuncia algumas de suas convicções estéticas: "É impossível fazer uma obra de arte com outro sentimento que não seja o da beleza ou o da vida. Em todas as manifestações da arte. A obra é que, depois da realidade (se exprime com a realidade maior que a realidade em certo estado d'alma universal), passa a ser um símbolo.

"Acredita V. que Shakespeare escrevesse *A tempestade* com outra ideia senão a de divertir? *A tempestade* tem os signos essenciais da vida, entretanto! Acredita V. que todos os tipos do teatro

181

moderno ou antigo foram criados com a ideia *a priori* de fazê-los símbolos? Eles tornaram-se depois. "O simbolismo, escola estética, morreu desse erro. Os fortes, que os simbolistas chamam seus, o Ibsen, o Hauptman, estavam longe de criar sombras para dizer coisas inventadas por eles para criar o símbolo. A fatalidade natural é necessária ao teatro. Sempre. Absolutamente. Há nada mais natural que a Heda Gabler, ou a Nora, ou o Solness?". O missivista concita o destinatário a voltar à realidade. E lhe recomenda: "Deixe essa preocupação que dá às suas peças um ar irreal de pesadelo".

Estribado nesses princípios, João do Rio fez uma literatura dramática sem mistérios, cujo teor intimista transparece das sensibilidades retratadas. A sugestão completa o esboço, que foi traçado em cena. As peças inscrevem-se, assim, no território poético. É forçoso reconhecer-lhe o dom próprio do teatro.

Clotilde foi o primitivo título da primeira peça dramática escrita por João do Rio, e estreada com o título definitivo *Última noite*, em 1907, juntamente com *O dote*, de Artur Azevedo. Em que essa curta cena revela o futuro dramaturgo? No entrecho (o episódio passa-se na roça), o marido desconfia do adultério de Clotilde, e resolve ficar de tocaia, para matar o sedutor em sua escalada noturna. Impossibilitada de avisar o amante, Clotilde aceita a declaração de amor de outro homem (que ela odiava), e o leva a percorrer o itinerário fatal. Talvez impressione a frieza amoralista, o cinismo com que substitui a vítima. Não se pode esquecer um dado positivo: por amor verdadeiro, independente de considerações éticas, Clotilde salva o amante. O diálogo é ainda artificial, duro, e o episódio não tem fluência – percebe-se a construção. O autor não se libertou do jogo cerebral.

Tenta João do Rio um passo mais ambicioso em *A bela Madame Vargas*. Já aparece aí o *raisonneur*, a personagem Belfort, deliciando-se nos paradoxos, alguns de fato muito divertidos. Toca o autor, pela graça de sua criatura, uma ferida brasileira: "O mar é um laboratório da imaginação e é por isso que eu explico a superprodução de poetas nacionais pela extensão das costas...". A viúva Madame Vargas, que sempre brilhou pela beleza, está às voltas com Carlos, um rapaz que assume aos poucos o papel de vilão. José, que há muito lhe propunha casamento, não só cresce em simpatia, mas pode também resolver o problema financeiro em que ela se debate.

Carlos quer envolvê-la, ameaça escândalo e só não consuma a vilania porque Belfort, providencial anjo da guarda, lembra-lhe a existência de um documento comprometedor. O desfecho poderá ser feliz: não fosse a natureza operística de Carlos, o debate de Madame Vargas entre um amor que finda e outro que desponta teria validado a peça. Por erro do autor, resta o melodrama.

A faceta brilhante de João do Rio encontra um veículo fácil no sainete *Que pena ser só ladrão!*, baseado na lembrança de um conto de Paul Giaffari. A situação paradoxal está aí no diálogo travado entre o elegante gatuno e a prostituta pobre, que o surpreende no interior do seu quarto. Caberia esclarecer: tão fino ladrão cometeria o equívoco de visitar local semelhante? O autor não se deve ter preocupado muito com a verossimilhança: queria um pretexto para destilar perfídias elegantes, como esta observação do gatuno: "Porque afinal a única profissão que não é insultada nos jornais é a de ladrão. Ao contrário, é considerada o diletantismo de todas as outras". O ladrão devolve a parca soma encontrada e presenteia o resto dos trabalhos de outros dias. Não fica em companhia da mulher, porque, segundo declara, é casado e nunca dorme fora de casa. Ela, sozinha, encerra a peça: "... Mas parece impossível! Tão elegante! Tão simpático! Tão sério! Tão diferente!... Que pena não ser como nós, meu Deus! Que pena ser só ladrão!".

Encontro é definido por João do Rio como "um ato sobre uma triste saudade...". Fixa o encontro fortuito de uma prostituta com o primeiro namorado. O reconhecimento banha-se de lirismo. A sensibilidade confere encanto à fluidez da situação. Quase Carlos rompe o recato, insistindo com Adélia para que terminem o diálogo no leito. Ela se defende: "Olha. É coração. Isso que tu queres é de todos, pobre de mim! Mas se eu for para ti o que sou para todos, por quem hei de esperar, em quem hei de pensar?". O coronel bate na porta, é preciso que o antigo namorado fuja como correu outrora da perseguição do pai de Adélia. O autor, habilmente, não introduz em cena o coronel, para que Adélia frua a solidão. Há delicadeza de alma nessa mulher que não admite ligar-se sexualmente ao primeiro namorado. É um resgate da queda, da melancólica realidade.

Um chá das cinco – já o sugere o título – prefere a sátira, a brincadeira de salão. Sorri João do Rio da futilidade, dessa fauna superficial que se deleita no *mot d'esprit* e no brilho do diálogo em francês ou em inglês (o vernáculo é de mau gosto). Uma personagem chega a afirmar que "a literatura é agora um passatempo de boa sociedade". Em meio ao ambiente, Pedro diz que "o amor transforma. Desde que amo, acho todos esses chás horríveis". Contrastando com o teor das conversas, define-se o caso amoroso entre ele e Irene. Para o ato concluir na amenidade do *five o'clock*, a orquestra continua a tocar o *one-step*, enquanto o casal e outros pares dançam com entusiasmo.

Essa peça parece um prelúdio de *Eva*, estreada em São Paulo em 1915, com grande êxito, segundo relata Fábio Aarão Reis. João do Rio conjuga nesses três atos todas as virtualidades do seu talento. Vem, em primeiro lugar, o cronista dos salões elegantes, agora na fazenda de café de Antero Souza Prates, Conde do Vaticano, situada a quarenta minutos de Ribeirão Preto e onde os criados se dirigem aos patrões e hóspedes em francês. O jornalista Godofredo de Alencar incumbe-se do papel de *raisonneur*, com o mesmo gosto wildiano do paradoxo, característico do Belfort de *A bela Madame Vargas*. Os diálogos são vivos e brilhantes, traindo o *causeur* fino e sagaz, que polariza as atenções das festas. Sob a ociosidade dos programas de passeios e do saltitar vadio, o autor coloca o desejo de um empenho efetivo. Eva, a "menina original" de 22 anos, tentadora permanente na esplêndida beleza, diverte-se com a corte masculina, sem fixar-se num eleito. Eis que Jorge parece o apaixonado sincero, disposto à união por toda a vida. Como avaliar a autenticidade de seus sentimentos? Eva o põe à prova. A polícia investigará todos os hóspedes, porque foi roubada uma joia de grande valor. Eva diz a Jorge ter sido a autora do furto. Leva-o o amor a assumir a responsabilidade do ato. Mas não será necessário que ele consuma o sacrifício: descobrem que o ladrão foi o jardineiro. A prova teve resultado cabal. Poderia servir de epígrafe à peça a frase de Cocteau: "Il n'y a pas d'amour; il n'y a que des preuves d'amour". O pano baixa com o riso e os cumprimentos dos convivas.

A peça tira partido do contraste entre a futilidade do meio e o jogo perigoso de Eva. O clima inconsequente justificou a ousadia da protagonista, aliás brincalhona e esvoaçante, na aparência. A trama, urdida com determinação pela jovem, aparenta-se à seriedade fundamental das histórias de Marivaux, encobertas pelo brilho enganador das palavras. Embora o primeiro ato seja o mais feliz, não se quebra a inevitabilidade do desenvolvimento. *Eva* é mais uma peça à espera de uma inteligente remontagem.

Noturno e mórbido, Roberto Gomes, que se matou no Natal de 1922, aos 40 anos, distinguiu-se em nosso teatro pela psicologia fina e sutil, pela emoção velada e sofredora, por um sentimento nostálgico e autêntico. Lamentamos que não tenha sido mais numerosa sua obra, para que o trabalho contínuo lhe apurasse as qualidades.

Há duas décadas, foi descoberto o ato *Casa fechada*, que trai a inspiração melodramática e o desejo de aparentar profundidade e mistério no desfecho, ao qual serviria a frase conclusiva: há na terra dramas que escapam à razão humana e só Deus sabe o seu fio. Não obstante essa restrição básica, a peça prende o interesse da plateia, pela observação das personagens e do ambiente retratado. A par do problema da "casa fechada", apresentam-se os tipos comuns da cidade do interior – a mulher que não perdoa o erro alheio, a compreensiva, a mexeriqueira histérica, o boticário, o barbeiro e tantos outros – que, em rápida caracterização, oferecem o quadro de costumes e de sentimentos fixadores de almas tão triviais. A narrativa não tem inteira fluência, servindo-se frequentemente de apoios fáceis para prosseguir o diálogo, mas a história adquire corpo à medida que se sucedem as cenas. Não fossem a lição que procura desprender-se do episódio e certos pormenores ingênuos, como a descrição do castigo infligido à esposa adúltera, e a da morte sádica dada em caso análogo, ou melhor, permanecesse a *Casa fechada* um ato de costumes e não se definisse como drama, o resultado satisfaria muito mais. Entre os trabalhos em um ato figura também o "noturno" *Sonho de uma noite de luar*, que nenhuma virtude apresenta. Pretensioso, na linguagem e na situação, perde-se totalmente na subliteratura, inspiradora de seus eflúvios românticos e da fraseologia empolada e de mau gosto.

A peça mais divulgada de Roberto Gomes é *Berenice*, drama em quatro atos. A construção sólida, o efeito seguro de muitos diálogos prenunciavam o texto de qualidade. Ele não chega a tê-la, porém. A terrível ação do melodrama, através dos vilões de opereta, prejudica o resultado artístico. Esmerou-se o autor na pintura de Berenice, viúva de 38 anos que se apaixona por Flávio Orlando, pianista de 20 anos. Recusa ela um segundo matrimônio de interesse. Lança-se na aventura alucinada com o jovem pobre e ambicioso, que se vale dela para a ascensão social. Bastou a Orlando – agora maestro Orlando – conseguir nome e projeção, para afastar-se de Berenice. O entrecho acompanha o seu esforço desesperado para reaver o rapaz, embora as considerações cerebrais não a iludissem quanto ao futuro. Orlando experimenta ainda uma cena de sedução ("A única mulher a quem amei foste tu"), com o objetivo de retomar as cartas comprometedoras. A paixão escura de Berenice, que já a havia levado a humilhar-se diante da noiva do antigo amante, dita-lhe por fim o suicídio. O retrato da mulher apaixonada dignifica a trama, cuja eficácia se perde pelo folhetinesco das peripécias menores do vilão. Dá vontade de que alguém reescreva *Berenice*, aproveitando-lhe a inegável presença do autor de teatro. Dr. Chico, o amigo solícito que recomendara um matrimônio de razão para a heroína, resume nessa fala a despojada sabedoria do texto: "Será um casamento de outono, calmo e melancólico. Ele não te dará a felicidade, porque não há nada que dê a felicidade... e receio mesmo que essa não passe de uma vã palavra. Mas dar-te-á algumas felicidades, o que já não é pouco". O desespero crepuscular venceu a transigência estoica – restou para Berenice o mergulho no nada.

Na grande peça *O canto sem palavras*, uma das mais depuradas do nosso repertório (a estreia deu-se no Teatro Municipal do Rio de Janeiro, em 1912), a situação assemelha-se à de *Berenice*, que lhe é posterior, sem o desfecho melodramático. A diferença está em que é um velho a presa de um amor outoniço pela afilhada. Até o pressuposto psicológico foi melhor lançado: qual Fedra que revive em Hipólito o amor pela figura adolescente de Teseu, Maurício vê em Queridinha a imagem da mãe, sua paixão frustrada de outrora. O cavalheirismo, a educação, a delicadeza íntima não permitem que aflore o sentimento quase incestuoso, até que o namoro de Queridinha com outro deflagra o ciúme impotente. *O canto sem palavras* tem o bom gosto de não trocar nenhum diálogo esclarecedor entre os protagonistas. A paixão dilui-se no vácuo, revelada apenas a Hermínia, a secreta companheira de tantos anos. Maurício explica a Paixão o que o liga a Hermínia: "... A intimidade entre mim e Hermínia foi sempre feita de mero afeto, tristeza e mútua desilusão. (...) Unimos as nossas solidões. Era tudo quanto queiras: piedade, dó, pena um do outro, pena de nós mesmos. Fazíamos os gestos do amor, mas não era amor! Nunca foi amor!". Quanto a Queridinha, "era Maria Luísa que eu amava nela e a sua presença adoçou-me um pouco aquele gosto amargo de cinza que a vida deixa em todos nós". Maria Luísa tocava *O canto sem palavras*, e Maurício pede a Queridinha que repita ao piano a música de Mendelssohn, apagada a lâmpada elétrica: "Aos velhos como eu, a luz muito viva ofusca os olhos. Preferimos a penumbra abafada e silenciosa. Temos almas crepusculares".

A poesia tênue do dramaturgo prolonga-se pelos três atos. Maurício chega a proibir que a afilhada se case, mas Hermínia, compreensiva, depois de escutar-lhe o desabafo, aconselha-o a arrefecer o rigor. Sem alarde, o terceiro ato se abre com um carregador que leva as malas: na véspera do casamento de Queridinha, Maurício e Hermínia partem para a Europa. A despedida alimenta-se da mágoa do autor: "Adeus! Notaste o estranho efeito dessa palavra soturna e misteriosa, que ecoa em nós indefinidamente, até morrer... Parece conter em si um triste encanto mórbido, que amedronta os homens. Sempre evitamos pronunciá-la". E Maurício prossegue: "Aparecemos na terra como pequenas sombras frágeis, para esboçar no crepúsculo alguns gestos monótonos e tristes, e morrer depois, sofrendo, como nascemos, sofrendo, como vivemos, sofrendo!". Um toque proustiano banha esta última constatação de Maurício: "Tudo se esquece, minha querida, e essa é que é a grande tristeza!". A rubrica assinala que Maurício usa um "leve tom de imperceptível ironia, que adotou desde o começo da cena e com o qual procura mascarar a sua emoção". O "ardente beijo de amor" dos noivos sublinha a ironia dessa despedida. Em nossa literatura, a altitude de *O canto sem palavras* se equipara à dos melhores momentos dos romances de Machado de Assis. Esquecido tudo o mais que escreveu, Roberto Gomes revela nesse texto o gênio de admirável ficcionista. Há obras que, racionalmente, admiramos e cuja importância objetiva somos forçados a reconhecer. Outras falam-nos na intimidade como secreta confidência. Têm o dom de tocar nossa sensibilidade algumas peças de Checov: *O canto sem palavras* pertence a essa restrita família.

Paulo Gonçalves (1897-1927) é, talvez, o último dramaturgo a figurar marcadamente nessa tendência, mergulhando a maioria de suas peças no gosto impressionista, feito de despedida, de abandono, de renúncia. Os dois volumes *Poesia e teatro*, em que foram enfeixadas postumamente suas obras completas, separam a produção dramática em verso, composta de cinco textos, e a em prosa, de três. Entretanto, três peças em verso ainda não foram representadas, e a leitura nos dá a certeza de que o autor se sentiu mais à vontade na prosa.

O resultado cênico desse expressivo trabalho, em tão curta existência, deveria forçosamente ser desigual, e às melhores características de uma natureza fina e sofrida mistura-se uma subliterária inclinação pelas alegorias abstratas. Sua melhor peça parece-nos *As noivas*, fundada numa história comum da jovem que espera a volta do rapaz amado, até a melancólica certeza de que ele não retornará nunca. Paulo Gonçalves escapa da pieguice e da autopiedade pelo pudor dos sentimentos, quase abafados.

Inscreve-se na preocupação de bondade até a comédia em quatro atos *Núpcias de D. João Tenório*. Aí, o "burlador", arrependido, e que pede perdão "por todo o mal que fiz à mulher na existência", não poderia sugerir nada razoável. Desaparece o vigor do mito, sem que outra característica plausível se apresente. É lamentável esse D. João burguês, ciumento. Da lenda, o autor conserva apenas a ousadia de um beijo numa noiva, comprometendo-a em definitivo. A trama, as peripécias, a presença da Amiga, do Poeta, da Ingênua, do Fâmulo – tudo é tolo e ridículo. Por que estragar assim Tirso e Molière?

Quando as fogueiras se apagam, comédia-bailado em dez cenas, já assinala o traço fundamental de Paulo Gonçalves – o sentimento silencioso e resignado, a dor sem protesto. Jango pede a Celeste que auxilie a sua aproximação de Carlota, naquela noite enluarada de festa junina. Celeste gosta dele, mas nem deixa entrever sua inclinação. Ganha de Jango uma flor – presente de sua felicidade com Carlota – e se resigna em beijá-la, chorando, enquanto a fogueira diminui, até se apagar, e baixa o pano. A delicadeza poética valoriza o fugidio episódio.

Em *O juramento*, Vergílio volta à sua terra, depois de muitos anos de ausência. A moça cansou-se de esperá-lo, casa-se com outro. Diz-lhe o Padre: "Seis anos te esperou, nunca mais lhe escreveste;/ ela pensou que a havias esquecido...". O Padre aconselha ainda a Vergílio que se vá embora: "A renúncia é para as almas nobres". Assim como veio, de mãos vazias, o rapaz se afasta. O sofrimento manso, calado, parece a partilha certa da existência. Mas, dentro desse clima evanescente e etéreo, o leitor tem vontade de indagar, com realismo: mas, que diabo, por que Vergílio passou tantos anos sem escrever uma carta?

1830, estreada em 1923, reunia um elenco de primeiros atores: Apolônia Pinto, Abigail Maia, Margarida Max, Procópio Ferreira, Palmeirim Silva, Manuel Durães e outros. Procura o autor reconstituir a vida daquela época, em São Paulo. As brincadeiras dos estudantes vencem às vezes o mal-estar dos versos, e a sua boa índole não admite que um escravo seja vergastado. Há um pouco de má oratória sobre a fibra da mulher paulista, e a comédia termina pelo melhor: o estudante pobre, mas sincero e honrado, recebe o consentimento para casar-se com a moça rica.

Retorna o tema do abandono na fantasia romântica *O cofre*, na qual o Namorado se dirige a Cupido, que só se exprime por gestos. Cupido atira pela janela a chave do cofre (onde estão guardadas as cartas de amor) e confirma que outra paixão levou embora a amada. Baixa o pano sobre a solidão do Namorado.

Paulo Gonçalves utilizará de novo a alegoria em *A comédia do coração* e *As mulheres não querem almas*, ambas representadas em 1925. A primeira transfere-se integralmente para o campo alegórico, e se realiza numa trama engenhosa e de resultados apreciáveis. A segunda humaniza um manequim, e não era mesmo possível fugir à subliteratura.

A Comédia do coração fixa o conflito entre os sentimentos, no interior de um coração. Eles estão "individualizados e vestidos das cores que lhes emprestam os ocultistas: a Paixão, cor-de-rosa; o Medo, cor de cinza; o Ódio escarlate, rajado de negro; o Ciúme, cor de cinza, pintalgado de vermelho; a Alegria, branco, com manchas verdes". A Paixão explica-se: "Afinal, qual é o meu crime? Amar, simplesmente amar". O Sonho prega a igualdade econômica: "Se o comunismo fosse uma realidade, os casos como este já estariam resolvidos". (A Razão só admite os casamentos por conveniência.) A Paixão, que diz carregar em si a própria condenação, porque não se basta, está aparentemente morta. Surge a Desconhecida, que a salva. Define-se como a "Saudade, aquela que eterniza as paixões, por mais breves que tenham sido!". Não deixa de ser bem imaginado esse diálogo de sentimentos, em que a rigorosa simbologia consegue compor uma história verdadeira – a comédia do coração.

O prólogo de *As mulheres não querem almas*, comédia-fantasia em três atos, refere-se à inconstância feminina, ao sonho num carnaval carioca, responsável por "esta peça alegórica", e ao teatro como "convenção somente/ E o real se consegue artificiosamente". Dessa vez, contudo, ficou apenas o artifício, numa intriga moralizante do pior gosto. As jovens querem o colar de pérolas, o namoro leviano, o ludíbrio da riqueza. O Mascarado, que verbera a sedução da futilidade, acaba dizendo que conhece as meninas da oficina onde trabalham. "Eu sou o manequim da loja. Fiquei encantado em homem." Esse escudo lhe permite invectivar o Rapaz: "... é que eu tenho a vantagem de conhecer-me – e a coragem de declarar que sou um boneco – e vocês vivem a iludir-se a si próprios...". Dirige-se depois o Mascarado aos homens como "Meus queridos bonecos de carne!". Quando a alegoria não alcança uma autenticidade total, cai num incômodo ridículo.

Por isso preferimos a simplicidade natural de *As noivas*. De Dores, vila do longínquo Sergipe, três rapazes saem para tentar a vida em São Paulo. As noivas ficaram lá, à espera de que, ricos, venham um dia buscá-las. Mas a grande cidade, impiedosa na sua luta anônima, engole muitos sentimentos nobres. O noivo de Angélica não retorna mais: casou-se por lá. Outro pretendente da moça, desiludido, entra no Seminário, para tornar-se padre. A peça fecha-se sobre o despojamento progressivo de Angélica. A ternura, a bondade, a resignação vão ditar o último gesto da jovem: pede que entreguem seu enxoval à outra, que é pobre e se casou com o seu noivo. Essa asfixia da vida, lenta e inexorável, domina as personagens em que o autor derrama a sua ternura. Paulo Gonçalves traz à nossa lembrança, às vezes, o teatro de Checov. É uma homenagem ao dramaturgo brasileiro.

190

DRAMATURGIA PARA ATORES

A DEFLAGRAÇÃO da Guerra de 1914-1918 afastara-nos da Europa. O Brasil, que sempre recebera a visita dos maiores nomes do teatro francês, italiano e português, em temporadas que alcançavam a maior repercussão artística, se viu de súbito isolado dos centros culturais, necessitando abrir um caminho por conta própria.

O grande êxito da peça *Flores de sombra*, de Cláudio de Souza (1876-1954), apresentada inicialmente em São Paulo, em 1916, e a seguir no Rio de Janeiro, se explica em grande parte pelo reencontro de um tema e de um mito caros à nacionalidade: a valorização das virtudes campestres, dos troncos tradicionais da família brasileira, em contraste com a degenerescência dos hábitos citadinos. O problema, que já havia aparecido em tantos outros textos, ganhava uma atualidade vital, na satisfação de banhar-se nas fontes regeneradoras do país – os costumes simples e austeros, o trabalho sólido e honrado, o cultivo dos sentimentos legítimos e sinceros. A burguesia aristocratizada do interior afirmava a sua moralidade, contra o cosmopolitismo da Capital, em que o jogo dos interesses fúteis consumia as antigas instituições.

A plangência sentimental de *Flores de sombra* sustenta-se em três atos bem estruturados, tão firmes quanto os da velha ordem cuja causa o texto advoga. D. Cristina prepara-se para receber o filho Henrique, na fazenda paulista de "mobiliário antigo de carvalho, sólido e pesado, que vai de geração a geração". A única diferença dos tempos de menino é a ausência do pai, agora eternizado num retrato a óleo, com a farda de coronel da Guarda Nacional. Mas Henrique, dissociado no tumulto da metrópole e namorando Cecília, filha de um ministro, aceita modernizar o ambiente, para receber os hóspedes: a moça, Mme. Cardoso, mãe dela, e Oswaldo, o companheiro de infância, ora dilapidando a fortuna que herdou.

191

O confronto da vida pacata da fazenda com as maneiras levianas dos visitantes robustece os valores antigos, ainda mais que Cecília, empurrada para o bom partido que representa Henrique, pouca afinidade sente com ele. Rosinha, a namorada de infância, que esperou longos anos a volta de Henrique e sofria silenciosa o esquecimento dele, se imporá de novo. Simbolicamente, ela havia trazido para D. Cristina, no primeiro ato, um vaso de begônia, que deixou cair ao ver o rapaz. "A begônia é a alma da saudade. Não gosta da luz. Quer sempre a sombra em que possa meditar." No terceiro ato, D. Cristina fala ao filho, sobre Rosinha: "É a flor de sombra, modesta, rasteira, que a tempestade respeita! Com um pouco de terra nova, ela reviverá...". Cecília "era uma flor muito vistosa, que respirava porém no ar viciado de uma estufa". Cláudio de Souza completou o quadro de costumes brasileiros acolhendo a personagem do Coronel Ferraz, empenhado em arrolar defuntos para a votação; e o criado Possidônio, que provoca a comicidade com a corruptela de palavras francesas. O sentimentalismo nostálgico tem fronteiras com a pieguice: alguns diálogos e cenas atravessam a linha divisória.

A dramaturgia se volta com nova insistência para os temas brasileiros, mesclando a comédia de costumes com a reivindicação clara dos valores nacionais. *Onde canta o sabiá*, de Gastão Tojeiro (nascido em 1880), cuja estreia se deu no Rio, em 1921, exemplifica bem a tendência que haveria de dominar duas décadas, retomando com as sugestões da época o fio iniciado em Martins Pena: a sátira aos hábitos característicos da nossa organização social e política, aliada à ideia de que, apesar de tudo, o Brasil é o melhor país do mundo e aqui se encontram as possibilidades futuras. Como se trata de fixar os nossos vícios, *Onde canta o sabiá* ironiza o sistema da visita a uma autoridade, com o objetivo de conseguir emprego no serviço público, e o prazer da vadiagem e a moleza no trabalho, expressa no chefe de estação que a cada momento deixa o posto para cortejar a jovem. Naquela vida miúda do subúrbio carioca aparece Elvídio (um velho amigo do chefe de família), que vive em Paris e só veio de fugida ao Rio, segundo informa, para vender umas propriedades. "E agora, asseguro-te, não ponho mais os meus pés no Brasil." O amigo chama-o de mau brasileiro e Elvídio replica: "Quê! Ainda és desse tempo? Ora, deixe-se de patriotices. Não sejas retrógrado! Paris é tudo: o resto é paisagem, como dizia Eça de Queiroz". Seduzido, porém, pela jovem Nair, Elvídio abdica dos prazeres parisienses: "Talvez não parta mais. Como nunca, amo agora fervorosamente o nosso querido Brasil!". O contraste, que antes se fizera entre o campo e a cidade, se transfere agora do país para o estrangeiro. O desenraizado, retornando ao meio onde nasceu, encanta-se de novo pela sua magia poética, ao estímulo do amor. O sabiá, que fugira, foi apanhado e reina outra vez naquela sala de visitas. Tem um visgo insuperável a terra onde canta o brasileiríssimo sabiá.

Um dos autores que vão dominar a década de vinte é Armando Gonzaga (1889-1954), de comicidade eficaz e modéstia nas ambições artísticas. *Ministro do Supremo*, estreada em 1921, no Teatro Trianon do Rio, retoma com êxito o tema da miragem produzida pelo suposto apadrinhamento político. Ananias conheceu um senador e se vê logo nomeado para o cargo de ministro do Supremo Tribunal. Embora crivado de dívidas, pinta a casa e adquire móveis novos, para oferecer um jantar ao ilustre hóspede. Tudo se transforma às pressas no ambiente, para parecer digno ao visitante. Ananias já antevê o casamento da filha com o filho do senador. No fim do jantar, a revelação melancólica: traído pelos chefes partidários, o senador não conseguiu para si a vaga de ministro. O filho, que aliás não é doutor, não obteve ainda colocação. O antigo namorado da filha, que Ananias considerava indigno da família, acaba sendo promovido na repartição e no seu lugar, de amanuense, é aproveitado o filho do senador. Morre o vendeiro da esquina e o sócio quer falar com Ananias. Ele invectiva Vicente, cria da casa, que informara ser possível atendê-lo. Que nova desculpa dará para adiar o pagamento da dívida? Mas a morte do vendeiro tem a função de *deus ex machina*. O testamento reconhece Vicente como seu filho (que tivera da empregada de Ananias) e lhe lega a fortuna. O moleque, ligado sentimentalmente à família, será tratado com honras maiores, passando a ter uma cama no mesmo quarto do filho de Ananias. Sem os arranjos providenciais, seriam dramáticos os desfechos de muitas comédias.

É menos exigente a graça de *Cala a boca, Etelvina!...*, apresentada no Trianon do Rio, em 1925, marcando a tendência para os efeitos fáceis. Na peça, Zulmira, a jovem casada, volta para o lar paterno, por sentir-se traída pelo marido, que sempre arranja uma desculpa para não jantar. Adelino vê-se em apuros, porque receberá a visita do tio Macário, rico fazendeiro, que o tem ajudado e por certo lhe deixará a fortuna. Mas a rigidez do velho não aceitaria um matrimônio desfeito. A solução imediata, que se depara a Adelino e ao sogro Libório, é promover a criada Etelvina a esposa provisória, enquanto durar a inesperada visita. Os quiproquós nascem das gafes cometidas pela criada, que só se exprime em gíria e recebe de Libório a reprimenda permanente: "Cala a boca, Etelvina!". A fim de intrincar-se mais a história, surge a baronesa, outra visitante cujo testamento poderia contemplar Adelino. Zulmira, que esperava apenas ser buscada pelo marido, retorna por conta própria à sua casa, já que ele não toma a iniciativa. Em vez de complicar a situação (era esse o temor dos protagonistas), a volta de Zulmira encerra os sobressaltos cômicos da peça: o tio, que havia visto Etelvina nos braços de outro, não teme pela honorabilidade de Adelino, e a baronesa se tranquiliza sobre as boas maneiras da dona da casa. Está claro que todos se encontram num mundo de convenção, e nem seria crível que Zulmira abandonasse o lar pela hipótese fantasiosa do adultério do marido (o público fica sabendo que sua recusa do jantar era a mais inocente possível: como a mulher cozinhava número excessivo de pratos, o almoço bastava-lhe ao apetite e à saúde). O texto torna-se mero apoio para a improvisação cômica dos atores.

E foi essa a característica principal da dramaturgia em voga nas décadas de vinte e trinta, encenada pelas companhias profissionais que se mantinham junto ao público: permitir que os primeiros atores, que se tornaram ídolos populares, dispusessem de um esboço sobre o qual projetar a sua personalidade. Se examinarmos o elenco de alguns desses grupos não lhes faremos a injustiça de pensar que tinha mérito apenas o astro, que em geral lhes dava o nome. Avultaram, de fato, naqueles anos, primeiro um Leopoldo Fróes e depois um Procópio Ferreira. Muitos dos textos nacionais que alcançaram o favor das plateias foram criados por um ou por outro. Mas seu esquema interpretativo não supunha, como se imagina, o brilho solitário por causa da mediocridade do resto do elenco. Na distribuição dos papéis de numerosas peças veem-se outros nomes de valor, que por certo interessavam também ao público. O que distinguia fundamentalmente esse gênero de teatro daquele que se firmou nas décadas posteriores era a ausência do diretor, incumbido de coordenar o espetáculo numa visão unitária. A improvisação de efeitos cômicos, o gosto dos "cacos", o desequilíbrio do conjunto, não organizado em verdadeira equipe, contribuíam para situar sempre em primeiro plano a figura do astro, senhor absoluto do palco. Muitos autores passaram a alimentar as características mais brilhantes dos chefes de companhia.

Reunindo anseios latentes nos mais diversos setores da nacionalidade, realizou-se em São Paulo, em 1922, a Semana de Arte Moderna, cujo objetivo era sacudir todos os campos da expressão estética, esclerosados no academicismo e na acomodação. Mário de Andrade, Oswald de Andrade, Villa Lobos, Anita Malfatti e tantos outros renovaram a poesia, o romance, a música, a pintura e as demais artes, atualizando-as simultaneamente pelos padrões internacionais provenientes do Futurismo, do Cubismo e dos demais ismos europeus, e pelo mergulho nas fontes brasileiras não convencionais, a começar pela adoção de uma linguagem que se aproximava da fala popular, rompida com a rígida sintaxe lusitana. Não houve uma manifestação artística que deixasse de respirar o ar de liberdade trazido pelo movimento modernista. Infelizmente, só o teatro desconheceu o fluxo renovador, e foi a única arte ausente das comemorações da Semana. A exigência do trabalho coletivo, no espetáculo, com o concurso obrigatório de autor, intérprete e público, afastou o palco da inquietação e da pesquisa que logo lançariam no admirável nível de agora as outras artes. Não seria mesmo verossímil que a prática de uma comédia sentimental, muitas vezes rasteira e padronizada nos efeitos a alcançar sobre a plateia, se sensibilizasse com a audácia de uma pintura, que abandonava a paisagem e o retrato fotográficos, e a poesia, que expunha ao ridículo a preocupação formalista da rima rica. O mundo do teatro profissional perdeu o contato com as demais artes, nessa correspondência que é sempre vitalizadora de todas as expressões.

Acresce que, nas capitais artísticas, verificava-se então fenômeno semelhante. Proust, Joyce e Kafka não tinham o menor parentesco com as comédias de bulevar ou os melodramas de um psicologismo ultrapassado. O período de entre-guerras é conhecido pela supremacia dos encenadores sobre os dramaturgos, tendo-se imposto as reformas de um Copeau, um Baty, um Pitoeff, um Dullin e um Jouvet, cuja contribuição para a modernidade do espetáculo foi mais decisiva do que a dos textos novos que apresentaram, mesmo se considerarmos a produtiva ligação desse último a Giraudoux. Como o aproveitamento das modernas técnicas de encenação supunha um intercâmbio que não se fazia, ficamos, dentro da rotina vitoriosa do teatro profissional, à margem das conquistas daqueles nomes e de Stanislavski, Meyerhold, Appia, Gordon Craig e vários outros teóricos do espetáculo. Prolongava-se entre nós a antiga prática do estrelismo.

Um nome reagiu contra o atraso do teatro e é sintomático que, em 1922, ele estivesse ligado a duas figuras das hostes modernistas. Trata-se de Renato Viana (1894-1953), e seus companheiros foram Ronald de Carvalho, o autor de uma excelente *Pequena história da literatura brasileira*, e o compositor Villa Lobos, que deu prestígio internacional à nossa música. Seu movimento chamou-se *Batalha da quimera* e o espetáculo *A última encarnação do Fausto*. De acordo com as indicações biográficas do volume *Sexo e Deus*, em que se iniciava a publicação póstuma das obras completas, "pela primeira vez, no Brasil, tentava-se o teatro de síntese e da aplicação cênica do som e da luz como valores da ação dramática, a valorização dos planos e da direção do espetáculo. Teorias de Antoine (teatro livre), Paul Fort, Copeau, Max Reinhardt, Craig, Stanislavski, Meyerhold e Komisarjevsky – então inteiramente desconhecidos no Brasil". Sucederam-se Colmeia (1924), Caverna Mágica (1927), Teatro de Arte (1932), Teatro-Escola (1934), Lições Dramáticas (1935 a 1941), em jornadas pelo Brasil, e, com elementos formados pela Escola Dramática do Rio Grande do Sul (que fundou, em 1942), o Teatro Anchieta, surgido em 1944, para só dar lugar à obra de diretor da Escola de Teatro da Prefeitura do Rio de Janeiro. As rubricas das peças de Renato Viana indicam o significado que atribuía às pausas e aos silêncios, como processo de introspecção do palco, e sabe-se do escândalo que provocou ao dar pela primeira vez as costas ao público, em meio a uma réplica, na procura de maior realismo cênico.

O que obnubila para a posteridade o pioneirismo de Renato Viana é a fraqueza irremediável de sua dramaturgia. *Sexo* (escrita especialmente para o lançamento do Teatro-Escola, em 29 de outubro de 1934, no Teatro Cassino do Rio de Janeiro) define-se como um total equívoco, a começar pelo título, que nada tem a ver com o desenvolvimento da trama. Os episódios são melodramáticos e falsos, um cerebralismo sem substrato insinua uma enganosa profundidade, e o resultado seria forçosamente lamentável. O drama surge do propósito de casamento de Cecy com Roberto Magalhães, novo assistente do Dr. Calazans, amigo velho da família da moça. Primeiro é o irmão Carlos quem se recusa a receber o jovem, e depois Vanda, madrasta de Cecy, diz ser impossível o matrimônio, porque ela é amante de Roberto Magalhães. Não se esclarecem os motivos de Carlos e muito menos de Vanda, porque era mentira sua confissão. Vanda abandona o lar, os jovens fogem (com a ideia de se casarem, depois), mas tudo está prestes a arranjar-se quando Carlos assassina Roberto Magalhães. O único traço audacioso do entrecho foi possivelmente a justificação do aborto, praticado em Cecy pelo Dr. Calazans, para que a moça não se tornasse mãe solteira... Don'Amélia suspeita que Cecy, sua neta, seja filha adulterina do Dr. Calazans, mas nem no esclarecimento deste se encontra justificativa para o título da peça. Marieta, filha de Don'Amélia, "era a mais pura das mulheres...". A melodramaticidade alimenta-se continuamente de diálogos subliterários, em que se podem ouvir réplicas como esta, de Calazans a Carlos: "Louco! Pretendes o impossível: evadir-te da própria consciência... Nela é que estás encarcerado!". E Carlos diz que não está arrependido: "Não! Matei quem me roubava... Ele tinha me matado da pior das mortes: – aquela em que se fica vivo!'".

A ruindade do drama *Deus* (representado pela primeira vez em 1935, no Teatro Municipal do Rio, inaugurando a segunda temporada oficial do Teatro-Escola) não fica atrás da de *Sexo*. As reminiscências desta peça, aliás, liquidam irremediavelmente qualquer vislumbre de melhoria do texto seguinte. Vera, casada com o Professor Roberto Mac-Dowell (encarnação do espírito científico da época), está grávida de Otávio, assistente do marido. Mac-Dowell destina a Otávio, seu suposto continuador, a filha Sônia. Com o auxílio de Magda, outra vítima do inescrupuloso

Otávio, Vera aborta, mas até a mulher que lhe faz a curetagem é uma reles chantagista, ávida do seu dinheiro. Não suportando mais a situação (Roberto Mac-Dowell expulsou de casa o velho amigo Padre Leonel e a filha), Vera confessa: "A leprosa que deve partir sou eu, Roberto...". E se mata. No epílogo, Sônia é recebida como noviça, na capela de um velho claustro, enquanto Roberto admite que a ciência o iludiu, ficando muda em face de sua angústia. Voltado para o público, o penitente cientista apostrofa, em delírio místico: "Deus! Quem és tu que me roubas assim a minha filha? Quem és tu, Senhor? E quem sou eu?". O padre, ao som fortíssimo do órgão e de sinos, encerra a peça: "Respondei-lhe, Senhor! Respondei-lhe!".

Não há uma criatura e uma situação verdadeira nesse emaranhado abstrato. Otávio é um vilão de melodrama; Roberto, um sábio convencional; Leonel, um padre de figurino; o entrecho não se desenvolve com base numa necessidade interior. Mas o pior de tudo é o mau gosto literário dos diálogos. Ouvem-se, a cada momento, réplicas como estas: "Fui para sempre jogada na lama..."; "A fortuna de Mac-Dowell tu não roubarás, ladrão! A sua filha tu não prostituirás, bandido!"; "Preciso arrancar das minhas entranhas o fantasma da minha abjeção..."; "Sou uma ferreteada, padre!..."; "... Que deseja você fazer, enfim, dos dezessete anos de minha filha? Dezessete círios fúnebres de ladainha? Dezessete ferretes de maldição no ventre de vestal?...". Salve-se o Renato Viana que inoculou a paixão do teatro em tantos jovens.

Alcançou um sentido de atualização estética mais próxima dos cânones proclamados pelo modernismo o Teatro de Brinquedo, fundado por Eugênia e Álvaro Moreyra. No livro de lembranças *As amargas, não*, o escritor fornece poucos dados sobre a experiência, mas suficientes para apreender-lhe o sentido. A estreia deu-se a 10 de novembro de 1927, na Sala Renascença do Cassino Beira-Mar, no Passeio Público do Rio, com *Adão, Eva e outros membros da família*, de sua autoria. O conjunto reunia alguns nomes que se afirmaram no teatro ou em outras atividades: Luiz Peixoto, Atílio Milano, Álvarus, Joracy Camargo, Vasco Leitão da Cunha, Brutus Pedreira, Heckel Tavares. Bibi Ferreira, hoje a figura mais popular da televisão, no Brasil, depois de haver mostrado no palco os seus méritos de atriz, "pequenina, era quem pedia silêncio à sala, quando a cortina ia ser aberta: – Psiu! Vai começar!". Álvaro Moreyra assim define a sua tentativa: "Teatro de Brinquedo... Eu queria um teatro que fizesse sorrir, mas que fizesse pensar. Um teatro com reticências. O último ato não seria o último ato... justamente eu queria o Teatro de Brinquedo, que tinha uma legenda de Goethe: – A humanidade divide-se em duas espécies: a dos bonecos que representam um papel aprendido, e a dos naturais, espécie menos numerosa, de entes que vivem e morrem como Deus os criou... – Um teatro de bonecos? Sim. Mas supondo que nessa estação do século XX, os bonecos, de tal maneira aperfeiçoados, dessem a sensação de gente de carne, osso, alma, espírito... Por que de brinquedo? Porque os cenários imitavam caixas de brinquedos, simples, infantis. Um teatro que não contrariou aquela cantiga que resume todas as histórias, todas as filosofias, todos os pontos de vista: "... Les petites marionettes/ Font, font, font,/ Trois petits tours/ et puis s'en vont'. O Teatro de Brinquedo fez a revelação de Eugênia, e dele, com ela, partiu o evangelho da poesia nova". Numa nota de 1947, vinte anos depois da estreia da companhia, Álvaro Moreyra observou: "Quando realizei o Teatro de Brinquedo, todo mundo foi contra. Anos depois, todo mundo elogiou. Quando realizei a Companhia de Arte Dramática, todo mundo foi contra. Anos depois, todo mundo elogiou. Para evitar esse trabalho a todo mundo, desisti... Respeito muito as opiniões alheias...". Esse depoimento irônico e desencantado confirma o pioneirismo da iniciativa de Álvaro Moreyra.

A peça *Adão, Eva e outros membros da família* guarda também o seu significado histórico, na apresentação de problemas e personagens inteiramente diversos daqueles que povoavam o nosso palco. As réplicas, em geral curtas, telegráficas, testemunham uma objetividade cênica alcançada, quase sempre, apenas pelas comédias ligeiras. Num estilo de divertimento inconsequente, a peça desmonta um dos aspectos das contradições da sociedade capitalista: a mudança de um mendigo e de um ladrão em figuras respeitáveis da classe dirigente. O feitio de fábula moderna não individualiza as personagens, que são denominadas "Um", "Outro", "Mulher", "Escritor" etc. A vocação de cronista sensível às frases de brilho leva o dramaturgo a pôr na boca de "Um" a seguinte fala, que o define e define o "Outro": "... Um homem que rouba nunca incomoda um homem que pede. O mendigo é a paródia inocente do ladrão. O ladrão é um mendigo vaidoso. Entre nós não surgirão rivalidades. O senhor tem coragem, arrisca-se. Eu tenho filosofia, estendo a mão. Sou mais comodista. o senhor conta, no meio dos ancestrais, Alexandre, Napoleão. Eu descendo humildemente de São Francisco de Assis".

As economias obtidas nas duas profissões fazem de "Um" capitalista, e de "Outro" dono de jornal. A ligação estabelecida num recanto de jardim público produzirá um encontro posterior na sede do vespertino, quando "Um" dirá a "Outro" que a "Mulher" é para o seu estado uma amante inconfessável: "O teatro pôs-lhe um brilho que só brilha para os palermas...". O rompimento pouco delicado não impedirá que "Outro" compareça à reunião em que se inaugura o bangalô da "Mulher", agora amante de "Um". No jardim de há anos, o mendigo e o ladrão de outrora se encontram de novo, e os insultos iniciais transformam-se em acordo para a criação de nova sociedade, da qual resultará o lançamento de um matutino. Nas últimas réplicas, dizem que foram cortados seus fios. O autor desejou apresentá-los como bonecos. "Tivemos princípio, meio, fim. Contamos uma história. Fim..." A peça seria a concretização dos desígnios estéticos repetidos em *As amargas, não*, e que o "Escritor" já havia expresso num diálogo com o "Crítico Teatral": "... Teatro é profissão... Precisa de lucros... Para que arruinar os empresários? Eu queria um teatro que fizesse sorrir, mas que fizesse pensar... Um teatro com reticências... O último ato não seria o último ato... Continuaria na sensibilidade e na inteligência dos espectadores...".

A 10 de maio de 1929 a Companhia Amélia Rey Colaço – Robles Monteiro, vinda de Portugal, representou no Teatro Lírico do Rio a comédia *Topaze*, de Marcel Pagnol. Fez o paralelo do seu tema com o de *Adão, Eva e outros membros da família* e concluiu-se pela sua semelhança. Havia, incontestavelmente, a precedência do texto brasileiro em relação ao francês. Seria esse mais um elemento precursor da obra de Álvaro Moreyra. Lida hoje, a peça dá a impressão de não organizar-se dramaticamente. Os episódios parecem soltos, consumindo-se em longas partes como conversa. Tivesse o autor reincidido no gênero, e talvez vencesse as imperfeições dessa experiência isolada.

Existirá, provavelmente, um parentesco entre *Adão, Eva e outros membros da família* e *Deus lhe pague*, a peça que deu notoriedade, em 1932, a Joracy Camargo, egresso do Teatro de Brinquedo. Aí, dialogam dois mendigos, e um deles, com o produto da generosidade pública, leva uma vida dúplice de rico – ideia que pode ter sido sugerida pela transformação do pedinte em milionário, no texto de Álvaro Moreyra. No trigésimo aniversário, *Deus lhe pague* alcançou mais de dez mil representações e é geralmente considerada um dos marcos da dramaturgia brasileira, iniciadora do "teatro social".

Numa análise literária, contudo, nada sobra de *Deus lhe pague*. Reconhecemos-lhe o mérito de haver trazido para o nosso palco, pela primeira vez, o nome de Marx. A crítica à ordem burguesa correspondia a um anseio que se polarizaria, logo depois, nos movimentos de esquerda e de direita. Joracy Camargo vinha satirizar a filantropia estabelecida, de porta de igreja. O impacto provocado pelo tema deve ter garantido o êxito inicial, que depressa se fez prestígio permanente. A aceitação da peça não impede que ela nascesse de um lugar-comum, se nutrisse de frases feitas e desembocasse em subfilosofia.

Além das frases indicadoras do mau teor literário do texto (elas alimentariam uma antologia especializada), situações, personagens e suporte ideológico não resistem a um exame superficial. A ação presente da peça limita-se a colocar dois mendigos diante da igreja, e eles conversam, conversam, conversam. A explicação da personalidade do mendigo-filósofo aparece em alguns *flash-backs*, tendo o último transcorrido pouco antes dos diálogos finais. Por que mendigo? Quando moço, casado, inventou uma máquina extraordinária, capaz de substituir cem homens. O diretor das fábricas onde trabalhava visitou a mulher, em sua ausência, roubando-lhe os desenhos. No diálogo, a mulher fala: "Eu pensava que milionário andasse com roupas de ouro... chapéu de ouro... o senhor come?". Ao tentar reaver seu invento, o mendigo foi barrado, segundo o industrial se apressa a expor, retornando sem razão à cena: "Foi preso agora mesmo, porque pretendeu assaltar-me para roubar, quando entrava no meu carro!". A dama ingênua enlouqueceu, indo para o hospício. E o jovem roubado decidiu, ao sair da cadeia, vingar-se da sociedade, adotando a profissão de mendigo. Está patente a inverossimilhança da história, o artificialismo fundamental do melodrama. Os anseios sentimentais do herói não ficaram sepultados na mocidade longínqua. Agora, velho, cultiva uma jovem, presa ao seu dinheiro e à sua filosofia. E o triângulo amoroso que se esboça não poderia ser mais falso. Espera o mendigo que ela envelheça também, para serem felizes. E ela explica ao jovem pretendente que não é do velho que gosta. Gosta de si mesma – operação mental a que foi levada pelo mendigo. E justifica-se: "Egoísmo é amar a outro, é querer para si, só para si, o que poderia ser de todos. E eu quero o que é meu, absolutamente meu – eu mesma!". Quando se enternece a ponto de desejar um beijo do velho, ele a aconselha a beijar-se a si mesma, nos braços... Delicioso narcisismo serve de amparo à maneira de ser da moça. Quanto ao velho... fica na abstração – Joracy Camargo gosta de lidar com ideias (não importa o seu significado e alcance) e não com pessoas humanas, com indivíduos de carne e osso. O falso mistura-se ao ingênuo para a formulação de uma vida absurda.

Era de esperar que ao menos a motivação ideológica, a tese social que ampara o intuito satírico se mantivessem de pé em *Deus lhe pague*. Nem a crítica à sociedade se externa em termos consequentes. O mendigo, nas horas de lazer, de *robe de chambre*, lê Marx. Mas se contenta, segundo afirma, "com os restos que vão caindo da mesa...". Sua filosofia, no fim de contas, é a do malandro, que se aproveita da hipocrisia social para enriquecer-se tão ilicitamente como os outros. Se dão esmolas para comprar a paz de espírito, por que não aproveitar-se dessa falsa generosidade como mendigo? – essa a sua lógica. Há, por um lado, em *Deus lhe pague*, a tentativa de esboçar uma sabedoria tranquila da miséria, e, por outro, a de concluir que, se a sociedade é hipócrita, o melhor é nos valermos dessa hipocrisia. Não pode haver pensamento social mais inconsistente, maior falta de formação ideológica, qualquer que seja ela. Chega à hilaridade a coloração rósea dada ao comunismo. Conta o mendigo que a mãe o obrigava a dormir cedo, na infância, assustando-o com um boneco de palha. Um dia, distraidamente, sentou-se em cima dele, e, verificando que era incapaz de fazer mal, tornou-se o seu maior amigo. "O comunismo é o boneco de palha das crianças grandes" – conclui.

Salta da peça, no cômputo final, um amontoado de frases feitas sobre a injustiça, a riqueza e a miséria, com uma superficialidade que tem caracterizado a maioria dos êxitos populares. Acrescentar que a estrutura de *Deus lhe pague* não é teatral ficaria ridículo, dada a eficácia do espetáculo (que no Brasil tem sido um dos cavalos de batalha de Procópio Ferreira) sobre o grande público. Mas acreditamos que o texto funcione porque é um bate-papo, muito próximo do processo discursivo, com o bom senso de destilar seus conceitos com vivacidade indolor. O outro mendigo serve de muleta literária para o filósofo. A vocação da maioria inculta para as "verdades" em pílulas está amplamente satisfeita. *Deus lhe pague* é um desses casos em que o crítico assume, a contragosto, um papel antipático, permitindo-se discordar da ampla maioria, e menos satisfeito, ainda, por causa da proclamada grandeza humana de Joracy Camargo.

Ao tomar contato com o palco, a nova geração, vendo os espetáculos sob o signo de uma dramaturgia desse gênero, quando os seus mestres literários haviam sido os modernistas, tinha forçosamente de considerar o teatro uma arte caduca, em atraso indesculpável com a poesia e o romance. Daí se terem arrolado como passadistas todos os dramaturgos que floresceram nessas décadas – um Viriato Correia, um Oduvaldo Viana, um Ernâni Fornári, um Abadie Faria Rosa, e o incrível Paulo de Magalhães, que se jactava de ser o autor mais representado do Brasil. Alguns tinham uma certa competência profissional, na acepção de carpintaria eficiente, mas que nunca se iluminou com um verdadeiro halo poético.

Por isso sentimos que as incursões teatrais de Oswald de Andrade, um dos grandes nomes da Semana de Arte Moderna (1890-1954), tenham dormido nos livros, sem nunca passarem pela prova do palco. Longe de nós pensar que uma encenação, em nossos dias, fizesse às suas três peças a justiça que os contemporâneos lhes recusaram. Tanto *O homem e o cavalo* como *A morta* e *O rei da vela* talvez sejam incapazes de atravessar a ribalta. Mas a sua não funcionalidade se explica por excesso, por riqueza, por esquecimento dos limites do palco – nunca por indigência, por visão parca, por voo medíocre. Se fosse mostrado a Oswald de Andrade, na prática, o resultado de suas criações generosas e livres, ele teria encontrado, por certo, em novas pesquisas, o veículo perfeito para o prodígio de uma imaginação riquíssima e uma total ausência de convencionalismo. Poucos autores fazem o crítico lastimar tanto que o teatro tenha as suas exigências específicas, tornando irrepresentáveis, no quadro habitual, os textos de Oswald de Andrade. A audácia da concepção, o ineditismo dos processos, o gênio criador conferem a essa dramaturgia um lugar à parte no teatro brasileiro – um lugar que, melancolicamente, é fora dele e talvez tenha a marca do desperdício.

O homem e o cavalo, editado em 1934, seria um espetáculo em 9 quadros, nos quais se passa do Céu ao Planeta Vermelho. A enumeração das personagens poderia parecer, à primeira vista, um desfile para *épater le bourgeois*, mas há uma lógica íntima nessa galeria que vai de São Pedro ao grupo de marcianos, passando pelo Professor Ícar, pelo Cavalo de Troia, pela voz de Job, por Cleópatra, Mister Byron e Lorde Capone, pelas vozes de Stalin e de Eisenstein, por Madame Jesus Cristo, Madalena, Verônica, Fu-Man-Chu, Dartagnan, um romancista inglês, um poeta católico e tantos outros comparsas. Aí está o julgamento das crenças tradicionais à luz das teorias modernas, com uma irreverência e uma falta de compostura salutares, em meio ao colarinho duro do teatro nacional. O balão desce do céu para o nosso planeta, e naturalmente dá margem a muita tirada política ingênua. São Pedro, por exemplo, exclama, a certa altura, fechando o rádio: "Ora essa! É uma partida de futebol no Brasil. Podemos ficar tranquilos. As massas iludidas ainda se divertem com isso". Lorde Capone comenta: "... Veja a forma sábia que se deu à minha prisão. Não fui preso por nenhum assassinato, por nenhum rapto. Isso só me rendeu consideração universal. Fui condenado por um crime contra o regime capitalista – porque soneguei o imposto sobre a renda!". Madalena acusa Verônica de haver morto a arte na Judeia, e esta replica: "Fui apenas a precursora da arte do retrato". São Pedro enuncia a frase admirável: "Façamos a revolução antes que o povo a faça". O santo apresenta para Cristo uma versão dialética do episódio bíblico, salva pelo desfecho anedótico. "Na ceia, Judas foi admirável quando, de combinação contigo, se inculcou como o teu futuro denunciante. Foi de um enorme efeito diante dos apóstolos! Os apóstolos representavam a massa que queria a revolução. Tu despistaste, porque estavas a serviço de Pilatos, que depois não te pôde dar mais a liberdade. Supondo fracassado o plano de entregar o país a Roma, Judas suicidou-se. Foi mais digno do que tu, como disse o nobre poeta português Guerra Junqueiro!" Tudo é saudável diversão, uma euforia criadora excepcional, que zomba dos formalismos de qualquer tipo.

Na carta-prefácio de *A morta*, editada em 1937, Oswald de Andrade muda aparentemente de tom. Afirma ele: "Dou a maior importância à *Morta* em meio da minha obra literária. É o drama do poeta, do coordenador de toda ação humana, a quem a hostilidade de um século reacionário afastou pouco a pouco da linguagem útil e corrente. (...) As catacumbas líricas ou se esgotam ou desembocam nas catacumbas políticas". Essa é, sem dúvida, a peça de menor viabilidade cênica. O último quadro, que visualiza "O país da anestesia", representa um recinto sobre uma paisagem de alumínio e carvão. "Um grupo de cadáveres recentes está conversando nos degraus do jazigo." A dama das camélias contracena com o urubu de Edgard Poe. O hierofante, encerrando a peça, aproxima-se da plateia para dizer: "Respeitável público! Não vos pedimos palmas, pedimos bombeiros! Se quiserdes salvar as vossas tradições e a vossa moral, ide chamar os bombeiros ou se preferirdes a polícia! Somos como vós mesmos, um imenso cadáver gangrenado! Salvai nossas podridões e talvez vos salvareis da fogueira acesa do mundo!". Naquela data, muito antes da divulgação da obra de Brecht no Brasil, Oswald de Andrade interpelava o público (no caso, leitor), concitando-o a meditar sobre os males sociais.

A última peça, *O rei da vela*, sob certos aspectos se liga mais aos dados concretos de um teatro realista. O primeiro ato passa-se em São Paulo, no escritório de usura de Abelardo & Abelardo. Mas a hipérbole imaginativa do autor, que tem muito ainda do Surrealismo, logo se desenfreia em imagens alucinadas, símbolo de uma sátira sem fronteiras. Os devedores, catalogados em tipos, amontoam-se numa jaula, e o agiota os domina com um chicote. O texto caçoa dos intelectuais que servem ao regime, da deliquescência aristocrática que procura resistir ao naufrágio pela aliança com a burguesia financeira, da subordinação do capital indígena aos monopólios internacionais (sobretudo norte-americanos), da psicanálise, das aberrações sexuais, dos mandamentos éticos e de tudo o que se afigura valor estabelecido. Uma certa ingenuidade nas convicções políticas, sobretudo no respeito às cartilhas marxistas ("A burguesia já foi inocente, foi até revolucionária..."), era mesmo inevitável. Simbolizando a falta de perspectivas do capitalismo, com o ludíbrio imoral de um Abelardo que rouba o outro Abelardo, o próspero agiota termina no suicídio. A farsa irresponsável muda-se em drama sinistro. A propósito do teatro de Oswald de Andrade, não podemos esquecer as intuições fantásticas de um Maiakovski.

Apesar do cunho evidente de reivindicação social, essas peças são menos construtivas do que destruidoras de todo o convencionalismo passado. Não é à toa que Oswald de Andrade ridiculariza, frequentemente, nos diálogos, o próprio teatro. Essa dramaturgia, como de resto toda a arte nascida do movimento modernista, fez a completa higiene do país, para que se realizassem mais tarde obras sólidas. Não seria exato pensar que sobretudo *O homem e o cavalo* e *O rei da vela* tivessem dado as diretrizes para a criação dramática posterior. O isolamento das nossas tentativas obrigou sempre as experiências novas a retomarem penosamente todos os caminhos. É fora de dúvida, entretanto, que se a dramaturgia brasileira atual não se beneficiou especificamente do teatro de Oswald de Andrade, ela se ergueu com base nas conquistas da Revolução modernista, de que o autor de *Marco zero* foi um dos mais legítimos participantes.

PANORAMA CONTEMPORÂNEO

A MAIORIA da crítica e dos intelectuais concorda em datar do aparecimento do grupo Os Comediantes, no Rio de Janeiro, o início do bom teatro contemporâneo, no Brasil. Ainda hoje discute-se a primazia de datas e outros animadores reivindicam para si o título de responsáveis pela renovação do nosso palco. Está fora de dúvida: pelo alcance, pela repercussão, pela continuidade e pela influência no meio Os Comediantes fazem jus a esse privilégio histórico. Foi seu precursor imediato, na tentativa de disciplinar a montagem, o Teatro do Estudante do Brasil, fundado por Paschoal Carlos Magno em 1938. Reunindo amadores, lançaram-se Os Comediantes à tarefa de reforma estética do espetáculo. Não se observou uma diretriz em seu repertório, nem coerência nos propósitos artísticos. Um lema apenas pode ser distinguido na sucessão algo caótica de montagens, em meio a crises financeiras, fases de alento e de desânimo: todas as peças devem ser transformadas em grande espetáculo. Modificando o panorama brasileiro, em que o intérprete principal assegurava o prestígio popular da apresentação, independentemente do texto, do resto do elenco e dos acessórios, Os Comediantes transferiram para o encenador o papel de vedeta. Nessa reforma, o nosso teatro procurava, mais uma vez, com algum atraso, acertar o passo pelo que se praticava na Europa. Mesmo Jouvet, que residiu no Rio de Janeiro, escapando à ocupação alemã da França, na Segunda Grande Guerra, não atuou no meio, de modo a produzir frutos. Foram necessários mais alguns anos para que se consumasse a atualização estética. Sem escolas, sem modelos, sem conhecimento efetivo do problema, não poderíamos, por nossa conta, realizar a mudança. Ela nos veio com a presença de outro estrangeiro, trânsfuga da guerra, que aportou ao Brasil um tanto ao acaso e que está hoje definitivamente incorporado ao teatro nacional: o polonês Ziembinski.

Formado na escola expressionista e dominando como poucos os segredos do palco, em que é um mestre na iluminação, Ziembinski veio preencher um papel que se reclamava: o de coordenador do espetáculo. Sob sua orientação, entrosaram-se os vários elementos da montagem. O ator de nome cedeu lugar à preocupação da equipe. Os cenários e os figurinos, que antes eram descuidados e sem gosto artístico, passaram a ser concebidos de acordo com as linhas da revolução modernista, sobressaindo-se o nome do pintor Santa Rosa (1909-1956), um dos mais cultos intelectuais do teatro brasileiro. O conjunto harmonizava-se ao toque do diretor, que acentuou o aspecto plástico das marcações e os efeitos de luz. De súbito, o palco sentiu-se irmanado à poesia, ao romance, à pintura e à arquitetura brasileiros, com os quais não mantinha contato. Entre as apresentações de textos estrangeiros que marcaram época, sobretudo as de *Desejo*, de O'Neill, e *A rainha morta*, de Montherlant, teve um impacto surpreendente, em 1943, a estreia de *Vestido de noiva*, do brasileiro Nelson Rodrigues. Costuma-se mesmo datar desse lançamento o começo da moderna dramaturgia nacional, pela feliz união de múltiplos fatores, ausentes antes em nossas peças.

Os Comediantes passaram por uma fase profissional, mas alguns malogros financeiros trouxeram o encerramento de suas atividades. Com exceção das velhas companhias, que se mantiveram à margem do fluxo renovador, todos os elencos novos aproveitaram a experiência de Os Comediantes. Não se aceitavam mais os métodos antigos. Qualquer que fosse o texto, impunha-se uma encenação de gosto. Outros nomes estrangeiros, de melhor ou pior formação, somaram-se a esse esforço da década de quarenta, que deslocava para o encenador o eixo central do espetáculo.

Nos estados, registraram-se a essa altura algumas tentativas amadoristas, que, oriundas de intelectuais e escritores, independentes da vida do palco, procuravam sempre pautar-se por sérios e válidos exemplos artísticos. Atuando há várias décadas, graças aos laços de família que unem seus membros, o Teatro de Amadores de Pernambuco é o caso mais louvável e sadio entre as organizações do gênero: procurou um repertório fora dos moldes comerciais e, mais de uma vez, recebeu no Recife diretores estrangeiros, que se haviam firmado no Rio e em São Paulo.

Pelas condições excepcionais que oferecia, esta última cidade assumiu, na década de cinquenta, uma liderança teatral, agora dividida com a antiga metrópole. As velhas temporadas profissionais, em São Paulo, eram praticamente uma importação do Rio de Janeiro. Alguns atores paulistas, de aceitação popular, nunca se alçaram a um repertório de qualidade. A procura de um teatro artístico deveu-se ao Teatro Experimental, dirigido por Alfredo Mesquita, e ao Grupo Universitário de Teatro, fundado por Décio de Almeida Prado. A cidade que mais crescia no mundo não havia ainda incluído o teatro entre os seus hábitos cotidianos.

O surto admirável do teatro paulista é obra do industrial italiano Franco Zampari, criador, em 1948, do Teatro Brasileiro de Comédia, cuja história não só domina o panorama nacional dos últimos anos, mas tem sido a fonte de outras companhias jovens de mérito. A fórmula do novo mecenas era simples: o cosmopolitismo de São Paulo reclama uma atividade cênica semelhante à de Paris, Londres ou Nova York. Teoricamente, apenas a falta de um impulso inicial explicaria a ausência de teatro, num centro de alguns milhões de habitantes. O grupo, formado no começo por amadores, logo se profissionalizou, dentro do esquema obrigatório na época: entregue a direção artística a um encenador estrangeiro. No início da década de cinquenta, o TBC, verdadeiro novo-rico do teatro, reuniu o maior número de talentos que já pisou simultaneamente um palco brasileiro: para uma sala de quatrocentos lugares, existia um elenco estável de trinta figuras – quase todos os valores da nova geração. Certa vez, revezaram-se nas montagens quatro encenadores estrangeiros, contratados especialmente no exterior. Desencantados com as sombrias perspectivas europeias do pós-guerra, esses artistas procuravam no Brasil um recanto pacífico para trabalhar. Adolfo Celi, o primeiro a ser convocado, depois de um estádio na Argentina, é o único remanescente desse grupo. Luciano Salce, Flamínio Bollini Cerri e Ruggero Jacobbi, em datas diferentes, preferiram integrar-se na rápida recuperação europeia, enquanto o Brasil parecia sem rumo, na vertigem inflacionária. É verdade que alguns encenadores estrangeiros foram atraídos também pela indústria cinematográfica,

209

lançada pelo mesmo Franco Zampari na Cia. Vera Cruz, e que logo malogrou. Encerrado o ciclo de grandes espetáculos, e sendo antieconômica a empresa numerosa, cujos salários excediam muito o dos outros conjuntos, ficou o TBC num impasse. Tentou a administração vencê-lo com o desdobramento do elenco, que a partir de 1954 passou a trabalhar permanentemente também no Rio de Janeiro. O fracionamento do núcleo central, ligado à saída sucessiva de primeiros atores, que formaram companhia própria, enfraqueceu o grupo, tornando-se insustentáveis as duas frentes. A fim de recompor-se, o TBC voltou a representar apenas em São Paulo, e o término da temporada carioca foi algo desastroso, com dívidas e dispensas de artistas. A política dos dois elencos tivera a sua razão de ser: conseguia-se uma receita diária maior e o capital empatado em uma montagem era coberto com mais facilidade junto ao público de duas cidades. Explorado um espetáculo em São Paulo, bastava transferi-lo para o Rio, sem novos gastos de cenários e figurinos. Idêntico procedimento aguardava as estreias cariocas. Cabe conjeturar que, se houvesse sido mais feliz a administração do TBC, o conjunto se estabilizaria financeiramente. Ao retornar a São Paulo, com uma única fonte de receita e uma folha elevada de pagamento, somente uma sucessão ininterrupta de êxitos evitaria o prejuízo. Alguns malogros de bilheteria tornaram insuportável o passivo, e o empresário Franco Zampari, impossibilitado de recorrer mais a empréstimos bancários, anunciou o fechamento da casa de espetáculos. Por considerar o TBC um patrimônio de São Paulo, o Governo do Estado, atendendo a pedido da classe teatral, concordou em cobrir as dívidas do conjunto, que prossegue agora em regime de intervenção.

Desde a criação até os nossos dias, o TBC vem funcionando como verdadeiro sismógrafo das tendências do nosso teatro. A primeira fase era estetizante, alheia a qualquer preocupação de outra ordem. Esforçavam-se os encenadores em realizar bonitos espetáculos, estribados em desempenhos e acessórios cujo padrão era a sobriedade e a finura europeia. Nada de teatralidade demasiada, calor humano e violência. Os excessos anteriores, quer no drama, quer na comédia, eram tachados de mau gosto. Alguns críticos, afeitos à velha escola, chegaram a denunciar a frieza do estilo do TBC. Na verdade, faltando ainda os estabelecimentos formadores de intérpretes, processava-se no próprio palco o aprendizado, em padrões de requinte e sutileza. O teatro brasileiro podia agora competir em elegância e justeza com o melhor teatro europeu. Diversos cenógrafos estrangeiros, entre os quais Aldo Calvo, Bassano Vaccarini, Túlio Costa e mais tarde Gianni Ratto (que se revelou também ótimo diretor no Brasil) e Mauro Francini, coadjuvaram a tarefa de reproduzir entre nós a perfeição de uma montagem europeia. Nesse quadro, o repertório não podia acompanhar as características normais de qualquer centro diversificado. Nas grandes cidades, especializaram-se os elencos, optando uns pela comédia ligeira, enquanto outros buscam textos empenhados. Sendo praticamente, durante vários anos, a única empresa estável de São Paulo, o TBC sentiu-se na obrigação de satisfazer aos diferentes gostos do público. Daí a alternância, no repertório, de peças comerciais e de peças artísticas, num ecletismo que visava também a equilibrar as finanças. Sucederam-se no cartaz, desde a fundação, os mais desencontrados nomes, entre os quais Saroyan, Kesselring, Goldoni, Sartre, Sauvajon, John Gay, Oscar Wilde, Tennessee Williams, Pirandello, Jules Renard, Anouilh, Gorki, Dumas Filho, Noel Coward, Barillet e Grédy, Sófocles, Sardou, Hochwalder, Roussin, Jan Hartog, Emile Mazaud, Verneuil, Shaw, Frederic Knott, Ratigan, Ben Jonson, Schiller, Diego Fabbri, John Patrick, Ugo Betti, Benavente, Arthur Miller, Audiberti, Strindberg, Ustinov, William Noble e Shelagh Delaney. Com mais insistência, viram-se nessa sucessão Pirandello, Anouilh e Tennessee Williams. Entre os brasileiros, figurou quase somente Abílio Pereira de Almeida, a princípio tímido e tateante, e depois escrevendo com extraordinária capacidade de atingir o público burguês, ao qual se dirigia. Tratando sob a perspectiva de sua plateia os temas de atualidade, ele bateu sucessivamente todos os recordes de bilheteria da casa de espetáculos, e se firmou quase como autor exclusivo da empresa. Era Abílio Pereira de Almeida o único dramaturgo brasileiro solicitado pelo elenco, e se tentou pagar-lhe um salário mensal, para que alimentasse regularmente o cartaz. Outro escritor nacional não tinha a porta aberta na empresa, e nem se chegava a ler seus originais. Os próprios atores sentiam-se privilegiados em face dos dramaturgos, e consideravam seu estilo de representação uma escola para aqueles que desejassem escrever teatro. O TBC, durante muitos anos, associou-se ao nome de Abílio Pereira de Almeida, e nada fez pela nossa literatura dramática.

O ideal do conjunto era substituir Paris para o público paulista, já que a inflação dificultava a viagem à Europa. Bastava uma peça receber o beneplácito do público, ali ou em Nova York, para ser logo depois encenada no TBC. A certa altura, pensou a empresa em conservar apenas alguns primeiros atores, aproveitáveis em qualquer montagem (não temos intérpretes suficientes para as especializações dos grandes centros), e substituir o elenco estável pelo sistema da produção isolada, norma na Broadway. Outros fatores vieram alterar a equação inicial elaborada pelo TBC.

À volta dos festejos comemorativos do IV Centenário de São Paulo, em 1954, verificou-se uma febre imobiliária, e se julgou rendosa a aplicação de capital em casas de espetáculos. Construíram-se diversos teatros, e os primeiros atores, concentrados no TBC, começaram a dispersar-se. Essa modificação da paisagem era inevitável. Quando o elenco principiou sua atividade, uma peça não se mantinha em cartaz mais de dois meses. Os intérpretes estavam no palco ou ensaiando. O crescimento do público fez que alguns êxitos se prolongassem por seis meses. Como utilizar tantos atores? Vários começaram a sentir-se postergados na distribuição dos papéis, e o amadurecimento, natural com a passagem dos anos, exigia um trabalho artístico impraticável numa única sala. O TBC proporcionou a muitos intérpretes um público, e deu cidadania artística a vários nomes, que ali se fizeram adultos. Em vez de dividir com outros colegas os principais papéis, diversos atores preferiram tornar-se chefes de companhia, acumulando também a função de empresário, que, apesar dos riscos, se anunciava mais promissora que o trabalho assalariado. Formaram-se sucessivamente, dos quadros do Teatro Brasileiro de Comédia, a Cia. Nydia Lícia Sérgio Cardoso, a Cia. Tônia Celi Autran, o Teatro Cacilda Becker e o Teatro dos Sete. Maria Della Costa, que fundara um conjunto, no Rio, com o empresário Sandro Polloni, aproveitando o título Teatro Popular de Arte (pertencente a Miroel Silveira), passou também pelo elenco do TBC, dali saindo para construir, em São Paulo, a sua casa de espetáculos. Constituem esses a maioria dos conjuntos profissionais de mérito, na atualidade teatral brasileira, e suas diretrizes não se distanciaram da fórmula inaugurada pelo TBC: o ecletismo de repertório, em que uma peça comercial se alterna com um texto de ambição artística, e Axelrod sucede a Shakespeare, Ionesco a Claude Magnier, e Robert Thomas a Brecht. Se, na teoria, julgamos errada e desaconselhável essa política de repertório, não negamos que ela tem permitido, bem ou mal, a sobrevivência dos conjuntos. Apenas num aspecto modificou-se o panorama oferecido na fase áurea do TBC: os elencos não podiam utilizar somente primeiras figuras, enfraquecendo-se a equipe em função da volta às vedetas. A mudança correspondia a um imperativo econômico, e a súbita ampliação do mercado exigiu que se improvisassem atores. Acresce que a televisão começou a empregar muitos intérpretes, dispersando mais ainda as poucas forças do teatro. Devemos atribuir em parte ao fracionamento e consequente semiamadorismo dos elencos o desinteresse atual do público pelos espetáculos, sobretudo em São Paulo.

Para os que se iniciaram na cena depois de definido esse panorama não podia satisfazer o incaracterístico das companhias. A representação pela representação, sendo secundários o gênero e o significado do texto, confundia-se com a torre de marfim. Nessa fase, interessavam aos artistas apenas os bons papéis, que lhes permitiam desenvolver as virtudes interpretativas. Está claro que o teatro se identificou então, por todos os títulos, à mentalidade burguesa dominante. A nova geração, que precisou conquistar seu posto, devia forçosamente defender outros valores. Escasseavam os encenadores estrangeiros, sobretudo em proporção ao desdobramento de elencos, e era necessário impor a prata da casa. Os jovens, que acompanharam os espetáculos da década de cinquenta e tiveram oportunidade de assistir às temporadas estrangeiras, entre as quais as da Cia. Madeleine Renauld-Jean-Louis Barrault, Cia. Gassman-Torrieri-Squarzina, Comédie-Française, Piccolo Teatro de Milão, Teatro Nacional da Bélgica e Teatro Nacional Popular Francês (dirigido por Jean Vilar), não eram mais os autodidatas de antigamente: dispunham de referências precisas, entre as mais avançadas do mundo. A afirmação dos diretores brasileiros completava-se por um cunho ideológico, encontrável em todas as novas manifestações culturais do país: o nacionalismo, que implicava o prestígio à dramaturgia autóctone e a pesquisa de um estilo original de montagem, tanto no desempenho como nos acessórios. Os encenadores estrangeiros tiveram o seu câmbio alterado de gênios para arrivistas, e poucos resistiram aos ataques injustos do jacobinismo cego. Somente aqueles que se integraram de todo em nossa cultura, como Gianni Ratto, Ziembinski e Adolfo Celi, foram aceitos pelos novos, e ainda assim o segundo parece desatualizado e o último de um ecletismo pouco criador.

O baluarte do movimento nacionalista foi o Teatro de Arena, em São Paulo, depois que a peça *Eles não usam black-tie*, de Gianfrancesco Guarnieri (nascido na Itália, mas vindo para o Brasil com um ano de idade), permaneceu doze meses em cartaz, embora numa sala de 150 lugares. Acreditou-se que os espectadores quisessem ouvir seus problemas em linguagem brasileira. Como plataforma radical, o elenco passou a oferecer apenas peças nacionais, a maioria delas escrita pelos próprios atores e saídas do Seminário de Dramaturgia, que se organizou como departamento do Teatro de Arena. Nestas últimas temporadas, era de esperar que se sucedessem ali alguns dos melhores e alguns dos piores textos brasileiros, já que, frequentemente, na faina criadora, diversos se completaram no correr dos ensaios e guardavam ainda, na estreia, o sabor de fruto temporão. Não condenamos o exagero: sabe-se que, nas revoluções, os erros dificilmente podem ser evitados, e era importante testar a eficácia da dramaturgia brasileira. O Teatro de Arena, com esse ardor nacionalista, trouxe numerosas contribuições, e a mais positiva foi sem dúvida a de quebrar o tabu que cercava o autor brasileiro. Hoje ele está em pé de igualdade com os mais populares dramaturgos estrangeiros, e em geral é preferido nas cogitações das companhias.

Depois de ter, durante uma década, admitido somente encenadores estrangeiros, o Teatro Brasileiro de Comédia contratou, pela primeira vez, nomes nacionais, e atravessa nova fase de brilho artístico, graças à direção do jovem Flávio Rangel. Sempre foi o TBC o reduto quase inexpugnável para os diretores brasileiros, porque a empresa não os considerava preparados para tamanha responsabilidade. Com certos malogros dos antigos encenadores e os êxitos crescentes dos jovens nacionais, reconhecidos pela crítica e pelo público, estava aberto para estes o caminho do profissionalismo. Quando o TBC modificou sua política, era sinal de que se consumava, no teatro, uma alteração decisiva. É certo que outros fatores influíram para que se desenhasse essa nova paisagem. O padrão dos nossos salários, convertido em moeda estrangeira, não estimula ninguém a transferir-se para o Brasil. As empresas não têm estabilidade e recursos para assumir compromissos longos com aqueles que se disponham a fazer uma experiência em terra estranha. Não se considere, porém, que se encerrou o aprendizado com os profissionais europeus. Com a vitória de brasileiros, ultrapassou-se o extremismo nacionalista de alguns momentos. Definiram-se os campos, as posições estão tomadas. Os próprios jovens reconhecem que lhes falta segurança para muitos empreendimentos. Sentem-se à vontade com os originais brasileiros e os textos norte-americanos modernos, mas não encontram correspondência afetiva, que facilita o domínio do espetáculo, na dramaturgia europeia. A montagem dos clássicos supõe conhecimento teórico, do qual se encontram muito distantes. Por isso se coloca, para o nosso teatro, um problema delicado: ou limita o seu repertório, com prejuízos culturais inevitáveis, ou se abre de novo ao patrimônio artístico internacional. A Comissão Estadual de Teatro, órgão consultivo do Governo de São Paulo, cogitou de enfrentar a situação, destinando parte da verba orçamentária para contratar um encenador estrangeiro. O Estado intervém num terreno que, pelo vulto financeiro, transcende agora a alçada das empresas particulares. É fácil concluir que os pés continuam na terra e se tem, no Brasil, plena consciência do benefício de uma colaboração estrangeira.

Cremos que o problema sério que se depara hoje no Brasil é o de público. Há uma década, as companhias caprichavam em bonitos espetáculos, aliciando espectadores da classe abastada, até então arredios ao malvestido teatro existente. O recrutamento dessa audiência praticamente estacionou, nos principais centros, embora na própria burguesia possa ela ainda duplicar. Acontece que a parte melhor da nova geração aliou aos objetivos artísticos uma consciência ideológica: não era mais possível promover apenas o entretenimento de uma plateia ociosa, que busca no teatro a digestão agradável do jantar. Até os dramaturgos sérios ficavam parecendo o toque refinado do esnobismo que não se satisfaz com a comédia francesa ligeira. Os jovens estão se compenetrando da missão histórica a eles reservada no processo desenvolvimentista do país. Têm a sua palavra de protesto, o grito de rebeldia, a mensagem de confiança. Sabem que a maioria absoluta da população não frequenta o teatro por causa dos preços inacessíveis dos ingressos. Os espetáculos são o divertimento privativo da burguesia financeiramente privilegiada. Como romper esse cerco? Como escapar ao determinismo castrador de uma classe? Na política de público têm falhado todas as experiências. Os jovens modificaram o repertório, mas não conseguiram meios para falar a outros espectadores. Muitas vezes, no ardor ideológico, encenaram peças políticas de má qualidade artística, e os resultados tinham de ser desastrosos. Não há organização que permita atingir as plateias populares, à semelhança do que sucede com os melhores conjuntos europeus, subvencionados pelo governo. Alguns elencos começaram a perder o público burguês, sem conquistar outro. Ainda esse erro tático é compreensível, se lembrarmos que só agora se toma consciência clara da questão. Diante do atrito das tendências e do jogo recíproco de influxos, parecem delinear-se as zonas de trabalho: certas companhias, assustadas com a fuga do público rotineiro, optam abertamente pelo teatro comercial, na linha dos conjuntos congêneres de Paris ou da Broadway; outras, refeitas do excesso político, em que não faltou mesmo a demagogia, caminham para uma ampla fórmula social, sem sectarismos e empobrecimentos estéticos. No repertório de dimensões culturais, valorizando a dramaturgia brasileira e acolhendo os clássicos e as modernas obras europeias e norte-americanas de valor, para um público recrutado nas diversas camadas, parece encontrar-se o futuro dos nossos mais lúcidos grupos.

O DESBRAVADOR

A LUFADA renovadora da dramaturgia contemporânea partiu de *Vestido de noiva* – não se contesta mais. Nelson Rodrigues conheceu de súbito a glória teatral e a repercussão transcendeu os limites do palco, irmanando-se ele às outras artes. Talvez, em toda a história do teatro brasileiro, nenhuma outra peça tenha inspirado tantos artigos, tantos elogios, um pronunciamento maciço dos escritores e dos intelectuais. Após a estreia de Os Comediantes, em 1943, cada poeta, jornalista ou curioso se sentia no dever de expressar o seu testemunho sobre uma obra que igualava o teatro à nossa melhor literatura, conferindo-lhe cidadania universal.

O autor apresenta, pouco antes, *A mulher sem pecado*, seu primeiro texto, que sob muitos aspectos anuncia *Vestido de noiva* e as peças posteriores. Os episódios tinham muito de folhetinesco (ponto de partida comum ao teatro rodrigueano), mas a convincente solução cênica lhes infundia qualidade literária. Sem o imponderável de arte que suporta o tema, pouco original, a peça resvalaria para o inteiro mau gosto. Um homem se atormenta e atormenta a mulher, pela doentia imaginação de suspeitas. A mulher, sofrendo a tortura da acusação sem motivo, deixa-se aos poucos dominar pelo desejo de fuga. No momento em que o marido resolve terminar a farsa, recebe o aviso anunciador de que a fatalidade se deu: a mulher acaba de abandoná-lo. Vale o resultado pela intensidade dos três atos, que não permitem nem a natural recomposição da atmosfera, feita lentamente após o descanso dos intervalos. A separação em atos explica-se pela oportunidade dada aos atores e ao público para recuperarem as energias despendidas. Porque a última palavra de um ato encontra continuidade na primeira palavra do ato seguinte, sem que tenha havido solução no tempo. Experimentava já o dramaturgo o poder da concentração, o granítico impacto teatral.

217

Embora lançando um visível talento, *A mulher sem pecado* era ainda um ensaio preparatório. *Vestido de noiva* viria definir a originalidade do dramaturgo. Distante cerca de duas décadas da estreia, podemos submetê-la a uma perspectiva histórica, a qual lhe ressalta o relevo e a posição invulgar no repertório brasileiro. Quando as nossas peças, em geral, se passavam nas salas de visitas, numa reminiscência empobrecedora do teatro de costumes, *Vestido de noiva* veio rasgar a superfície da consciência para apreender os processos do subconsciente, incorporando por fim à dramaturgia nacional os modernos padrões da ficção. As buscas da memória são outras coordenadas da literatura do século XX que *Vestido de noiva* fixou pela primeira vez entre nós.

A renovação não se circunscreveu, contudo, a esse importante aspecto da mudança da objetiva temática, passando do convencionalismo das situações domésticas para a desagregação da mente de uma acidentada que vai morrer. Os temas novos são insuficientes para marcar uma alteração do panorama literário, se não estão sustentados por uma linguagem nova. E é nesse campo, talvez, que a contribuição de Nelson Rodrigues se tenha revelado mais significativa: enquanto os dramaturgos da geração anterior adotavam um diálogo artificial, com um tratamento diverso da linguagem corrente, ele restringiu a expressão cênica a uma absoluta economia de meios, conseguindo de cada vocábulo uma ressonância admirável. Tem-se a impressão, sob a aparente pobreza literária do diálogo rodrigueano, que as palavras só poderiam ser as que se encontram ali, como uma cadeia de notas exatas, as únicas capazes de obter o maior rendimento rítmico e auditivo.

O esquema narrativo de *Vestido de noiva* é simples, contrariamente ao que sugere a divisão do palco em três planos – o da realidade, o da alucinação e o da memória. Na realidade, passa-se pouca coisa: Alaíde sofre um desastre, os médicos tentam operá-la em estado de choque, jornais divulgam a notícia, e, no fim, a intervenção não é bem-sucedida – a paciente falece. Tragédia anônima do cotidiano? Fixação da vida contemporânea, na qual o homem é peça de uma engrenagem maior e que pode, a qualquer momento, fortuitamente, esmagá-lo? De um ponto de vista acadêmico, o acidente poderia definir-se como o fato teatral menos trágico. A dramaturgia grega associou para nós a tragédia à inevitabilidade, quase sempre à luta inglória do homem com o destino que lhe é superior, e muitas vezes o abate. Apesar da progressiva humanização da tragédia grega, o homem nunca deixa de ver-se a braços com uma fatalidade. A perspectiva de *Vestido de noiva* pareceria diferente, porque Alaíde é apenas vítima de um automóvel que a colheu. Nelson Rodrigues, porém, cercou esse acontecimento de tamanha necessidade que se assemelha à catástrofe trágica. Depois de violento atrito com a irmã, em virtude de problemas conjugais, Alaíde vai para a rua como para um local de sacrifício e aí, pequena e amesquinhada, uma poderosa força obscura do mundo de hoje – um automóvel cujo motorista nem foi identificado – a fulmina de forma inapelável. Para o aniquilamento de sua personalidade, representado pelo atrito com a irmã, o acidente vem equiparar-se a um tiro de misericórdia e de libertação.

Reduzindo-se a nada os acontecimentos exteriores, o que sustenta o interesse da peça? A iluminação poética do subconsciente, na franja imponderável em que se mistura com a alucinação. Nada melhor para explorar esse terreno que a proximidade da morte, quando todas as forças vitais se congregam para coordenar os estímulos desconexos, por meio da apreensão da memória. A busca do passado define-se como a tentativa de restabelecimento da unidade interior, fragmentada pelo estado de choque. Por isso, caminham paralelamente nos três atos duas histórias – a de Alaíde, do noivo (depois marido) e da irmã; e a de Madame Clessi, conhecida por meio de um diário por acaso encontrado. A história de Madame Clessi, ou melhor, o encontro imaginário entre Alaíde e Madame Clessi simboliza a projeção romântica de um amor maravilhoso entre a mundana e um adolescente. Tanto assim que esse adolescente surge, na alucinação, com a mesma fisionomia do marido. Ademais, por que esconder que a identificação do destino de Alaíde ao destino da prostituta se liga aos motivos folhetinescos e mórbidos que são uma das constantes do autor? A peça mistura com extraordinária sabedoria a reconstituição fiel da crise sentimental da heroína com a sua libido, até se esclarecerem perfeitamente os contornos da psicologia. Como não se trata de desenvolvimento tradicional de um caráter, mas fixação de uma personalidade num instante de crise, a peça deveria fundar-se no impacto provocado pelo espetáculo. Nesse sentido, pode-se afir-

219

mar que *Vestido de noiva* atingiu sua melhor expressão, porque, através da aparente desordem dos planos, estrutura-se uma lógica inquestionável. A fragmentação das cenas leva não a uma unidade rotineira, mas a uma arquitetura superior, em que as linhas audaciosas se fundem numa última harmonia poética. Aproxima-se *Vestido de noiva*, por isso, da técnica expressionista, na qual os diálogos são sincopados, telegráficos, situando os sentimentos e as emoções já no limite da maior tensão.

Os defeitos de *Vestido de noiva* decorrem de uma indevida intromissão do autor no mundo por ele criado. A plateia penetra na peça pelo cérebro de Alaíde, isto é, as personagens e as situações estão filtradas pelo jogo do seu subconsciente. O plano da realidade deveria, assim, apenas situar no tempo e no espaço o fenômeno da vertigem de Alaíde, até a morte. Nelson Rodrigues, foi um pouco além, insistindo no uso do microfone e prolongando a ação, no plano real, com impiedade desmedida. O matrimônio da irmã com o viúvo, embora possa ser explicado como projeção do ciúme de Alaíde, foi pintado pelo autor em cores sadomasoquistas de alguém que repudia a realidade, demasiado cruel e implacável. Nelson Rodrigues carregou os traços do grotesco para sublinhar a inaceitação do cotidiano. A profunda ironia ainda se encontra na superposição das Marchas Fúnebre e Nupcial, antes de baixar o pano.

Em *A mulher sem pecado*, o autor ainda se movia na área das relações objetivas, mas com indisfarçável mal-estar. Achava-se prestes a romper as amarras do consciente, para se expandir no delírio individualista da introspecção. *Vestido de noiva* exemplificou a exploração do subconsciente. Passaria o dramaturgo, daí, aos outros estádios das descobertas freudianas. Mergulhou no inconsciente primitivo, foi aos arquétipos abstratos da natureza humana com *Álbum de família*, *Anjo negro*, *Doroteia* e *Senhora dos afogados*.

Sabia Nelson Rodrigues que se afastava, nesse mundo de incestos e de crimes, dos padrões de viabilidade do teatro comercial. Escreveu ele: "... a partir de *Álbum de família* – drama que se seguiu a *Vestido de noiva* – enveredei por um caminho que pode me levar a qualquer destino, menos ao êxito. Que caminho será este? Respondo: de um teatro que se poderia chamar assim –

"desagradável". Numa palavra, estou fazendo um "teatro desagradável", "peças desagradáveis". No gênero destas, incluí, desde logo, *Álbum de família*, *Anjo negro* e a recente *Senhora dos afogados*. E por que "peças desagradáveis"? Segundo já se disse, porque são obras pestilentas, fétidas, capazes, por si sós, de produzir o tifo e a malária na plateia". Nelson Rodrigues deliciava-se em assustar o repousado gosto burguês. Intuitivamente, dirigia-se pelo lema de Antonin Artaud: "O teatro foi feito para abrir coletivamente os abscessos". Se uma relação hedionda ou uma monstruosidade teriam o poder de provocar o escândalo (referimo-nos ao escândalo artístico, veiculado, sem dúvida, pelo mecanismo publicitário da imprensa, em que o dramaturgo é mestre), ali estava o faro sensacionalista de Nelson Rodrigues. O teatro rotineiro ou o incipiente TBC, pautado pela bem-pensante corrosão anouilhiana, não sentiam nenhuma afinidade com esse laborioso vômito público. O autor tornou-se proscrito – seu "teatro desagradável" desagradou a todos, principalmente aos empresários e atores. Sintomática dessa marginalidade foi a inaceitação de suas peças pelas companhias estabelecidas. Apenas o Teatro Popular de Arte, graças ao arrojo do empresário Sandro Polloni, animou-se a encenar o *Anjo negro*. A censura incumbiu-se de interditar a montagem de *Álbum de família*. *Senhora dos afogados* entrou em ensaios no TBC, mas o elenco decidiu suspender a apresentação. O autor, para chegar ao palco, tornou-se empresário direto ou indireto de seus textos, muitas vezes com intérpretes inadequados e direção insatisfatória. Desservido pelos espetáculos, durante vários anos conheceu o malogro. Os encenadores, atônitos diante dos gêneros com os quais se rotulavam os textos ("farsa irresponsável", "quase peça", "tragédia carioca", "tragédia de costumes", "divina comédia"), e seduzidos superficialmente pelo proclamado expressionismo do autor, cometeram muitas vezes erros radicais, comprometendo de maneira definitiva o rendimento da montagem. Prosseguia Nelson Rodrigues numa penosa busca de renovação.

Fechado o campo de exploração dos arquétipos, *Valsa nº 6* devolveu o autor ao espaço subconsciente de *Vestido de noiva*: enquanto as personagens desta peça eram a projeção externa do delírio da protagonista, desintegrada nos últimos haustos de vida, o mundo exterior foi visualizado no monólogo mimético da jovem de *Valsa nº 6* , também à beira da morte. Daí poder definir-se *Valsa nº 6* como *Vestido de noiva* às avessas. Na curva criadora do dramaturgo, esse texto encerrava o ciclo da aventura interior. Para renovar-se, Nelson Rodrigues deveria passar ao mundo objetivo, apreender as relações humanas no seu atrito consciente. Surgiu *A falecida*, assimilando a experiência anterior e profundamente vinculada à realidade urbana carioca. Tratava-se, sem dúvida, de uma comédia de costumes, que abria um novo filão. Começou o autor a pintar a frustração feminina, na vida melancólica e sem perspectiva dos subúrbios, cuja transcendência se manifesta num sonho poético, desfeito pela crueza da realidade. Machucada em todos os seus anseios, a protagonista de *A falecida* procura realizar-se num enterro de luxo. Mas nem essa humilde aspiração chega a bom termo, porque a ironia feroz do dramaturgo se incumbe de cortá-la.

Perdoa-me por me traíres, depois de um primeiro ato admirável, descambou para um desfecho melodramático inadmissível. *Viúva, porém honesta* não é mais do que uma brincadeira descosida, com algumas anedotas divertidas, visando a crítica adversária. *Os sete gatinhos* incidem em lamentável dramalhão, parecendo encerrar o novo compromisso do autor com a realidade.

A obra de Nelson Rodrigues sugere frequentemente a volta penosa às suas fontes, uma retomada incessante dos mesmos temas e dos mesmos processos, sob um desesperado ângulo que evitaria repertir-se. *Boca de Ouro*, escrita a seguir, ensaia uma síntese do seu universo dramático. Aí estão todos os componentes desse teatro. O jogo entre a objetividade e a subjetividade é o seu mais expressivo recurso. Dentro da desenfreada e (às vezes) quase absurda imaginação, que assegura a Nelson Rodrigues o título de mais original entre os nossos dramaturgos, revela-se o dom de isolar a fala precisa e realista, que desvenda num instante, para o espectador, toda a contextura da personagem. Numa dialética de incontestável riqueza, a forma oscila, a cada momento, entre o mundo imaginário dos recessos interiores e o exato corte psicológico, tomado ao vivo na conversa de rua. Daí a mistura, por certo desconcertante, de drama, comédia e lirismo até mesmo numa única cena, quanto mais em todo o texto. A objetividade e a subjetividade intercomunicam-se, o autor apaga-se na personagem e ao mesmo tempo alimenta-a com a própria matéria, e a peça nem chega a fechar-se para o público – suscita continuadamente a sua adesão criadora.

Como esquema estrutural, o ponto de partida de *Boca de Ouro* talvez tenha sido uma derivação de *Vestido de noiva*, naquela viagem íntima da protagonista pela memória, com a proximidade desagregadora da morte. Também *Boca de Ouro* é uma projeção exterior da mente de D. Guigui. O plano da realidade contém-se em poucos dados situativos. Primeiro, qual prólogo, o quadro em que o dentista substitui os dentes e faz o Boca de Ouro. Depois, a cena na redação de jornal, quando se anuncia a morte do lendário bicheiro de Madureira (em *Vestido de noiva*, já fora usado o veículo da imprensa para divulgar o atropelamento de Alaíde). Aí, abre-se a mola jornalística, dentro da qual o repórter procura um grande "furo". O contexto de *Boca de Ouro* resume-se, assim, numa entrevista, porque D. Guigui apresenta três versões diferentes da figura do bicheiro, de acordo com o seu estado emocional. O *flashback* fornece a dimensão de cada ato, numa mistura de memória e delírio imaginativo, sempre pouco dissociados em cada criatura.

A título ilustrativo e considerando a admiração de Nelson Rodrigues por Pirandello (inferior apenas à que vota ao norte--americano Eugene O'Neill), além de uma certa afinidade, pode-se relacionar *Boca de Ouro* com o processo do autor de *Assim é, se lhes parece*. Sabe-se que, para Pirandello, não somos um, mas tantos quantas são as pessoas que nos contemplam. O homem nunca se manifesta numa objetividade total, idêntica para todos os homens, e por isso o reflexo de subjetividades cria imagens múltiplas, inesgotáveis. Se esse método analítico permitiu, no teatro, que as personagens não se empobrecessem em figuras estanques, sugeridas pela presença unitária do intérprete, Nelson Rodrigues quis ir além: *Boca de Ouro* mostra que a própria relação entre dois indivíduos é fluida, imponderável, sujeita a flutuações permanentes, segundo o estado emocional de ambos. Cada criatura oferece para o mesmo contemplador uma imagem diversa, se o seu olhar é de paixão, de ódio ou de indiferença. Inicialmente, quando o repórter vem entrevistá-la, D. Guigui pinta um Boca de Ouro enegrecido, por causa de seu ressentimento de mulher abandonada. O bicheiro cresce aos olhos do espectador, no primeiro ato, como um terrível facínora. No segundo ato, o repórter informa a D. Guigui que Boca de Ouro havia sido assassinado. Diante do irremediável e incapaz de sufocar os seus sentimentos mais legítimos, D. Guigui explode em paixão e ternura pelo bicheiro; precisa retificar o primitivo depoimento, ditado pela mágoa. Boca de Ouro surge agora com uma "pinta lorde", homem de sentimentos "superiores" e que só reage quando provocado pelos outros. Com essa versão, o marido de D. Guigui, vítima no passado da instabilidade afetiva da esposa e agora praticamente repelido pelo abandono amoroso dela, tenta um gesto viril: o rompimento definitivo, que não se efetivara antes por causa dos filhos. Em face da nova situação, D. Guigui precisa reagir com lucidez. Afinal, gostava do marido e Boca de Ouro morrera. Recomendava-se acomodar as coisas. Não seria o marido, não, o covarde, mas o próprio Boca de Ouro. E vem então o terceiro depoimento, em que o herói está configurado em outras proporções, ser mais humano e real, talvez por causa do esforço de lucidez da narradora. Decomposta em seus termos racionais, *Boca de Ouro* não tem nada de hermético e ininteligível, e decorre até de um esquema simples.

Não hesitaríamos mesmo em qualificar de primário o sistema aparentemente complexo da estrutura, se Nelson Rodrigues não o abrisse para o território do poético, em que se configuram mil outras possibilidades. A própria D. Guigui, no seu mecanismo emocional, poderia fornecer novas imagens de Boca de Ouro. A peça, porém, inscreve-se outra vez no plano da realidade, no qual, à guisa de epílogo, um locutor realiza um *flash* radiofônico, diante do necrotério. Uma multidão incalculável aglomera-se para ver o bicheiro morto. Que figura mítica seria essa, capaz de despertar tamanha curiosidade? O próprio texto já nos prevenira, antes, sobre outra faceta do herói: o irresistível sentimental, que pagava o caixão dos pobres.

Mas não é essa nova perspectiva que lança a plena dimensão de *Boca de Ouro*. Ironicamente, num humor amargo tão ao feitio do dramaturgo, revela-se que o cadáver estava desdentado, e se permite concluir que o morto poderia nem ser o famoso bicheiro. Arma-se toda a história da peça com base apenas na notícia da morte do protagonista, a qual talvez nem seja verdadeira. Não é absurdo pensar até que essa personagem misteriosa e lendária, alimentada pela imaginação popular, nem tenha existido, ao menos como a pintou D. Guigui. Já que a narradora apresentara versões tão diferentes de um mesmo fato, por que não concluir que todas eram falsas? Que Boca de Ouro era outra criatura, diversa daquela que se mostrou ao espectador? E a peça, num espelho de reflexos incontáveis, presta-se a estranhas simbologias: o movimento humano em torno de uma existência fictícia, o vazio final de todas as realidades.

Mais sereno e refletido, vinculando-se a motivos e sugestões apreensíveis pelo público, Nelson Rodrigues goza, outra vez, de grande voga. *Boca de Ouro*, depois de uma encenação em São Paulo, foi retomada pelo Teatro Nacional de Comédia, elenco do Serviço Nacional de Teatro, órgão do Ministério da Educação e Cultura, e com ele percorreu o Nordeste e o Norte do país, constituindo-se no maior êxito do repertório. O autor escreveu especialmente para o Teatro dos Sete do Rio – uma das melhores companhias profissionais do Brasil – *O beijo no asfalto*, sua última obra encenada, e no primeiro mês de cartaz foram batidos todos os recordes de bilheteria no gênero dramático. Essa peça atesta a encruzilhada em que se encontra Nelson Rodrigues.

Nasce a história de uma excelente ideia, desenvolvida com brilho em dois atos. Arandir, o protagonista, encarna o anseio e a realização da pureza, sujada pela pequenez do mundo à volta. Um homem, atropelado, pede-lhe um beijo, antes de morrer. Ao dá-lo, Arandir obedece a um impulso generoso, o qual, mais tarde, posto a nu e racionalizado, ele reconhecerá como "a única coisa que se salva" em sua vida. "Por um momento, eu me senti bom!" Pois foi esse beijo inocente, conforto de um moribundo (cujos motivos não estão em causa na peça), o pretexto para se desencadear uma conspiração contra Arandir, pondo-se em prática o mecanismo do mal-entendido e do equívoco. No primeiro ato, lança-se a história, com a brutalidade crua com a qual costumam ser tratados todos os casos nas delegacias de polícia. O segundo ato fecha sobre o herói o cerco da incompreensão e do desamor. Com grande mestria, o dramaturgo passa da frivolidade malévola da vizinha ao cafajestismo agressivo dos colegas de trabalho, insinuando depois a suspeita na própria casa de Arandir, por meio das alusões dúbias do sogro. Instilada a dúvida na mente da mulher, ele está sozinho, sem nenhum apoio.

A inverossimilhança apossa-se da trama, porém, quando o repórter policial, no delírio de sensacionalismo, resolve transformar o acidente em crime. Até aí, podia-se pensar em mais um golpe teatral, com o objetivo de enriquecer o entrecho. O pior melodrama acaba tomando conta de *O beijo no asfalto*: o sogro Aprígio tira a máscara, no desenlace, para revelar a sua natureza. Num procedimento misto de história policial e de dramalhão, Nelson Rodrigues despista o tempo todo o público, sugerindo e até revelando, pela fala das personagens, que o ódio de Aprígio contra o genro provinha de um amor incestuoso pela filha. Querendo tirar efeito cênico da completa surpresa, o sogro, antes de assassinar Arandir, conta-lhe a verdade: "Você é o único homem que não podia casar com a minha filha! O único!". Tem ciúmes não é da moça: é dele. "Quero que você morra sabendo. O meu ódio é amor." Crime passional de um sogro pederasta – eis o desfecho, digno do mais barato folhetim, que desloca a peça irremediavelmente da seriedade em que havia sido proposta.

Um exame psicanalítico do autor revelaria as suas contradições íntimas, que impedem a fatura de uma arte adulta. Até hoje, o mundo se coloca para ele como o lugar do pecado, e as suas criaturas pendem entre as mais severas proibições e o prazer de infringi-las. Quebram elas, com frequência, os convencionalismos sociais, mas se recolhem depois ao autoflagelo puritano. Os manuais de "psicanálise ao alcance de todos" parecem reger muitas das sondagens interiores, dando-lhes uma evidente ingenuidade, nesse território primário dos complexos. Nelson Rodrigues ainda se pauta por códigos infantis.

Na avalancha com a qual rompeu certas convenções, na cristalinidade cênica da linguagem, em que a gíria bem aproveitada enriquece o vocabulário, o dramaturgo desbravou o nosso palco. Há, em sua obra, inteira posse dos meios léxicos, não obstante lhe falte ainda perfeita segurança da sintaxe teatral. O conhecimento cinematográfico apurou-lhe a técnica dos cortes e do ritmo. Apaga-se a luz e uma nova cena está preparada pela anterior, sem que tivesse sido necessário insistir em indicações. O autor utiliza a elipse com poder sugestivo admirável. Em cada peça, destaca-se sempre pelo menos uma cena antológica.

Afeiçoado com essa flexibilidade, por Nelson Rodrigues, o instrumento teatral, os jovens autores já poderiam partir de uma experiência rica e fecundante. Não era mais necessário voltar à estaca zero. O aparente desvario sexual tornou todos os outros temas, de súbito, tratáveis. A retórica da geração anterior, geralmente subliterária (quebrada apenas em livro por Oswald de Andrade), deu lugar à especificidade cênica do diálogo. Nelson Rodrigues guindou de novo o teatro ao carro da literatura, e, dessa vez, como contribuição própria de dramaturgos, e não de escritores subsidiariamente atraídos pelo palco. Afirma-se em todo o Brasil uma nova geração de autores teatrais, que, direta ou indiretamente, se valeram das conquistas do criador de *Vestido de noiva*. Se faltassem a Nelson Rodrigues outros méritos, só esse marcaria com privilégio o seu lugar na dramaturgia brasileira.

INCORPORAÇÃO DAS FONTES RURAIS

TRANSCORREU mais de uma década para que aparecesse nova obra, sólida e original, e ao mesmo tempo filtrasse o que de melhor trouxe *Vestido de noiva*: era *A moratória*, do dramaturgo paulista Jorge Andrade. Significativamente, a peça foi apresentada em 1955, no Teatro Maria Della Costa, em seguida ao surto imobiliário que multiplicou as casas de espetáculos em São Paulo. Urgia descobrir valores, alimentar o consumo crescente de textos. Formado como ator na Escola de Arte Dramática de São Paulo, Jorge Andrade revelava talento autêntico para a dramaturgia. Numerosas foram as suas experiências, antes que elaborasse a sua obra-prima, cujo lançamento lhe valeu de imediato um alto apreço intelectual. Com apenas *A moratória* e *O telescópio*, encenado no Rio de Janeiro, a crítica das duas cidades já se escudava no nome do autor para prognosticar melhores dias à literatura dramática brasileira. Justificavam a franca acolhida, além do mérito artístico, a intransigente honestidade com que foram escritas as peças e a absoluta ausência de concessão ao sensacionalismo. Jorge Andrade permaneceu fiel ao rigor de sua inspiração, num paciente artesanato literário, que sempre foi uma das nossas visíveis lacunas.

Nascido em fazenda e tendo passado no interior a maior parte de sua vida, o autor deveria por força preferir nas peças os problemas do ambiente rural. Por outro lado, as correntes literárias divulgadas no segundo pós-guerra não chegaram a co-lhê-lo nos anos da primeira formação. Ficou à margem das desesperadas buscas de alguns que, pouco mais jovens, punham em causa a própria existência e a continuidade de um mundo absurdo, na senda de Sartre e Camus. Inscreveu-se naturalmente nas fileiras da chamada literatura social, sem ter antes padecido as dúvidas de uma geração que não encontrava caminho. Essa literatura já produzira os admiráveis romances do Nordeste, em torno da decadência da aristocracia canavieira, sem encontrar nenhum paralelo de idêntica altitude na ficção paulista, que tinha a seu dispor a crise do café. O tema foi incorporado à literatura por meio do teatro de Jorge Andrade. Perseguia-o o destino do grupo, mais que as sondagens individuais. A personagem, sem perder as características próprias, foi sempre para ele representante da coletividade retratada. O fundo de *O telescópio* é a desagregação da família de um fazendeiro. A disputa da herança, antes da morte do testador, revela o clima de precariedade moral. O filho mais velho, bêbado, o mais novo, exprimindo-se em linguagem caipira (por motivos diferentes, alienados da tradição), duas filhas envolvidas com um mesmo homem – esse o quadro em que uns procuram destruir os outros, em troca de uma porção melhor de terra. Paira sobre o entrecho um clima de crise financeira, que advirá com a divisão dos bens, mas a peça – um ato longo – se contenta em registrar o drama de um mundo que não se amolda aos padrões antigos e não encontra valores pelos quais se definir. Trata-se, ainda, da dissociação interna, disfarçada na aparência porque está de pé o fazendeiro, fator de unidade e fonte de renda suficiente para cobrir os desmandos dos filhos. A estrutura tem, por enquanto, com que preservar-se, não obstante a cena em que o bêbado tropeça no telescópio e o espatifa já seja o símbolo de uma ilusão de paz e alheamento que se desmoronará.

A paisagem de *A moratória*, escrita a seguir, não se altera muito, mas a estrutura se esfacela aí por completo. A crise social atinge diretamente o fazendeiro e ele próprio não pode subsistir. Situando a peça em dois planos e a ação nos anos de 1929 e 1932, Jorge Andrade quis deixar bem marcada a queda irremediável da aristocracia rural. Há ironia e quase sadismo na repetição do jogo de esperança e desespero, até que o pano baixe sobre um silêncio mortal. Apenas 1929 seria o retrato da crise, da perda da fazenda com o aviltamento do preço do café. Mas um grupo não morre de uma vez, a não ser pela revolução, e *A moratória* compraz-se em consignar os estertores, a última tentativa de sobrevivência. Procura-se alegar, judicialmente, a nulidade do processo de praceamento, mas uma sutileza jurídica, arbitrária quase na indiferença com que atua, torna vão o esforço. 1932 encerra em definitivo uma fase da vida nacional e *A moratória* sela, na literatura, o processo de decomposição. Até agora, vimos decadência, derrota, corte de um mundo fadado a desaparecer. O escritor, criado nele, naufragaria também, ou pensaria, pela possibilidade intelectual de adaptar-se a novas situações, em descobrir caminhos afirmativos. Surgiu, para configurar esse estado de espírito, *Pedreira das Almas*. O homem que deseja lutar apela para as suas reservas. Jorge Andrade recuou no tempo a fim de apreender a matéria de que foram feitos seus ancestrais. Sabia que, encerrado o ciclo da mineração, grupos empobrecidos deixaram Minas Gerais em busca do planalto. Do encontro das terras férteis, em São Paulo, nasceu o período de riqueza agrícola, cuja decadência já foi retratada nos tempos de hoje em *A moratória*. Assim, embora se verifique um recuo histórico em *Pedreira das Almas*, a peça corresponde a um novo impulso de afirmação. Afiam-se as armas, buscam-se as forças antigas que traçaram o roteiro da conquista. O texto resulta épico, representativo da aventura contínua que tem levado os homens a amanhar terras desconhecidas.

Pedreira das Almas atinge, por isso, os arquétipos. Toda a simbologia da peça coincide com a do nascimento das civilizações. É um indivíduo, escondido numa caverna, que se põe à frente da cidade moribunda para conduzir seus homens até o vale. No macrocosmo cênico, o partido dos participantes da Revolução de 1842 é o liberal, em choque com o absolutismo do imperador. As leis de direito natural, ou de família, ou religiosas, opõem-se às do Estado, como na *Antígona* de Sófocles: a permanência de um corpo insepulto leva a cidade a expulsar os esbirros do poder, numa revolta das convicções inatas contra o arbítrio dos mandantes. Acrescente-se, a esses símbolos, um que nos parece mais típico da tomada de consciência do homem: a passagem do matriarcado para o patriarcado. Em Pedreira das Almas, domina uma mulher. Sua palavra é lei para o grupo. Presa à tradição, cultua os mortos e não pode abandonar a cidade que os abriga. O sonho de novas terras alimenta o homem e ele envolve na sua esperança toda a população. Sua noiva, inicialmente disposta a partir, decide permanecer na cidade dos mortos, refazendo dialeticamente o destino da mãe. Ficará solitária em meio a memórias, imagem de uma quadra que acaba de expirar.

Vencido o desespero e tendo encontrado as reservas existenciais do homem, cabia a Jorge Andrade atuar na sociedade. Concluíra o ciclo da experimentação pessoal e, para prosseguir, era necessário voltar-se para a realidade objetiva. Depois de cimentar a infraestrutura subjetiva, dispõe o dramaturgo de recursos para distinguir o mundo à volta. Como lhe interessam sobretudo as experiências do grupo, passa à crítica social, e nada melhor para fixar o novo panorama do que a própria fazenda. Em *Vereda da salvação*, abandona a perspectiva do fazendeiro para assumir a do colono. Inspiraram-no acontecimentos verídicos, ocorridos em Malacacheta, em Minas Gerais, quando colonos famintos, tentando evadir-se religiosamente da miséria, foram mortos por representantes da ordem. Sem incorrer no panfleto ou na crítica política, a peça se torna um protesto veemente contra a sociedade que determina aquelas contrafações. Insatisfeitos com uma religião que nada faz por eles, os colonos acirram-se num misticismo feroz, em que o pecado se torna sinônimo de pobreza. Para vencê-la, é preciso expulsar o pecado, e por isso o grupo se entrega à penitência, em que um jejum rigoroso vincula até as crianças. O desespero da fome leva os colonos ao delírio, e, praticado o exorcismo, procuram libertar-se da condição humana alçando um voo impossível. As balas dos mantenedores da situação vigente liquidam esse protesto inútil e sem diretriz.

Jorge Andrade define-se sobretudo como reformista. Em todas as suas peças, sente-se a nostalgia de um mundo melhor, sepulto nas delícias do passado. Os velhos de *O telescópio* e *A moratória* contrapõem à dissolução do presente os retratos dos antepassados, que uma dignidade superior assenta em pose de estátuas. "Os antigos eram de peso" – exclama-se. *Pedreira das Almas* pareceria excetuar-se a essa característica, pela inspiração de epopeia. O jovem amoroso, porém, ficará dividido ao buscar as novas terras, porque deixou na cidade a noiva. Até em *Vereda da salvação* transparece o descontentamento saudosista. Os colonos, agora esbulhados, falam de outros tempos em que eram posseiros.

Essa nostalgia demonstra a insatisfação com o presente. Outra face da recusa da vida atual é a ideia de partida ou fuga que

231

se apresenta em todas as peças. Gasto na cidade, um casal espera recuperar-se na fazenda. A família, em *A moratória*, alterna-se entre a partida da fazenda e o anseio de voltar a ela. O esgotamento das minas auríferas obriga os habitantes de Pedreira das Almas a procurar as terras promissoras do planalto. O Tabocal seria o Éden para os colonos sofredores de *Vereda da salvação*. As personagens ou não estão satisfeitas com a sua morada ou são expulsas dos lugares em que gostariam de permanecer. De qualquer forma, sem propor claramente uma solução para a crise, o teatro de Jorge Andrade alia-se aos depoimentos literários que apontam os erros sociais. Testemunha, com sinceridade e coragem, o exílio do homem no mundo de hoje.

No seu itinerário ideológico, o dramaturgo precisou aprofundar o instrumento de expressão. As primitivas peças vazaram-se num realismo quase fotográfico, em que a elaboração artística é forçosamente menor. Ao encontrar a forma de *A moratória*, Jorge Andrade tomou consciência do seu caminho, e refez até *O telescópio*, de acordo com as conquistas técnicas nela apresentadas. A leitura de *Vestido de noiva* deu-lhe a pista da nova dialogação que passaria a cultivar: frases secas, cortantes, incisivas – um pingue-pongue contínuo em que a palavra ressoa em plenitude ao ser exclamada no palco. Também o abandono da continuidade rígida no tempo, já experimentado na peça de Nelson Rodrigues, e a profunda admiração por *A morte do caixeiro viajante*, de Arthur Miller, sugeriram as primeiras linhas sobre as quais pôde desenvolver a arquitetura de *A moratória*. Não se diminua, por isso, o mérito da peça. O resultado traz um selo pessoal indiscutível. Agrada-nos até esse jogo permanente das formas – uma obra devedora de outra sem que perca as características originais e se afirme com autoridade própria.

A moratória só poderia lançar mão de dois planos – passado e presente – para traduzir a procura do autor. O passado, com a perda da fazenda, ainda não concluíra o retrato da família e era necessário, assim, pintá-la na vida medíocre da cidade, tentando em vão recuperar as posses antigas. As ideias e os movimentos das personagens não se adaptaram às novas condições de existência e, para enunciar a constante psicológica, o texto joga com uma certa atemporalidade: sugere-se um conflito no presente e ele será desenvolvido no passado, como se fosse futuro, porque naquele mundo nada se altera de fato. Essa técnica permitiu economia de recursos e, apesar do cerebralismo da inventiva, muito maior espontaneidade para a ação. Não foi necessário concentrar os episódios, o que, num desenvolvimento contínuo, muitas vezes se aproxima da inverossimilhança, e a sala de um ou outro dos planos frequentemente permanece vazia, como acontece no cotidiano. No presente, por exemplo, fala-se que a mãe foi à igreja e, para determinar sua psicologia, surge ela no passado, rezando diante de uma imagem. Toca-se em chuva e, na fazenda, lamenta o pai a ausência dela, com prejuízo para a colheita. No passado, o pai chama o filho e, no presente, a mãe logo a seguir pergunta se ele ainda não se levantou. O entrosamento estrutural dos planos alicerça, assim, a unidade e marca as características das personagens. Até o cenário, aproveitando os mesmos quadros e com um galho de jabuticabeira comum aos dois planos, parece insistir na inalterabilidade psicológica. Apenas uma máquina de costura, bem à mostra no presente, simboliza a nova existência da filha – a única pessoa que aceitou a realidade e tenta viver de acordo com ela.

Os problemas a enfrentar em *Pedreira das Almas* eram de outra ordem: ao mundo primitivo retratado na peça deveria corresponder uma técnica tradicional sólida, inclusive com a utilização do coro, porta-voz do grupo. O fundo histórico e épico da narrativa obrigou o autor a uma pesquisa de linguagem, em que o coloquialismo familiar se transformou em elaboração estilística mais pronunciada, até no tratamento da segunda e não mais da terceira pessoa. As figuras esculturais e graníticas do entrecho expressam-se em falas lapidares, tendentes sempre a adquirir a estereotipia de conceitos. Se o coro não se impessoaliza na voz uníssona de uma só personagem, representativa do espírito da cidade, não chega também a desdobrar-se em seres de vida autônoma, desligados umbilicalmente do grupo. Esse meio caminho escolhido pode ter efeito plástico e sonoro para o espectador, embora não perca a natureza abstrata que nos parece muito mais aceitável quando se adota a convenção integral do coro personagem única.

De *O telescópio* a *Vereda da salvação*, Jorge Andrade utiliza um sistema uniforme para construir suas criaturas. São tipos definidos, vetores encaminhados numa direção única, em que as lutas íntimas se resumem a no máximo duas hipóteses. Não admitem sutilezas enriquecedoras, trazidas em geral pela multiplicidade do homem moderno. A título exemplificativo, lembraría-mos que a dramaturgia de Jorge Andrade se aproxima das concepções escultóricas esquilianas e não da humanidade contraditória de Eurípides. Trata-se de um primitivo, seduzido pelos grandes lugares-comuns, nos caracteres marcados que procuram absorver a impassibilidade de protótipos. O processo de construção das personagens pode referir-se, assim, à estética aristotélica, à qual foram aduzidos elementos do psicologismo de hoje.

Sem grande imaginação criadora na fatura de histórias e tipos, Jorge Andrade fortalece o resultado de suas peças pelo efeito espetacular. A eficácia teatral das últimas obras, sobretudo, parece-nos incontestável, pelo poder de envolvimento das cenas coletivas. Se as personagens perdem em riqueza interior, o talhe grandioso (quase grandiloquente) dá-lhes contundência no palco. O gosto do símbolo e a estetização da linguagem configuram um realismo poético.

A moratória, apesar dos louvores da crítica, teve apenas um sucesso de estima. A encenação inadequada de *Pedreira das Almas* redundou em malogro. O numeroso elenco reclamado, a montagem difícil e ambiciosa estão atrasando a estreia de *Vereda da salvação*. Somente *O telescópio* foi apresentada no Rio, num espetáculo composto de três peças em um ato. A simpatia da imprensa carioca ainda não fez que uma empresa se animasse a oferecer as outras obras do autor. Achava-se ele presa da melancolia e do medo de tornar-se um dramaturgo da elite intelectual, incapaz de movimentar a bilheteria. *Os vínculos*, escrita em colaboração com a autora Clô Prado, e claramente sensível aos apelos comerciais, não interessou também a nenhum elenco. Até agora é penoso o trabalho do autor brasileiro.

Jorge Andrade conheceu repentinamente o favor do público com sua última peça – *A escada* – realizada às pressas para subir ao cartaz do TBC (o custo da montagem obrigou o conjunto, de novo, a adiar o propósito de encenar *Vereda da salvação*). Para o crítico, é sumamente desagradável condenar o texto, quando com ele o dramaturgo obteve pela primeira vez incontestável êxito financeiro. A sugestão inicial, não obstante o parentesco com *A moratória*, era curiosa: um casal de velhos está periodicamente a mudar de residência, na sina melancólica de viver, sempre indesejável, ora com um, ora com outro filho. Quatro aposentos, parte das várias habitações, reunidas num único edifício (os laços de família justificam essa solução cênica), permitem as rápidas mudanças, à vista do espectador, e ensejam a simultaneidade dos episódios, à semelhança de *A moratória* e de *O telescópio*. O que tocou a plateia, a nosso ver, foi a história dos velhos, que devaneiam na escada sobre o passado melhor: toda família tem esses parentes mais idosos, que se tornaram um fardo difícil para os moços – e o pano baixa quando eles vão recolher-se ao asilo. Tanto a motivação psicológica como a técnica parecem um arremedo simplificado de *A moratória*. O velho se refugia na grandeza antiga, a braços com uma ação judicial que lhe restituiria a fortuna perdida. Lidando com muitas personagens, em flagrantes ilustrativos, não pôde o dramaturgo fugir a um esquematismo empobrecedor. Tudo é clichê, nesse painel familiar que sacrifica as individualidades. As produções maiores costumam fixar toda a obra de um autor, e *A escada* não passa de um reaproveitamento residual de *A moratória* – melodrama ao feitio do grande público.

Se não conhecêssemos a integridade artística de Jorge Andrade, essa experiência poderia parecer um precedente perigoso: deixar-se-ia ele seduzir pelo êxito fácil. Não temos a seu respeito, porém, prognóstico pessimista, ainda mais que *O incêndio*, novo texto, agora escrito, retoma a ambição das melhores peças. Para ele, *A escada* teve até um aspecto positivo – o de estabelecer contato com uma plateia numerosa, que não lhe sorrira antes. Quem sabe até o sucesso de bilheteria lhe abrirá o caminho para a montagem dos textos mais sérios, que são o seu terreno natural de dramaturgo norteado pela literatura.

EM BUSCA DO POPULÁRIO RELIGIOSO

PARA Ariano Suassuna, "estamos vivendo a época elisabetana agora, estamos num tempo semelhante ao que produziu Molière, Gil Vicente, Shakespeare etc.". O dramaturgo paraibano, fixado no Recife, aproxima o Nordeste de Florença e Roma renascentistas. Essa visão do mundo contemporâneo, aliada à fé católica (ele, de protestante, se converteu ao catolicismo, durante uma enfermidade), introduz o universo dramático do autor, cujo *Auto da Compadecida*, apresentado inicialmente por amadores pernambucanos, é hoje, sem dúvida, o texto mais popular do moderno teatro brasileiro.

Foi em 1957 que o jovem escritor, ainda circunscrito ao Nordeste, onde havia recebido vários prêmios, irrompeu no Rio de Janeiro e em São Paulo, conquistando logo as companhias profissionais. Ao mérito artístico juntou-se um aspecto que deve ser ressaltado em nossa literatura: trata-se de uma dramaturgia católica, na melhor tradição que esse teatro fixou em todo o mundo, vindo das formas medievais, em que se assinalam os caracteres populares e folclóricos e uma religiosidade simples, sadia, irreverente e presidida pela Graça, com a condenação dos maus e a salvação dos bons. É certo que as numerosas lendas nordestinas reúnem os predicados que podem servir de base a um teatro popular e religioso, desde que passando pelo crivo artístico. Acrescente-se que o autor chamou algumas de suas obras "autos sacramentais", gênero levado à perfeição por Calderón de La Barca, cuja peça *La vida es sueño* se baseou, aliás, na mesma lenda de que se valeu Ariano Suassuna para escrever *O arco desolado*.

Funde o dramaturgo, em seus trabalhos, duas tendências que se desenvolvem quase sempre isoladas em outros autores, e consegue assim um enriquecimento maior da sua matéria-prima. Alia o espontâneo ao elaborado, o popular ao erudito, a linguagem comum ao estilo terso, o regional ao universal. A quase superstição das histórias folclóricas atinge o vigor de uma religiosidade profunda, que pode espantar aos cultores de um catolicismo acomodatício, mas responde às exigências daqueles que se conduzem por uma fé verdadeira. A crença de *A Compadecida*, por exemplo, alimenta-se de amor efetivo e do melhor sentido que possa ter a palavra misericórdia.

Entre as peças que precederam a obra-prima de Ariano Suassuna, encontra-se o *Auto de João da Cruz*, "drama sacramental". Como inspiração, assemelha-se à aventura faustiana, na história do jovem carpinteiro que faz um acordo com o demônio para possuir os bens terrenos (*O milagre de Teófilo*, produção medieval de meados do século XIII, de autoria de Ruteboeuf, já tratava o tema). O caminho para a danação é interrompido pelo aparecimento do anjo da guarda e do pai peregrino, que, no júri final da peça, se identifica à figura divina. O móvel da salvação, como sucederá em *A Compadecida*, é um cangaceiro, que havia há tempo evitado a morte de João da Cruz, e agora, num sinal de que a consciência deste continua viva, recebe, para fugir da polícia, o corcel que o demônio lhe presenteara. Diante da justiça, os puros levam sempre a melhor.

O tratamento de *O arco desolado* diferencia-se fundamentalmente do que o dramaturgo espanhol deu à lenda polaca. O Sigismundo de Calderón, sabendo que "la vida es sueño", quer tornar a existência um sonho bom. Contraria a predição sobre o seu nascimento, para instaurar um reino de justiça. O Sigismundo de Ariano Suassuna desencadeia de fato, quando sai da prisão, uma série de horrores. Vai purgar-se da possível bastardia no mundo, confiando-se de novo à prisão em que fora criado. Com o seu sacrifício e o da jovem amante possibilita a reconciliação do pai e do tio, concluindo a peça sob um céu limpo, que lembra o de *Romeu e Julieta*.

A matéria de *A Compadecida* é o folclore, enquanto o autor reuniu no texto, segundo indicam as epígrafes, a intervenção de Maria por uma alma, a história do enterro de um cachorro e a de um cavalo que defecava dinheiro (transposto na peça em gato), todas pertencentes ao romanceiro anônimo. Fundindo elementos tão díspares, para estabelecer um entrecho sólido, unificado pelas peripécias da personagem também popular que é João Grilo, conseguiu o autor o salto para a obra sem fronteiras, que é dada pela inscrição dos valores particulares numa ordem maior, vinda, no caso, das tradições medievais. Aborrecendo o autor o teatro moderno, dessorado na disciplina intelectualista, *A Compadecida* bebe seus efeitos em recursos primitivos, até na encenação de um julgamento no outro mundo. Aproxima-se o texto dos autos vicentinos ou dos "milagres" mais antigos de Nossa Senhora, e, contrastando com o sabor arcaico, dá ao diálogo a espontaneidade da improvisação e à estrutura dramática a ideia de que é algo que se constrói à vista do público, para só no final sentir-se a solidez arquitetônica.

Leva a essa conclusão o exame das personagens e da técnica. João Grilo, o protagonista, não é alguém dotado de um drama profundo a resolver, e o entrecho seria o meio de estudar sua psicologia. Ele é o malandro, o desocupado, o conversador, o homem sem objetivo senão o de sair-se melhor do instante – o que se inventa e inventa as soluções à medida que surgem os problemas. Seus dados psicológicos são mínimos: uma genérica revolta contra a injustiça, a esperteza e um certo amoralismo, além do desejo de vingança contra os patrões que o deixaram quase a morrer doente, enquanto tratavam com luxo um cachorro. É mais a figura sociológica do homem da rua, de mãos vazias (apesar do emprego só agora abandonado), fazendo de cada cotidiano a tarefa a cumprir, a fim de prolongar-se no tempo. Nascido da galeria brasileira do "herói sem nenhum caráter", lembra Arlequim, votado permanentemente a desembrulhar a existência que ele próprio complicou, com o objetivo de reservar-se alguns momentos melhores. A diferença básica está em que João Grilo deixa de ser o elemento cômico de um entrecho maior, em que sua função se limita mais propriamente a servir a intriga teatral, pela condição de subordinado (mesmo quando essa função se torna precípua no mecanismo da Comédia Nova, com o escravo puxando os acontecimentos), para ser o dono do próprio destino, construído nas maquinações de cada peripécia. João Grilo vai inventando a vida até que o cangaceiro o abate, como instrumento que é da cólera de Deus. Diante do próprio Jesus Cristo, a maneira que tem de escapar ao inferno é a utilização sucessiva de artimanhas, até o

238

apelo final à misericórdia, encarnada por Nossa Senhora. Do ponto de vista religioso, a figura de João Grilo sugere, assim, as dificuldades e as quedas da passagem terrena, comprometida em mil arranjos tortuosos, até que Maria redime o homem pela intervenção junto a Cristo.

A estrutura de *A Compadecida* está de acordo com esse espírito de improvisação. As personagens, se são necessárias ao desenrolar da trama, sucedendo-se com uma lógica irrepreensível, dão a impressão de que surgem à mercê dos acontecimentos, isto é, são chamadas a participar da ação, pois, do contrário, ela não prosseguiria. Daí esse aspecto de invenção constante que se vê no diálogo, mantido até o final com saborosa linguagem e renovada comicidade. A história se faz com cenas que se sucedem tendo interlocutores diversos, além da presença permanente de João Grilo, e seu desdobramento, Chicó. Alternam-se o padre, o fazendeiro, o sacristão, o padeiro e sua mulher, o bispo, o frade e finalmente os cangaceiros, nos episódios terrenos. A missão de uma personagem é avançar mais o entrecho, e, quando o emaranhado se torna grande, os cangaceiros despacham todos para o outro mundo. No próprio julgamento sobrenatural, existe esse fator de surpresa, pois não se acham todos presentes, logo no início, vindo ao palco primeiro o Encourado, depois o preto Manuel (encarnação de Jesus Cristo) e só no fim, qual *deus ex machina*, a figura de Nossa Senhora.

Os episódios não aparecem isolados, porém, porque se relacionam na podridão que faz manifestar-se a cólera divina, por meio do extermínio a cargo do cangaceiro, e consequente presença de todos diante de Manuel. A situação da história, como algo que se representa, "para exercício da moralidade", vê-se pelo Narrador – o Palhaço – que promove as ligações necessárias. A volta à vida terrena, também, depois do julgamento, fica verossímil pela extrema habilidade do autor. Depois de obter a condenação de cinco pecadores apenas ao purgatório, Nossa Senhora consegue de Deus que João Grilo tenha nova oportunidade de experimentar-se na terra. Seu retorno coincide com a cena em que, na rede, o levam para o túmulo. Aí, ele se levanta, já que a bala teria passado de raspão, apenas desacordando-o. Mas fora Chicó autor de uma promessa a Nossa Senhora, oferecendo-lhe todo o dinheiro, que a morte dos outros pusera em suas mãos, para preservar-se a vida de João Grilo. Conserva-se, assim, o caráter de "milagre" de Nossa Senhora e o cumprimento da promessa vale como "os honorários da advogada".

A maneira de Ariano Suassuna apresentar os caracteres baseia-se na forma popular brasileira, que não sugere sutilezas ou requintes. Embora reflita o lavor de um dramaturgo inteligente e lúcido, *A Compadecida* não se poupa, além do primitivismo e da ingenuidade deliberados, um tom algo primário. Incide o autor na simples dicotomia do bem e do mal que, apesar de toda a profundidade que tente emprestar-se, acaba sempre em primarismo inapelável. No combate ao mundanismo da Igreja, fica a trama nas simplificações mais fáceis, expressas, na verdade, em anedotas e achados de grande efeito sobre o público. Combate-se o preconceito de cor (Deus aparece como preto), ridiculariza-se a chicana do palácio da justiça, brinca-se com a ignorância católica da *Bíblia* (João Grilo pergunta se Jesus Cristo é protestante, por conhecê-la tão bem), e impera sempre o espírito de vitória do fraco sobre o forte, do humilde sobre o poderoso, do sincero sobre o mundano – da verdade sobre a mentira. O frade, que o bispo chama de débil mental, é o legítimo santo, enquanto ele, grande administrador, peca por simonia. Junta-se a peça à visão do povo que se revolta, muitas vezes, contra a aliança da Igreja com os bens temporais. Por isso, esse aspecto de reivindicação justa, de revide honesto, de desforra contra o erro dá à trama um sabor de briga santa, colocando a plateia em permanente torcida pelo bem. Para que prevalecesse esse espírito de quase aventura, era necessária simplicidade dos caracteres, sem o que não se evidenciaria o problema indisfarçável do herói e do vilão. Merece reparos, porém, que, ao lado da simpática ficção, sustentando o maravilhoso lendário (como a ingenuidade do cangaceiro morto para ver Padre Cícero, na espera de ressuscitar ao som da gaita), o autor caricature tanto as figuras do padre, do bispo, do sacristão, do padeiro e de sua mulher. Nos traços que lhes deu percebe-se a caracterização mais vulgar, embora consciente, e que um tratamento diverso teria valorizado, em benefício do alcance da peça. Apesar das simplificações primárias, a trama cresce aos olhos da audiência, porque abdica de um realismo verista em troca de uma outra realidade, feita de sobrenatural e de poesia.

Estão lançadas as bases de um autêntico teatro popular católico, de amplo significado na tradição religiosa do país, e que retoma, na língua portuguesa, o caminho aberto por Gil Vicente.

O casamento suspeitoso, experiência seguinte, não convenceu. A estima despertada pelo autor não evitou um certo desaponto. Informava ele que estruturou a ação, um pouco propositadamente, à maneira de *A Compadecida*, "para firmar uma espécie de estilo". Não o preocupava muito a originalidade, sob tal aspecto. Interessava-lhe, verdadeiramente, a criação de personagens, "a exemplo do que os clássicos fizeram". As premissas, como se vê, são aceitáveis, e estariam em condições de inspirar uma grande obra.

O que não satisfez foi a desproporção entre os objetivos e os resultados que alcançou. Não nos importamos que a todo momento ressoem os ecos de *A Compadecida*, quer no fio que puxa a ação, quer nos diálogos, quer no emolduramento dos tipos. Apenas, em *O casamento suspeitoso* tudo descamba para a caricatura grosseira. As criaturas reduziram-se a traços elementares, das quais não está ausente o anedotário vulgar. Fica-se no esboço, matéria bruta lançada a esmo, sem que o autor se desse o trabalho de desenvolver um caráter, aprofundar uma situação. O achado preside o fabrico das personagens, que não atravessam a fronteira do pitoresco. Poder-se-ia argumentar que o problema é de perspectiva: considerada como simples farsa, e esquecendo-se as ambições inicialmente proclamadas, convenceria o tratamento. Para a farsa, contudo, falta-lhe leveza, vivacidade, o sopro tênue da palavra solta no ar para envolver o espectador de magia. Os diálogos são enxundiosos, as conversas giram repetidamente em torno do mesmo ponto, a preparação é lenta demais para um desfecho que logo se anuncia. Divertimo-nos com algumas cenas, mas não aceitamos a inverossimilhança e o mau gosto do quiproquó final. Desta vez, o dramaturgo resvalou do popular para o popularesco.

A última obra de Ariano Suassuna encenada no Rio e em São Paulo foi *O santo e a porca*, versão brasileira do tema do avarento (outros textos de sua autoria chegaram depois ao palco, no Recife, mas não foram trazidos ainda ao sul). Pareceria estranhável que, nessa peça, se recuasse para um tema latino, ou melhor, da Comédia Nova grega, alterando as profissões de fé que protestam fidelidade ao espírito medieval no conceito de teatro. Além da popularidade da personagem do avarento, capaz por si só de justificar o interesse do dramaturgo nordestino pela obra de Plauto, outro motivo, muito mais imperioso, deve tê-lo levado a transpor para os nossos dias a história de Euclião: o debate íntimo de um indivíduo entre os bens materiais e os espirituais, a presença da avareza como pecado e a possibilidade de resgate do pecador pelo despojamento de todas as amarras terrenas. *A Aulularia* (*comédia da panela*) latina ou *L'avare* francês tornaram-se assim uma moralidade ao sabor do Nordeste – roteiro de um dos homens mais marcados pelo espírito do mal, até a salvação. Preso à dicotomia essencial do santo e da porca, o protagonista, Euricão Engole-Cobra, acaba reconhecendo na perda da fortuna a cilada ou o signo para que ficasse do lado divino. Santo Antônio trapaceou com o avarento, a fim de privá-lo do dinheiro e recuperar-lhe a alma. Desígnios superiores que mostram, para um católico, a infinita misericórdia e a infalibilidade dos caminhos de Deus.

Em linguagem de farsa desabrida, *O santo e a porca* aproveita as indicações mais expressivas de Plauto e de Molière. Suassuna confessa-se devedor do comediógrafo romano (nos diálogos entre o autor e o crítico, existentes no texto, fala-se mesmo em plágio), mas é visível também a marca molieresca. Há no Santo Antônio da peça brasileira, por exemplo, um equivalente do deus Lar romano, esquecido na versão francesa, e desta decorre a disputa de Eudoro Vicente e Dodó Vicente por Margarida, semelhante à rivalidade de Anselmo e Valério no amor pela filha do avarento. Valério, na história do autor de *O misantropo*, insinua-se na casa de Harpagão como criado, para estar mais próximo de Elisa. Dodó abandona os estudos e vem trabalhar no armazém de Euricão, pondo corcova e barba postiça. São a mesma personagem Licônidas de Plauto, apenas mais desenvolvidas e sem o hábito da comédia romana, segundo o qual do encontro fortuito de jovens, em noites de festa, resultava sempre um parto. A cerimônia do século XVII não admitia que as relações fossem tão longe assim e o pudor católico de Suassuna segue as normas gaulesas, repelindo Margarida uma proposta de adiantamento feita por Dodó. Em *O avarento*, Anselmo, ao descobrir os filhos perdidos, ganha também de volta a mulher, e o viúvo Eudoro Vicente, de *O santo e a porca*, ficaria sozinho, se Ariano Suassuna não trouxesse uma inovação à trama, com a personagem da velha solteira Benona, irmã de Euricão. Tendo amado Eudoro, deixou de casar-se com ele por um desses amuos da mocidade, sem que a chama se apagasse. A dureza da solidão continua a predispô-la para o viúvo e as artimanhas do acaso a devolvem ao antigo amor. Quase todas as criaturas aparecem nos três textos. Eudoro e Anselmo são o Megadoro plautiano. A Estróbilo, escravo típico do teatro latino, e ao La Flèche molieresco corresponde Pinhão, talvez a personagem melhor desenhada de *O santo e a porca*, numa síntese de real efeito cômico. Sob a capa dos ditados sentenciosos, esconde a vivacidade do malandro nacional e a leveza de caráter que o põe a dizer galanteios à solteirona, além de enrolar Caroba. Na hora de devolver a porca, exige uma recompensa elevada, como reclamara antes de Dodó um compromisso no valor das terras prometidas, porque "quem vive de promessa é santo".

Caroba tem papel extenso e importante na trama, propiciando no plano terreno a realização dos dotes casamenteiros de Santo Antônio. Estáfila limita-se na *Aulularia* a proteger a parturiente, sem passar de personagem embrionária. Já a sua função dramática é ampliada em *O avarento* por Frosine, "femme d'intrigue", inicialmente a serviço de Harpagão e depois dos jovens amorosos. Caroba desempenha com engenho essa tarefa em *O santo e a porca*, incumbindo-se primeiro de embrulhar a história para afinal resolvê-la a contento. Os quiproquós multiplicam-se em virtude de sua intervenção, pois enleia Vicente Eudoro a Benona quando ele pensa estar na conquista de Margarida, e mantém Benona iludida com o viúvo, embora seus protestos amorosos se dirijam à sobrinha. Como recompensa de sua solicitude, poderá casar-se com Pinhão, auferindo as vantagens de pequena proprietária. Desapareceu no texto brasileiro a galeria de escravos, cozinheiros e lacaios das obras clássicas, talvez porque os tempos de hoje sejam mais difíceis, tanto para manutenção de grande criadagem como de numeroso elenco.

Na senda de Estróbilo e Maître Jacques, Pinhão levanta os problemas sociais em *O santo e a porca*, com a ressalva de que é católico e leu o catecismo. Protesta ele: "Mas onde está o salário de todos estes anos em que trabalhamos eu, meu pai, meu avô, todos na terra de sua família, seu Eudoro? Onde está também o salário da família de Caroba, também na mesma terra, seu Eudoro? Não resta nada". As três histórias de avarentos, por métodos diferentes, aproximam-se na defesa de uma melhor condição humana. As reservas a *O santo e a porca* dizem mais respeito à técnica empregada pelo autor: uma comédia vivendo apenas de equívocos, quando a intenção era inocular na trama o elemento religioso. O quiproquó básico – o jovem confessando o caso amoroso, enquanto o avarento pensa tratar-se da confissão do roubo do tesouro – conserva-se inalterada nos vários textos. As confusões de identidade de pessoas no escuro é que se mostram demasiado simplórias na obra de Suassuna. E era também quase impossível encontrar solução para a dicotomia do avarento. Foi o dramaturgo hábil, pintando-o como estrangeiro, já que o tipo não se ajusta muito ao feitio nacional. Mas, para fazê-lo ficar com o santo, necessitava de um verdadeiro milagre. E o milagre não logrou credibilidade: é inverossímil que Euricão Engole-Cobre guardasse na porca dinheiro há muito tempo recolhido. A abjuração final da peça resulta demagógica, conduzida em demasia pelo dedo do autor. O avarento permaneceu toda a trama no mal aspirando ao bem – porca e santo que Ariano Suassuna não soube juntar.

Provavelmente receoso de gastar-se com novas peças que não repetissem o triunfo de *A Compadecida*, o dramaturgo se recolheu ao trabalho na província, reunindo forças para as próximas experiências. No Recife, empenha-se na atividade por um teatro popular, que visa, de acordo com os seus pressupostos teóricos, a reviver as fases áureas da dramaturgia, comungando em haustos largos com o público. Essa base social, está claro, não se confunde com o alistamento político, e procura preservar a pureza estética. Espera-se muito ainda, no Brasil, da capacidade criadora de Ariano Suassuna.

INTRODUÇÃO DOS CONFLITOS URBANOS

ELES NÃO USAM BLACK-TIE, estreada em 1958, no Teatro de Arena de São Paulo, trouxe para o nosso palco os problemas sociais provocados pela industrialização, com o conhecimento das lutas reivindicatórias de melhores salários. O título, de claro propósito panfletário, pareceria ingênuo ou de mau gosto, não fosse também o nome da letra de samba que serve de fundo aos três atos. Embora o ambiente seja a favela carioca, o cenário existe apenas como romantização de possível vida comunitária, já que a cidade simboliza o bracejar do indivíduo só. Nem por isso o tema deixa de ser profundamente urbano, se o considerarmos produto da formação dos grandes centros, e nesse sentido a peça de Gianfrancesco Guarnieri se definia como a mais atual do repertório brasileiro, aquela que penetrava a realidade do tempo com maior agudeza.

Que a tese implícita do texto seja marxista, não se pode duvidar. Mas o autor não deformou os caracteres em função de um objetivo político, desenvolvendo antes as situações, para que a plateia concluísse a seu gosto. A dignidade artística do trabalho isenta-o de sectarismo, e a peça se beneficia de uma convicção sincera, que enforma o entrecho com evidente consciência.

Gianfrancesco Guarnieri opõe duas mentalidades, que a rigor se sintetizarão numa só, porque acredita fundamentalmente no homem, e ele, depois de descaminhos, encontra o rumo certo. O tradicional conflito de gerações coloca-se de maneira diversa: o pai, sempre fiel ao meio de origem, não titubeia quando deve enfrentar um problema; e o filho, entregue aos padrinhos e tendo servido como pagem, isto é, sendo um alienado da vida autêntica do morro, toma a decisão que a comunidade condena. Sugere o

245

dramaturgo que as circunstâncias moldam o indivíduo, e o próprio pai se responsabiliza pela defecção do filho, por não querer considerá-lo congenitamente mau. Depois da prova definitiva, o filho poderá integrar-se de novo ao meio. A peça patenteia outra tese, segundo a qual o indivíduo que procura salvar-se sozinho, desconhecendo o interesse coletivo, vota-se à solidão irremediável e ao desprezo dos demais. À vida difícil e sem comunicação da cidade o texto opõe o trabalho árduo, mas com apoio nos semelhantes, simbolizado na solidariedade vigente no morro.

O esquema de duas mentalidades antagônicas que buscam a síntese se repete no binômio que rege a vida humana: o amor e o trabalho. Os dois acham-se intimamente entrelaçados na figura de Tião, fixando-se no decorrer da peça em intrigas paralelas. O amor por Maria leva o jovem a querer melhorar de nível financeiro, a fim de usufruir a existência perfeita. Quando, pelo desprezo dos colegas, é obrigado a procurar novo emprego, e, pela reprovação paterna, é coagido a deixar a casa, o amor também não tem possibilidade de completar-se, ao menos momentaneamente. Maria o receberá de volta, se ele se reintegrar na favela. Mas não o acompanha na peregrinação à cidade, e se encarregará de cuidar sozinha da criança que vai nascer, e que, na linha de fidelidade ao ambiente, receberá o nome do avô.

Tudo isso poderia parecer um pouco simplificado, até romântico ou primário, se o texto não se incumbisse de filtrar a ideologia em afirmação de vida. Na contextura da peça, a simplicidade é elemento obrigatório, sem o qual as personagens não teriam razão de ser. Sente-se que todas foram tomadas ao vivo, em flagrantes sucessivos do cotidiano, nada elaborado para que não se perdesse a espontaneidade.

Romana, sob esse aspecto, é a criação mais feliz, uma autêntica mãe, como as generosas figuras do teatro de Brecht. A aspereza do trabalho não lhe tira o encanto essencial de viver, que se estende à função de companheira do marido e à de protetora da prole. A cena em que a noiva do filho vai confiar-lhe a gravidez demonstra, na naturalidade e no contentamento com que aceita a revelação, sua íntegra natureza humana. E assim existem as outras personagens, cujas reações são sempre verídicas, nada elaboradas. Sucedem-se no painel a poesia e a firmeza da noiva, o universo ainda infantil de Chiquinho e Tezinha, e o tipo contrastante de Jesuíno, o malandro venal. Nesse mundo, não há também lugar para preconceitos raciais. E o compositor que passa todo o tempo ao violão e, no fim, se entristece porque ouviu seu samba, no rádio, com a suposta autoria de outrem, marca o espírito de criação do morro, roubado pela cidade.

A linguagem acompanha fielmente a descrição natural da favela. As cenas de maior gravidade alternam-se com os diálogos de saboroso coloquialismo, que mantêm a peça em permanente vibração. Registre-se, como pintura admirável de costumes, o pedido de casamento em que falam o noivo e o irmão da noiva. A excessiva liberdade no conduzir as falas talvez tenha dispersado, às vezes, o diálogo, que se insinua em certos momentos por inúteis temas laterais.

O texto, embora trabalhado num sentido de dramatização dos efeitos, conserva também fluência na estrutura. A circunstância de não se perceber nunca o processo de elaboração do autor aumenta-lhe o interesse. A matéria não está, entretanto, bem distribuída, para que a tensão cresça de ato para ato. Depois da apresentação benfeita do primeiro, que acaba em festa, o segundo tem feitio intimista, em que as personagens procuram definir-se para si mesmas antes do desfecho. Se se justifica psicologicamente essa tomada de consciência, do ponto de vista dramático o segundo ato perde em intensidade e em vigor, para só no terceiro verificar-se de novo a inteira adesão da plateia. Ainda assim, a estrutura tem a virtude de não filiar-se a fórmulas estabelecidas por escolas antigas ou contemporâneas, parecendo ditada pelas necessidades interiores do entrecho. Não cabe investigar influências ou semelhanças em seu processo literário.

Depois do êxito de *Eles não usam black-tie*, a segunda peça de Gianfrancesco Guarnieri era aguardada com imensa curiosidade, e de novo o favor do público a acolheu: *Gimba* permaneceu vários meses em cartaz em São Paulo e foi levada pelo Teatro Popular de Arte (Cia. Maria Della Costa) a Paris, para participar do Festival Internacional do Teatro das Nações, visitando em seguida Roma. Do ponto de vista artístico, porém, o texto representou um recuo: parece feito com o que sobrou da obra de estreia, embora o cenário da favela seja muito mais adequado ao conflito. As personagens de *Gimba* são mais naturalmente do morro, onde, pelas condições de vida, impostas pela sociedade, tendem a proliferar os criminosos e os malandros. A ambientação ajustada não impediu que a peça perdesse em sinceridade e em contundência, na denúncia social.

Poderia ser omitida a questão política, que em princípio não deve turvar o juízo estético, se os dois aspectos não estivessem tão fundidos no macrocosmo de *Gimba*. O autor esforçou-se por construí-la melhor, mas, em vez de terem sido dominados certos vícios estruturais, escamotearam-se sem inteiro êxito as deficiências com o apelo para o receituário teatral. O texto abdica de uma forma própria de narrativa para apoiar-se nos esquemas tradicionais da fatura dramática, o que acarretou o recurso a personagens com funções consagradas desde a tragédia grega. Essa mitização (ou mistificação) da realidade do morro adoçou a mensagem do autor, tornou-a candente para os ouvidos mais delicados, fez do texto pretexto para um lindo espetáculo, libreto para uma quase comédia musical, enfraquecendo o que poderia haver de sólido e eficaz.

Gimba fixa o herói na curva descendente, quando o cansaço e o medo inoculam nele o ideal pequeno-burguês de uma vida pacífica de família, numa fazenda do longínquo Mato Grosso. Gianfrancesco Guarnieri, em virtude das condições específicas da sociedade, pinta-o como herói negativo, característica da qual não fugiram nem Maiakovski ou Brecht. É muito mais fácil situar uma personagem que se desviou do caminho certo do que um herói positivo, na ação de realizar-se. Essa técnica, aliás, vincula-se à própria concepção da falha trágica do herói grego, cuja catarse tem efeito exemplar. Gimba construiu uma legenda de criminoso em parte à sua revelia e se deixou gostosamente embair pela fama. O autor timbra em apresentá-lo como um dos representantes do conceito da bondade natural do homem, apenas desvirtuada por causa das circunstâncias. Gimba é bom, generoso, preocupa-se em arranjar médico para o menino doente quando deveria estar empenhado na própria fuga, diz que matou cinco, mas nunca pelas costas e nem para roubar (estranho respeito à moral rotineira), e poderia regenerar-se, se a polícia não o sacrificasse antes. O herói seria, sem dúvida, muito mais verdadeiro, se aparecesse como criminoso sem atenuantes convencionais, desde que se patenteasse que a sua maldade foi provocada pelas injustiças de classe. O anarquismo utópico de Gimba, com o desejo impotente de quebrar tudo ou sacudir os homens, aparenta-o a um mocinho de cinema ou a um dos jovens irados que se limitam a rasgar o *Times*, quando nosso século já conheceu abalos radicais.

É verdade que o herói positivo está encarnado em Carlão, envolvido na trama um pouco por força das circunstâncias e sobretudo pelo seu espírito de solidariedade. Com ele, mostra a peça que os oprimidos devem unir-se, e na firmeza de propósitos e de caráter acha-se sua possível vitória (a bonita cena em que se unem cordas e roupas, que permitem descer a ribanceira, ilustra esse aspecto). Carlão transmite a Tico, sucessor de Gimba e testemunho de que a continuação do crime é inevitável, enquanto não for modificada a ordem social, o único e inútil ensinamento: o médico, solícito em atendê-lo, é tão valente quanto o "presidente dos valentes", sem nunca ter assassinado ninguém. Mas, se atentarmos para a psicologia da forma, o plano secundário e longinquamente contrastante atribuído a esses episódios tira-lhes a ênfase, em face do relevo dado a Gimba.

A personagem de Chica, a macumbeira, explica mais os deméritos do texto. Foi ela introduzida na trama, de início, para dar maior cor local ao ambiente. Numa pintura do morro, ela era indispensável. Mas a função dramática que desempenha e seu desenvolvimento cênico comprometem de maneira ponderável o alcance e a estrutura da peça. Fez dela o autor, antes de tudo, um lugar-comum da história do teatro, nascido dos adivinhos gregos. Ainda assim, esse recurso não teria importância, se sua intervenção não fosse excessiva e repetida, ganhando um significado que a torna veículo do destino. O poder mediúnico de Chica determina o desenrolar da trama como se ele fosse ditado por uma fatalidade superior. A Moira grega comanda os pobres tipos do morro carioca. Nada se alegaria contra essa perspectiva, apesar de tudo, se Gianfrancesco Guarnieri não tivesse o intento confesso de responsabilizar apenas a organização da sociedade pelos erros da favela. Relegando sua explicação para os fortuitos desígnios sobrenaturais, ele comprometeu a eficácia política do texto. E essa eficácia perdeu-se de todo quando, no desfecho, fez que um policial, por acidente, matasse Gimba. Continua-se no terreno do imponderável – dir-se-ia quase na esfera dos problemas carismáticos.

A terceira experiência seria decisiva, e o autor a venceu com galhardia, depois de louvável autocrítica. *A semente* retornou aos aspectos positivos de *Eles não usam black-tie*, superando o retrocesso de *Gimba*: volta a fixar-se o problema urbano do proletariado, com as suas lutas políticas, usando como cenário a cidade, na fábrica, na praça, no bar, na casa, no depósito de lixo, e afastado o samba lírico da favela. A utilização do elemento menos feliz da peça de estreia havia comprometido a qualidade de *Gimba*. A recriação, enriquecida, do drama essencial daquele lançamento deu a alta medida de *A semente*.

Grande parte da extraordinária força dramática da última obra nasce da secreta autenticidade dos mitos que a sustentam. Tanto na configuração das personagens centrais como no substrato de certas cenas definidoras, Gianfrancesco Guarnieri se valeu das matérias elementares que vêm formando o homem através da história. Até o arcabouço básico da peça, que se considera subversivo e revolucionário nas intenções políticas, parte de uma ordem ideal, uma perfeição e uma justiça absolutas, pregressas às debilidades e incertezas que determinaram o sofrimento humano.

O impacto emocional do teatro alimenta-se de fatores contraditórios, que lhe asseguram a verdadeira riqueza. Na estrutura de *A semente*, confluem reminiscências da tragédia grega, a religiosidade cristã e a temática marxista, num amálgama bem-sucedido que está na própria raiz do homem moderno. A felicidade que teve o dramaturgo em reunir inspirações aparentemente tão díspares, numa forma teatral válida, assegura à peça a importância artística privilegiada, em nossa literatura dramática.

A presença grega encontra-se na pintura do protagonista nos moldes do herói trágico. Agileu Carraro, líder operário, deseja instaurar a revolução a qualquer preço. No seu furor de fanático, perde a noção da medida, e como Créon profana a religiosidade do velório, chegando por fim a infringir a lei natural da perpetuação da espécie, ao recusar um filho à mulher. Esta o julga numa sentença dura, quando um amigo lamenta que todos não sejam como ele, no vigor político: "Pobre do mundo é o que eu digo! Ia ter um batalhão de mulheres infelizes e nenhuma criança mais ia nascer!'". A frieza sexual relaciona-se com o desejo de aproveitamento de qualquer meio para atingir os fins, desrespeitando mesmo as dores humanas. Outro líder operário observa que Agileu é frio, diante da exclamação deste: "Se o garoto morre, a gente levanta a classe operária toda!". A falha trágica de Agileu, consubstanciada ainda em outros pormenores, exigia a sua condenação.

Mas a personalidade do líder revolucionário é feita, sobretudo, de convicções marxistas, e são elas que informam a sua conduta, através do texto. Procura Agileu aproveitar os incidentes da fábrica para conseguir melhores condições salariais e de trabalho. Na inteireza de seus sentimentos, invectiva os companheiros burocratizados na política partidária, e sacode os acomodados de toda espécie, com o objetivo de dar ganho de causa ao operário. Agileu, condenado pelos filisteus do Comitê Central ("Nessa altura, o Partido precisa de um traidor..." – exclama ele), surge como um mártir da revolução.

E é nesse aspecto que *A semente* chega às fontes do cristianismo. O sentido fundamental da paixão e morte de Cristo é o do sacrifício, para salvar a humanidade, Cristo não hesitou em ser crucificado, porque era o preço para o resgate do homem. Numa alegoria semelhante, Agileu salta da trama como um Cristo Operário. A peça pode ser encarada como história do tormento de Agileu, para a salvação do operariado. Na luta política, esse líder recebeu a incompreensão e o desprezo dos colegas. Um estratagema policial fez que fosse tachado de traidor, sem maiores indagações dos dirigentes comunistas. Enquanto a sua palavra ainda não havia conseguido alertar os operários, a notícia da traição bastou para uni-los. Todos se ligaram em defesa dos companheiros entregues à polícia, perseguindo aquele que a pressa de julgamento qualificou de traidor. Foram a desonra e a humilhação de Agileu o elemento catalisador para o despertar da consciência dos operários: a semente, sem dúvida, a que alude o título. Um dia ele seria reabilitado, como Cristo foi, a partir da Ressurreição.

Está claro que, nesse paralelo, talvez inconsciente no autor, não existe nenhuma intenção blasfema. A força dos mitos ancestrais adquire novas vestes, perpetuando-se no suceder das gerações. Nem a permanência de um símbolo religioso significa a debilidade de pressupostos doutrinários. *A semente* adota uma perspectiva histórica, sob a qual o sentimento cristão verdadeiro participa da luta secular pela libertação do homem. Ao ser chamado de Anticristo, Agileu replica: "E Cristo não morreu também por isso e não é usado como bandeira, e bandeira avacalhada por todos vocês...?". O herói não se volta contra o cristianismo, como alvo a atingir, mas o considera uma arma, na história, com preocupações de justiça iguais àquelas que tem o operário politizado de hoje. As afinidades da peça com o universo religioso não se esgotam aí. Apenas, se não parecesse absurdo, diríamos religião marxista. Normalmente, os textos reivindicatórios colocam as novas gerações em rebeldia com as anteriores, tentando abater seus valores caducos. O filho é sempre mais progressista que o pai, e procura quebrar os padrões conservadores por ele representados. Na dramaturgia de Gianfrancesco Guarnieri, *A semente* vem repetir um tema de *Eles não usam black-tie*: o pai é quem está certo, defende o ponto de vista ortodoxo, enquanto o filho, ou aquele que poderia ser o filho, deserta na luta e só trilhará o caminho exato por sentir o imperativo do exemplo paterno. Na relação psicológica dos caracteres, esse ângulo subentende a existência de uma ordem superior, correta e inquestionável, que é muitas vezes transgredida por causa das fraquezas humanas, triste pecado dos mortais contra a perfeição divina. Os mandamentos da autoridade suprema não se discutem: seus motivos são sempre religiosamente incontestáveis. O jovem, ainda perdido no mundo escuro, incapaz de reconhecer logo a verdade, peca contra a certeza inflexível dos velhos.

Daí a posição política de *A semente* ser rigorosamente marxista, não se devendo considerar as críticas ao Partido Comunista como reservas de herege. No teatro português, Gil Vicente já havia satirizado clérigos e até mesmo cardeais e o papa, dentro de uma concepção católica, que preside sem qualquer quebra de fé a sua dramaturgia. Gianfrancesco Guarnieri faz pesadas restrições à linha partidária, mas de um ângulo puro. Não se trata de questionar as premissas ideológicas, e sim a sua aplicação prática. Na linguagem marxista, *A semente* resulta numa severa mas esclarecida e construtiva autocrítica.

O escritor ganha dimensão, nesta última peça. O que era seco e rígido em *Eles não usam black-tie* torna-se aí maleável e cheio de ambiguidade. Pai e filho tinham um encontro único e decisivo no texto de estreia. Em *A semente*, o autor se compraz em confrontá--los, criando oportunidades várias para que se meçam e se julguem. Apesar da certeza fundamental de Agileu, no terreno humano, ele se influencia pela insegurança de João, compreende-o, procura orientá-lo, se debruça sobre o destino do jovem. A peça não admite a condenação sumária deste, como sucedia ao filho de *Eles não usam black-tie*: dá tempo para que João assimile a própria amargura e tente, no fim, afirmar-se além dela. Sendo paternal o interesse de Agileu por João, e filial o deste por aquele (João chega a dizer: "Não me lembro de meu pai, mas ele devia ser desse jeito!"), a falta de parentesco sanguíneo permitiu maior flexibilidade nas relações dos dois, o desejo de um ser compreendido e justificado pelo outro, como se a aprovação mútua fosse a única forma para terem a consciência tranquila. João acompanha Agileu como sombra acusadora, responsabilizando-o pela morte da mulher, mas na expiação dele enxerga o caminho em que principiaria a encontrar--se. Esse permanente medir de forças, essa tomada de contas sem trégua, essa busca de justificação recíproca e o reconhecimento do filho no pai, por fim, fornecem alguns dos mais belos motivos literários de *A semente*.

Certas ingenuidades e concessões ao gosto fácil, motivadas talvez por um resquício de insegurança, ainda prejudicam a forma de *A semente*. Abandonam-se, às vezes, as exigências maiores, para incorrer em soluções esquemáticas, oferecidas pelo lugar-comum artístico: o texto se enfraquece e resvala para a pieguice subliterária. São cenas isoladas, que a nosso ver não comprometem o conjunto arquitetônico, de admirável contorno nas grandes linhas. Com um pouco menos de talento na expressão, é certo que *A semente* cairia no melodrama social.

Entre os jovens autores, Gianfrancesco Guarnieri é o único que obtève apenas êxitos, sem ter chegado ainda aos trinta anos de idade. A inata vocação artística impede-o de desvirtuar os textos, em função do proselitismo político. A inequívoca humanidade de seus heróis tem falado a espectadores das mais diversas camadas, sem tornar-se o paradigma de um grupo específico. Essas virtudes prognosticam para o dramaturgo um grande futuro, entre os que mais enchem de esperanças o teatro brasileiro.

PLURALIDADE DE TENDÊNCIAS

NELSON RODRIGUES, Jorge Andrade, Ariano Suassuna e Gianfrancesco Guarnieri trouxeram, a nosso ver, até o momento, as contribuições mais efetivas e continuadas à dramaturgia brasileira contemporânea. A avaliação do presente, porém, não foge ao gosto pessoal marcado e à afinidade do crítico com o dramaturgo a propósito dos conceitos de teatro. Admitimos, com noção bastante relativista dos juízos históricos, que dentro de alguns anos (não é necessário recorrer à posteridade) se modifique o panorama atual que traçamos. Basta um novo grupo orientar-se por outros padrões e esse quadro, aparentemente tão lógico e orgânico, poderá desmoronar-se por completo. Sem citar a hipótese mais comum e quase fatal de uma grande peça, escrita por um autor pouco evidente hoje, deslocar todas as coordenadas que tentamos apreender. Alguns dos nomes que distinguimos, no presente, podem, por desencanto ou esgotamento, não cumprir a promessa que representam. Outros, de aprendizado laborioso, talvez ocupem amanhã os postos que se afiguram agora tão definidos. Por mais que nos pautemos por princípios de objetividade estética, tentando vislumbrar as linhas de um balizamento histórico, não duvidamos que a aplicação dos critérios imparciais se contamina inevitavelmente pelos estímulos subjetivos e pela maré sempre discutível da moda. Pensamos corrigir as possíveis injustiças a respeito da dramaturgia contemporânea com a lembrança de autores e obras que já se assinalaram nos últimos anos ou começam agora a afirmar-se. Tratando-se de visão panorâmica do teatro brasileiro, pudemos, quanto ao passado, isolar apenas os nomes mais representativos, sem receio de cometer injustiça, ao abolir aqueles que um reexame considerou secundários. Com relação ao presente, essa escolha apresentaria margem superior de erros, omitindo, por outro lado, a circunstância de que tudo é virtualidade e ainda fermenta, e a qualquer instante pode surpreender-nos uma descoberta. Temos presenciado, em mais de uma década, vertiginosas mudanças de valores, que recomendam cautela e humildade.

Passando em revista os autores que se assinalam, na atualidade, por um ou outro motivo, cumpre-nos registrar a pluralidade de tendências. Cada dramaturgo, respondendo ao imperativo vocacional ou a uma sugestão de mestres estrangeiros e do próprio desenvolvimento interno, se encaminha num rumo diferente, o que dificulta o trabalho agrupador de fins didáticos e anima quanto à riqueza de possibilidades. Num teatro diversificado, no qual funcionam simultaneamente, no Rio e em São Paulo, quase duas dezenas de companhias, era natural que os dramaturgos experimentassem os mais diferentes veículos. É curioso que, pelos vários instrumentos, as peças procurem aproximar-se da realidade brasileira, na tentativa de exploração do veio nacional. Não nos seduzimos ainda por um teatro de inspiração filosófica, que prescinda das raízes do meio, à maneira de certas obras europeias do segundo pós-guerra. Os autores (e ao que parece a plateia) querem reconhecer, no nosso palco, um parentesco próximo ou remoto com as preocupações do cotidiano. Mesmo as comédias que atualizam os temas da mitologia ou da antiguidade clássica procuram distinguir neles uma faceta da realidade brasileira. Desejam os autores, em sua linguagem própria, contribuir para que se explore um pouco melhor o país, ainda tão desconhecido, nas suas longínquas fronteiras.

Por volta de 1950, começou a adquirir prestígio, no Rio de Janeiro, o comediógrafo Silveira Sampaio. No Teatrinho de Bolso, situado em Ipanema (bairro residencial), lançou-se a experiências em que ele era tudo: empresário, autor, diretor e intérprete principal. Brincava com os problemas conjugais da burguesia endinheirada, satirizando os costumes da sociedade. Os títulos das peças da *Trilogia do herói grotesco* são bastante expressivos: *A inconveniência de ser esposa*, *Da necessidade de ser polígamo* e *A garçonnière de meu marido*. O talento cômico de Silveira Sampaio, cheio de imprevistos e de agudas observações, seduzia o público. Sentia-se, porém, que se tratava de uma personagem à procura de um autor – o sortilégio que o admirável intérprete fazia de si mesmo, em estilo mímico-expressionista, não encontrara uma estrutura acabada de texto. Lendo-se suas peças, verifica-se que grande parte do encanto e da comicidade decorriam da valorização cênica – simples roteiro, como se dera com a *Commedia dell'Arte*, para os revoluteios do ator. Daí parecerem também mais realizadas artisticamente as peças em um ato, que independem de longas elaborações. *Triângulo escaleno* é a mais perfeita – um delicioso "flagrante do Rio". A situação, que em outros tempos seria resolvida com processos românticos, obedece ao signo moderno: o marido e o amante da mulher se confraternizam, antes do desfecho. Há todo um diálogo de gentilezas, de compreensões, de mútuo entendimento. Diz o marido: "Até certo ponto, respeito o seu sentimento". "É o mal de todos os amantes de minha mulher: complexo de inferioridade." O marido afirma que as paixões da esposa duram cinco meses: "É seu hábito. Não tenho culpa". Antes que a plateia pense num *vaudeville* estrangeiro, a personagem exclama: "Está parecendo enredo de peça francesa traduzida. Mas eu não sou plagiário". O velho trio amoroso, tão ao gosto da comédia parisiense, ainda mais porque tocado de indisfarçável cinismo, adquire aí um sabor autenticamente brasileiro.

Dando expansão a outra faceta do seu talento, Silveira Sampaio passou em *Só o faraó tem alma* à farsa política, que tem como cenário o Egito de três mil anos antes de Cristo. Mero disfarce, porque a situação era dos nossos dias, satirizando os regimes maquiavélicos, com os seus inevitáveis demagogos. Para isso, houve inteligente seleção de personagens – o Conselheiro, tipo conhecido dos assessores governamentais, inoperantes em face do problema grave; o general, personificação do militarismo estéril; o sacerdote, símbolo da religião de Estado, que não se poupa novos preceitos para santificar as conveniências do poder; e um rico, expressão do binômio governo-capitalismo, cuja psicologia revela um delicioso estudo do financista e do avarento, com os cálculos de anos-alma e graus-alma, dispensando entretanto para si a alma que seria vendida ao povo em prestações módicas e proporcionais. A figura satirizada é a do maestro, organizador do coro, a princípio líder popular. Acabou traindo a massa que representava, e foi sacrificado, porque ela já não ouvia mais seus protestos. Silveira Sampaio concluiu que o homem, se lhe oferecem vantagens, esquece os compromissos e faz concessões? O líder, ao trair o povo, perde o apoio e portanto é vencido facilmente? O coro reivindicatório junto ao faraó era: "nós queremos... alma". Inflou-se o maestro com o novo estribilho, entoado pela corte: "o faraó tem alma – o maestro também – e mais ninguém". Sacrificado ele, retornou o antigo refrão: "Só o faraó tem alma". Pelo menos momentaneamente, em face da traição do maestro, o povo saiu prejudicado. Essa é a consequência dos demagogos. O dramaturgo realizou nova sátira política – *Sua Excelência em 26 poses* – que se definia mais como reunião de esquetes, alguns saborosos. Rarefazendo-se a matéria criadora, tentou ainda, com inegável espírito, a revista. Mas o autor não socorreu a personagem, e ela ficou só: Silveira Sampaio tornou-se *oneman show*, sem dúvida um dos mais brilhantes da televisão. Se tentar de novo o palco, organizado teatralmente, poderá ser nosso mais divertido comediógrafo, que talento e verve não lhe faltam.

Escritor mais cerebral, gostando de transpor para a atualidade as histórias antigas, Guilherme Figueiredo vem obtendo alguns êxitos, até internacionais. *Greve geral* não se limitou à trama doméstica, por causa da referência a *Lisístrata*, aqui ampliada: ao tomar conhecimento da abstinência das esposas, os maridos, em represália, adotam o mesmo processo de convicção, lançando uma teoria larga do "lisistratismo". *A matrona de Éfeso* ou *Os fantasmas* (sobre Sócrates) não lograram autenticidade cênica. *A raposa e as uvas*, alegoria sobre a liberdade, baseada na figura de Esopo, não só obteve êxito incomum no Brasil, mas foi representada por alguns dos conjuntos importantes de todo o mundo. A nosso ver, entretanto, não supera o dramalhão, e deve em parte a popularidade ao ensejo que oferece ao intérprete do fabulista.

Onde o autor se saiu melhor, em nossa opinião, foi em *Um deus dormiu lá em casa*. A companhia ilustre dos *Anfitriões* clássicos, entre os quais dois em língua portuguesa (de Camões e Antônio José) não desdoura a originalidade da comédia brasileira, cujos senões estão apenas no aproveitamento do anedótico.

A primeira inovação de *Um deus dormiu lá em casa* aparece no corte das personagens divinas. Em todos os *Anfitriões* anteriores, Júpiter e Mercúrio se faziam de homens, no desígnio de se aproximarem dos mortais. Guilherme Figueiredo vestiu Anfitrião e Sósia com a fantasia dos deuses, para se justificarem na escalada noturna ao próprio lar. Fixou-se, assim, a clássica situação da crônica policial: o marido simula a viagem com o objetivo de surpreender o cônjuge. Felizmente, não havia o flagrante indecoroso, porque nesta história as esposas são fiéis. Anfitrião é traído por si mesmo – situação que não lhe serviria de consolo, se Alcmena, em mais de uma prova de coquetismo (outro traço peculiar da comédia), não lhe confessasse que desde o início da farsa o reconhecera como marido. A peça satiriza também a superstição brasileira. Anfitrião, livre-pensador, não acreditava no oráculo revelado pelo adivinho Tirésias, segundo o qual um homem passaria a noite em sua casa. Prefere, porém, abandonar o campo de batalha, para ser ele próprio aquele homem.

Devendo escolher, por fim, entre a situação de marido enganado e a de general covarde, Anfitrião resolve imputar a Júpiter a responsabilidade do adultério. Sob a ameaça de dois atributos humanos incômodos, o melhor é recorrer ao sobrenatural. Cinismo dos mortais que, não sabendo desembrulhar as intrigas terrenas, se refugiam no sortilégio da invenção dos deuses.

No gênero da *sophisticated comedy*, uma das nossas produções mais espirituosas foi *Amanhã, se não chover*, de Henrique Pongetti. O autor satiriza a figura de um pretenso revolucionário, Balabanoff, paciente fabricante de uma bomba que não explodirá. Ao lado dos preparativos para o atentado político, a pintura do cotidiano doméstico do herói tem inegável finura e comicidade. Apesar do maior êxito de público, tanto *Manequim* como *Society em baby-doll*, vindas a seguir, não repetiram as qualidades daquela sátira. Algumas frases divertidas, no estilo dos melhores achados do cronista, foram insuficientes para conferir organicidade aos entrechos, cuja falha se prende sobretudo à insatisfatória construção.

R. Magalhães Júnior, menos contumaz na atividade de dramaturgo do que em outros campos literários (escreveu estudos históricos, publicou inéditos de Machado de Assis e fez biografias úteis, como a de Artur Azevedo), tem cultivado diversos gêneros. Das peças baseadas em temas da história estrangeira ou nacional, como *Um judeu* e *Carlota Joaquina*, passou em *Essa mulher é minha* à comédia de costumes e daí, com *Canção dentro do pão*, a um episódio cômico que tem como pano de fundo as vésperas da Revolução Francesa.

Essa mulher é minha localiza-se num ambiente do interior brasileiro, e dessa paisagem recolhe elementos representativos. Sem cair na pintura esquemática da vida de cidade pequena, apreende fatores típicos que formam a psicologia do meio, dando-lhes exata configuração no sentido do texto. Caracteres da família tradicional do país estão assimilados em sua expressão simples e autêntica, para se criar, com essa matéria, uma peça de contínuos recursos cômicos, dentro de atmosfera humana e comovida. O entrecho é simples e eficaz: duas solteironas protestam junto ao padre pela humilhação de não ter o bispo se hospedado em sua casa, ouvindo, em resposta, que havia um motivo – o irmão mais novo tem uma amante. Para fugir às represálias das irmãs, este imagina o plano conciliador: João Gangorra, gerente de seu açougue, se casará com a jovem, facilitando os encontros escusos. Eis que os casados de conveniência acabam por se apaixonar, e o jovem se torna vítima da situação que engendrou. O sentimentalismo não turva os bons achados cômicos. Percebe-se uma reminiscência pirandelliana, naquela obsessão do autor de *O prazer da honestidade*, segundo a qual a forma acaba por gerar a vida.

Canção dentro do pão inspirou-se numa história contada por Diderot em *Jacques le fataliste*. Um intendente – no original francês – encontrava-se na prisão por causa de uma trama urdida contra um honesto pasteleiro. Ambicionando a mulher deste último, e sem meios de iludir a sua vigilância, consegue ordem de prisão contra ele, para afastá-lo do caminho. Pretexto: o marido era bêbado e batia na mulher, vítima infeliz. Como o soldado era amigo do pasteleiro, em vez de cumprir o mandado de prisão, aconselhou-lhe a fuga, e resolveu esclarecer o caso. Três dias depois, encontrando no lugar do marido o intendente, prendeu-o como se fosse o próprio acusado, porque "quem dorme com a pasteleira é o pasteleiro".

A versão brasileira, como história, trouxe ao episódio mais comicidade. Os dados agora são outros. O quadro dos acontecimentos passa a ser a véspera da tomada da Bastilha. A maquinação deveria aproveitar a conjuntura histórica: o Sr. Finot entrega a Jacqueline uma canção subversiva, para que ela a introduza nos pães destinados a Sua Majestade. O leal padeiro se vê transformado em revolucionário. Até o desfecho, o autor utiliza depois o fio narrado por Diderot.

Com a adaptação, puderam ser desenvolvidos certos caracteres e equívocos interessantes. Tem resultado cômico a vaidade do padeiro em considerar-se pasteleiro do rei, a adoção da melodia "agora a coisa vai, a coisa vai, a coisa vai etc.", hino dos revolucionários, como símbolo da prosperidade do seu negócio, comprometendo-o diante de Jean de la Loi, e a fabricação do bolo gigantesco, que reproduzia as linhas da Bastilha. É curiosa também a psicologia de Jacqueline, inconsciente e gratuita no adultério e no prejuízo trazido a Jacquot.

No conjunto, porém, a peça deixa a desejar, porque o autor não se valeu de um instrumento teatral à altura dos dados de que dispunha. Talvez porque o episódio fosse muito desnudo e sem peripécias para alimentar os três atos, muitas cenas estão prolongadas prejudicialmente, e com recursos grosseiros. O ponto de partida, que tem a malícia e o espírito dos argumentos ligeiros franceses, com um assunto também francês, deveria merecer do dramaturgo uma fatura mais requintada, condizente com o estilo da tradição marivaudesca. Certas impropriedades e o desfecho, algo forçado, no qual o fiel pasteleiro do rei ostenta o estandarte revolucionário e vai colaborar com os vencedores da Bastilha, limitaram o rendimento de *Canção dentro do pão*.

Popularizado graças à grande aceitação do monólogo *As mãos de Eurídice*, Pedro Bloch nunca ultrapassou, na verdade, as características do melodrama radiofônico. *Os inimigos não mandam flores*, *Morre um gato na China* e outros textos vieram sublinhar irremediavelmente a pieguice do autor, disfarçada apenas com certa habilidade cênica no ato único de *Procura-se uma rosa*. Ainda hoje, o dramaturgo é citado sobretudo por *As mãos de Eurídice*, que encerrava um risco inegável, na tentativa de sustentar um espetáculo de duração quase normal com a presença de um só intérprete.

Pedro Bloch confiou-se lucidamente, no monólogo, ao malabarismo, estabelecendo logo, entre a personagem e a plateia, um clima natural de intimidade. O herói não começa com arroubos de interpretação. Apresenta-se para o público. Diz sua identidade. Inicia a narrativa do seu drama como quem conta um caso

260

comum. Envolve lentamente o espectador, para depois segurá-lo com ímpeto. O que não convence, porém, é a natureza do drama, de uma banalidade total. O protagonista, há sete anos, farto das pequenas misérias do cotidiano familiar, abandona-se à tentação de uma mulher sedutora, que lhe suga a vida e o dinheiro. Miserável, maltrapilho, ele volta ao lar que deixara, agora cheio de encantos e revitalizado de nova poesia. No plano ético, o problema da peça resume-se ao estudo da queda, com o inevitável arrependimento e redenção final do pecador. Só que, na conclusão do solilóquio, o filho pródigo não encontra a família jubilosa para recebê-lo. Sua partida deixara o deserto. A casa vazia, cenário da volta, é a condenação muda de sua fraqueza fatal. O herói mergulha, então, na definitiva loucura, que é a expiação e a redenção de sua culpa. O recheio do drama comporta numerosos recursos fáceis, que vieram comprometer toda a obra do autor.

Há um caso singular no panorama contemporâneo: o de Abílio Pereira de Almeida, que, tendo sido praticamente o dramaturgo oficial do Teatro Brasileiro de Comédia e o detentor dos maiores êxitos de bilheteria, em São Paulo, deixou-se embair cada vez mais pela facilidade, até não ser levado a sério. Num mecanismo revelador do estádio do público, durante vários anos ele se transformou em tábua de salvação para as companhias em desequilíbrio financeiro. Como fenômeno, percebe-se aí um dado positivo: as peças diretas, que trazem ao espectador a realidade viva que o circunda, deflagrando os problemas palpitantes, não têm por que temer a prova do palco. Os vários textos de Abílio Pereira de Almeida configuram aos poucos o perfil de um repórter dramático – não de um verdadeiro dramaturgo.

Sucedeu com ele um processo desagregador, explicável, talvez, pelo baixo padrão literário. Como sempre, as primeiras peças prometiam uma obra séria, preocupada em oferecer testemunho de problemas de certo grupo humano. *Pif-paf* e *A mulher do próximo* encaravam, entre outros temas, o do jogo e o do adultério, como forças corruptoras de uma sociedade que perdia a noção de seus valores. Nessa linha, *Paiol velho* atingiu o melhor padrão do autor: seu assunto é a decadência da aristocracia rural, que foi perdendo aos poucos a propriedade, por ser incapaz de administrá-la. Daí para cá, entretanto, sucederam-se as facilidades do sensacionalismo,

261

que têm a virtude de render mais. Lamentamos o desvio, porque o autor soube sempre captar excelentes ideias, desperdiçadas pelo inadequado tratamento. *Santa Marta Fabril S. A.* fazia o processo dos "revolucionários de 1932", com a condenação dos que aderiram ao governo central. *Moral em concordata* tentava mostrar que, em nossa organização social, não há lugar para a honestidade, porque os bem-sucedidos são os prevaricadores. *O comício* fixava um demagogo, com o propósito de apresentar o sistema de ascensão eleitoral. *Rua São Luiz, 27, 8º* revelava a decomposição de costumes, na velha e na nova geração de grã-finos... Em *Moeda corrente do país*, que a muitos pareceu um princípio de regeneração do autor, condenava a venalidade do funcionalismo público. Atrás da suposta coragem na denúncia dos erros sociais (que não omite nunca a narrativa do escândalo, para gáudio do público), permanece, irredutível, o moralismo burguês, vendo na evocação saudosista do passado o remédio para os desmandos do presente. Abílio Pereira de Almeida expõe à burguesia os descaminhos éticos em que se deixa perder, para que, emendando-se, ela fique robustecida e não perca a solidez. Quem sabe esse é o segredo de sua real identidade com o público pagante.

Por causa da falta de preparo de tantos dramaturgos, registramos com satisfação as experiências teatrais de escritores já consagrados em outros gêneros literários. Temos pelo menos confiança num maior apuro estilístico, ausente quase sempre da obra daqueles que só escrevem para o palco. A contribuição da romancista e cronista Rachel de Queiroz ao teatro marcou-se sobretudo no terreno da linguagem, já que a urdidura cênica, nas montagens, ficou aquém das qualidades literárias. Em *Lampião* e *A beata Maria do Egito*, as duas peças da autora de *Três Marias*, ressalta ainda a pintura de belas histórias de amor.

Lampião, que aproveita a legenda do famoso "rei do cangaço", é menos uma narrativa sobre bandoleiros que um drama de amor e de paixões humanas. Teria Rachel de Queiroz se frustrado diante de um presumível intento inicial? Acreditamos que não. Foi ela, ao contrário, muito hábil, desenvolvendo a peça sob esse prisma. O trabalho de ficção que procura tratar a lenda ou a história incorre sempre no perigo de permanecer aquém do modelo, como se o mito, grandioso fora da arte, se rebelasse contra qualquer fixação exigida por esta. Compreendendo que seria ridículo reconstruir a personalidade de Lampião com as cenas que lhe deram a fama, a autora supõe na peça a sua grandeza, impregna a atmosfera dos cinco quadros do halo que respiramos na lenda, e traz para o macrocosmo do drama a mesma força que existe na realidade acreditada. O microcosmo cênico, então, pode trabalhar livremente o estudo dos caracteres e das paixões, sem que fique diminuído o perfil heroico das personagens. As cenas de ação de Lampião, fora os diálogos de amor com Maria Bonita, servem, a bem dizer, para completar-lhe a estrutura psicológica, e não para esboçá-la inicialmente.

Esse tratamento só foi possível porque Rachel de Queiroz moveu a trama em torno do amor. Todo o desenvolvimento da peça nasce da premissa desse amor de Lampião por Maria Bonita. Não é só o primeiro quadro que vive do sentimento, quando, numa abertura belíssima, aliás não superada nos quadros posteriores, Lampião, chamado por Maria Bonita, vai buscá-la na casa do marido e lhe leva um vestido de noiva, para as novas núpcias. O rumo da peça, com a proposta de paz ao Governo, se explica em função do amor. No segundo quadro, diz o cangaceiro: "Lampião só vive agora amando, gozando e querendo bem". O prosseguimento na carreira se justifica, na peça, em virtude da recusa de trégua por parte da autoridade. E estão entre os momentos mais altos do diálogo a confissão desse amor e o consequente ciúme, ambos sentimentos agrestes, primitivos e selvagens, tratados com uma beleza e grandiosidade que talvez permaneçam como obra-prima de nossa literatura. Numa passagem, Lampião fala por que não deu cabo do marido de Maria Bonita. Afirma, depois, que não quer filho: "Nem com filho te reparto". No último quadro, Lampião oferece a Maria Bonita os seus feitos, qual cavalheiro vitorioso num torneio: "É mais por sua causa que eu procuro ter grandeza".

A beata Maria do Egito reúne três instâncias, bastante distanciadas a uma visão superficial, e que de fato só o talento literário aproximaria com inteira felicidade: a hagiografia cristã, as crenças e as superstições do Nordeste brasileiro, e um caso de amor muito humano. Se não houvesse essa fusão, talvez, os três atos não ofereceriam aspecto tão inteiriço, como se se tratasse de história

263

brotada do populário. A transformação da lenda de Santa Maria Egipcíaca, assim, em episódio ligado às romarias ao Juazeiro, onde Padre Cícero se cobriu da aura de santo, não necessitou de violência ou da perda de alguma de suas características. A santa, que despiu "o manto, e entregou ao barqueiro/ A santidade da sua nudez", para fazer a travessia do rio, tornou-se aqui a "beata", que presenteou sua virgindade ao tenente-delegado de polícia, para sair da prisão e alcançar o Juazeiro. A mudança de tempo e lugar não diminuiu o prestígio da história cristã, antes provocou maior correspondência com a nossa sensibilidade, já que o universo religioso nordestino tem cores de inteira verossimilhança. Mas onde, nesse esquema de lenda, o núcleo dramático? Assim contado, o episódio não apresenta conflito ou sugestão suficientes para alimentar uma peça. No encontro do caso humano que pôde enriquecer e dramatizar a severidade hagiográfica é que se revelou sobretudo o mérito da ficcionista.

A figura do barqueiro, na lenda, ou do delegado de polícia, na peça, sugeriria o tipo rude, que exige um tributo indevido para o exercício da santidade. A luta entre os bens terrenos e os espirituais seria a esquematização do problema. Rachel de Queiroz recusou, porém, a sugestão fácil, para dar à sua história uma grandeza humana maior. A criatura simpática da peça é a do delegado de polícia, e o entrecho foge, dessa forma, às convenções literárias. E por que simpática? Simplesmente porque tudo que fez nasceu de paixão pela "beata". Foi o amor que o levou a conservá-la a seu lado. O amor o faria abandonar posto e comodidade em troca de vida nova com ela. O amor permitiu que ele se resgatasse por inteiro com a morte. Assim, quando o chefe político da localidade lhe vem pedir contas do murmúrio segundo o qual teria abusado da "beata", ele responde: "Não, coronel! Se a questão é de abusar, que é que o senhor ficava pensando se eu lhe dissesse que ela é que abusou de mim?". A nova perspectiva lançada pela autora deu à peça uma dimensão superior, e a morte que atinge no fim o tenente é menos a vontade divina castigando um herege que a expiação consciente de alguém derrotado em luta desigual. A impressão do desfecho se firma com nitidez: o tenente é vítima da "santidade" da "beata". Fosse ela humana, ter-se-ia rendido à loucura amorosa do carcereiro. A perspectiva terrena – pois a óptica

264

do espectador é a do tenente – sai engrandecida do cotejo com o sobrenatural.

Pouco feliz nas duas experiências teatrais, sem acolhida confortadora da crítica e do público, Rachel de Queiroz afirma que não voltará a escrever para o palco. Esperamos que seja amuo passageiro, porque as deficiências das peças se ligam exatamente à falta de maior traquejo com a corporeidade cênica. Com o domínio da linguagem específica do teatro, a admirável ficcionista estará capacitada a enriquecer também nossa literatura dramática.

Outro romancista e novelista de grandes méritos que fez uma rápida incursão pelo palco foi Lúcio Cardoso. Cronologicamente, *O escravo*, encenada em 1943 pelos Comediantes, apresentava-se como a primeira tentativa de renovação dos nossos processos dramáticos, dentro do espírito sério que presidiria as conquistas posteriores. Informa-se que a montagem, cheia de erros, não permitiu a adequada avaliação do texto. A qualidade fundamental de *O escravo* é o vigor literário, que não se abate do primeiro ao último diálogo. O clima de densidade psicológica surge desde o contato inicial das personagens, e persiste em todo o desenvolvimento da peça, sem qualquer concessão ao anseio de atmosfera mais leve. A peça é una, coesa, firmada numa exteriorização de sentimentos que só se interrompe ao cair do pano. A própria preparação do ambiente, anterior à chegada do protagonista, já integra o texto no seu compacto clima emocional. Não há pausa ou trechos de ligação. A trama se estabelece num fôlego único, indivisível.

A corda de prata, *O filho pródigo* e *Angélica* são outras obras de Lúcio Cardoso que chegaram ao palco, no Rio de Janeiro (a última numa encenação infeliz). Seu teatro acabou identificando-se mais a uma linha literária, que frequentemente não fica à vontade em cena. O autor, temperado no trabalho novelesco, se compraz em pintar caracteres que dominam os demais, movidos por uma natureza especial. *Angélica*, por exemplo, é o estudo de um temperamento vigoroso, que se alimenta dos seres aniquilados por seu poder asfixiante e destruidor. Ao passo que morriam as jovens sob sua guarda, mais se acentuava a mocidade da protagonista. Quando lhe escapa o último ensejo de realizar-se com nova morte, sobrevém o próprio aniquilamento, e ela se suicida. Como expressão ética, a peça desenvolve a psicologia de um ser na fronteira da

265

loucura, que o súbito despertar provocado pela reação dos outros leva a readquirir a consciência e mergulhar no desespero. Desestimulado pelos malogros cênicos, Lúcio Cardoso se recolheu à obra romanesca, afastando-se há uma década do palco. Em sua bagagem, porém, há numerosas outras peças, à espera de um encenador inteligente e sensível que, dispondo-se a trabalhá-las com o dramaturgo, as revele na real plenitude. Em 1960, um nome praticamente desconhecido surpreendeu a crítica, em São Paulo, com a humanidade de sua criação. Tratava-se do baiano Dias Gomes, e *O pagador de promessas* era o nome da peça, aliando uma ótima história ao domínio dos meios cênicos. Um homem, para cumprir uma promessa, divide seus sítios com os lavradores pobres e carrega uma cruz no percurso de sete léguas, com o objetivo de depositá-la no interior de uma igreja de Santa Bárbara. Como o padre não lhe permite o ingresso no templo, Zé-do-Burro, depois que é obrigado a esperar longamente que o abram, obstina-se em permanecer diante da porta, na esperança de que se convençam de seus propósitos santificados. A dúvida religiosa era simples: a promessa fora feita a Iansan, figura da crendice popular, que, embora sinônimo de Santa Bárbara, não participa da hagiografia cristã. O incidente criado assume, com o correr das horas, as proporções da cidade, e o pacato Zé-do-Burro torna-se vítima de uma tragédia, tanto no sentido das notas policiais da imprensa como no técnico, dado ao gênero teatral. Uma bala precipitada liquida-o, ao fim do conflito. No mesmo espírito irônico manipulado pelos trágicos gregos, Zé-do-Burro, que não conseguira entrar vivo na igreja, é transportado morto ao seu interior, em cima da cruz que pretendera carregar. Mas é natural que se indague: por que o herói fez tão estranha promessa? Por que teimou em cumpri-la, até o fim, apesar de ter sido desobrigado por um ministro da Igreja? A resposta espanta, talvez, pela simplicidade: Zé-do-Burro quer agradecer a cura de Nicolau. Quem é Nicolau? Um burro, seu companheiro dileto, que não o largava hora nenhuma do dia ou da noite.

Não se considere ingênua ou inverossímil a trama, porque assenta num episódio estranho aos nossos hábitos civilizados. Zé-do-Burro é homem primário (simplório, se se quiser), natural do sertão da Bahia e pagando a promessa numa igreja de Salvador.

Toda a sua psicologia (se se deve chamar psicologia, sem pedantismo, às suas reações de criatura essencialmente popular e destituída de raciocínio complexo) se define pela crença na intervenção sobrenatural, que não permite depois, da parte dele, recuo estratégico ou argumento sofista. Por nada deste mundo deixaria de cumprir o compromisso assumido com a santa. A figura patética e pungente de Zé-do-Burro, que tem inevitável feitio cômico aos olhos profanos, é a mola para a configuração do universo teatral da peça. O autor joga muito bem com a falta de defesa do herói, numa situação em que desde logo se avolumam outros interesses, para mostrar a desproteção do homem num mundo governado por forças que lhe são superiores.

Os poderes que esmagam Zé-do-Burro não se definem como meros instrumentos opressores, mas têm a sua parte de razão, como convém a toda peça que não se satisfaz com a dicotomia vilões--herói. Um dos alvos do autor é o formalismo clerical, que inscreve sob uma mesma rubrica problemas tão diferentes. O apego a certas aparências e o culto rigoroso da razão, em casos como o de Zé-do--Burro, tornam-se, inevitavelmente, formas de intolerância, embora tudo se faça para negá-la. Essa intolerância erige-se, na peça, em símbolo da tirania de qualquer sistema organizado contra o indivíduo desprotegido e só. Na caracterização da maioria das personagens que simbolizam o mecanismo da cidade, foram utilizados os traços superficiais e estereotipados Paradoxalmente, esse procedimento valoriza o conflito: as criaturas farsescas constituem um contraste com o destino trágico de Zé-do-Burro. Ora funcionando como coro, ora como veículo da perda do protagonista, formam o pano de fundo da coletividade, insensível ao drama individual. O inconsequente "baile de máscaras" se transforma, à medida que a ação progride, numa dança sinistra à volta do herói.

O número de peças boas tem-se multiplicado ultimamente, em nosso palco. Em algumas temporadas, era difícil para os júris de premiação descobrir um só texto que merecesse láurea. Nos anos recentes, a opção entre várias obras passa a exigir cuidadoso juízo crítico, porque uma altera a perspectiva levantada por outra, sempre com iguais méritos. Atravessamos um período criador auspicioso, que se encaminha para estruturar, de forma definitiva, a nossa literatura dramática.

Pouco depois da estreia de *O pagador de promessas*, o Teatro de Arena lançou em São Paulo *Revolução na América do Sul* (o conjunto havia iniciado a carreira da peça em sua temporada carioca). Augusto Boal, seu autor, já escrevera numerosos textos, alguns experimentais, outros desambiciosos (como a comédia *Marido magro, mulher chata*). Estudara dramaturgia, nos Estados Unidos, com o crítico e historiador John Gassner, e, de volta ao Brasil, incorporou-se à equipe do Arena (dirigida por José Renato), onde fez algumas encenações de êxito e foi o principal responsável pela mudança de linha do elenco, o qual, em várias temporadas, timbrou em encenar somente peças brasileiras (o conjunto saiu de uma dezena de textos nacionais para apresentar Brecht). Augusto Boal orientou, também, o Seminário de Dramaturgia, mas não havia produzido ainda o texto capaz de colocá-lo entre os nossos melhores talentos.

Revolução na América do Sul veio conquistar para o autor esse posto. Abrindo um campo novo, mostrou também que a diversidade da nossa literatura dramática só tende a enriquecer--se. A princípio, o texto deixava perplexo o espectador. Certas cenas pareciam em vias de desfazer-se no caos, tal a forma indisciplinada e anárquica. Fosse o dramaturgo um pouco mais longe, e não conseguiria conter a verve desagregadora da ação e do diálogo. A quase falta de estrutura, porém, é apenas aparente. O flagrante episodismo nasce de uma necessidade íntima da trama. O arcabouço define-se em função da personagem José da Silva, que estabelece a unidade do texto. A técnica incide no procedimento épico. Recorda-se Mãe Coragem, andando sem parar em busca da sobrevivência. É esse o itinerário do protagonista: vai sucessivamente aos mais diversos lugares, à procura do almoço. Outra proximidade do texto com a teoria brechtiana está no didatismo das canções finais das várias cenas, embora ele se mostre mais um "suplemento" do espetáculo do que propriamente uma exigência orgânica do original.

As raízes de *Revolução* encontram-se, a nosso ver, muito mais no espírito da comédia aristofanesca. Não só pelo feitio político do autor ateniense, que passava em revista toda a atualidade grega (sua origem aristocrática situava-o, de qualquer forma, na oposição). Mesmo partindo de premissa doutrinária diversa, Augusto

Boal tomou o partido da total rebeldia, da recusa de todas as táticas acomodatícias, justificadoras ou de conveniência. A peça é contra tudo e contra todos, e, realmente, só a favor do operário José da Silva, que está morrendo de fome. A lembrança aristofanesca é, porém, mais profunda, e surge do próprio esquema da fatura teatral, que procede por hipérbole e por abstração. O gênero atribuído ao texto é o "documentário". Não estaria Augusto Boal reivindicando a verdade absoluta do que exprimiu? O exagero ilusório da realidade tem por fim captar a essência profunda dessa realidade. Em termos realistas, puramente, não se acreditaria que o operário não sabe o que é sobremesa, que tem um filho toda semana, que morre porque almoçou, depois de tanta fome. O sistema eleitoral (com a contagem de votos semelhante à dos tentos marcados numa partida de futebol), a presença do Anjo da Guarda (falando inglês e exigindo *royalties* de todas as utilidades de José da Silva), além de numerosos outros exemplos, explicam-se pela deliberada e livre abstração. Quem não enxerga, contudo, atrás desse disfarce, uma visão concreta da vida nacional? Se o Narrador, no epílogo, proíbe à plateia qualquer dúvida sobre a seriedade das intenções do texto ("se o teatro é brincadeira, lá fora é pra valer"), e podemos considerar política sua mensagem final, o instrumento foi sempre o da comédia. Muitas vezes grosseira, mal-educada, sem sutileza, *Revolução* guarda, no entanto, toda a vitalidade alegre e contagiante da farsa primitiva. Sente-se nela o sopro criador do teatro. Pelo trabalho consciente do dramaturgo, ela significa mais ainda: assimila, pelos seus vários aproveitamentos, as lições tradicionais do teatro, e mistura-as com os estímulos imediatos da experiência nacional – a revista e o circo. Torna-se um amálgama feliz de nossa aventura artística. Exprime, por esse lado, o que há de mais autêntico em nossa cultura: a aliança do aprendizado europeu e norte--americano com as forças espontâneas da nacionalidade.

Pode-se acreditar, apressadamente, que *Revolução na América do Sul* seja uma peça pessimista. No grito franco e irreverente contra as mistificações, ela sublinha, por certo, o descontentamento coletivo. O título é satírico, pois visa a brincar com as revoluções permanentes das repúblicas sul-americanas, cujo objetivo se concentra em substituir uma oligarquia por outra. No programa do espetáculo, em abono de seu processo literário, Augusto Boal escreveu: "Se o Serviço de Trânsito exibe fotografia de desastre, precisará também exibir trevos elegantemente retorcidos sobre os quais deslizam maciamente veículos recém-importados, em velocidade moderada? O desastre basta como advertência. Eu quis apenas fotografar o desastre". Não era necessário maior didatismo. José da Silva, segundo informa o prólogo, é "um homem que lutou sem conhecer o inimigo". O espectador, porém, ao deixar o teatro, era capaz de identificá-lo, sem equívoco.

José, do parto à sepultura, experiência seguinte do autor, que retomou a personagem central de *Revolução na América do Sul*, não foi igualmente feliz. Talvez a ideia se prestasse a um quadro ainda mais ambicioso. Augusto Boal quis mostrar a caducidade do sistema em que vivemos, através do aniquilamento do protagonista, empenhado em seguir todos os seus princípios. A sociedade capitalista ensina o culto da livre-iniciativa, do respeito à ordem e à religião, e de tudo que propicia o bem-estar do indivíduo. José da Silva pauta-se por esses preceitos, e a trama se incumbe de mostrar a sua derrota. O monopólio engole a sua rudimentar manufatura e a família, cheia de encargos financeiros, não pode sobreviver à dura lei econômica do regime. Está claro que a peça decompõe a engrenagem da luta de classes, condenando a atual organização da sociedade. Confessa o autor que partiu da sugestão do *Dom Quixote*. Mantidos anacronicamente, na estrutura social posterior, os valores medievais revelaram-se peremptos. O processo do texto brasileiro tinha de ser um pouco diverso: como não se alterou o regime vigente, ao menos nos conceitos abstratos que o norteiam, a forma de provar o seu absurdo era fazer que o herói os encarnasse, a fim de patentear-se a insatisfação da permanência do capitalismo. Brilhante esquema criador, a fatura inadequada, repetindo achados de *Revolução na América do Sul* e acolhendo análises primárias do sistema, desperdiçou a promessa de *José, do parto à sepultura*.

Outros nomes alcançaram prestígio intelectual, ainda não confirmado por um veredicto decisivo do público. Entre eles, assinala-se o de Antônio Callado, romancista e principalmente jornalista de inegáveis méritos. *A cidade assassinada, Frankel, Pedro Mico* e *O colar de coral* são alguns dos textos que lhe granjearam apreço. *Pedro Mico* conseguiu popularidade, em virtude da exata apreensão da psicologia de um malandro do morro. Nesse sentido, a personagem tem uma verdade que falta a Gimba. Seus expedientes mantêm a trama em contínuo fluxo cômico. O que não convence no autor, a nosso ver, é o claro cerebralismo. As peças sempre mostram os andaimes – falta a Antônio Callado o traço espontâneo do ficcionista teatral. É possível que, se vencer as amarras cerebrais, surja com o texto que a sua inteligência prenuncia.

De um pecado diverso ressente-se o teatro de Millôr Fernandes, que por certos aspectos retoma a comédia de Silveira Sampaio: instila com oportunidade a réplica absurda, na trama, parecendo espontâneo nos fundamentos; mas falha na organização intelectual do seu mundo. Um propósito parece-nos bastante nítido nas diversas peças: chegar ao dramático por meio do cômico, quando não resolve seguir apenas a trilha do drama, como em *A gaivota*. Para um humorista, humorista excelente, que obtém prolongado e merecido êxito na imprensa hebdomadária com o pseudônimo de Vão Gôgo, essa verificação poderia soar um pouco falsa, de observador que procura à força um ângulo original. Se nos déssemos ao trabalho de estabelecer as aproximações entre as peças de Millôr Fernandes e as "pílulas" cômicas de Vão Gôgo, contudo, temos a certeza de que as afinidades ficariam patenteadas, tanto nas virtudes como nos defeitos. O talento do humorista é admirável, e a própria situação de suas criaturas traz implícito um testemunho amargo sobre a existência atual, nessa comicidade moderna, feita de esgares e de doloroso grotesco. O dramaturgo não se contenta, porém, com essa perspectiva para ele natural, nascida de um espírito irrefreável. Sobrepõe-lhe uma preocupação de moralista, de filósofo que medita sobre o mistério das coisas, e o resultado torna-se lamentável. Os diálogos descambam na banalidade, o drama no melodrama piegas e convencional, e a primitiva nudez da linguagem faz-se subliteratura. O escritor Millôr Fernandes ainda está por construir-se.

Seu mecanismo cômico vale-se de impressionante sucessão de *gags*, de motivos de suspense e aproveitamento de efeitos, de réplica para réplica. Em *Do tamanho de um defunto*, um policial deseja proteger à força o contribuinte e quase lhe apreende a arma, por falta de licença de porte. Mas a virtude maior do dramaturgo reside na pintura dos costumes e na crítica mordaz das atuais condições de vida no Rio de Janeiro. Sob a comicidade das

271

situações, vão surgindo os contornos de uma existência desumana, em que os casais estão cercados pelos olhos da vizinhança nos apartamentos apertadíssimos, sem saída nem para o céu. O fracasso torna-se o signo dessa vida, em que o jornalista, em *Uma mulher em três atos*, perde seus concursos para professor e a esposa insatisfeita tenta ludibriar o vazio com amantes fáceis, que ela própria despreza. O libelo contra a organização administrativa do Rio adquire tom satírico delicioso em *Do tamanho de um defunto*, com a anedota do ladrão que escolheu a casa do médico, entre outros motivos, porque pertence a um distrito policial, enquanto a casa ao lado já pertence a outro, cujo delegado não perdoa os presos. Sente-se a tremenda solidão de uma cidade em noite de chuva, em que ninguém deixa o seu recolhimento para o gesto de solidariedade, a ponto de levar o ladrão ao raciocínio: "... vou-lhe ensinar uma coisa, madame: quando precisar socorro não grite 'Ladrão! Assassino!', que ninguém vem. Grite 'Fogo! Incêndio!', que logo corre uma multidão. A gente não é boa, madame, mas é curiosa". O entrecho, entre cômico, grotesco e patético de *Um elefante no caos* (nome dado a *Porque me ufano de meu país*, ironia com o título de Afonso Celso, não consentida pelos herdeiros), se alimenta de um achado admirável, que tem como base um flagelo do Rio – a falta de água. Quando os bombeiros quase apagam o incêndio, o líquido desaparece, e o fogo volta a lavrar. Na peça, o ritual se prolonga por vários meses.

Essas situações cômicas, desenvolvendo surrealisticamente um estímulo de realidade, contêm o melhor do autor. Seu erro é o de querer transformar-se num dramaturgo "sério", traindo dessa forma o que lhe é natural. Precisaria Millôr Fernandes tornar-se menos "literário", despojando-se de ambições equívocas. O terreno em que se sente à vontade é o dos diálogos coloquiais de *Uma mulher em três atos*, das trapalhadas de *Do tamanho de um defunto* e do *nonsense* de *Um elefante no caos*. Sem pretensão literária aparente, faz melhor literatura e melhor teatro.

Ligado a dois movimentos expressivos da atividade contemporânea – Os Comediantes e o Teatro de Câmara – e tendo dirigido depois o Teatro Nacional de Comédia, além de colaborar sempre em iniciativas úteis, Agostinho Olavo fez-se presente na dramaturgia com várias peças, das quais a mais bem-sucedida é *O*

Anjo. Fosse o texto reescrito, em algumas cenas, libertando-se de erros inadmissíveis, e não teríamos dúvida em incluí-lo entre os mais significativos do nosso repertório atual. Atraem-nos a beleza e a seriedade do tema, de toque delicado e sutil, raro na literatura teatral brasileira. O adolescente Ismael, na idade em que todos os valores religiosos são postos à prova, arde em delírio místico e procura dar cabo do mal. A única maneira de enfrentar a tentação é o apoio numa ética intransigente, pela qual o Cristo ofendido não morreria na cruz mas sacrificaria a humanidade pecadora. As palavras da *Bíblia* transformam-se ao sabor da natureza severa do jovem e ele aos poucos se compenetra da missão de Anjo, incumbido de extirpar a maldade. Por um mecanismo explicável na seara psicanalítica, a luta interior contra o pecado deságua nas formas de tentação assumidas pelo demônio – o professor, a namorada, a prostituta e finalmente a mãe. Todos pertencem à geografia sentimental da descoberta do mundo, um mundo cheio de ciladas para a alma incorruptível de Ismael. Numa cena de bom gosto na ambígua sugestão do diálogo, que lembra muitas páginas gidianas nas quais o bem e o mal adquirem uma única face, o professor diz a Ismael que "o pecado não existe" e, no processo de envolvimento, acaba sendo assassinado pelo aluno. Não fugiu o autor, porém, à melodramaticidade das novelas radiofônicas, ao revelar a Ismael, pela boca da mãe, que seu pai é outro.

Do Seminário de Dramaturgia de São Paulo ainda duas peças se assinalam: *Chapetuba F. C.*, de Oduvaldo Viana Filho; e *A farsa da esposa perfeita*, de Edy Lima. Na linha de pesquisa da realidade nacional, adotada pelo grupo, cada texto vai numa direção: o primeiro trata do futebol e utiliza o veículo do drama; o segundo tem como referência uma briga de galo, abordando a questão da fidelidade conjugal sob prisma farsesco.

Sabe-se que o futebol é um dos assuntos mais vivos do país. Lota os estádios e faz que a Nação se paralise, quando da disputa de um troféu mundial. Liga os torcedores de origens mais diversas a uma única emoção, diante de um lance decisivo. Sob certo aspecto, preenche um papel de união da coletividade (apesar da disputa de adversários), que era antes atribuído ao próprio teatro. A literatura dramática não poderia desconhecê-lo: *Chapetuba F. C.*

vem examinar, por dentro, o mecanismo do esporte, engastando-o no quadro mais amplo da realidade social, que o condiciona e sem dúvida lhe determina as características. O texto transcende, nesse caminho, as fronteiras da tipificação de um grupo humano, para situar-se como estudo de indivíduos de uma classe desfavorecida, em face da ordem social injusta. Os vários jogadores, sem serem abstrações, simbolizam as diversas fases de uma evolução, em que lutam desesperadamente para sobreviver. E sabe-se, com certeza, que o tempo os esmagará. A juventude de Oduvaldo Viana Filho explica as insuficiências da peça.

A farsa da esposa perfeita se aproxima das outras obras nascidas no Seminário apenas num território amplo, em que importam as afirmações de uma vitalidade legítima. Fincada em Bajé, região fronteiriça do Rio Grande do Sul com o Uruguai, a farsa apreende as peculiaridades das personagens populares e o linguajar local, que lhe dão seiva autêntica. A intriga nasce do conluio de duas mulheres, destinado a poupar o sofrimento de um homem. Sirvano tem um galo de briga, que deve competir com o de Zeca. Significativa aposta está em causa. O galo de Sirvano adoece e a benzedeira não consegue curá-lo. Morto o galo, a situação de Sirvano seria desesperadora, se... a bonita mulher Olália não se apressasse em salvar-lhe a honra. Como? Comprando a condescendência do adversário, por meio da concessão de algumas horas noturnas, na ausência do marido. Por muito amor de Sirvano, a mulher o trai, a fim de que ele não sofra, já que da traição ele não saberia. O particular sabor de amoralismo e a liberdade de Edy Lima em face dos mandamentos éticos rotineiros filiam a peça à admirável tradição universal da farsa.

Também inspira-se nos costumes e na psicologia gaúchos o teatro de Maria Ignez Barros de Almeida. Em *O diabo cospe vermelho*, o caminho é o dramático: o cultivo da ideia de virilidade leva a se aniquilarem vários membros de uma família de contrabandistas. *Não me venhas de borzeguins ao leito...*, que guarda algo da farsa política de Macedo, satiriza o nepotismo dos tempos ditatoriais, e levanta os hábitos de uma pequena cidade do interior do Rio Grande do Sul. Provoca o tumulto uma jovem professora, que chega ao lugar para assumir a direção da escola primária. Num ato de justiça (desconhecendo as implicações políticas), sugere para o estabelecimento o nome do primeiro educador da cidade, há pouco falecido. Acontece que os filhos dele são inimigos do prefeito que a chamou, e assim se inicia a celeuma à volta das vaidades e da promoção publicitária subalterna. Como em toda comédia, o desfecho é róseo... Quando alcançar maior domínio na solução de problemas técnicos, a autora atingirá uma eficácia sem reservas.

Temos a convicção de que, não obstante a pluralidade de tendências, a procura sistemática de uma dramaturgia de denúncia dos privilégios e das injustiças apagou um pouco as outras correntes, sobretudo as de fundo psicológico. Qualquer texto com foros de subjetividade é preterido por aqueles que enfrentam as questões sociais, talvez por serem mais apaixonantes na quadra que atravessamos. Padece de um ligeiro ostracismo, por isso, o teatro de Cleber Ribeiro Fernandes, cuja peça *A torre de marfim* obteve o prêmio de Drama no I Concurso Nacional da Cia. Tônia-Celi-
-Autran, e foi encenada no Rio pelo conjunto. É certo que a imaturidade do autor ainda não venceu as insuficiências dos textos, que resultam insatisfatórios na fatura. Agrada-nos neles menos a realização do que a promessa. Do que o tipo de promessa. Mais a natureza do ficcionista do que aquilo que a sua pouca idade pôde alcançar. A procura de uma pureza interior, do sussurro intimista que aborrece as grandes atitudes cênicas, daquele "rumor subterrâneo" que dá título, aliás, a uma das peças. O autor, marcado sobretudo por Ibsen e Checov, esgueira-se no meio-tom, reduzindo a indicação sumárias a intriga, a fim de que as personagens se revelem sempre em confidências. A atmosfera teatral criada é decorrência da ação interior, que suporta o risco de diluir-se em conversa, para atingir o difícil efeito das magias presas a uma sugestão imponderável. Há uma evidente habilidade na dosagem dos diálogos para que, no final, a quase troca de confissões se resolva em teatro. Resta ainda a Cleber Ribeiro Fernandes superar certa falta de clareza na enunciação dos dados, para que ela se converta em rica ambiguidade.

O provinciano que vence na metrópole, mas ainda não derrotou seus demônios interiores, marca essa dramaturgia. Daí a indecisão dos caracteres, e a psicologia do bastardo, que Francis Jeanson apontou na obra de Sartre. A insatisfação do interior não se aplaca na capital, e permanece o sentimento de exílio, a vontade sincera de empenhar-se e o medo da vida, paralisante. As peças de Cleber Ribeiro Fernandes testemunham uma crise – a crise de uma geração consciente, que não se encerrou em magias acomodatícias. A sobrevivência, ou a superação dos conflitos, virá de uma vitória estoica sobre a realidade.

Se procurássemos um denominador comum para certas contribuições regionais, veríamos, por exemplo, que o grupo recifense, cujo autor mais realizado é Ariano Suassuna (Nelson Rodrigues fez toda a sua carreira no Rio e é tipicamente um produto "carioca"), caracteriza-se pelo aproveitamento do populário nordestino, pela poesia telúrica e pela comédia de marcado sabor local. Hermilo Borba Filho, que se vem dedicando à atividade de animador de movimentos estudantis e agora profissionais, crítico, encenador e divulgador de textos estéticos, tentou a dramaturgia com várias obras. *João sem terra* lembra aspectos dos romances de José Lins do Rêgo e *A barca de ouro* sugere aproximação com *Mar morto*, de Jorge Amado. Mas suas influências são principalmente de autores teatrais – O'Neill de *Desejo*, onde tem extraordinária beleza o sentimento da terra; García Lorca, pelo caminho da poesia nativa, popular; e ainda, sobretudo, Nelson Rodrigues, de cujas peças *Electra no circo* é quase uma caricatura, pelo contato na simbologia freudiana e nos temas sexuais e de incesto. Essas raízes, muito nítidas, diminuem o valor da criação nos textos de Hermilo Borba Filho, mas conseguem, paralelamente, uma mistura de resultados particulares, que, aliada às qualidades pessoais do autor, registra um saldo positivo.

José Carlos Cavalcanti Borges, além da adaptação de *Casa-grande e senzala*, de Gilberto Freyre, e *Fogo morto*, de José Lins do Rego, vem-se assinalando pelas "comédias municipais", em que reúne uma linguagem saborosa a um divertimento simples e um sentimentalismo que tende à pieguice. *O poço do rei* e vários outros textos marcam essa tendência.

A mais recente revelação da nossa dramaturgia é o pernambucano Osman Lins, vencedor do prêmio de Comédia do II Concurso Nacional, instituído pela Cia. Tônia-Celi-Autran. *Lisbela e o prisioneiro* o inclui imediatamente entre os nossos principais autores, pela extraordinária verve cômica e um raro dom de fabulação. Leléu, o preso enrascado por causa da aventura com uma jovem, é mais um saboroso tipo popular, que passa todo o tempo a tecer artimanhas com o objetivo de fugir da cadeia. A legenda de Leléu se fez com as irresistíveis conquistas femininas, das quais não escapa a própria filha do delegado, disposta a acompanhá-lo na mesma noite em que se casa com um ridículo bacharel. A divertida pintura de personagens da cidadezinha do interior, do pistoleiro profissional ("alagoano e homem"), dos carcereiros (um preocupado em não perder a fita em série e outro às voltas com um segundo casamento, estando viva a primeira mulher), conferem ao entrecho uma permanente renovação de interesse.

Diversos outros nomes, em todo o país, prosseguem a faina criadora, e é lícito esperar deles, a qualquer momento, um texto de maiores qualidades. Mesmo não tendo sido plenamente realizadas suas experiências, trazem um cunho positivo que poderá desenvolver-se. Sem nos demorarmos no feitio próprio de cada um, citamos apenas, na comédia, um Vicente Catalano, que ingressa no gênero musical, com uma viva sátira dos valores atuais, como a publicidade; Clô Prado, mais afeita às intrigas de equívocos (seus dramas caem no melodrama); Accioly Neto, que em *Helena fechou a porta* ligou o tema de *Lisístrata* à crítica das ditaduras; João Bethencourt, aplaudido diretor e inteligente ensaísta, experimentando em *As provas de amor* uma inegável finura poética; A. C. Carvalho, voltado para o absurdo, de inspiração surrealista; Gláucio Gill, que explora com inteligência o insólito, em *Procura-se uma rosa*; e Francisco de Assis, filtrando a mensagem política, de natureza brechtiana, numa história de réplicas alegres. No drama, Edgard da Rocha Miranda precisa libertar-se de esquemas cerebrais; o excelente poeta Vinícius de Morais ainda não afeiçoou o instrumento específico do palco; Abdias do Nascimento, diretor do Teatro Experimental do Negro, não alcançou forma válida para a volta às raízes raciais, na luta de protesto contra as injustiças do mundo branco; Roberto Freire se deixa ainda vencer pelo melodrama; Francisco Pereira da Silva, dramaturgo de sensibilidade (transpôs para a cena o famoso romance *Memórias de um sargento de milícias*, de Manuel Antônio de Almeida), prejudicou o alcance de *Cristo proclamado* pela frágil composição, em que tropeça o desenvolvimento dramático de uma boa história; Paulo Hecker Filho também não encontrou o estilo peculiar do teatro; José Celso

Martinez Corrêa, depois de banhar-se na adolescência que busca uma afirmação individual autêntica (*A incubadeira*), passa na adaptação de *A engrenagem* sartriana (juntamente com Augusto Boal) para os amplos painéis sociais, prometendo obra de fôlego; e Aldomar Conrado, Benedito Ruy Barbosa e Flávio Migliaccio, entre outros, apenas se iniciam. Num gênero especial – a peça infantil – Maria Clara Machado tem realizado verdadeiras obras-primas, e, entre elas, *Pluft, o fantasminha*, pela beleza poética, à qual é plenamente sensível o adulto, pode incluir-se entre os nossos melhores textos.

Não será difícil concluir, pelo número e pelas características pessoais dos autores, que a dramaturgia brasileira passa por uma fase de real vitalidade. Muitos se esforçam em produzir, no desejo de trazer um alento novo ao nosso palco. Quando várias literaturas dramáticas europeias parecem esgotar-se ou se estagnar num beco sem saída, o movimento autoral do nosso país mostra uma feição exatamente oposta: tudo aqui sugere o início auspicioso, o fecundo sopro criador, a liberdade. Não temos valores estabelecidos e nos espraiamos numa largueza de pesquisas, onde qualquer acréscimo é válido. A dramaturgia nacional tem todo o vigor de uma arrancada épica.

PALAVRAS FINAIS

NUMA perspectiva histórica sobre a atualidade, nossas considerações finais são forçosamente otimistas. O incremento que tomou o teatro brasileiro, nas duas últimas décadas, lhe prognostica um futuro animador, sem contar as realizações do presente, que em muitos aspectos igualam as melhores linhas europeias e norte-americanas contemporâneas. Num ano ou noutro, desanimados com a fragilidade de uma temporada, quase nos deixamos vencer pelo pessimismo, prestes a achar que a crise de um momento se abaterá em definitivo sobre a vida teatral. Surge uma reação contra o aparente esgotamento e logo verificamos que o "eterno moribundo" readquire forças.

Primeiro o cinema e, mais recentemente, a televisão, como em qualquer parte do mundo, pareciam relegar o teatro a função secundária. Alguns programas da tevê são transmitidos hoje, simultaneamente, em várias capitais do país, falando a mais de um milhão de espectadores. A carreira de uma peça, mesmo que se desdobre em todas as cidades, nunca atingirá esse número. O teatro legou, por certo, a outras artes, a popularidade antiga, vinculada a épocas em que era o único divertimento coletivo. Hoje, ele sobrevive graças à sua especificidade: a comunicação direta entre o ator e o público, responsável por um prazer estético ausente de qualquer outra linguagem artística. Esse contato requer, por outro lado, um respeito e um rigor que ainda não se introduziram no cinema e na televisão nacionais. Há alguns anos, reclamávamos a evasão de muitos atores e o desperdício de alguns, entre os melhores, nos programas improvisados da tevê. Mesmo muito bem pagos e recorrendo a esse expediente para equilibrar um orçamento deficitário, já que os ordenados do teatro são baixos e insuficientes para garantir a dignidade mínima da existência, esses atores desprezam o novo veículo e nunca se afastam do palco.

Fenômeno curioso se observa em espetáculos recentes: as "revelações", os intérpretes que chamam a atenção pela grande verve e pelo contato direto com o público nos foram presenteados pelo vídeo. A improvisação permanente a que são obrigados na tevê lhes dá inteiro domínio do palco, e não tivemos tempo de saber se ele se perderá em superficialidade. Sentem os atores necessidade do calor da plateia para a completa realização artística. Precisamos aceitar que o teatro se dirija inevitavelmente a um público menor, cujas exigências, por outro lado, lhe assegurarão sempre a continuidade.

Grande parte do desenvolvimento teatral se deve às linhas gerais do progresso da cultura, no país, que está ligado à crescente seriedade do ensino universitário. Algumas universidades, como as da Bahia, de Pernambuco, do Rio Grande do Sul e de Minas Gerais, criaram recentemente cursos de teatro em Salvador, Recife, Porto Alegre e Belo Horizonte, e começam a produzir seus frutos. Lutam todos com a falta de professores de interpretação, já que, pela escassez de pessoal habilitado e pelas oportunidades profissionais dos grandes centros, prefere a maioria concentrar-se no Rio e em São Paulo. Dessas Escolas de Teatro, a que vem apresentando rendimento superior é a da Bahia, até recentemente dirigida por Martim Gonçalves, seu fundador. Dispondo de uma verba expressiva e da ajuda da Fundação Rockefeller, a Escola teve o concurso de diversos encenadores norte-americanos, os quais, durante o seu estágio de alguns meses, dirigiram espetáculos com os alunos e com alguns atores profissionais, especialmente contratados no Rio e em São Paulo. À falta de companhias próprias, na capital baiana, o Grupo de Teatro da Escola veio oferecendo espetáculos a um público interessado, que passou a lotar o "teatrinho" construído no estabelecimento ou as arquibancadas dentro do imenso palco do Teatro Castro Alves, pois um incêndio o destruiu em parte, na véspera da inauguração. Assistimos a duas realizações da Escola: *A ópera de três tostões*, de Kurt Weill-Ber-tolt Brecht, e *Calígula*, de Camus. A primeira, sobretudo, pode ser incluída entre os bons momentos do nosso teatro contemporâneo.

Se o Rio dispõe das melhores condições para o ensino teatral (a Escola da Prefeitura, hoje Estado da Guanabara, é a mais antiga do país, e o Conservatório Dramático Nacional é mantido pelo Serviço Nacional de Teatro), a organização administrativa dos cursos tem dificultado um razoável aproveitamento. Por isso alcançam mais êxito junto ao público certos cursos particulares, como os dos encenadores Adolfo Celi e Gianni Ratto, que, se não ministram um currículo completo, preenchem com êxito a parte de interpretação.

Fundada em 1948 por Alfredo Mesquita, que durante muitos anos a manteve a expensas próprias, a Escola de Arte Dramática de São Paulo é incontestavelmente a melhor do país e a que mais valores tem produzido. Apresentam-se todo ano os alunos em exames públicos, com diversas peças, que são levadas em excursão a cidades do interior do estado e a outras capitais. Seu repertório se assinala pela peculiar orientação didática, de inegável significado na paisagem cultural brasileira: ao lado dos clássicos, como Ésquilo, Shakespeare, Molière e Goldoni, e dos brasileiros, como Anchieta, Martins Pena, Alencar e modernos, a Escola praticamente introduziu no país a dramaturgia de vanguarda, normalmente fora das cogitações dos conjuntos profissionais. Foram por ela encenados Ionesco, Samuel Beckett, Tardieu, Obaldia e até Jarry, podendo ser citadas as montagens de *Jacques ou A submissão* e *Esperando Godot* como duas das melhores apresentações do nosso palco. Praticamente todos os novos atores do teatro paulista saem dos quadros da Escola, e foram seus alunos o dramaturgo Jorge Andrade, José Renato (fundador do primeiro Teatro de Arena brasileiro), e administradores de várias companhias. Enriquecida recentemente com os cursos de cenografia, dramaturgia e crítica, a EAD promete contribuir também nesses campos, apesar da dificuldade financeira em que vive, por ser insatisfatória a verba recebida do convênio com o Governo do Estado de São Paulo.

A multiplicação das Escolas pelas capitais é testemunho louvável de que o teatro se descentraliza, deixando de ser prerrogativa dos grandes centros. Há apenas uma década São Paulo passou a contar em pé de igualdade com o Rio, e nos últimos anos formam-se elencos permanentes no Recife e em Porto Alegre. Onde as circunstâncias sociais não permitem ainda a fixação do profissionalismo, preservam a existência do teatro os grupos amadores, cujo repertório, inicialmente de teor digestivo, retoma agora, com frequência, os originais brasileiros de qualidade. Há, espalhados pelo Brasil, alguns milhares de elencos do gênero, de vida muitas vezes efêmera e pouca regularidade nas apresentações. A pesquisa artística situou num plano à parte o Tablado, do Rio, que se conserva amador apenas porque não são assalariados seus membros: o mérito de suas montagens se iguala, muitas vezes, ao das melhores companhias profissionais, e no campo do teatro infantil nenhuma se aproxima dele. Nos últimos anos formam-se, também, em todo o território, os teatros de estudantes. O primeiro, que teve repercussão nacional e se inscreveu entre os movimentos renovadores do nosso palco, foi o Teatro do Estudante do Brasil, fundado por Paschoal Carlos Magno. O grupo, representando *Romeu e Julieta* em 1938, e mais tarde *Hamlet* e outras obras shakespearianas, assinalou-se no Rio como o celeiro de jovens para o teatro – tanto atores como cenógrafos e figurinistas. Alguns dos mais expressivos elementos do profissionalismo iniciaram-se no Teatro do Estudante, que se lançou depois à tarefa de divulgar novos dramaturgos, através do teatro Duse, construído na própria residência de Paschoal Carlos Magno.

A figura desse homem de teatro, que é embaixador de carreira do Brasil, marca a fase contemporânea do nosso palco. Tem sido ele o grande animador das iniciativas cênicas, e a coluna que manteve durante muitos anos, no *Correio da Manhã*, era uma espécie de boletim teatral diário para o país inteiro. Não havia um esforço, uma tentativa do mais longínquo recanto que não encontrasse ali guarida, sempre com carinho e estímulo. Se, de um ponto de vista rigorosamente crítico, essa seção teatral era discutível e não distinguia muito os valores, como mensagem não encontrou até hoje paralelo em nenhuma congênere. Passando a colaborar no gabinete civil da Presidência da República, Paschoal Carlos Magno continuou a ajudar o teatro, por meio inclusive de uma assistência pessoal a todos que a ele recorriam. Nos últimos anos, dedica-se à construção da Aldeia, uma espécie de centro para os artistas, no estado do Rio, e à organização dos Festivais Nacionais de Teatros de Estudantes, realizados já, desde 1958, em Recife, Santos, Brasília e Porto Alegre. Nesses certames, reúnem-se numa dezena de dias perto de mil estudantes de todos os pontos do país, apresentando espetáculos e debatendo problemas cênicos. Pela troca de ideias, pela possibilidade de congraçamento e pela repercussão junto ao público e ao governo, esses festivais representam um admirável veículo publicitário do teatro. A juventude vê neles um incentivo incomparável para dedicar-se ao palco.

As relações do governo com o movimento cênico tendem também a estabelecer-se num efetivo patrocínio dos programas culturais e populares. Criado no tempo do Estado Novo, quando vivíamos no regime ditatorial, o Serviço Nacional de Teatro teve, de início, precípua função demagógica. Parte apreciável de sua verba se destinava aos espetáculos de revista, para trombetearem a popularidade do chefe do governo. Inscrito, depois, no regime democrático, esse órgão do Ministério da Educação não estava aparelhado para realizar uma sadia política federal. Contemplado nos últimos exercícios com melhores verbas e voltando-se para o problema básico da construção e reconstrução de casas de espetáculos, o S.N.T. se encaminha para pesar efetivamente nos destinos do teatro. Até o exercício de 1961, o auxílio que prestou às companhias profissionais foi irrisório, nem chegando a cobrir um mês de suas despesas. Se tiver aplicação satisfatória o plano de se atribuir mensalmente uma verba ponderável a uma dúzia de conjuntos profissionais, para a montagem de espetáculos de valor cultural, a preços populares, poderá modificar-se completamente, nos próximos anos, a fisionomia do nosso teatro.

Por sugestão da Associação Paulista de Críticos Teatrais, o governo de São Paulo criou, em 1956, a Comissão Estadual de Teatro, que tem tido uma influência marcante nessa unidade federada. Órgão consultivo, constituído de representantes dos vários setores teatrais, a C.E.T., dispondo cada ano de verbas maiores, revê sempre os seus planos, de modo a atualizá-los em vista de uma completa eficácia. Com um método dinâmico de trabalho, que supõe um diálogo permanente com os participantes da atividade teatral, a C.E.T. promove temporadas a preços populares, realiza cursos de iniciação, organiza festivais de companhias profissionais em cidades do interior e patrocina certames amadores, obtém empréstimos para construção de casas de espetáculos e para financiamento das montagens, distribui prêmios aos "melhores" de cada temporada e ajuda entidades de ensino e assistência – está presente, enfim em tudo que vitaliza o palco paulista. Não foi mero acaso que a criação da C.E.T. partisse de um pedido da Associação Paulista de Críticos Teatrais. Sem receio de erro, afirmamos que grande parte da orientação cultural do nosso teatro se deve à crítica. Desejosos de contribuir na fundação de uma atividade cênica duradoura, muitos colunistas especializados saem de seu campo específico para participar de órgãos consultivos e entidades governamentais. Sua mais importante tarefa, entretanto, se acha na lida jornalística, em que um juízo severo, de inspiração apenas artística e cultural, não entra em conflito com o incentivo permanente às boas causas. A tarefa de solidificação da dramaturgia brasileira encontra na crítica apaixonados paladinos, dispostos sempre a reconhecer os valores embrionários.

Na segunda metade do século passado, fizeram crítica teatral alguns dos grandes escritores brasileiros, e a circunstância de tê-la exercido Machado de Assis a coloca entre os gêneros da nossa literatura. Mais tarde, porém, não se exigiram para a sua prática muitos requisitos. Bastava um redator de jornal gostar de espetáculos para lhe ser atribuída eventualmente a tarefa de comentá-los. Consta, aliás, do anedotário, que, para a crítica das estreias estrangeiras, se perguntava, nas redações, quem sabia a língua original e tinha traje a rigor. Com a melhoria do nível das produções é que foi surgindo, também, na década de quarenta, uma crítica mais consciente. Nos últimos anos, ela se firmou como atividade especializada, e não há um veículo de divulgação que dispense um comentarista sério e exigente, distante dos antigos críticos, que misturavam muitas vezes o seu trabalho com o encômio fácil das estreias e a propaganda diária dos cartazes.

A crítica no Rio e em São Paulo não condiciona o êxito ou o malogro de um espetáculo, como sucede, por exemplo, em Nova York. Ou porque o público não se habituou ainda a ler os comentários, ou porque não existe o problema da escolha entre numerosas estreias semanais, obrigando o espectador a confiar no juízo de outrem, a verdade é que a carreira das montagens independe quase sempre da acolhida da imprensa. Em alguns casos, o louvor entusiástico da crítica rompeu o indiferentismo do público, levando-o a prestigiar um lançamento. Essa certeza de que não

284

são responsáveis diretos pela renda das companhias deu, talvez, maior liberdade aos jornalistas, que nunca se mostram sentimentais diante dos problemas de sobrevivência de uma empresa. Por outro lado, como buscam sempre os padrões superiores, eles influem notoriamente na linha dos elencos e sobretudo nos repertórios, que só acolhem com mal disfarçada vergonha as peças comerciais. A fiscalização permanente de sua atividade pelos críticos, que não se paralisam em conceitos imutáveis sobre encenadores e intérpretes, está levando muitos profissionais, nos últimos anos, a reagir contra o que chamam a tirania da imprensa. É verdade que, num ardor combativo sem precedentes, sobretudo alguns críticos do Rio têm caído em excessos, não poupando nenhum nome que de longe possa assemelhar-se a um ídolo intocável. Como política geral, que faz tábua rasa de convenções e de falsos valores jovens, essa posição tem sido, na maioria dos casos, muito útil. Nunca as seções especializadas dos jornais foram tão vivas e atuantes como nestes últimos anos.

Se a crítica se exerce em todos os órgãos da imprensa, as edições teatrais são ainda insuficientes para alimentar o mercado potencial. Começam a divulgar-se, porém, com regularidade, os novos textos brasileiros encenados, e estudos e monografias vêm seduzindo os especialistas. Firmas editoras, não obstante as atuais restrições, devidas ao custo do papel, continuam a manter em seu programa obras de teatro, e diversos temas passam a ser tratados pela primeira vez. Não tivemos condições, ainda, para publicar com regularidade uma revista especializada (*Dionysos*, um útil órgão de teatro, publicado pelo S.N.T., só tem dez números, em mais de dez anos de existência).

Nossas traduções costumam ser mais cuidadas, ultimamente (excetuadas as de uns poucos, que encaram apenas as possibilidades de lucros comerciais com a aquisição de direitos estrangeiros). Ao lado de um Mário da Silva e um Brutus Pedreira, por exemplo, que há muitos anos colaboram com seriedade e contumácia no setor de traduções, podemos contar no acervo de nossa literatura alguns textos clássicos, devidos à admirável correspondência alcançada por poetas como Manuel Bandeira, Guilherme de Almeida, Carlos Drummond de Andrade, Cecília Meireles, Onestaldo de Pennafort e Péricles Eugênio da Silva Ramos.

Ainda no campo artístico, o Brasil teve a iniciativa de promover o primeiro certame internacional de arquitetura, cenografia, indumentária e técnica de teatro. Desde 1957, realizam-se as Bienais das Artes Plásticas de Teatro, no quadro das Bienais de São Paulo. Nos três certames, cerca de vinte países esforçaram-se, de cada vez, para mostrar, em maquetas, desenhos, fotografias e roupas, as suas produções recentes, e em alguns casos aspectos didáticos de sua história teatral. Numeroso público e os artistas brasileiros podem, assim, ter uma visão conjunta das novas conquistas nas várias artes plásticas, ligadas ao espetáculo, confrontando-as com as lições da história.

Sentimo-nos autorizados agora a falar em maioridade do teatro brasileiro. Como consciência cultural, ele existe hoje, autônomo e seguro de suas diretrizes. Desejamos a contribuição dos encenadores estrangeiros, em termos diferentes daqueles de uma década atrás: pelo processo assimilativo de todas as esferas do país, com a sua formação cultural eles podem completar as lacunas do nosso aprendizado clássico, e familiarizar-nos com as novas correntes europeias. Temos a tentação de, ao lado de reconhecer seu importante papel na renovação artística do nosso palco (nunca louvado em demasia), responsabilizá-los pelos erros maiores que nos afligem. Na verdade, apenas Gianni Ratto, entre os atuais diretores, tem afinidades profundas com a nova geração brasileira. Por coincidência, ele nunca havia encenado um espetáculo na Itália: era conhecido como grande cenógrafo, de merecida projeção internacional. Aceitando convite para experimentar esse novo campo, entre nós, ele participa de uma perspectiva brasileira, e tem contribuído para lançar e reviver autores nacionais, com uma lúcida compreensão da nossa realidade. Ruggero Jacobbi, enquanto viveu no Brasil, teve assinalada presença cultural, embora não especificamente como encenador (hoje, além dos nomes aos quais nos referimos, e sobretudo de Ziembinski, Celi e Ratto, cabe citar Maurice Vaneau, Luís de Lima e Alberto D'Aversa). Pensamos que, donos de um prestígio incomum e podendo moldar como bem entendessem as experiências nascentes, os diretores estrangeiros fizeram teatro para o público burguês, submetendo-se ao critério do bom gosto e da elegância. Os jovens brasileiros é que estão alterando essa coordenada, que ainda ameaça confinar-nos como sucursal do bulevar parisiense ou da Broadway.

Temos condições para enfrentar uma aventura própria, que evite de início os erros estrangeiros. Para ninguém é segredo a mediocridade dos padrões comerciais franceses e norte-americanos. Também na França e nos Estados Unidos se luta desesperadamente para não sucumbir ao mau teatro, que se tornou moeda corrente nas mãos dos empresários rotineiros. Por que importar para o Brasil aquilo que os críticos bons dos dois países repudiam? Por que agradar a um público avesso à arte verdadeira?

Na Europa, a reação se processa por meio dos elencos subvencionados, que apresentam um repertório cultural, com uma inteligente política para falar aos espectadores. Nos Estados Unidos, as tentativas vanguardeiras refugiam-se nos conjuntos menores, que não dependem tanto das injunções econômicas, e há um clamor unânime para que se organize um Teatro Nacional. As montagens de inspiração comercial são condenadas nos países de origem, e não há razão, assim, para que as imitemos.

Aquilo que, na Europa, é privilégio de um Teatro Nacional Popular francês ou de um *Piccolo Teatro* de Milão, fartamente subsidiados pelo governo, pode tornar-se, sem muito sacrifício, regra geral no Brasil. O custo de uma produção, entre nós, é muito menor do que em qualquer cidade europeia, e uma ajuda efetiva do Estado não pesaria em seu orçamento. Em 1961, embora com o título de Plano Extraordinário de Estímulo ao Teatro Paulista (cogitava-se de repeti-lo nos anos seguintes, o que lhe daria continuidade), o governo de São Paulo iniciaria uma política de ajuda maciça às companhias profissionais, para apresentarem um repertório de mérito artístico e cultural, a preços acessíveis a um público que nunca pisou numa plateia. Alguns empresários, cegados pelo interesse imediatista, frustraram a realização do Plano e não se sabe se será ainda viável tentá-lo de novo. É possível, por isso, que façamos o mesmo itinerário dos grandes centros teatrais, com os grupos especializados em cada setor: os comerciais, os de vanguarda, e uns poucos subvencionados, que preservam a tradição cultural. Seja qual for a paisagem futura, uma verdade é inequívoca hoje: a nova geração condena as transigências daquela que a precedeu, e, insatisfeita com uma plataforma exclusivamente nacionalista, que não modifica a natureza dos espectadores, empenha-se na causa do teatro popular: um repertório brasileiro e de peças válidas do patrimônio artístico internacional, dirigido a um público recrutado nas diversas camadas sociais.

INFORMAÇÕES BIBLIOGRÁFICAS

AINDA está por escrever-se uma história do teatro brasileiro. Somente quando se fizer um levantamento completo de textos se poderá realizar um estudo satisfatório de todos os aspectos da vida cênica – dramaturgia, evolução do espetáculo, relações com as demais artes e com a realidade social do país, existência do autor, do intérprete e dos outros componentes da montagem, presença da crítica e do público. Por enquanto, mesmo que seja imensa a boa vontade, se esbarrará em obstáculos intransponíveis. Talvez a tarefa não seja de um único pesquisador: exige busca paciente em arquivos e jornais, leitura de alfarrábios e inéditos, a esperança de que se publiquem documentos inencontráveis. Todos fornecemos subsídios para a obra que – acreditemos – um dia virá a lume.

Uns têm sido mais, outros, menos úteis na empreitada de examinar os problemas do teatro brasileiro. Dos historiadores da literatura, aquele que se interessou realmente pela dramaturgia foi Sílvio Romero, e são referências obrigatórias da bibliografia sobretudo o capítulo sobre o teatro, no *Quadro sintético da evolução dos gêneros*, e o admirável ensaio sobre Martins Pena. Essa exegese ainda hoje não está superada, nas linhas gerais que traçou, embora o autor, em 1901, não tivesse acesso a muitas peças do comediógrafo, as quais só em 1956 foram publicadas, no excelente trabalho de Darcy Damasceno para o Instituto Nacional do Livro (com a colaboração de Maria Filgueiras), modelo de edição crítica, até agora sem outras que lhe seguissem o exemplo. José Veríssimo e, em geral, os críticos literários desconheceram o teatro, por acreditarem que se trata de arte específica, requerendo processos diversos de aproximação, ou por terem com ele uma atitude negativa, fruto de desinteresse ou ignorância.

Entre os estudos antigos sobre o nosso teatro o melhor, sem dúvida, é a *História do teatro brasileiro*, de Carlos Sussekind de Mendonça, editada em 1926. Lamentavelmente o autor permaneceu no primeiro volume, que abrange os anos de 1565 a 1840. A lucidez do método, a segurança do exame e a riqueza dos aspectos tratados mostravam a obra séria, que se interrompeu justo quando era mais sedutor o objeto de análise. Assustou-se o autor com a dimensão de sua tarefa?

O Teatro no Brasil, de Múcio da Paixão, é livro útil, pelo número de documentos compilados. Concluído em 1917, foi editado apenas depois da morte do autor, que ocorreu em dezembro de 1936. Talvez Múcio da Paixão aguardasse a certeza de um editor para dar forma definitiva ao estudo. Falecendo antes que se comprometessem a publicar o livro, deixou-o ainda cheio de repetições, o que, se desagrada à leitura, não invalida a paciência da busca de fontes. Na mesma linha, cogitando mais das casas de espetáculos, *O teatro brasileiro (Alguns apontamentos para a sua história)*, obra anterior de Henrique Marinho (1904), já oferece menor interesse.

Pouco acrescenta aos trabalhos anteriores, também, a *História do teatro brasileiro*, de Lafayette Silva. Candidato único em concurso promovido pelo Ministério da Educação, o livro nem logrou o maior prêmio, sendo providenciada a sua publicação, por aquela pasta, em 1938. É estranhável a fraqueza do estudo, que se limita quase apenas à citação de nomes e iniciativas, se considerarmos que o autor escreveu *João Caetano e sua época (Subsídios para a história do teatro brasileiro)*, em Boletim do Instituto Histórico, de 1936 – a melhor obra de que dispomos sobre o ator e o panorama cênico de meados do século XIX. Chega a irritar a leviandade de Lafayette Silva, revelando que não leu peças que resume, como *O jesuíta*, de José de Alencar, cujo entrecho nada tem a ver com o dado por ele.

Merece referência simpática *O teatro no Brasil*, de Ranulpho Prata (tese apresentada ao Ginásio do Estado de Ribeirão Preto para preenchimento da cadeira de Literatura, edição de 1921). Chamou o autor atenção para "o voo para maiores alturas", alçado por Alencar, e para o gosto de Gonçalves Dias pelos temas estrangeiros, no teatro, enquanto sua poesia se inspirou toda em assuntos nacionais. De Max Fleiuss, há *Evolução do teatro no Brasil*, transcrito no número 5 da revista *Dionysos* (primeira publicação de 1922), e que é uma síntese de acontecimentos e obras.

O curso de teatro (conferências realizadas na Academia Brasileira de Letras, edição de 1954), poderia ser mais rico. A rigor, acrescentam dados curiosos apenas as palestras de Barbosa Lima Sobrinho sobre Antônio José da Silva e de Peregrino Júnior sobre "O teatro de costumes".

O primeiro trabalho crítico de mérito sobre o nosso teatro, abrangendo até a época moderna, é de autoria de Décio de Almeida Prado. Trata-se de "Evolução da literatura dramática" (in: *A literatura no Brasil**, direção de Afrânio Coutinho, volume VI.) Foi esse, de fato, o balanço inaugural de toda a expressão teatral brasileira, de um ponto de vista exclusivamente artístico. Em linhas sucintas e objetivas, desenham-se os perfis literários dos nossos principais dramaturgos. As restrições ao ensaio decorrem apenas das inevitáveis lacunas (omitindo-se nomes a nosso ver expressivos), devidas ao limite de espaço que se impôs. Décio de Almeida Prado publicou ainda uma *Apresentação do teatro brasileiro moderno*, seleção de críticas teatrais aparecidas de 1947 a 1955 no jornal *O Estado de S. Paulo*, cujo valor documental e analítico é enorme, pelo significado do período que enfeixa e pelo justo entendimento da crítica dramática como gênero literário que se aplica às várias artes do espetáculo.

O juízo sobre *O teatro no Brasil*, dois tomos de J. Galante de Sousa lançados pelo Instituto Nacional do Livro em 1960, depende do ponto de vista em que se coloque o observador. Para a elaboração deste livro, por exemplo, foram um apoio permanente e indispensável, pela honesta referência bibliográfica, pelo trabalhoso levantamento de fontes. As omissões do segundo tomo (*Subsídios para uma biobibliografia do teatro no Brasil*) foram mais notadas que as compactas 581 páginas, o que há de mais completo e útil no gênero. É verdade que, não sendo J. Galante de Sousa homem de teatro, cometeu erros típicos de quem lida em terreno pouco familiar. Não será esse motivo para negar a grande

---

* Esta obra foi reeditada pela Global Editora, 1997.

importância do que foi compilado, e que poderá aperfeiçoar-se numa segunda edição. Consideramos mais grave, embora desejada, a omissão crítica do autor, no Tomo I (*Evolução do teatro no Brasil*): substitui ele sempre a sua visão pessoal, que poderia inclusive alterar o esquema metodológico, pelo juízo de outros comentaristas, sobretudo de Décio de Almeida Prado. A obra de J. Galante de Sousa é indubitavelmente, porém, o ponto de partida para qualquer futura história do teatro brasileiro.

Surgiu recentemente na Itália (acabou-se de imprimir em maio de 1961) *Teatro in Brasile*, de Ruggero Jacobbi. Sabe-se que o autor está muito vinculado ao teatro brasileiro, tendo aqui trabalhado, como encenador, professor e crítico, desde 1946. Conhece ele, assim, por experiência própria, todo o movimento de renovação por que passou o nosso palco, a começar de Os Comediantes. Talvez pelo desejo de integrar-se no Brasil, Ruggero Jacobbi debruçou-se sobre o nosso passado literário e teatral, e a consequência desse interesse é esse admirável ensaio, a mais completa e aguda síntese crítica sobre a atividade cênica nacional. Nossas restrições a *Teatro in Brasile* dizem menos respeito ao estudo especializado que à circunstância de dirigir-se ao público italiano: achou-se o autor no dever de apresentar um panorama do país, com as obrigatórias menções à macumba e ao samba. A análise histórica do teatro é inteligente e ampla, ressaltando-se as observações sobre Martins Pena e Gonçalves Dias. Os pequenos enganos a respeito de autoria de obras, por exemplo, Ruggero Jacobbi certamente não teria cometido, se dispusesse de meios seguros, na Itália, para reler os originais. Já estava o ensaísta ligado à historiografia teatral brasileira com o ótimo estudo sobre Gonçalves Dias (in: *Goethe, Schiller, Gonçalves Dias*, edição da Faculdade de Filosofia da Universidade do Rio Grande do Sul, 1958), que, além de ser o melhor sobre o autor de *Beatriz Cenci*, teve a virtude de iniciar o processo de revalorização do dramaturgo. É preciso publicar *Teatro in Brasile* em português, para que se enriqueça o nosso ensaísmo literário.

Sobre dramaturgos, épocas, tendências e atores, embora seja reduzida a bibliografia, encontram-se estudos úteis. Vamos nos ater aos que mais nos valeram, além dos já citados.

São fundamentais os trabalhos de M. de L. de Paula Martins sobre Anchieta, os quais culminaram em *Poesias*, edição das obras completas, aparecida no IV Centenário de São Paulo (1954). Referimo-nos principalmente aos comentários dos *Boletins I e III* do Museu Paulista (1948 e 1950). É preciso citar a monumental *História da Companhia de Jesus no Brasil*, do Padre Serafim Leite, e o recente *Le théâtre du P. Anchieta*, de Claude-Henri Frèches (separata dos "Annali dell'Istituto Universitario Orientale" – Sezione Romanza – Napoli, 1961).

Joel Pontes publicou *Machado de Assis e o teatro* (Campanha Nacional de Teatro, S.N.T., 1960), que, além dos méritos próprios de análise, situa com acerto a produção dramática no conjunto da obra do autor de *Quincas Borba*.

Como biografia, sem preocupação de exame crítico, interessou-nos *Arthur Azevedo e sua época*, de R. Magalhães Júnior, que obteve o Prêmio Sílvio Romero, no concurso de 1952, da Academia Brasileira de Letras.

40 anos de teatro (três tomos), de Mário Nunes, tem a virtude de fazer minucioso levantamento de dados, que abrangem, por enquanto, desde o começo do século até 1930. Consultam-se os volumes como verdadeiro dicionário de nomes e de fatos, embora não se possa acompanhar os juízos críticos do autor.

Duas revistas devem ser compulsadas, porque sempre inserem uma ou outra matéria expressiva para o estudioso do teatro brasileiro: *Dionysos*, órgão do Serviço Nacional de Teatro, e a *Revista de Teatro* da Sociedade Brasileira de Autores Teatrais. Quanto à primeira, é pena que seja tão irregular a sua saída. A publicação da S.B.A.T. melhorou sensivelmente nos últimos anos, e cabe ressaltar a mais criteriosa escolha de peças editadas, assinalando-se em especial o carinho que dispensa à obra de Artur Azevedo.

Gostaríamos que fossem estudados, em monografias, aspectos particulares quase desconhecidos do nosso palco, para, mais tarde, sobre terreno firme, elaborar-se a história que o teatro brasileiro merece.

(1962)

APÊNDICE I

O TEXTO NO MODERNO TEATRO

EM LITERATURA, nas artes plásticas e na música, a Semana de Arte Moderna, realizada em São Paulo em 1922, passou a ser o divisor de águas geralmente aceito como o da introdução do espírito contemporâneo na criatividade brasileira. Esse conceito não é pacífico, se submetido a crivo rigoroso. É lícito admiti-lo, desde que se reconheçam suas premissas europeias como igualmente válidas, em face das produções anteriores do outro lado do Atlântico. Assim, os *ismos* que deram origem ao nosso modernismo são contemporâneos, na Europa, em relação às escolas que os precederam, do Realismo e do Naturalismo ao Simbolismo e ao Impressionismo. Mas nós assimilamos suas conquistas com atraso semelhante à demora com que frutificaram, entre nós, tanto o romantismo como o Realismo e o Simbolismo. Especificamente no teatro, ainda neste século, aproveitamos com algum retardamento as lições de Stanislávski, Brecht, Artaud e Grotówski, para só ficarmos em poucos astros internacionais.

Em contrapartida, não será absurdo invocar que a atualização estética empreendida a partir do modernismo provocou o sufocamento de valores espontâneos da arte nacional. O tema não pode ser tratado de passagem, requerendo, ao contrário, demorado exame das numerosas implicações. Pessoalmente, creio ser impossível, dentro da comunicação instantânea atual, que aboliu as fronteiras, recusar os progressos registrados por toda parte, mesmo sob o risco de aceitar a continuidade do sistema colonizador. E a antropofagia, formulada teoricamente por Oswald de Andrade, é uma prática detectável desde os autos anchietanos. Sob um certo ângulo, as mais arrojadas encenações brasileiras das últimas décadas não passam de devoração antropofágica de modelos estrangeiros.

Que seria, nesse panorama, um teatro autenticamente brasileiro? Não vou aproximá-lo da antiga comédia de costumes, apresentada de forma rotineira e até rudimentar. A unidade estilística proposta pelo encenador importa em evolução do teatro moderno, disseminada pelos maiores centros, contra focos de resistência que ainda persistem. O Brasil não poderia fugir de um concerto internacional, sob pena de escorregar em marginalização. Identificar o folclore à verdadeira face nacional seria acolher o rótulo de exotismo, para deleite de plateias turísticas. Não creio, também, em arte de exportação, resposta consciente ao centenário vezo importador. O objetivo fundamental é produzir para o consumo interno, em consonância com as necessidades do nosso público. O teatro brasileiro pode interessar ao espectador estrangeiro na medida em que reflita a especificidade nacional, num contexto em que a troca de experiências, em iguais condições, traz o enriquecimento de todos. Por meio de encenadores estrangeiros, aqui apartados em consequência da devastação da Segunda Grande Guerra, adquirimos uma tecnologia que nos faltava. Antropofagicamente, nós a deglutimos, e a nova geração brasileira, formada em grande parte pelos ensinamentos que eles nos legaram, aprendeu a caminhar com as próprias pernas e realiza um teatro vital, capaz de seduzir exigentes plateias internacionais. Influências são benéficas, desde que não desfigurem a autonomia do produto.

A explicação mais óbvia para a ausência do teatro na Semana de 1922 é que, sendo ele síntese de elementos artísticos, reclamaria a renovação prévia das artes que o compõem, para aproveitar mais tarde cada avanço parcial. Na pacata São Paulo daquele ano, a não ser gestos de rebeldia individuais, era difícil pensar numa consciência de grupo voltado para o teatro, que revolucionasse a totalidade do espetáculo. Vale a pena mencionar o exemplo de Oswald de Andrade, um dos principais artífices da Semana: seis anos antes, em 1916, melancolizado pelo provincianismo da cena brasileira, ele escreveu, de parceria com Guilherme de Almeida, duas peças em francês, na esperança de sensibilizar a metrópole parisiense... O certo é que, durante muitos anos, nosso teatro permaneceu alheio às propostas estéticas do Modernismo.

Foi o próprio Oswald de Andrade quem, mais de uma década depois da Semana, se deixou picar de novo pelo veneno da dramaturgia, produzindo três textos: *O rei da vela*, *O homem e o cavalo* e *A morta*. Os diferentes estilos de cada peça atestam, sem dúvida, o experimentalismo infatigável do autor, incapaz de repetir soluções encontradas, mas também o desejo desesperado de furar a indiferença dos empresários, afeitos a outro gênero de teatro. Cronologicamente, Oswald é o autor dos primeiros textos brasileiros modernos, mas não foi ele quem provocou a modernização do nosso teatro. Mais do que do ponto de vista estético, digerível num país ávido de inovações, as três peças tornaram-se irrepresentáveis, quando foram escritas, por motivos morais e políticos. Procópio Ferreira testemunhou que não poderia levar *O rei da vela*, que retrata inegável licenciosidade de costumes, num momento em que a censura proibia que se pronunciasse, no palco, a palavra "amante". E o Estado Novo, imposto ao Brasil em 10 de novembro de 1937, ano em que se reuniram num volume essa obra e *A morta* (*O homem e o cavalo* teve publicação em 1934), não toleraria a audácia ideológica da dramaturgia oswaldiana. Na estante, ela não pôde alcançar a eficácia do espetáculo. E é incrível que *O rei da vela*, montado trinta anos depois da edição, demonstrasse possuir a mesma força explosiva de quando foi concebido.

Sob qualquer ângulo, a criação de Oswald ressuma o tratamento contemporâneo. *O rei da vela* adota, em princípio, a forma paródica, veiculada por Alfred Jarry em *Ubu-Rei*, obra seminal da vanguarda, que empolgou o palco francês apenas na década de cinquenta. Os protagonistas Abelardo e Heloísa dessacralizam o conteúdo romântico do célebre casal da Idade Média, para torná-lo prosaico na engrenagem capitalista de hoje. E o enlace do arrivista enriquecido com a aristocrata decadente, resultante da nova situação econômica produzida pela crise internacional do café, não se esgota em seu ciclo na aparência fechado: tudo se processa sob as vistas de Mr. Jones, o poderoso imperialista que exerce inclusive o "direito de pernada" em relação à noiva. Tributam-se as desgraças à situação do país colonizado...

296

O homem e o cavalo aproxima-se de outro veio da criação contemporânea – o experimentalismo do *Mistério bufo*, de Maiakovski, no primeiro hausto de pesquisa da nova arte soviética, logo coibida pelos ventos conservadores do realismo socialista, palavra de ordem ditatorial de Stalin. Numa óptica brasileira, às vezes com juízos ingênuos, Oswald condenou a milenar civilização cristã em face de suposto paraíso social, que mais lembra um pesadelo de ficção científica. Os quadros isolados, que se aparentam à técnica narrativa do teatro épico, nada têm em comum com a tradicional estrutura do drama.

Finalmente, *A morta*, qualificada como "ato lírico", realiza a síntese entre as pesquisas formais e a inspiração poética de Oswald, a que não faltou, nessa fase, o forte cunho social. Até hoje a peça não instigou uma grande encenação, que materializasse as suas potencialidades. E assim como Mário de Andrade afirmou que, "em verdade, sempre será conto aquilo que seu autor batizou com o nome de conto", o texto teatral, mais do que nunca, pode ser considerado tudo aquilo que o encenador ou o ator no palco assim rotulam. Se a personagem é ainda o melhor agente dentro de uma situação tradicional, desenvolvida com princípio, meio e fim, o ator não precisa escravizar-se a ela, para dar o seu recado pleno. Sabe-se que a magia do desempenho tem fôlego para animar qualquer diálogo julgado não teatral. E *A morta* espraia-se em generosidade de criação poética, à espera apenas da ressonância em um encenador de alma irmã, como a violência tropical de *O rei da vela* ecoou na imaginação de José Celso Martinez Corrêa.

No estudo do teatro enquanto espetáculo, Oswald de Andrade só compareceria com *O rei da vela*. Enquanto texto literário, sua importância cresce muito, porque ele abre caminhos ainda inexplorados. Lamenta-se que sua tentativa ficasse isolada, não se concretizando em cena. Foram necessários ainda alguns anos para que o nosso palco acertasse o passo pelo caminho da modernidade.

O encontro entre texto e encenação só veio dar-se em 28 de dezembro de 1943, com a estreia de *Vestido de noiva*, de Nelson Rodrigues, na montagem de Ziembinski. Diversos fatores conjugaram-se, para que se verificasse o feliz acontecimento: sob a influência da companhia de Louis Jouvet, que se instalou no Rio, foragida da França ocupada pelas tropas nazistas, criou-se ali o grupo amador de Os Comediantes, desejoso de implantar uma estética renovadora, em contraste com os rotineiros procedimentos dos conjuntos profissionais; por coincidência, também, o polonês Ziembinski, em vez de continuar viagem para os Estados Unidos, fugindo da Europa devastada pela guerra, acabou por fixar residência na antiga capital da República; e um clima de época, responsável pela atualização das outras artes, havia de favorecer a dramaturgia, inspirando a Nelson a peça que o tirou repentinamente do anonimato.

Já tive oportunidade de apontar certas similitudes entre a obra de Nelson e a de Oswald, e não é o caso de evocá-las agora. Como Nelson afirmou desconhecer as peças de seu predecessor, deve-se explicar as reiterações por uma atmosfera parecida que marca os contemporâneos, em que latitudes estiverem. O criador de *Vestido de noiva* teve a sorte de aparecer no instante justo em que seu texto respondia a uma expectativa da comunidade, e realizou assim uma sólida e prolífica dramaturgia, que historicamente é proclamada a instauradora do nosso teatro moderno.

Vestido de noiva, que se seguiu a *A mulher sem pecado*, em que já se via a nítida vocação do palco, continha novidades inconcebíveis para um profissionalismo fundado em preceitos imutáveis. Não mais se apresentava uma história, promovia-se seu desenvolvimento e por fim seu desfecho, com personagens que empreendiam idêntico itinerário. O plano da realidade limitava-se a situar as circunstâncias de um acidente, seguido de uma intervenção cirúrgica e a repercussão na imprensa. O importante, no texto, era a aventura interior da acidentada, que se espraiava nos planos da memória e da alucinação. Ao costumeiro indivíduo linear, restrito na ação pelo consciente, Nelson agregou as fantasias da subconsciência, abrindo perspectivas insuspeitadas para o comportamento humano em cena. O palco brasileiro irmanou-se, por fim, à renovação que sacudiu as outras artes, no Modernismo.

Nelson cumpriu penosa e solitária caminhada. Rigorosa exigência artística levou-o a sondar, depois do subconsciente, os arquétipos, os mitos que estão na origem da vida social. Seguiram-se *Álbum de família*, *Anjo negro*, *Senhora dos afogados* e *Doroteia*. A censura, atemorizada pela quebra das convenções, apressou-se a dificultar as montagens, interditando *Álbum de família* durante 22 anos. E o público, vendo-se desnudado, sem véus hipócritas, recusou o favor concedido a *Vestido de noiva*. O dramaturgo reconheceu, orgulhosamente, estar fazendo "peças desagradáveis" "obras pestilentas, fétidas, capazes, por si sós, de produzir o tifo e a malária na plateia". O divórcio com o público seria definitivo, se a temática, por sua vez, não se esgotasse. Num monólogo, *Valsa nº 6*, Nelson fez uma espécie de *Vestido de noiva* às avessas, retornando ao território do subconsciente. E enveredou, depois, para uma síntese das vertentes anteriores, produzindo oito textos que podem ser qualificados genericamente com o rótulo de tragédias cariocas. São eles *A falecida, Perdoa-me por me traíres, Os sete gatinhos, Boca de Ouro, Beijo no asfalto, Bonitinha, mas ordinária, Toda nudez será castigada* e *A serpente*. Essa divisão tem cunho precipuamente didático, para se acompanhar melhor a evolução do autor. A obra de Nelson Rodrigues, no conjunto, guarda profunda unidade.

A contribuição específica do dramaturgo abre-se em vários campos. Talvez a mais importante refira-se à linguagem, seja no poético da fase mítica, seja no coloquialismo da tragédia carioca, em que a réplica parece colher-se ao vivo, com as elipses típicas da comunicação verbal. A economia de meios adensa a teatralidade, outra característica da obra. E as personagens são apreendidas, numa persistência do método expressionista, no clímax da crise interior, quando se revelam num vômito para a plateia. Nelson desafivela sadicamente a máscara, para que a personagem exploda o íntimo reprimido. Seu teatro propõe sempre uma sessão pública de psicanálise.

A partir da liberdade conquistada por ele, todas as audácias tornaram-se possíveis. Poderiam multiplicar-se, nas várias direções, as experiências desejadas. Estavam abolidas as fronteiras do palco. Acabou-se a cerimônia com as regras da antiga carpintaria teatral. Era só aproveitar as conquistas rodrigueanas. De súbito, julgaram-se acadêmicos os procedimentos anteriores, pois Oswald de Andrade ainda jazia na estante.

Nesse ponto, privados da perspectiva histórica, de juízo tão diferente da apreciação dos contemporâneos, corremos o risco de incidir no erro de enumerar nomes. Deve estar presente, também, que a vanguarda nem sempre produz a obra duradoura. Muitos autores podem não ter a vocação de desbravar caminhos desconhecidos, mas concentram o dom de cristalizar tendências e produzir o texto definitivo. Lembre-se como Shakespeare, por exemplo, pilhou aqui e ali, sem a preocupação de descobrir temas originais, dando-lhes, porém, o tratamento de gênio, que sepultaria os predecessores no completo olvido, se não servissem de citação para se explicar sua grandeza. É preciso ter em mente que a história retificará muitos juízos atuais, embora eles tentem observar a maior objetividade. O importante, para o contemporâneo, é a sua visão honesta, despida de preconceitos e consultando os valores que lhe parecem permanentes. O crítico sabe, contudo, que dependendo da óptica estética, mutável no correr das décadas de exercício profissional, alteram-se forçosamente os juízos. O amadurecimento empresta peso maior ou menor a uma obra que, na primeira apreciação, era aferida por padrões diferentes.

A dificuldade de orientar-se em meio à produção de hoje aumenta em virtude do fator numérico. Na década de cinquenta, sancionou-se a chamada lei dos $2 X 1$, que obrigava as companhias a encenar um texto brasileiro na proporção de dois estrangeiros. Não vem ao caso, agora, comentar os benefícios ou o absurdo da lei, que promovia o nosso autor por imposição oficial. A simples existência desse diploma revela que o palco nacional era alimentado pela dramaturgia estrangeira, e havia poucos bons textos dos nossos autores, ou os empresários e o público desconfiavam de sua viabilidade, por motivos artísticos ou comerciais.

O Teatro de Arena de São Paulo, ao quebrar no fim da própria década de cinquenta esse tabu, prestigiando com êxito o texto brasileiro, exerceu decisiva influência sobre o panorama teatral. Aos poucos, as outras companhias passaram a acolher os nossos autores de qualidade. Some-se a essa disseminação a pequena safra de dramaturgos internacionais de mérito, cujos problemas se identifiquem à nossa realidade. E considerem-se os custos crescentes para a aquisição de direitos de obras alienígenas. O resultado foi o abrasileiramento progressivo dos cartazes. E hoje em dia, quando os textos nacionais superam numericamente em cena os estrangeiros, ninguém se lembra da não revogada lei dos $2 X 1$.

Por isso, tratarei dos textos e dos autores que, a meu ver, trouxeram um acréscimo assinalável ao perfil anterior de nossa dramaturgia. Qual o critério? Não vejo como adotar o estilístico. Apesar das diferenças de maneiras entre as obras, na maioria elas observam um estilo semelhante, fruto de um realismo que esbate as tendências expressionistas, épicas ou poéticas. Futuramente se identificará o denominador comum exato, que une os dramaturgos atuais. É mais fácil apreender as distinções temáticas.

Dentro desse critério, a primeira estreia marcante, depois da de *Vestido de noiva*, foi a de *A moratória*, de Jorge Andrade, em 1955. Os três planos da peça rodriguiana forneceram a chave para a superposição de presente e passado, no novo texto. Não um passado que funciona como *flashback*, ilustrando o presente. Jorge estabeleceu uma dinâmica extraordinária entre os anos de 1932 e 1929, de forma que uma cena de hoje parece preparar uma de ontem. Os dois tempos alternam-se para sublinhar a ironia ou a tragédia, jogando com a esperança e a catástrofe do desfecho.

A moratória tinha a virtude de incorporar ao teatro o tema do café, que não havia encontrado ainda o seu ficcionista, como José Lins do Rego é o autor do ciclo da cana-de-açúcar e Jorge Amado o do ciclo do cacau. Jorge não se contentou, porém, em dramatizar a civilização do café. Aos poucos, foi pintando um painel histórico do país, sob a perspectiva de São Paulo. Ao mundo cafeeiro pertencem ainda *O telescópio*, *A escada*, *Senhora na boca do lixo* e *Rasto atrás*, transferindo-se *Vereda da salvação* do ângulo da classe dominante para o do colono explorado. *Os ossos do barão* chega à época industrial, em que se unem as famílias do aristocrata decadente e do imigrante enriquecido. *Pedreira das Almas* e *As confrarias* retratam o ciclo aurífero, nas Minas Gerais cujos veios esgotados levaram muitos habitantes a buscar o Planalto paulista, iniciando o plantio do café. Por último, *O sumidouro* fixou a fase do apresamento do índio, ao levantar e discutir a nossa origem histórica.

Esses dez textos compõem o volume *Marta, a árvore e o relógio*, que o dramaturgo durante algum tempo julgou o seu legado, misto de autobiografia e reflexão sobre o seu grupo social. A recuperação do passado não teve o objetivo de contrapor uma nostalgia do Éden perdido ao presente insatisfatório. A visão de Jorge pautou-se sempre pela ânsia progressista, em que até as bandeiras sofrem o crivo crítico dos interesses nacionais, contra o ufanismo das conquistas dizimadoras dos indígenas e do carreamento das riquezas para as cortes europeias.

Nas peças concluídas após a publicação do livro, entre as quais *Milagre na cela* e *O incêndio*, Jorge preocupou-se preponderantemente com o combate às injustiças atuais. *O incêndio* condena o arbítrio dos poderosos, às voltas com interesses escusos. E *Milagre na cela* faz veemente libelo contra a tortura, no desrespeito aos direitos humanos, prática implantada em larga escala no Brasil com o golpe militar de 1964.

Poucos autores, entre nós, empenharam-se como Jorge Andrade na construção de uma verdadeiro monumento dramático. E ele cuidou sobremaneira do texto, para que, além da eficácia teatral, não lhe faltasse beleza literária. Às vezes, o talhe escultórico das personagens remete a uma certa grandiloquência, enquanto a crítica ao arbítrio adquire um tom sentencioso. O nível alcançado pelas obras principais, *A moratória*, *Vereda da salvação*, *Rasto atrás*, *As confrarias* e *O sumidouro*, de ambição artística evidente, assegura para Jorge Andrade um lugar entre os primeiros dramaturgos brasileiros.

Não tardou, após *A moratória*, a surgir outro acréscimo ao rol de textos expressivos. Trata-se do *Auto da Compadecida*, de Ariano Suassuna, que um grupo pernambucano trouxe ao Rio de Janeiro, em 1957. O dramaturgo fundiu a velha estrutura do milagre medieval, em que o pecador é sistematicamente salvo pela intervenção de Nossa Senhora, com o populário nordestino, cheio de artimanhas e comicidade. Um catolicismo entranhado, embora irreverente, sustenta as melhores obras do autor paraibano.

Em *O santo e a porca*, versão moderna da *Aululária* (*Comédia da panela*), de Plauto, e de *O avarento*, de Molière, Suassuna submete o tema da avareza ao conceito de pecado, segundo o juízo cristão. Antes, ele havia escrito *O arco desolado*, que se inspirou na mesma lenda que serviu de fonte para *A vida é sonho*, de Calderón de la Barca. E o *Auto de João da Cruz*, que o autor qualificou também como auto sacramental, fixa uma aventura faustiana, na medida em que um jovem carpinteiro faz um acordo com o demônio para usufruir bens terrenos (cabe lembrar que o tema remonta à Idade Média, tendo já valiosa manifestação em *O milagre de Teófilo*, de Ruteboeuf).

A segunda obra-prima de Suassuna, na senda de *A Compadecida*, é *A pena e a lei*, "presépio de hilaridade teatral".

Outros qualificativos com os quais o autor a definiu são tragicomédia lírico-pastoril, drama cômico em três atos, farsa de moralidade e facécia de caráter bufonesco. O elevado sentimento religioso da peça começa por exprimir-se na rubrica, esclarecendo-se que o primeiro ato "deve ser encenado como se se tratasse de uma representação de mamulengos, com os atores caracterizados como bonecos de teatro nordestino, com gestos mecanizados etc. No segundo ato, os atores já representam num meio-termo entre boneco e gente, com caracterização mais atenuada e com alguma coisa de trôpego e grosseiro que sugira a incompetência, a ineficiência, o desgracioso e material que, a despeito de tudo, existe no homem. Somente no terceiro ato é que os atores aparecem com rostos e gestos teatralmente normais – isto é, normais dentro do poético teatral – para indicar que só então, com a morte, é que nos transformamos em nós mesmos". O intuito apologético nutriu-se em rico terreno teatral, no qual se entrelaçam deliciosas fontes populares e rigorosa inspiração erudita.

Ariano Suassuna, não bastando a franca aceitação de seu teatro, realizou em *A pedra do reino* ambicioso e bem-sucedido projeto romanesco. Após outras incursões no palco e na narrativa, decidiu despedir-se publicamente da literatura. Espera-se que o mais breve possível, ele quebre esse voto de silêncio, porque a dramaturgia e o romance têm muito a receber de seu talento.

Do diálogo com a divindade nosso palco passa ao tema da luta de classes, nos aglomerados urbanos sacudidos por greves e pelas reivindicações salariais. Esse o núcleo de *Eles não usam black-tie*, de Gianfrancesco Guarnieri, que o Teatro de Arena de São Paulo lançou em 1958, sob a direção de José Renato, inaugurando sua fase mais importante, que influenciaria também a política de repertório dos outros elencos.

Nenhuma dramaturgia se mostrou tão indissociada, como a de Guarnieri, do nosso momento histórico. Não quero afirmar que seus colegas se alienaram, pelo escapismo ou pelo confronto aberto, que acarretou a interdição de mais de quatrocentos textos, depois de 1964. Elogio a estratégia do autor empenhado, aproveitando as brechas abertas pelo sistema, para continuar atuante.

Enquanto sopravam os ventos da liberdade, ele escreveu, depois do discutível *Gimba*, o ótimo texto de *A semente*, auto crítica da militância de esquerda, perdida nos desvios do fanatismo. E logo que a ditadura militar impediu que se fizesse a análise direta da realidade, ele partiu para o uso inteligente da metáfora. De parceria com Augusto Boal, Guarnieri elaborou, sucessivamente, em 1965 e 1967, *Arena conta Zumbi* e *Arena conta Tiradentes*. Os heróis históricos dos títulos serviam apenas para acobertar o exame da situação atual, exortando o público à resistência contra o regime iníquo imposto à população.

A violenta repressão que se seguiu ao Ato Institucional n° 5, de 13 de dezembro de 1968, estimulou nos autores marcada subjetividade, que não omitiu um delírio explosivo. Para a dramaturgia de Guarnieri, que em *Zumbi* e *Tiradentes* adotou uma postura extremamente racional, a introspecção foi benéfica. *Castro Alves pede passagem* continua a linha histórica dos textos anteriores, privilegiando como protagonista o poeta romântico irmanado aos anseios generosos de libertação dos escravos, da mesma forma que Zumbi e Tiradentes se tornaram heróis em lutas libertárias. Em *Castro Alves*, engrandeceu-se a faceta humana do poeta, não mais um símbolo teatralizado, mas personagem de carne e osso, às voltas com o amor pela atriz Eugênia Câmara e a natureza sombria do irmão suicida, a outra metade de sua própria aventura pessoal.

Ao produzir *Botequim* e *Um grito parado no ar*, Guarnieri proclamou a consciência de que fazia um "teatro de ocasião", isto é, chegava, por meio da metáfora e da alegoria, até onde não se opunha o guante da censura. Autor de base realista, sua dramaturgia ressentiu-se, como não podia deixar de ser, na qualidade. *Botequim* teve mesmo rendimento artístico discutível. Não se pode desconhecer, de todo modo, a firmeza dos princípios do autor, que nunca abdicou deles e conseguiu furar o bloqueio para se dirigir ao público.

Em *Ponto de partida*, Guarnieri alcançou o equilíbrio entre a necessidade de utilizar a metáfora e seu entranhado feitio realista. Colocou numa vaga Idade Média distante a história de um indivíduo sacrificado pelo arbítrio dos poderosos, transpondo para o palco, praticamente, episódios dolorosos da nossa História recente, quando as autoridades quiseram impingir como suicídio o assassínio do jornalista Vladimir Herzog, torturado nos porões da ditadura. Até a linguagem ganhou elevado cunho poético, despido de pieguice, alcançando o tratamento nobre a que fazia jus o tema.

Nos seus desacertos e nos seus méritos superiores, a dramaturgia de Gianfrancesco Guarnieri deve ser considerada a mais representativa da década de setenta, enquanto consciência de um teatro digno, que não poupou os horrores da repressão. Em vez de cruzar os braços, demitir-se no choro irracional ou estabelecer um confronto que a interditaria, ela manteve viva a chama da resistência, trazendo alento para quantos temiam cair no desespero. Há várias temporadas o autor permanece em silêncio, quebrado apenas pelas aparições do excelente intérprete que ele também é. Auguro que a abertura política, iniciada em fins dos anos setenta, lhe permita reencontrar seu verdadeiro estilo de ficcionista, temperado pelas agruras que foi coagido a enfrentar.

Prosseguindo a cronologia dos acréscimos reais, depois de *Eles não usam black-tie*, cumpre assinalar, na temporada de 1960, as estreias de *O pagador de promessas*, de Dias Gomes, dirigida por Flávio Rangel, e de *Revolução na América do Sul*, de Augusto Boal, encenada por José Renato. *O pagador*, além de criar em Zé-do-Burro uma grande personagem e de fazer dura crítica à intolerância, dramatiza o sincretismo religioso, uma das nossas verdades populares. E *Revolução* se vale da hipérbole aristofanesca para satirizar a realidade brasileira, que levou Zé da Silva, símbolo do homem do povo, a ser despojado dos mais elementares meios de sobrevivência.

Dias Gomes acha-se entre os dramaturgos de contínua e efetiva presença, colhendo alguns êxitos e não conseguindo, às vezes, soluções satisfatórias. A razão dos textos menos bem-sucedidos prende-se, a meu ver, ao esquema demasiado racional, dentro de uma quase tirania ideológica, a que ele submete suas histórias, que ganhariam se ele desse livre curso à imaginação. *A invasão*, *A Revolução dos Beatos*, *O santo inquérito* e *As primícias* não realizam, por isso, a promessa que apresentam. Já *Dr. Getúlio, sua vida e sua glória*, escrito de parceria com Ferreira Gullar (e remontado com o título de *Vargas*), abre animador filão para o musical brasileiro, ao narrar os últimos episódios da biografia do ex-presidente da República, contados por uma escola de samba, cujos membros se envolvem em trama semelhante à histórica (pessoalmente, não consigo aceitar a análise política dos autores, que passam a limpo o triste legado de um cruel ditador brasileiro, embora na fase em que ele retornou ao governo, eleito pelo voto popular).

Recente contribuição de Dias Gomes foi *Campeões do mundo*, que se reveste de importância histórica fundamental, por ser a primeira peça a fazer um balanço da política brasileira, de 1964 a 1979, com inteira liberdade, não precisando recorrer a metáforas e a alusões para iludir a censura. O debate aberto sobre temas vitais, como o terrorismo e o apoio financeiro de segmentos da classe dominante aos aparelhos de tortura, as várias divisões da esquerda e o avanço ou recuo que provocaram no processo democrático, o exílio e a continuação da luta local, assegura para o "mural dramático" uma posição singular em nossa dramaturgia.

Augusto Boal vem trilhando um caminho próprio, como homem de teatro. Animador cultural dos mais ativos, ele soma às atividades de dramaturgo e encenador a de teórico, exercendo larga influência, a partir da sede parisiense, em numerosos grupos de todos os continentes. Depois de *Revolução* e da série *Arena conta* (não se computam em seu perfil de hoje as experiências anteriores, a exemplo de *Marido magro*, *Mulher chata* e *Do outro lado da rua*), ele se desdobrou em pesquisas que vão do *teatro-jornal* às diferentes técnicas do "Teatro do Oprimido", assinalando-se o teatro-imagem e o teatro-foro.

No campo da dramaturgia tradicional, sucederam-se *Arena conta Bolívar* e *Tio Patinhas e a pílula*, nenhuma de realização artística plena (*José, do parto à sepultura*, que retomou a personagem central de *Revolução*, não lhe repete o êxito, apesar da ideia feliz que a inspirou, bebida no *Dom Quixote*, de Cervantes). Nova incursão dramatúrgica feliz de Boal foi *Murro em ponta de faca*, uma comovida – ainda que sem descartar as peripécias cômicas – narrativa sobre as fugas constantes de um grupo de exilados. O musical *O corsário do rei*, tratando das aventuras do francês Duguay-Trouin na conquista do Rio de Janeiro, em princípios do século XVIII, trai as insuficiências da obra de circunstância. A liderança que o teórico e realizador exerce por toda parte tem retardado a consolidação definitiva de sua dramaturgia.

Plínio Marcos foi a mais poderosa revelação de autor, na década de sessenta. Tendo a censura proibido a montagem de *Barrela*, mostrada uma única vez, sem publicidade, no Festival Nacional de Teatros de Estudantes, promovido por Paschoal Carlos Magno em Santos, no ano de 1959, a aparição do dramaturgo só veio a ocorrer em 1966 e 1967, em São Paulo, com as estreias de *Dois perdidos numa noite suja* e *Navalha na carne*.

A matéria peculiar de Plínio distingue-se da de seus antecessores, na medida em que fixa os marginalizados, os párias da sociedade, expulsos do convívio dos grupos estáveis pela ordem injusta. Em *Dois perdidos*, que se inspirou num conto de Alberto Moravia, ele deu ao conflito de duas criaturas em cena um tratamento paroxístico, em que se misturam violência, sadismo, exercício do poder e até uma "luta de cérebros" de conotações ambíguas. Uma prostituta, um cáften e o criado homossexual de um prostíbulo são as personagens de *Navalha*, exprimindo-se numa linguagem de inteira crueza, que não recua ante o palavrão. *Barrela*, liberada muitos anos depois, pinta o mundo-cão dos presídios, em que um jovem ali jogado pela irresponsabilidade policial é vítima de curra.

Durante várias temporadas Plínio desdobrou-se em muitos textos, que vão de *Quando as máquinas param*, em que um operário desempregado dá um soco na barriga da mulher, para interromper a gravidez, a *Homens de papel*, sobre o drama dos catadores de rua, e de *Oração para um pé de chinelo*, a respeito de um marginal sumariamente eliminado pela polícia, a *Jesus homem*, retomando a solidariedade evangélica da primitiva figura de Cristo.

A postura do autor, que se intitula maldito, é a da revolta explosiva, sem colorido partidário. A indignação que o sustenta transmite a seu teatro um vigor de sinceridade inaudita. As peças destinam-se a incomodar o pacato repouso burguês. Plínio não propõe soluções, subentendendo-se que o anima a idealidade apta a subverter a ordem instituída, como um todo.

Abajur lilás é o texto mais politicamente engajado do dramaturgo, sem ferir sua dura autenticidade. Escrito nos anos do obscurantismo ferrenho em que mergulhou o país, ele só poderia apelar para a metáfora, com o objetivo de dar seu recado. Ainda assim, a censura o interditou, durante vários anos. À primeira vista, *Abajur* parece uma retomada de *Navalha na carne*. As três prostitutas que dividem um sórdido quarto simbolizam, em verdade, o comportamento dos oprimidos em face do poder. Uma acomoda-se, outra tem espírito conciliador, mas chega a delatar, e uma terceira encarna a contestação radical. O preposto do dono homossexual do prostíbulo, para vencer as resistências da revoltada, destrói os móveis do aposento, e atribui a ela o estrago – costumeira prática nazista, introduzida entre nós pelo regime de exceção. Após alguns anos de silêncio, Plínio Marcos retornou ao cartaz com *Madame Blavatsky*, sugerindo passagem para um campo místico, em que não parecia à vontade. Mas *Balada de um palhaço*, estreada em 1986, devolveu-o a seus verdadeiros domínios, aos quais se acrescentou bela meditação sobre a atividade artística, em lírica e efetiva metalinguagem.

A contundência vocabular dos seus inícios, a cena transferida da classe média para os redutos do lumpesinato restituíram ao público habitual a imagem feroz do homem que, por ação ou omissão, Plínio ajudou a criar. Não havia mais assuntos privilegiados, cerimônias corteses, bom gosto convencional a serem obedecidos no palco. Ele levou às últimas consequências a trilha aberta por Nelson Rodrigues, segundo a qual tudo é permitido, ou, nas palavras de Antonin Artaud, "o teatro foi feito para abrir coletivamente os abscessos". Os autores que se seguiram a Plínio beneficiaram-se demais da ruptura cujo crédito lhe pertence.

Os textos surgidos em 1968 e 1969 aproveitaram, em várias direções, a exacerbação do conflito de duas personagens, vinda de *Dois perdidos numa noite suja*. Ao menos cinco peças situam-se nessa linha: *Cordélia Brasil*, de Antônio Bivar; *O assalto*, de José Vicente; *Fala baixo senão eu grito*, de Leilah Assunção; *À flor da pele*, de Consuelo de Castro; e *As moças*, de Isabel Câmara. A desilusão pelo recuo do movimento internacional de maio de 1968, as forças repressoras que tomaram maior fôlego com o Ato Institucional nº 5, o escárnio do Poder diante das necessidades legítimas do povo forçaram esse grupo a defender-se em códigos subjetivos, confundidos com a ideia de que ele via o mundo a partir do próprio umbigo.

A ausência de preconceitos encontrará, nessa dramaturgia, o resultado da sufocação, a que se deu resposta rebelde, de vários tipos. Bivar prenuncia a desagregação apocalíptica. José Vicente mistura revolta existencial contra a injustiça dominante e enfrentamento da temática do homossexualismo, que se tornaria exigência dos direitos das minorias. Leilah Assunção retratou a condição feminina, outro tema que ganha corpo nos movimentos justos de hoje em dia. Consuelo de Castro pôs em confronto a linha comunista ortodoxa e a anarquista, nos seus descaminhos individuais. E Isabel Câmara imprimiu delicadeza, a que não falta a sugestão de lesbianismo, ao relacionamento de duas jovens na luta pela sobrevivência nos grandes centros urbanos.

À distância de uma década e meia, alteraram-se forçosamente os rumos de cada um. Houve um ou outro texto de qualidade, de autoria desse grupo. José Vicente atingiu admirável expressão poética em *Hoje é dia de Rock*, espécie de autobiografia lírica, diferente de tudo que produz de hábito nosso palco. Leilah Assunção radicalizou a óptica feminina, fazendo um libelo violento em *Roda cor de roda*, em que Amélia é o oposto da personagem submissa do samba. E Consuelo de Castro realizou seu melhor texto em *À prova de fogo* (*Revolução dos bárbaros*), contundente e isenta fixação do movimento estudantil de 1968.

A proximidade no tempo dificulta a avaliação dos acréscimos verdadeiros. Sobretudo a primeira metade da década de setenta foi particularmente infeliz para a dramaturgia, em virtude do agigantamento criminoso da censura. Uns se retraíram, outros tiveram de conformar-se ao veto censório, poucos preferiram a atitude escapista. O mérito de vários textos escritos nos últimos anos não me permite afirmar que um só autor novo tenha alterado substancialmente o panorama até aqui descrito.

Não caiamos, porém, na armadilha das simplificações. Além da ação desastrosa da censura, jugulando a criação individual, outros fatores tenderam a reduzir a importância do texto. Ponderável base teórica fez que vários realizadores não quisessem apenas encenar uma peça pronta, por mais que ela correspondesse aos seus anseios. A obra escrita seria de preferência um dos elementos da expressão de um grupo, cuja mensagem completa recorreria também a outros signos. Passou-se a privilegiar a criação coletiva, ficando em segundo plano a figura do dramaturgo. Essa tendência, na prática, procurava liberar o palco da tirania literária. A reteatralização do teatro não só valorizava a linguagem do corpo, mas punha em relevo a interdisciplinaridade, abrindo espaço, no espetáculo, para a dança, a música e a expressão corporal. Teoricamente, nenhuma objeção. São justas as reivindicações da pluralidade de meios, partindo-se do conceito segundo o qual o teatro é arte compósita.

Os resultados artísticos dessa linha não se mostraram, ao longo dos anos, muito compensadores. Que se faça criação coletiva, sem dúvida. Os grupos se esqueceram de entregar o texto a alguém com talento literário, que o salvasse da forma rudimentar. Até *Trate-me leão*, do grupo carioca Asdrúbal Trouxe o Trombone, um dos espetáculos mais inventivos das últimas temporadas, não resiste a uma leitura apenas literária. Quem se aproximar, hoje, somente do documento escrito, não entenderá o sopro vitalizador da encenação. Evoque-se, a propósito, ressalvadas as numerosas diferenças, que a *Commedia dell'Arte* foi a culminação de um dos períodos de legítima arte teatral, de que as sobras escritas são pálidos reflexos. Por falta de base literária, muitas criações coletivas esgotaram-se em monótona ginástica. Embaralharam-se os "laboratórios", importantes no preparo, com a obra de arte acabada. Os andaimes podem ter a sua estética, sem ser a construção.

A soma de todas as circunstâncias emprestou relevo especial aos textos de Oduvaldo Vianna Filho, na década de setenta. Originariamente, ele é produto do Teatro de Arena, de seu Seminário de Dramaturgia e da orientação de seu pai, o autor Oduvaldo Vianna, que juntou a um tratamento pessoal do acervo dramatúrgico recebido o propósito de abrasileirar o nosso palco, impondo uma prosódia quanto possível liberta da portuguesa. O lançamento de *Chapetuba Futebol Clube*, em 1959, revelava uma sensibilidade particular, afeita menos aos vencedores que aos anti-heróis, amesquinhados pela sociedade trituradora.

Em numerosas obras Vianninha teve oportunidade de externar seu temperamento delicado, em que a posição ideológica inflexível não dobrava as personagens a uma palavra de ordem. Conduzido pela militância política, ele escreveu, em certo momento, peças de combate, enquadradas no programa dos Centros

310

Populares de Cultura. Aí não estava, porém, seu profundo empenho artístico. O sentimento mais espontâneo do autor o fez debruçar com carinho sobre as criaturas que as circunstâncias desviaram dos sonhos acalentados na adolescência. Citem-se, a propósito, *Corpo a corpo*, em que um publicitário bem-intencionado é tragado pela rudeza do sistema, e *Longa noite de cristal*, retrato de um repórter objetivo que os interesses contrariados dos poderosos relegam à locução radiofônica na madrugada.

O desejo de falar às massas populares, no CPC, talvez tenha sido o móvel inicial de *Se correr o bicho pega, se ficar o bicho come*, belo texto, escrito de parceria com Ferreira Gullar. Este, possivelmente, foi um marco da criação de Vianninha, além de representar um acréscimo para as nossas conquistas dramatúrgicas. Individualmente, Vianninha ainda não havia produzido a obra-prima incontestável, à semelhança de seus companheiros de geração.

Dividido pelo trabalho para a tevê, que o obrigava a fazer concessões, ele se disciplinou, no teatro, de forma sempre mais rigorosa, perseguindo o ideal de realizar um texto definitivo. O primeiro veio com *Papa Highirte,* história de um ditador latino-americano no exílio, cuja humanidade palpável, distante do arbítrio do poder, não o poupa de ser assassinado. O dramaturgo sensível humaniza seu anti--herói, captado no declínio inexorável, e não na fase de honrarias.

Vianninha ditou no prematuro leito de morte o segundo ato de sua derradeira obra-prima – *Rasga coração*, certamente nosso melhor texto da década de setenta. A essa altura, ele não se importava que a peça fosse ou não interditada. A estupidez da ditadura brasileira, de fato, não toleraria esse balanço sincero e emotivo dos últimos quarenta anos de nossa história. Por incrível que pareça, depois de premiada em concurso do então Serviço Nacional de Teatro e proibida pela censura, a obra, logo que se iniciou a redemocratização do país, subiu à cena com subsídio do Governo Federal e do Estado do Paraná. Esse o irônico destino de todas as decisões autoritárias.

Rasga coração não peca por nenhum ufanismo esquerdista. Ao contrário, acompanha as agruras políticas de um militante anônimo, ao longo das últimas décadas, em que as esperanças de democracia e de um sistema social justo foram sistematicamente destruídas pelos golpes de direita. A consciência de que há forças

311

superiores, apoiadas em rígida estrutura militar, sem cuja liberalização todas as tentativas de mudança se tornam inúteis, mantém inquebrantável o ânimo do protagonista. Mesmo a defecção do filho, imbuído das ideias diversionistas da moda (algumas justas, como a defesa da ecologia), não mergulha o anti-herói de Vianninha no desespero. Na última cena, ele sai para participar de uma reunião, por mais modesta e aparentemente secundária que seja a sua pauta. Eis o testamento espiritual de um dramaturgo lúcido, que apurou em apenas 36 anos de vida seus admiráveis dotes artísticos.

Este texto, que assumiu o partido discutível de privilegiar os acréscimos significativos, agravado por se basear apenas na visão pessoal do autor, deixou de lado muitos nomes e obras. Achamos natural que outros críticos, fundados em diferentes princípios, contestem muitos dos juízos aqui expendidos. Valerá a pena fazer levantamentos, que procurem estabelecer sistematizações, cuja validade só a história confirmará.

Entre as obras de autores que obtiveram êxito, depois do Modernismo, não mencionei, por exemplo, as de Joracy Camargo, Abadie Faria Rosa, Raymundo Magalhães Júnior, Pedro Bloch e Abílio Pereira de Almeida. Não me referi a Antônio Callado e Francisco Pereira da Silva (dramaturgo de rigorosa exigência literária). Quanto a João Cabral de Melo Neto, considero-o fundamentalmente um grande poeta, que teve a sorte, em *Morte e Vida Severina*, de inspirar a encenação antológica de Silnei Siqueira, com música de Chico Buarque de Holanda. Estão em pleno processo criador Domingos Oliveira (autor da penetrante análise de *Do fundo do lago escuro* ou *Assunto de família*), Carlos Queiroz Telles, Lauro César Muniz, Renata Pallottini, Ferreira Gullar, Bráulio Pedroso, Chico Buarque de Holanda (que escreveu, de parceria com Paulo Pontes, a excelente *Gota d'água*, adaptação da tragédia de Medeia), Mauro Chaves, Nelson Xavier (que faz uma dramaturgia do terror), João Ribeiro Chaves Neto, Roberto Athayde (criador do monólogo *Apareceu a Margarida*, um dos mais pungentes gritos contra a sufocação dos anos setenta), Maurício Segall, Sérgio Jockyman, Márcio Souza, Alcides Nogueira Pinto, Carlos Vereza, Alcione Araújo, Carlos Henrique de Escobar, Carlos Alberto Soffredini, Fauzi Arap, Luís Carlos Góes, Fernando

Melo, Marcus Vinícius, Benê Rodrigues, Isis Baião, Wilson Sayão, Mário Prata, Paulo Goulart, Juca de Oliveira, José Wilker, Flávio de Souza, Celso Luís Paulini, Ziraldo, José Rubens Siqueira, Luís Alberto de Abreu, Naum Alves de Souza (que vem dando densidade poética aos mergulhos na memória adolescente e familiar), Jandira Martini, Marcos Caruso e muitos outros (a morte levou depressa o talento promissor de Flávio Márcio e a procura de Timochenco Wehbi). Felizmente, há multiplicidade de tendências, signo de um teatro maduro, ainda que sejam escassos os textos de real mérito. Alguns trabalhos pedem focalização isolada. Lamento a falta de continuidade de uma produção como a de *O último carro*, em que o autor, João das Neves, vestiu um texto de sugestiva simbologia com uma montagem que explorava magnificamente, de maneira não convencional, o espaço cênico. César Vieira cria uma dramaturgia popular para o seu Teatro União e Olho Vivo, fora do circuito das salas centrais. E Maria Adelaide Amaral, depois dos êxitos de *Bodas de papel* e *A resistência*, trouxe novo alento, em *Chiquinha Gonzaga, Ó abre alas!*, para uma comédia musical autenticamente brasileira. Ela escreveu, por último, *De braços abertos*, profundo mergulho nos desencontros de um casal de amantes, neurotizado pelas feridas que a ditadura provocou. Esta é a peça de maior mérito artístico do repertório brasileiro, nas temporadas recentes.

Acreditava-se ingenuamente que, iniciada a abertura política, as obras-primas saltassem das gavetas dos censores para a consagração do palco. Na verdade, muitas peças estavam associadas a um momento histórico passageiro, cuja superação também deixou de julgá-las oportunas, à revelia do eventual valor. Dos menores males que produziu, a censura retardou melancolicamente o desenvolvimento normal dos nossos dramaturgos.

Talvez não tenha havido tempo, ainda, para que amadurecesse nova linguagem, condizente com os reclamos da liberdade. A criação artística não se faz com a pressa das notícias jornalísticas. Apesar das experiências em múltiplos caminhos, são naturais as frustrações, porque se gostaria de um palco povoado de textos indiscutíveis. Continua a animar o país, de qualquer forma, como nos demais setores da vida nacional, a expectativa da afirmação de um grande teatro.

(Parte de um estudo de 1987.)

APÊNDICE II

TENDÊNCIAS CONTEMPORÂNEAS

Se A MODERNIDADE do teatro brasileiro pode ser datada de 1943 com a estreia de *Vestido de noiva*, talvez o marco da contemporaneidade caiba ser definido como o ano de 1978, pelo lançamento de *Macunaíma* e pelo fim do Ato Institucional nº 5, de 13 de dezembro de 1968. Início da fase de domínio dos encenadores-criadores, a partir da montagem de Antunes Filho para a adaptação cênica da "rapsódia" de Mário de Andrade, e abrandamento da censura, que levou à mudança da linha da dramaturgia desde o golpe militar de 1964.

Costumo afirmar que, didaticamente, certas hegemonias são reconhecíveis no palco brasileiro. Enquanto se realizava, em São Paulo, a Semana de Arte Moderna de 22, o atraso teatral ainda determinou, na década de 20, prolongando-se até a de 30, a hegemonia do ator. O fenômeno *Vestido de noiva*, que renovou a dramaturgia, com o texto de Nelson Rodrigues, a encenação, com o trabalho de Ziembinski, e a cenografia, com a arquitetura cênica de Santa Rosa, só produziu frutos imediatos e mais visíveis no campo das montagens. Prolongando e consolidando as criações do grupo carioca amador de Os Comediantes, o Teatro Brasileiro de Comédia (TBC), criado em São Paulo em 1948, estabeleceu a hegemonia do encenador com o concurso dos diretores europeus, sobretudo italianos, que também na década de 50 assumiram as rédeas de conjuntos como o Teatro Popular de Arte (Companhia Maria Della Costa Sandro Polloni), a Companhia Tônia-Celi-Autran, o Teatro Cacilda Becker e o Teatro dos Sete.

A hegemonia do autor brasileiro só veio a se dar em 1958, quando o Teatro de Arena de São Paulo lançou *Eles não usam black-tie*, de Gianfracesco Guarnieri, abrindo caminho para um grupo de jovens talentos. A política de prestígio ao dramaturgo

314

nacional deixou de ser privilégio do elenco paulista, para dominar até os redutos que lhe eram mais adversos.

O florescimento da literatura dramática brasileira tornou-se signo da nossa maturidade artística e eis que o golpe militar de 1964 – desastroso em todos os sentidos – trouxe para o palco a hegemonia da censura. Ela não veio de repente, como se houvesse outras prioridades a cumprir. A sobrevivência do teatro tornou-se dificílima com a edição do Ato Institucional nº 5 e o advento do governo Médici, que sufocou o que ainda restava de liberdade. No palco só se passou a respirar de novo com a abertura política iniciada no governo Geisel e prosseguida no governo Figueiredo.

A linguagem corrente foi a da metáfora ou, como disse Guarnieri para definir sua produção na década de 70, era possível apenas fazer um "teatro de ocasião". O anseio anônimo de liberdade estimulou os autores a concentrarem-se numa dramaturgia social e política, inimiga das injustiças que advogava a igualdade entre os brasileiros.

O fim da ditadura criou, sob o prisma autoral, inevitável vazio, já que não mais se justificava a mobilização dos autores no combate ao arbítrio. Não que ele deixasse de assumir novas formas, sempre condenáveis. O recurso à metáfora é que já não correspondia às necessidades do momento. Tanto que não funcionou para o público a peça *Patética*, na qual João Ribeiro Chaves Netto transpôs para o palco, em 1980, a biografia romanceada de seu cunhado – o jornalista Vladimir Herzog – assassinado pelos órgãos repressores. Já *Campeões do mundo*, de Dias Gomes, fez em 1979 o balanço do que ocorreu desde o Golpe de 64, sem qualquer artifício exigido pela censura, inaugurando assim nova fase do discurso direto.

Explicação verossímil para um certo declínio da dramaturgia, na década de 80, é que, desmobilizados os autores na sua faina política, se requeria um tempo razoável para se reabastecerem com novos materiais de interesse do público. A maturação, sob o estímulo da realidade, demanda uma experiência que não se improvisa. Era natural que o palco cedesse espaço para outras preocupações.

Tais preocupações, por sua vez, não eram gratuitas. No passado, Sófocles, Shakespeare e Molière dirigiram as próprias peças. Mesmo os encenadores modernos, que desde a segunda metade

315

do século XIX renovaram o espetáculo teatral, colocando sob a sua batuta o conjunto da montagem, na maioria dos casos diziam estar a serviço do dramaturgo. Chegou-se a proclamar que a melhor encenação se qualificava como aquela que não aparecia. Não obstante algumas liberdades tomadas pelos encenadores que tiveram a sua hegemonia no Brasil nas décadas de 40 a 50, esse era, em síntese, seu ideário estético.

Uma forte tendência do teatro contemporâneo em todo o mundo, com repercussão entre nós, alterou essas premissas em virtude de novos pressupostos teóricos. O reconhecimento do teatro como arte autônoma, embora devedora de várias formas artísticas, e não mera ilustração da literatura, provocou importantes mudanças práticas. Admite-se hoje que, se o dramaturgo é o autor do texto, o encenador é o autor do espetáculo. E, pela autoria, compete-lhe assumir uma criação. Criação *sui generis*, já que fundada em outras, mas que tem o direito de aspirar à plenitude.

Essa criação ora configura-se com maior modéstia, quando o encenador preserva o texto integral e apenas troca as vestimentas antigas pelas atuais; ora intervém na peça, reduzindo os diálogos ou juntando outras obras do autor no mesmo espetáculo; ora adaptando, com ou sem auxílio de outrem, literatura de gênero diverso para o palco; ora, enfim, assumindo a inteira responsabilidade por texto e espetáculo. Se o encenador não encontra, em determinado instante, peça pronta que exprima as preocupações do seu universo, é absolutamente legítimo que procure a criação integral.

As referências internacionais mais próximas para o nosso público ou para os nossos artistas têm sido, no teatro, Victor Garcia, Robert Wilson, Peter Brook e Tadeusz Kantor; na dança, Kazuo Ohno e Pina Baush. Victor Garcia encenou em São Paulo, em 1968, *Cemitério de automóveis*, que não se limitava ao texto de Arrabal, com aquele título, mas agregava a ele três outras obras do autor: *Primeira comunhão*, *A oração* e *Os dois carrascos*. Antunes Filho, ao realizar, em 1981, *Nelson Rodrigues*, *O eterno retorno*, sintetizou a sua visão do universo do dramaturgo também em quatro textos: *Álbum de família*, *Os sete gatinhos*, *Beijo no asfalto* e *Toda nudez será castigada*, reduzindo-o, depois, em *Nelson 2 Rodrigues*, a *Álbum de família* e *Toda nudez será castigada*.

316

Em sua pioneira trajetória artística, Antunes Filho tem utilizado, segundo as conveniências de cada criação, um dos modelos de intervenção acima resumidos: em *Macunaíma*, a adaptação do romance de Mário de Andrade realizada por Jacques Thiériot e pelo Grupo Pau Brasil, de acordo com as necessidades do espetáculo que concebeu; em *Romeu e Julieta*, a música dos Beatles em lugar das composições da época; em *Xica da Silva*, peça de Luiz Alberto de Abreu de cujas diretrizes divergiu, conservando o nome do autor mas tomando liberdades com o texto; em *Vereda da salvação*, enxugando o diálogo de Jorge Andrade; em *Paraíso Zona Norte*, igualmente enxugando *A falecida* e *Os sete gatinhos*, de Nelson Rodrigues, e emprestando-lhes nova ambientação e novas vestimentas; em *A hora e vez de Augusto Matraga*, dramatizando a narrativa de Guimarães Rosa; em *Nova velha estória*, adaptando sem palavras o conto *Chapeuzinho Vermelho*; e, em *Gilgamesh*, transpondo para o palco a epopeia do herói do mesmo nome, rei de Uruk, na Mesopotâmia, que precedeu ao menos de um milênio e meio a saga homérica. Cauteloso, Antunes Filho preferiu sempre apoiar-se em obras literárias alheias, que permitem maior segurança ao seu voo criador.

Gerald Thomas, outro encenador de talento, soube privilegiar sempre o aspecto visual, a princípio na sua produtiva parceria com a cenógrafa Daniela Thomas. Sem sucumbir ao formalismo vazio, o impacto inicial vinha de poderosas imagens articuladas no todo da montagem. Meu primeiro contato com o seu trabalho deu-se no Rio de Janeiro, onde se lançaram *Quatro vezes Beckett* e um texto de Heiner Müller, *Quartett*. A força da dramaturgia conjugava-se perfeitamente com a originalidade e a precisão dos recursos cênicos empregados. Não tive oportunidade de assistir a algumas de suas criações, o que me impede de tentar um juízo generalizador. Do que vi, creio que, ao utilizar uma dramaturgia sólida, sentiu-se mais à vontade para chegar a um resultado artístico pleno. Até na triologia Kafka, *O processo*, cuja adaptação transpunha a dramaticidade contida no romance original, o rendimento era superior; *A metamorfose* padecia da pouca teatralidade do tema; e *Praga* não alcançou um universo ficcional definido. Também *Flash and crash days* não atinge o estatuto de completa obra artística, perdendo-se na brincadeira de que logo se esquece. Está claro que, pela inteligência e pelo mérito de que já deu mostra, Gerald Thomas a qualquer momento pode superar suas imperfeições literárias e produzir uma obra-prima de sua inteira autoria.

Num instante mais radical de iconoclastia antiacadêmica, Ulisses Cruz aderiu a um teatro de imagens que parecia julgar a palavra um apêndice incômodo do fenômeno teatral. Por isso consumiram-se no vazio produções como *Cândida Erêndira*, inspirada em García Marquez. Talvez a fase do exagero prejudicial fosse necessária, para o encenador, não abdicando da própria concepção do espetáculo, retornar a um equilíbrio fecundo. Ele começou a despontar em *Desejo*, de O'Neill, embora comprometido por desavenças com o elenco. *Anjo negro*, difícil tragédia de Nelson Rodrigues, mereceu de Ulisses uma leitura de absoluta fidelidade e compreensão. E *Péricles* rejuvenesceu, no mágico espaço cênico de Hélio Eichbauer, a trama fantástica da tragédia shakesperiana.

Neste ponto, reúno alguns dos nomes saídos do atual Departamento de Artes Cênicas da Escola de Comunicações e Artes da Universidade de São Paulo. Em comum, eles têm apenas a circunstância de poderem figurar no grupo dos encenadores--criadores, já que seus caminhos individuais não se confundem. Acredito que os cursos frequentados lhes deram base para depois, por contra própria, se entregarem à aventura pessoal.

Cronologicamente, o primeiro encenador a obter êxito amplo foi José Possi Neto em 1984, com a montagem da peça *De braços abertos*, de Maria Adelaide Amaral. Ele soube inocular no palco uma atmosfera mágica, em que a luz dirigia a flexibilidade dos movimentos, evitando os prosaicos pormenores realistas, para instaurar a fluência do sonho.

Pena que a morte prematura tenha roubado do teatro Luiz Roberto Galizia – autor do belo ensaio *Os processos criativos de Robert Wilson* –, que trouxe para as suas experiências a vitalidade da performance. Francisco Medeiros, responsável, a meu ver, pela mais convincente materialização cênica das teorias de Antonin Artaud, não tem trabalhado com a continuidade que seria de desejar. Igual observação se aplicaria a William Pereira que, depois de um criativo *Leonce e Lena* e de êxitos como *Uma relação tão delicada* e *Senhorita Júlia*, se especializou no campo da ópera.

Cacá Rosset, diretor do Ornitorrinco, um dos poucos grupos a ostentar um perfil identificável, vem conseguindo desempoeirar os clássicos, tratados por ele como contemporâneos. De Brecht a Shakespeare e agora de novo ao Jarry, de *Ubu* – texto que há um século indicava os procedimentos da vanguarda –, ele evitou os riscos museológicos da submissão passiva e escolheu a irreverência que se encontrava no cerne de suas obras, obtendo a cumplicidade franca da plateia.

Diferentemente de Flávio Império, que foi buscar no Teatro de Palladio em Vicenza, na Itália, o modelo para vestir o palco nu recomendado por Nelson Rodrigues em *A falecida*, Gabriel Villela extraiu do texto os signos de seu inventivo cenário. No fundo, tacos de sinuca, dispostos à maneira de velas num altar. No chão, a própria mesa de jogo, e o pano verde, no final, sugerindo o campo de futebol, última jornada do protagonista em desespero. Em síntese admirável, todos os ambientes da tragédia carioca estão contidos no espaço da cena. Em outras montagens, Gabriel Villela incorporou ao palco reminiscências barrocas de sua Minas natal, fundindo-as na mesma atmosfera mítica. *O mambembe*, apesar de seus aspectos positivos, entre os quais a mala a simbolizar o título, diluiu a bela construção dramática de Artur Azevedo, que perdeu a sua organicidade, sem que entrasse no lugar outro valor palpável.

Antônio Araújo, afinado com outras vertentes da estética atual, procura fugir dos teatros convencionais e localiza *O paraíso perdido* – adaptado do poema de Milton – dentro de uma igreja, e o bíblico *O Livro de Jó* – que Luiz Alberto de Abreu transformou em peça – nos múltiplos recintos de um hospital. As possibilidades de exploração do espaço enriquecem sobremaneira o rigor criativo de Antônio Araújo.

Eduardo Tolentino de Araújo, que havia feito em *Viúva, porém honesta* uma das leituras mais originais de Nelson Rodrigues, conduz com mão firme o Grupo Tapa originado no Rio de Janeiro há mais de uma década, e recebe o reconhecimento da crítica ao realizar expressivo panorama do teatro brasileiro. Um juízo superficial o consideraria menos audacioso que outros encenado-rescriadores. Basta ver os espetáculos *Vestido de noiva* e *Rasto atrás* para concluir que, sob a aparência nada bombástica das duas montagens, surge uma imagem profunda dos textos. Pela primeira vez a obra de Nelson Rodrigues conseguiu desligar-se, de forma convincente, do fantasma da encenação histórica de Ziembinski. O aproveitamento plástico dos espelhos sugeriu, com extrema mobilidade, o intercâmbio permanente entre os planos da realidade, da memória e da alucinação. E o exigente texto de Jorge Andrade, que recorre ao protagonista em várias idades e, em certas cenas as coloca todas no palco em diálogos simultâneos, não perde em nenhum momento a clareza. Tolentino teve a coragem de enfrentar verdadeiros tabus da dramaturgia brasileira e imprimir-lhes um tratamento contemporâneo.

Vários outros encenadores, que vêm de fases de diferente inspiração, não perderam a atualidade e continuam forças vivas do nosso palco. Mencionam-se, entre eles, José Celso Martinez Corrêa, Antônio Abujamra, Celso Nunes, Fauzi Arap e Márcio Aurélio. E deixei de lado encenadores mais conhecidos do público no Rio, entre os quais Aderbal Freire-Filho, Moacyr Góes, Bia Lessa e Márcio Vianna, há pouco falecido, que vimos em São Paulo na esplêndida montagem de *O futuro dura muito tempo*, sobre a tragédia de Louis Althusser.

A par da necessidade de procurar novas fontes, depois da abertura política, há de se entender que a passagem dos encenadores-criadores ao primeiro plano, iniciada com *Macunaíma*, intimidou um pouco os dramaturgos. Em grande parte, eles sentiram-se desestimulados a cumprir a própria trajetória, que não se ajustava à tendência todo-poderosa dos diretores. Veja-se o caso de Maria Adelaide Amaral. Era natural que depois do imenso êxito da peça *De braços abertos*, em 1984, todos os seus textos fossem imediatamente apresentados. No entanto, ela precisou esperar várias temporadas para que subissem à cena *Querida mamãe* e *Intensa magia*, que obtiveram também grande sucesso. A falta de resposta imediata à legítima aspiração de ser encenado obriga o autor a tentar outros veículos, dos quais o mais pródigo é a televisão.

Exceção, nesse quadro, chama-se Nelson Rodrigues. Desde a estreia de *O eterno retorno*, em 1981, logo após a sua morte, ele passou a ser mitificado. Descobriu-se que era um clássico, e os clássicos se prestam às mais controvertidas exegeses, pela riqueza inesgotável de sua obra. Cada encenador pretendeu mostrar a sua

320

leitura de Nelson, a ponto de dizerem que os herdeiros deveriam retirá-lo do mercado de espetáculos, sob pena de o público sofrer uma indigestão. Esse temor felizmente não se confirmou, porque a temporada de 1994 foi das mais felizes no sentido de oferecer uma reavaliação positiva do dramaturgo, em virtude das montagens de *A falecida*, por Gabriel Villela; *Anjo negro*, por Ulisses Cruz; *Senhora dos afogados*, por Aderbal Freire-Filho; e *Vestido de noiva*, por Eduardo Tolentino de Araújo. À semelhança do que sucede a Shakespeare, cada peça de Nelson deveria ser periodicamente remontada.

Antunes Filho iniciou o processo de relançamento de Jorge Andrade com *Vereda da salvação*, e Eduardo Tolentino secundou-o com *Rasto atrás*, texto que de forma absurda se encontrava até recentemente inédito em São Paulo, estado natal do dramaturgo. Passado o purgatório a que é condenada a maioria dos autores após a morte, terá chegado o momento de sua ascensão ao paraíso? Oduvaldo Vianna Filho, após o êxito extraordinário de *Rasga coração* e *Papa Highirte*, também somente lançadas depois do afrouxamento da censura, permaneceu em injusto ostracismo até a recente remontagem de *Corpo a corpo*, feita por Eduardo Tolentino. Embora seu teatro empenhado não corresponda ao gosto do dia, os valores perenes que defende deveriam ser sempre ouvidos.

Outros dramaturgos, por motivos diversos, perderam o interesse dominante pelo teatro. Ariano Suassuna desviou-se, ao menos temporariamente, do palco, pela necessidade de exprimir-se no romance, em que se notabilizou com as criações do *Romance d'a pedra do reino* e o *Príncipe do sangue do vai e volta* e *O rei degolado*. Gianfrancesco Guarnieri não tem sido bem-sucedido nas últimas incursões autorais. Augusto Boal passou a concentrar-se na teoria e na prática do Teatro do Oprimido, a contribuição única de um brasileiro a obter acolhida internacional.

Dias Gomes, sempre escrevendo para o palco, ao lado da criação regular de telenovelas, sente-se pouco à vontade no atual sistema utilizado para produzir espetáculos. Plínio Marcos prossegue na ordem do dia, ainda que sem a veemência dos anos 60. Lauro Cezar Muniz e outros nomes têm-se dedicado de preferência à televisão, veículo que, aliás, assegura a sobrevivência de muitos artistas impossibilitados de garanti-la somente no teatro.

321

Naum Alves de Souza, que nos anos 70 trouxe para a cena uma sensibilidade delicada, não está conseguindo, nos últimos anos, consolidar a sua dramaturgia. As dificuldades quase insuperáveis para uma produção exigente, hoje em dia, têm silenciado numerosos nomes promissores.

O espaço aberto pela dramaturgia séria, que não conseguiu articular uma nova linguagem ao liberar-se da censura, passou a ser ocupado por um gênero diferente da comédia e da revista, e que no batismo recebeu o nome muito significativo de besteirol. Sobretudo a cena carioca, talvez mais afeita às manifestações ligeiras, depressa entronizou a fórmula fácil, que se espalhou um pouco por toda parte.

Acostumando-me, no decorrer dos anos, a aceitar minhas limitações, confesso que tenho pelo besteirol indisfarçável horror. Por mais que ensaístas respeitáveis lhe atribuam uma categoria artística, acho-o apenas o produto de melancólica alienação, cuja responsabilidade deve caber, em grande parte, aos tristes tempos da ditadura. Não há nele o saudável *nonsense* do absurdo nem outro ingrediente apreciável, mas apenas a algaravia que beira a debilidade mental. É preciso reconhecer que se está mostrando cada vez mais escassa a lamentável perda de tempo do besteirol.

É com prazer que registro a recuperação de Mauro Rasi que, depois da promissora estreia de *A massagem*, havia aderido ao gênero. Ele reencontrou-se ao dramatizar a memória na triologia formada por *A estrela do lar*, *A cerimônia do adeus* e *Viagem a Forli*. O mergulho autobiográfico deu consistência a essa "educação sentimental" do autor, à qual acaba de acrescentar-se, formando uma tetralogia, a peça *Pérola*, deflagrada pela morte de sua mãe. Ainda um tanto perdido, talvez pela dispersão excessiva a que se entrega, Miguel Falabella, principalmente no monólogo *Loiro, alto, solteiro, procura...*, em que se socorre também de seu real talento de intérprete, parece às vésperas de engrossar a cadeia da boa dramaturgia.

Sob o prisma artístico, a conclusão é a de que os vários desajustes estão sendo superados. O encenador, passada a ressaca da bebedeira criativa, deseja o equilíbrio com os outros elementos do espetáculo. A harmonia de todas as funções é o ideal perseguido. Por isso os diretores mais conscientes estão preocupados em aprimorar métodos de interpretação, já que a última palavra no diálogo com o público é dada mesmo pelo ator. Os malabarismos da imaginação ficam mudos se não se corporificam num bom desempenho. O dramaturgo toma cada vez mais consciência de que precisa escrever para a cena, tendo como mediador aquele que sabe materializar o seu mundo e o outro que empresta voz à sua palavra.

Não estou desmobilizando qualquer tendência e creio que, vencidos os excessos, todos contribuirão da melhor maneira para concretizar o teatro dos nossos sonhos, afinal, uma arte coletiva. Os verdadeiros problemas do palco não se encontram nele, quando se equacionam e se resolvem as divergências estéticas. Talentos maiores e menores o Brasil produz, sem conta. Tivessem eles oportunidade de atingir o público, nossa realidade cênica seria muito mais rica e diversificada, e ninguém endossaria a crença segundo a qual o brasileiro não gosta de teatro. É verdade que o saudoso Anatol Rosenfeld diagnosticou terem o cinema e a televisão dominado os nossos hábitos, antes que se consolidasse o prazer do palco, o que não ocorreu na Europa. Penso, entretanto, haver outros motivos que dificultam o entendimento perfeito entre palco e plateia.

O mais grave refere-se às dificuldades para a produção. Mesmo no tempo da ditadura, o Estado subsidiava o teatro. Não importa recorrer a raciocínio de ordem moral, havendo os que pensam existir, nas subvenções, tentativa de compra das consciências. Tenho para mim que essa era uma prática já consolidada, que ninguém pensava em alterar. Lembre-se que na França, na Alemanha, na Itália e na Inglaterra, entre outros países adiantados, nunca se pôs em dúvida o apoio maciço à cultura. Na Alemanha dividida, a parte ocidental reservava para a bilheteria a função de cobrir apenas 20% do orçamento dos teatros oficiais, responsabilizando-se o Estado pelos 80% restantes. Os Estados Unidos, paradigma da livre-iniciativa, compreenderam a necessidade de amparar a cultura: o National Endowment for the Arts e as fundações colocaram sob as suas asas as iniciativas sérias, excluindo somente as de caráter abertamente comercial.

O advento da abertura pôs em circulação no Brasil uma filosofia perversa, como se a proteção à cultura nascesse de um *lobby* corporativista. O protecionismo campeava nas atividades econômicas que poderiam dispensá-la, ao passo que o Ministério da

Cultura ficou reduzido à ridícula verba de 0,04% do orçamento da União. Evidentemente, com numerário que mal dava para o seu próprio custeio, o Ministério teve de abdicar de uma política de cultura, no que foi acompanhado pelos governos estaduais.

Diante do impasse criou-se a panaceia do recurso às leis de incentivo fiscal, delegando à iniciativa privada o papel de estímulo à cultura, em troca de benefícios de natureza fiscal. Considero essas leis muito úteis como coadjuvantes no processo de valorização artística, mas nada justifica, por causa delas, que o Estado se omita. A continuidade da vida teatral não pode se subordinar ao arbítrio dos dirigentes de empresas particulares, por mais esclarecidos que sejam.

Seria injusto omitir que a atual administração do Ministério da Cultura está ciente da insatisfação provocada pela ausência de uma política específica de artes cênicas e pretende em breve implementá-la. Tomara que ela atenda aos reclamos do pessoal de teatro. E que seu exemplo seja seguido pelos organismos congêneres dos estados e dos municípios.

Cumpre admitir que outra dificuldade para o desenvolvimento harmonioso do teatro vem de sua precária divulgação. Utilizarei minha longa experiência na imprensa como comprovante das alegações. A partir de 1950, no *Diário Carioca*, eu mantinha uma coluna diária, preenchida com críticas, noticiário, reportagens e entrevistas. No jornal *O Estado de S. Paulo*, em que Décio de Almeida Prado se demorava na análise fundamentada dos espetáculos, criei, em 1954, uma coluna diária de informações teatrais, de cerca de cem linhas, secundada por colunas sobre música erudita e artes plásticas. A partir de 1956 eu fazia semanalmente, no Suplemento Literário, um longo comentário alusivo a quaisquer temas de teatro. Os empresários obtiveram da direção do jornal um desconto substancioso no anúncio dos famosos tijolinhos, e a publicidade, assim, não pesava no orçamento das companhias. Naquele tempo, a televisão e a música popular, de qualquer gênero, não tinham a honra de figurar no noticiário.

Os custos da produção jornalística elevaram-se, o espaço passou a ser disputado por maior número de eventos e o teatro perdeu, no decorrer das últimas décadas, a condição de arte privilegiada. Durante algum tempo, por exemplo, o *Jornal da Tarde* publicava uma seção semanal de teatro, substituída nos outros dias por seções semelhantes das demais artes, e todas foram suprimidas, enquanto se divulga uma seção diária de gente de tevê. Por múltiplos caminhos, o teatro se elitiza, o que na prática redunda em redução de espectadores e desestímulo ao preparo de maior número de montagens.

A década de 50 conheceu verdadeira explosão imobiliária, que acarretou o aparecimento de numerosas casas de espetáculos. Outros bairros continuam a surgir, mas ao crescimento demográfico não corresponde a construção de novos teatros. Ao contrário, a inviabilização econômica tem determinado o fechamento de vários espaços. Não se trata de perseguição ao teatro: o trabalho está cada vez menos disponível, num país que decidiu adotar um modelo equivocado.

Num sistema que privilegiaria a iniciativa privada, paradoxalmente os proprietários particulares são forçados a se desvencilhar de seus teatros. Os custos de manutenção inviabilizam a continuidade. Por sua vez, por falta de verbas orçamentárias, desviadas para outras supostas prioridades, o Estado deixa em abandono as salas que construiu ou resolveu arrendar. Em São Paulo, a maioria dos bons teatros pertence a entidades: Sesc, Sesi, Aliança Francesa, Círculo Italiano, Hebraica. Advirto que, a prevalecerem as restrições que se pretende impor a alguns desses serviços, as iniciativas louváveis que eles desenvolvem, como o Centro de Pesquisa Teatral e o Teatro Popular, passam a correr sérios riscos.

É forçoso lembrar, por último, o incalculável dispêndio de energia a que se submete o pretenso espectador, numa megalópole, para sair de casa. Não se chega aos lugares em tempo razoável, as vias de acesso estão frequentemente bloqueadas e não se tem segurança no trânsito. Entende-se, nesse quadro, a preferência por ligar a televisão, que ademais é de graça. Tudo parece conspirar contra a sobrevivência do teatro.

Há de se convir que os problemas o transcendem e sua solução depende de estratégias que desafiam os governantes. Uma verdade parece insofismável: sejam quais forem as tendências contemporâneas do palco brasileiro, a perenidade do teatro está assegurada pelo insubstituível diálogo entre o ator e o público.

(1996)

DADOS DO AUTOR

Sábato Magaldi nasceu em Belo Horizonte, em 1927. Foi crítico teatral de vários jornais e revistas. Professor titular de Teatro Brasileiro da Escola de Comunicações e Artes da Universidade de São Paulo, lecionou, durante quatro anos, nas Universidades de Paris III (Sorbonne Nouvelle) e de Provence, em Aixen-Provence. Membro da Academia Brasileira de Letras.

Autor dos seguintes livros, além do *Panorama do teatro brasileiro* (1ª edição, Difusão Europeia do Livro, 1962):

Temas da história do teatro (Curso de Arte Dramática da Faculdade de Filosofia da Universidade do Rio Grande do Sul, 1963);

Aspectos da dramaturgia moderna (Comissão de Literatura do Conselho Estadual de Cultura de São Paulo, 1963);

Iniciação ao teatro (1ª edição, DESA, 1965; 6ª edição, Editora Ática, 1997);

O cenário no avesso (1ª edição, Editora Perspectiva, 1977; 2ª edição, Editora Perspectiva, 1991);

Um palco brasileiro – o Arena de São Paulo (Editora Brasiliense, 1984);

Nelson Rodrigues: dramaturgia e encenações (1ª edição, Editora Perspectiva e Editora da Universidade de São Paulo, 1987; 2ª edição, Editora Perspectiva, 1992);

O texto no teatro (Editora Perspectiva, 1989);

As luzes da ilusão – com Lêdo Ivo (Global Editora, 1995).

Moderna dramaturgia brasileira (Editora Perspectiva, 1998).

Cem anos de teatro em São Paulo – parceria com Maria Thereza Vargas (Editora SENAC São Paulo, 2000).

ÍNDICE

Nota introdutória à terceira edição	7
Perspectivas	9
O teatro como catequese	16
Vazio de dois séculos	25
O encontro da nacionalidade	34
Criação da comédia brasileira	42
Presença do ator	63
Reconhecimento da posteridade	71
Dramaturgia ao gosto do público	80
Ideias com seiva humana	97
Incursão de poetas	115
Preparação de um romancista	125
Fixação de costumes	140
Um grande animador	152
Laivos intelectuais	167
Sensibilidades crepusculares	179
Dramaturgia para atores	191
Panorama contemporâneo	207
O desbravador	217
Incorporação das fontes rurais	228
Em busca do populário religioso	236
Introdução dos conflitos urbanos	245
Pluralidade de tendências	254
Palavras finais	279
Informações bibliográficas	289
Apêndice I: O texto no moderno teatro	294
Apêndice II: Tendências contemporâneas	314
Dados do autor	326

GRÁFICA PAYM
Tel. (11) 4392-3344
paym@terra.com.br